高等法律职业教育系列教材
审定委员会

主　　任　万安中

副主任　许　冬

委　　员　（按姓氏笔画排序）

　　　　　　王　亮　刘　斌　刘　洁　刘晓晖
　　　　　　李忠源　陈晓明　陆俊松　周静茹
　　　　　　项　琼　顾　伟　盛永彬　黄惠萍

高等法律职业教育系列教材

证据法原理与实务

ZHENGJUFA YUANLI YU SHIWU

主　编 ○ 缪伟君

撰稿人 ○ (以撰写单元先后为序)
　　　　缪伟君　缪伟辉　朱光颖　张敏发
　　　　李雪松　孙寒梅　谢春晖

中国政法大学出版社

2018·北京

高等法律职业化教育已成为社会的广泛共识。2008年,由中央政法委等15部委联合启动的全国政法干警招录体制改革试点工作,更成为中国法律职业化教育发展的里程碑。这也必将带来高等法律职业教育人才培养机制的深层次变革。顺应时代法治发展需要,培养高素质、技能型的法律职业人才,是高等法律职业教育亟待破解的重大实践课题。

目前,受高等职业教育大趋势的牵引、拉动,我国高等法律职业教育开始了教育观念和人才培养模式的重塑。改革传统的理论灌输型学科教学模式,吸收、内化"校企合作、工学结合"的高等职业教育办学理念,从办学"基因"——专业建设、课程设置上"颠覆"教学模式:"校警合作"办专业,以"工作过程导向"为基点,设计开发课程,探索出了富有成效的法律职业化教学之路。为积累教学经验、深化教学改革、凝塑教育成果,我们着手推出"基于工作过程导向系统化"的法律职业系列教材。

《国家中长期教育改革和发展规划纲要(2010~2020年)》明确指出,高等教育要注重知行统一,坚持教育教学与生产劳动、社会实践相结合。该系列教材的一个重要出发点就是尝试为高等法律职业教育在"知"与"行"之间搭建平台,努力对法律教育如何职业化这一教育课题进行研究、破解。在编排形式上,打破了传统篇、章、节的体例,以司法行政工作的法律应用过程为学习单元设计体例,以职业岗位的真实任务为基础,突出职业核心技能的培养;在内容设计上,改变传统历史、原则、概念的理论型解读,采取"教、学、练、训"一体化的编写模式。以案例等导出问题,根据内容设计相应的情境训练，将相关原理与实操训练有机地结合，围绕关键知识点引入相关实例，归纳总结理论，分析判断解决问题的途径，充分展现法律职业活动的演进过程和应用法律的流程。

  法律的生命不在于逻辑，而在于实践。法律职业化教育之舟只有驶入法律实践的海洋当中，才能激发出勃勃生机。在以高等职业教育实践性教学改革为平台进行法律职业化教育改革的路径探索过程中，有一个不容忽视的现实问题：高等职业教育人才培养模式主要适用于机械工程制造等以"物"作为工作对象的职业领域，而法律职业教育主要针对的是司法机关、行政机关等以"人"作为工作对象的职业领域，这就要求在法律职业教育中对高等职业教育人才培养模式进行"辩证"地吸纳与深化，而不是简单、盲目地照搬照抄。我们所培养的人才不应是"无生命"的执法机器，而是有法律智慧、正义良知、训练有素的有生命的法律职业人员。但愿这套系列教材能为我国高等法律职业化教育改革作出有益的探索，为法律职业人才的培养提供宝贵的经验、借鉴。

2016 年 6 月

前言 Foreword

证据是实现法的宗旨的重要途径与现实手段，其固有的程序价值和实体价值，日渐受到立法和司法界的广泛重视，证据裁判主义思想已得到了全面的弘扬。证据法或者证据规则，是弥合书本中的法与行动中的法之差异的重要制度构建，是实现一般性的规范与个案具体情形相结合不可或缺的桥梁。证据法学成为"显学"已是公认的事实。著名学者胡适在北大曾对学子们作演讲，说："你们出去社会上想做一个不受人惑的人吗，我赠你们一个锦囊，那就是——'拿证据来！'"胡适一席话，已经很好地揭示了证据法学的重要现实意义。证据法学的重要性在学界已被公认，而在司法实践中，证据实务中的难题也层出不穷，证据的调查、运用能力日渐受重视，加大证据法学的教学力度是法学教育界有识之士的共识。

职业学院的人才培养目标是培养实践能力强的应用型基层法律工作者，而证据调查与运用能力，恰恰是这一类对象最基本、最重要的素质之一。诉讼、仲裁以定纷止争为最终目的，该目的的实现，绝大多数情况下必须依靠事实真相的揭示，甚至于人类的一切法律活动，譬如行政执法、行政监察、人民调解等，均以法律事实为基础。而所谓法律事实，就是具有效力的证据所构成的一切辩证关系——证据是法治的基石，是司法公正的基础，证据调查和运用能力，是法律实务工作者最基本、最重要的专业技能，是其综合素质中的核心要素之一，缺乏证据的调查、运用能力，其实体法、程序法理论学得再好，也难有用武之地。

常见的证据法学教材多重于法学理论的讲授，针对性强、实用性强的面向高职法律院校学生的教材几乎是空白。本教材针对职业学院法律事务及相关专业的教学特点和学生的就业方向，结合法律实务工作的现实需要，深入浅出地介绍证据法原理与实务相关知识，在基础知识和基本理论讲解上以"必需、够用"为原则，保证达到高等职业教育水平；注重学生职业技能的养成，相关理论依据、学术争议等的介绍力求简洁。为了激发学生的学习兴趣，适应高等职业教育的需求，教材大胆采用情境教学模式，引入引例、实训、法规链接、拓展阅读等形式，脱离了枯燥的理论讲授窠臼，使其既可作为高职法律院校学生的学习教材，又可作为基层法律实务工作者的参考资料。

本教材在选择编写组成员时充分考虑兼顾学院教师理论功底深厚和证据调查运用实务界专家实践经验丰富的优势，在讲授理论的同时，将具有丰富实践经验的实务界专家的经验和体会糅合到教材体系中，使得高职法律院校学生在学习时能够尽快掌握理论知识，并且更便捷地获得感性认识和实践经验。

近年来，国家大力推进司法改革，三大诉讼法相继修改，尤其是以审判为中心的刑事诉讼制度改革，直接以证据裁判为核心，确立了非法证据排除规则等一系列的配套制度，证据法律制度有了较大的变革和进步。为与时俱进，更好地实现法律职业技能的养成目标，本教材在2010年版的《证据法原理与实务》的基础上，整合最新证据制度、司法理念，重新编写了本版教材。

本书撰稿分工如下（按撰写单元顺序排列）：

缪伟君：单元一，单元二，单元三；

缪伟辉：单元四项目一、二、三、四、五、六、七；

朱光颖：单元四项目八、九、十，单元十一项目一、二；

张敏发：单元五，单元六；

李雪松：单元七；

孙寒梅：单元八项目一、二，单元九项目一、二，单元十项目一、二，单元十一项目三，单元十三项目二；

谢春晖：单元八项目三、四，单元九项目三、四，单元十项目三、四，单元十二，单元十三项目一。

由于证据法学理论至为高深、复杂，理论性、实践性极强，作者水平所限，其中疏漏甚至错误难免存在，故敬请读者予以指正。

主　编　缪伟君

于广东司法警官职业学院

2017 年 11 月 29 日

单元一 证据法学概述	1
项目一 证据法的性质和渊源	2
项目二 证据法学的研究对象和学科性质	6
项目三 证据法的历史沿革	10

单元二 证据法的基本原则	21
项目一 证据裁判原则	22
项目二 程序法定原则	26
项目三 自由评价原则	29
项目四 无罪推定原则	33
项目五 直接言词原则	37

单元三 证据的概念和采用标准	47
项目一 证据的概念	48
项目二 证据的采用标准	52

单元四 证据的种类	60
项目一 概　述	61
项目二 物　证	63
项目三 书　证	67
项目四 证人证言	72

项目五　被害人陈述 ·· 79
项目六　犯罪嫌疑人、被告人供述和辩解 ······························ 83
项目七　当事人陈述 ·· 88
项目八　鉴定意见 ·· 95
项目九　笔录类证据 ··· 103
项目十　视听资料、电子数据 ······································· 107

单元五　证据的分类

项目一　概　述 ··· 113
项目二　言词证据和实物证据 ······································· 114
项目三　原始证据和传来证据 ······································· 117
项目四　直接证据和间接证据 ······································· 120
项目五　有罪证据和无罪证据 ······································· 124
项目六　本证和反证 ··· 127

单元六　证据规则

项目一　概　述 ··· 132
项目二　关联性规则 ··· 134
项目三　非法证据排除规则 ··· 138
项目四　最佳证据规则 ·· 143
项目五　意见证据规则 ·· 146
项目六　口供补强规则 ·· 148
项目七　传闻证据规则 ·· 151

单元七　证　明

项目一　概　述 ··· 158
项目二　证明的要素 ··· 161
项目三　证明的相对性 ·· 168
项目四　证明的种类 ··· 171

单元八　证明对象

项目一　概　述 ··· 175

项目二　刑事诉讼的证明对象 ··· 180
　　项目三　民事诉讼的证明对象 ··· 184
　　项目四　行政诉讼的证明对象 ··· 188

单元九　证明责任 ··· 194

　　项目一　概　述 ·· 195
　　项目二　刑事诉讼的证明责任 ··· 199
　　项目三　民事诉讼的证明责任 ··· 204
　　项目四　行政诉讼的证明责任 ··· 210

单元十　证明标准 ··· 217

　　项目一　概　述 ·· 218
　　项目二　刑事诉讼的证明标准 ··· 223
　　项目三　民事诉讼的证明标准 ··· 228
　　项目四　行政诉讼的证明标准 ··· 232

单元十一　刑事诉讼的证明过程 ··· 240

　　项目一　刑事证据的收集和保全 ····································· 241
　　项目二　各种刑事证据的审查判断 ·································· 257
　　项目三　全案证据的综合审查判断 ·································· 269

单元十二　民事、行政诉讼的证明过程 ····························· 274

　　项目一　民事诉讼证明过程 ··· 275
　　项目二　行政诉讼证明过程 ··· 291

单元十三　推定与司法认知 ··· 300

　　项目一　推　定 ·· 301
　　项目二　司法认知 ··· 306

参考文献 ··· 312

单元一 证据法学概述

引 言

公平正义是人类社会共同的向往和追求，司法是实现社会公平正义的一道必不可少的环节。司法公正作为司法工作的价值取向，是社会公平正义对司法工作的根本要求。从本质上说，任何案件的处理都是司法主体收集、审查、判断和使用证据的活动，任何案件的公正处理，都是正确运用证据的结果。如何发现证据、收集证据并运用证据，在实现司法公正过程中具有重要地位。如果缺乏证据调查和运用的基本能力，司法公正只能是一个梦想。在学习具体的证据法知识之前，我们必须要明白什么是证据法和证据法学，了解证据制度的历史沿革，从而为后续的学习提供一个整体的、宏观的知识界面。

知识目标

通过基本原理的学习，掌握证据法的概念以及证据法学的学科性质、研究对象和具体内容；了解证据制度及其传统文化背景，证据制度和经济制度、诉讼制度的关系；了解英美法系国家证据法学体系、大陆法系国家证据法学体系和我国证据法学体系的特点。

能力目标

通过学习，理解证据法学与证据学的概念关系，掌握本课程的学科性质、学习内容和学习目标，树立较强的证据意识。

内容结构图

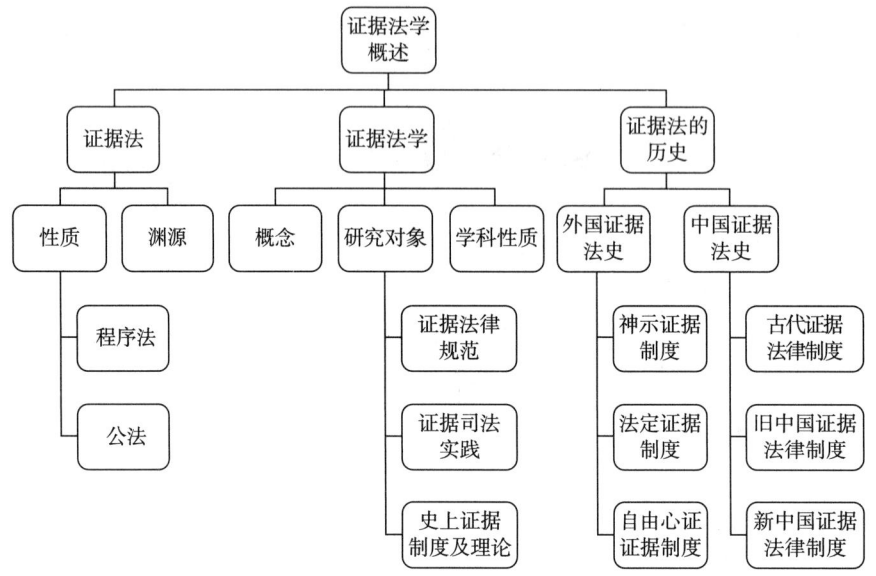

项目一　证据法的性质和渊源

唯在法治社会之定分止争,首以证据为正义之基础,既需寻求事实,又需顾及法律上其他政策。认定事实,每为适用法律之前提。因而产生各种证据法则,遂为认事用法之所本。

——李学灯

引　例

阿姆斯特朗案：某天晚上11点钟,在一片树林中,一个人被害,当时在场还有两个人,其中一人即阿姆斯特朗,因某证人证实他杀了人,因此他被认定有罪。但阿姆斯特朗当时确实没杀人,他当然不能认罪。所以法庭再次开庭审理此案,当时阿姆斯特朗的辩护律师就是林肯。为了澄清事实,林肯再次请出这位证人。

证人在陪审团面前发誓说：1857年10月18日夜11时,他曾亲眼看见威廉和一个名叫梅茨克的人殴斗,当时皓月当空,月光下他看见威廉用枪击毙了梅茨克。按照美国法庭的惯例,林肯作为被告的辩护律师与原告的证人艾伦进行了对质。

林肯：你发誓你看见的是被告？

艾伦：是的。

林肯：你在草堆后面,被告在大树下,相距二三十米,能看清吗？

艾伦：看得很清楚。因为月光很亮。

林肯：你肯定不是从衣着等方面辨认的？

艾伦：我肯定看清了他的脸，当时月光正照在他脸上。

林肯：你能肯定是晚上11点吗？

艾伦：完全可以肯定。因为我回屋看了时钟，那时是11点15分。

林肯：你担保你说的完全是事实吗？

艾伦：我可以发誓，我说的完全是事实。

林肯（对众人）：我不能不告诉大家，这个证人是个彻头彻尾的骗子。

接着林肯出示了美国的历书证明：10月18日午夜前3分钟，即当晚10点57分，月亮已经落下看不见了。"证人发誓说他于10月18日晚11点钟在月光下看清了被告阿姆斯特朗的脸，但历书已证明那天晚上是上弦月，11点钟月亮已经下山了，哪来的月光？"这个铁的事实已明白无疑地说明艾伦是在说谎。至此，证人的谎言不攻自破，法庭据以定罪的证据足以被推翻。但林肯并没就此打住，为了更能说服法庭及听众，林肯又进一步指出："退一步说，就算证人记不清时间，假定稍有提前，月亮还在西边，而草堆在东、大树在西，月光从西边照过来，被告如果脸朝大树，即向西，月光可以照到脸上，可是由于证人的位置在树的东面的草堆后，那他就根本看不到被告的脸；如果被告脸朝草堆，即向东，那么即使有月光，也只能照着他的后脑勺，证人怎么能看到月光照在被告脸上，而且能从二三十米的草堆处看清被告的脸呢？"此时，真相大白，就连证人自己也不得不承认其是被人收买来陷害被告的。

林肯的辩护不仅当场戳穿了证人的谎言，使小阿姆斯特朗被无罪释放，更为重要的是，这场精彩的辩论生动形象地向人们展示了法律论辩的逻辑魅力。

问：证据法是如何发现真相的？如何确认真相？如何有效地发现真相？如何合理地发现真相？如何有效而合理地发现真相？如何有效而合理地发现真相和确认真相？试归纳证据法的功能。

基本原理

一、证据法的概念

作为证据法学的研究对象，证据法的概念是我们首先需要理解、把握的内容。

从字义本身理解，证据法是一种确定事实的方法，不仅跟任何学科有关，甚至跟我们的社会生活都密不可分。显然，证据法不仅只存在于法律事务工作中。广义的证据法，是构成所有事实基础的、准确认定事实关系的方法和程序。作为证据法学研究对象的证据法，其内涵虽然没有本质的区别，但丰富得多。

对于何谓证据法，我国法学界并没有统一的定义，这主要是因为我国目前还没有形式上的独立完整的证据法，但由于在各大部门法中存在着大量关于证据运用的具体规则，我们通常将这些规则作为证据法的内容加以运用，这就在事实上形成了证据法部门。所以，"证据法"只是一个学术概念，并非法律概念。明确这一点非常重要，即我们认为没有独立的证据法典不等于没有证据法。证据法是通过一定法律形式表现出来的、用于调整证据的收集、审查和判断，并据以认定案件事实的诉讼活动的法律规范的总称。在我国，它不是指某一部成文证据法典，而是指不同层次法律规范所涉及的相关条款。具体可以细分为刑事证据法、民事证据法和行政证据法。

二、证据法的性质

（一）程序法

根据规定内容的不同，法律可以分为实体法和程序法。实体法是规定实体权利和义务的法，即规定法律关系主体在实体上享有什么权利、承担什么义务以及相应的法律后果的法律。程序法一般被认为是规定如何实现实体法律规定的步骤、方法与手续的法律。但这并不意味着程序法不规定权利义务——任何法律规范都以权利义务为核心内容。程序法同样有程序性的权利义务规定，与实体法的不同之处在于，其权利义务的性质是程序性的，而前者规定的权利义务性质是实体性的。那么，证据法的性质是程序法还是实体法？

第一，证据法具有一定的实体法性质。实体法规范当中存在很多证据法则，比如公民下落不明满4年推定为死亡；建筑物倒塌造成他人损害的，推定其所有人或管理人有过错；夫妻关系存续期间出生的子女推定为婚生子女；来源不明巨额财产推定为犯罪所得……这些规定，都与当事人的实体权利有密切的关系，具有很强的实体法性质。

第二，证据法的基本性质是程序法。特别在我国，现行的证据法律制度主要集中在程序法当中，其具体内容也具有程序法的性质，因此我们主张把证据法纳入程序法的范畴进行学习。当然，鉴于部分证据法律制度存在于实体法中、带有实体法的性质，我们在学习证据法时不能脱离相关实体法的内容。

（二）公法

按照罗马法学家提出的最古老的分类法，根据调整对象的不同，法律可以分为公法和私法。公法是规定国家组织及其活动的法律，调整国家与个人之间的关系；私法是调整平等主体之间民事关系、经济关系的法律类别。现代公法的本质在于对权力的限制，而私法的本质则是权利法。我国刑事诉讼法、民事诉讼法和行政诉讼法中的证据法调整的是当事人、其他诉讼参与人与公安机关、人民检察院以及人民法院之间有关证据的收集、审查和判断的权利义务关系，涉及国家专门机关权力的运行，因而具有公法的性质。这种公法性质，决定了在证据的调查、运用过程中，必须协调好国家权力与公民权利的关系，实现二者之间的平衡。比如侦查机关的调查取证权与犯罪嫌疑人的人身权利、人民法院的审判权与当事人的意思自治之间的关系等。

三、证据法的渊源

证据法的渊源，指的是证据法律规范的存在形式。我国证据法的渊源如下：

（一）宪法

宪法是国家的根本大法，具有最高的法律效力，是制定一切法律的根据。我国《宪法》第13条第1款规定："公民的合法的私有财产不受侵犯"；第33条第3款规定："国家尊重和保障人权"；第37条规定："中华人民共和国公民的人身自由不受侵犯。任何公民、非经人民检察院批准或者决定或者人民法院决定，并由公安机关执行，不受逮捕。禁止非法拘禁和以其他方法非法剥夺或者限制公民的人身自由，禁止非法搜查公民的身体"；第39条规定："中华人民共和国公民的住宅不受侵犯。禁止非法搜查或者非法侵入公民的住宅"；等等。这些规定为制定有关证据收集、运用的法律规范奠定了基础。司法实践中公民宪法性权利被侵犯的现象时有发生，这与我国关于证据的收集、非法证据的排除等法律规范不够完善是密切相关的。因此，保障公民的宪法权利，有必要完善我国的证据立法。

（二）诉讼法

我国三部诉讼法中规定的证据制度构成了我国证据法的主体内容。我国《刑事诉讼法》在第五章（第48~63条）用16个条款、《民事诉讼法》在第六章（第63~81条）用19个条款、《行政诉讼法》在第五章（第33~43条）用11个条款对证据问题进行了专门规定。此外，还有一些关于证据的规定散见在三部诉讼法有关审判程序等章节之中。这些制度无论从数量、规模，还是从完备程度上，都与现代法治国家还有很大的差距。

（三）其他法律

全国人民代表大会及其常务委员会制定的与证据有关的其他法律主要包括：《刑法》《民法总则》《侵权责任法》《行政处罚法》《治安管理处罚法》《行政复议法》《海事诉讼特别程序法》《仲裁法》《律师法》《引渡法》《电子签名法》《国家安全法》《道路交通安全法》《治安管理处罚法》等综合性专门法律，其中都包含有许多关于证据与证明的法律条款。

（四）法律解释和相关规定

为了贯彻执行前述法律，全国人民代表大会常务委员会与最高人民法院、最高人民检察院分别颁行了一些综合性的立法解释和司法解释，是专门就证据的收集、运用问题所作的解释、通知、批复等，主要有：《最高人民法院关于民事诉讼证据的若干规定》《最高人民法院关于行政诉讼证据若干问题的规定》《关于办理死刑案件审查判断证据若干问题的规定》《关于办理刑事案件排除非法证据若干问题的规定》等。这些法律解释多就诉讼法有关证据的规定作进一步的细化和明确，但也有全新的规定，如有关民事诉讼中举证时限、证据交换、意见证据规则、非法证据排除规则等。

（五）行政法规和部门规章

这是指国务院颁布的行政法规和有关行政部门颁布的行政规章中有关证据法的规定。如在行政执法以及随后可能引起的行政诉讼领域中，涉及证据法律规定的有国务院颁布的《道路交通安全法实施条例》第92条第1款规定："发生交通事故后当事人逃逸的，逃逸的当事人承担全部责任。但是，有证据证明对方当事人也有过错的，可以减轻责任。"公安部颁布的《道路交通事故处理程序规定》第25条第2款规定："车辆驾驶人有饮酒或者服用国家管制的精神药品、麻醉药品嫌疑的，公安机关交通管理部门应当按照《道路交通安全违法行为处理程序规定》及时抽血或者提取尿样，送交有检验资格的机构进行检验；车辆驾驶人当场死亡的，应当及时抽血检验。"国务院颁布的《医疗事故处理条例》对医疗事故的鉴定以及患者的取证权等作出了规定，如规定："患者有权复印或者复制其门诊病历、住院志、体温单、医嘱单、化验单（检验报告）、医学影像检查资料、特殊检查同意书、手术同意书、手术及麻醉记录单、病理资料、护理记录以及国务院卫生行政部门规定的其他病历资料。患者依照前款规定要求复印或者复制病历资料的，医疗机构应当提供复印或者复制服务并在复印或者复制的病历资料上加盖证明印记。复印或者复制病历资料时，应当有患者在场。"公安部发布的《公安机关办理刑事案件程序规定》对刑事诉讼有关证据的收集和运用也作出了比较细致的规定。

（六）国际公约

目前，我国已经签署并批准的与证据法有关的国际公约主要有：联合国《禁止酷刑公约》、《反腐败公约》、国际私法会议《关于从国外调取民事或商事证据的公约》以及《承认和执行外国仲裁裁决公约》等。这些公约确定了刑事诉讼中反对自我归罪特免权规则、刑事国际调查协助规则与民商事国际调查协助规则等证据规则。另外，我国已经签署但尚未批准的与证据法紧密相关的重要国际公约《公民权利和政治权利国际公约》，规定了刑事被告人享有无罪推定、传唤和质询证人以及不得被强迫自证其罪的权利。对于我国缔结的条约，遵守相关规定是当然的义务。

项目二　证据法学的研究对象和学科性质

我认为，证据科学是科学中之最为精妙最为繁难者。它实际上是科学中的科学。

——古德曼

引　例

张某邀未婚的女同事李某外出游玩。在森林公园的僻静处将李某强暴。李某又羞又恨又不懂法，只知沉浸在悲伤中，并未及时报案，错失提取阴道遗留物为证的时机，且未保留粘有张某精液的衣裤。在后来的诉讼中，法官最后裁判张某无罪。

问：关于司法公正与证据，本案给你什么启示？

基本原理

一、证据法学的概念

证据法学是一门古老的学科，但在中国法学教育中，却是新鲜的。新中国第一本相关的教科书是1983年群众出版社出版、陈一云主编的《证据学》。究竟何为证据法学？证据法学与证据学的概念关系又是如何？从新中国建立后的发展历程来看，早期教科书均以"证据学"为名，后来几无例外均采"证据法学"为名。这种变化说明学界已经认识到这两个概念虽仅一字之差，但内涵却相去甚远。

如前所述，证据法就是规范证据和证明过程的法律规范的总和。作为一门学科，证据法学就是研究规范证据和证明过程的法律规范以及证据运用实践的法律学科。有别于其他同样以证据为研究对象的学科，如物证技术学、痕迹学、司法会计学、法医学等，证据法学的研究视角不是经验、不是技术，而是法律，研究对象主要是动态的证据，即证据的发现、收集、提交、质询、认证等过程，而非静态的证据本身。这种研究视角的不同，决定了证据法学的法律学科属性，是现代法学体系中的重要分支。

从字义本身理解，证据学泛指一切以证据本身及其运用规则为研究对象的学科，研究的视角有社会科学的证据法学，也有自然科学的法医学、痕迹学等。显然，证据学与证据法学二者的逻辑关系是包含与被包含的关系，是母概念与子概念的关系，不可混同。从现有教材的具体内容来看，不论是以"证据学"为名，还是以"证据法学"为名，并无实质性的区别。因此我们主张采用"证据法学"，这才能准确体现其以证据法律制度为研究对象的法律分支学科的性质。

证据法学能否成为一门独立的学科？理论界有不同的看法。我们认为，判断证据法学能否作为一门独立的学科，不应以是否有独立的证据法典为标准，而关键看是否有独立的研究对象和完整的理论体系。事实上，我国现行的法典数量远远大于法学学科数量，这说明有独立的法典并不意味着就能成为独立的法学学科。相反的是，行政法学等没有对应的统一法典，却成为一门独立的法学学科。就研究对象和理论体系而言，证据法学尽管与诉讼法学和民法学等实体法学在部分内容上有交叉，但是没有哪一门法学能完全包容证据法学的全部研究内容。因此，证据法学应该作为一个独立的学科。[1]

---

〔1〕 陈光中主编：《证据法学》，法律出版社2013年版，第9页。

二、证据法学的研究对象[1]

了解证据法学的研究对象,是我们学习的起点和基础。作为现代法学的重要分支,证据法学有其特定的研究对象,具体包括以下几方面。

(一)证据法律规范

目前我国没有统一的证据法典,证据法律规范主要散见在《刑事诉讼法》《民事诉讼法》和《行政诉讼法》三部法典之中,具体包括《刑事诉讼法》第 48~63 条、《民事诉讼法》第 63~81 条、《行政诉讼法》第 33~43 条。与西方国家制定专门的证据法典相比,我国的证据法律规范还不够完善。因此,为了更好地执行相关制度,最高人民法院、最高人民检察院就审判、检察业务中具体应用证据法律问题作了更加细致的解释,如《最高人民法院关于民事诉讼证据的若干规定》《最高人民法院关于行政诉讼证据若干问题的规定》,这些都属于证据法学的研究对象。

除了程序法中的证据法律制度,实体法中也存在着零散的证据制度。如《民法通则》第 123 条规定:"从事高空、高压、易燃、易爆、剧毒、放射性、高速运输工具等对周围环境有高度危险的作业造成他人损害的,应当承担民事责任;如果能够证明损害是由受害人故意造成的,不承担民事责任。"《刑法》第 395 条规定:"国家工作人员的财产、支出明显超过合法收入,差额巨大的,可以责令该国家工作人员说明来源,不能说明来源的,差额部分以非法所得论,处 5 年以下有期徒刑或者拘役;差额特别巨大的,处 5 年以上 10 年以下有期徒刑。财产的差额部分予以追缴。"《专利法》第 61 条规定:"专利侵权纠纷涉及新产品制造方法的发明专利的,制造同样产品的单位或者个人应当提供其产品制造方法不同于专利方法的证明。专利侵权纠纷涉及实用新型专利或者外观设计专利的,人民法院或者管理专利工作的部门可以要求专利权人或者利害关系人出具由国务院专利行政部门对相关实用新型或者外观设计进行检索、分析和评价后作出的专利权评价报告,作为审理、处理专利侵权纠纷的证据。"第 62 条规定:"在专利侵权纠纷中,被控侵权人有证据证明其实施的技术或者设计属于现有技术或者现有设计的,不构成侵犯专利权。"以及《合同法》《大气污染防治法》《产品质量法》《道路交通安全法》《著作权法》等,都有关于证据和证明的具体规定。这些制度显然也是证据法学的研究对象。

我国已经签署的国际公约中,相当一部分与证据法律规范有关,如《公民权利和政治权利国际公约》《联合国反腐败公约》《联合国打击跨国有组织犯罪公约》等。加强对这些与证据有关的国际公约的研究,使国内的证据法律规范与之有效地衔接,是当前我国证据法学研究的重点课题。

---

[1] 卞建林主编:《证据法学》,中国政法大学出版社 2007 年版,第 1 页。

（二）与证据和证据运用有关的司法实践

证据法学是一门实践性很强的应用型学科，必然要将与证据运用和证据法实施有关的司法实践作为自己的研究对象，即研究证据法律规范在司法实践中的适用和实施情况，从中总结经验，发现和解决具体贯彻实施证据法过程中存在的问题。司法实践是检验法律是否合理、是否完善的标准，研究与证据运用和证据法实施有关的司法实践，可以有效地训练我们的证据调查和运用能力，实现理论与实践的结合，深化理论知识的理解。脱离了证据运用的实践，证据理论研究和学习就会沦为无源之水、无本之木。证据法学只有根植于司法实践之中，不断总结实践、服务实践、促进实践，才能使自己获得新的繁荣和发展。

（三）古今中外的证据制度和证据理论

理论是开启智慧的钥匙。只有创建和发展科学的证据法理论，才能制定和不断完善科学的证据法律规范，才能不断科学地解决司法实践中与证据运用和证据法实施有关的疑难问题。人类如何查明案件事实真相的进步过程，就是一个证据法理论发展的过程。在人类证据理论发展的历史长河中，古今中外的证据法学者提出了诸多的理论和学说，从古代的神判证据制度、欧洲大陆中世纪的法定证据制度，到近代西方的自由心证证据制度等。这些证据理论，在今天看来，有的已经不合时宜，有的明显违反了客观规律，然而这些证据理论在当时特定的社会历史和条件下对于"定分止争"、维护社会秩序无不起到了重要的作用。对这些历史上先后出现的证据制度的产生、演变和特点等进行深入的研究，揭示证据理论发展的规律，科学、客观地评价其优劣，认真地从中总结、吸取经验和教训，也是证据法学研究的重要内容。[1]受教材编写宗旨所限，本教材关于这一部分的内容较少，但不能据此否认其研究的价值。

三、证据法学的学科性质[2]

证据法学的学科性质，是指证据法学内容所具有的基本属性，以及证据法学在整个法学体系中的地位和功能。归根结底，证据法学的性质是由证据法的性质所决定的。一般来说，证据法首先是作为程序法的组成部分产生和发展起来的，因此证据法与程序法之间有着比较密切的联系，学者们也多把证据法视为程序法的组成部分。后来随着司法实践和理论研究的发展，有学者指出，证据法的范围应该是狭窄的，可以列入实体法或诉讼法范畴的问题应排除在证据法之外。由此可见，证据法的内容确实具有复杂性和特殊性，人们很难简单地将其统一划入传统的实体法或程序法的范畴。于是，

---

[1] 陈光中主编：《证据法学》，法律出版社2013年版，第11页。
[2] 何家弘主编：《新编证据法学》，法律出版社2000年版，第13页。

关于证据法的性质，呈现出众说纷纭的局面。

严格地说，证据法具有"两重性"。一方面，证据法的基本内容是在各种司法和执法活动中"如何"运用证据证明案件事实的规则，而这些规则显然都具有程序法的属性。另一方面，证据是认定案件事实的依据，而且证据法中也有关于当事人和证人权利义务的规定，这些似乎又带有实体法的特征。从立法角度看，证据法的内容也不仅存在于程序性的法律法规之中，刑事和民事的实体法中也有关于证据的规定。然而，这些事实并不能否定程序性是证据法的基本属性。

就基本内容而言，证据法是程序法的重要组成部分。虽然证据法中也有关于权利义务的规定，但这些权利义务本身就具有程序性，当事人和证人在诉讼中的权利义务并不是实体性权利和义务。诚然，证据所确认的案件事实与当事人的实体权利义务密切相关，但是证据法所要解决的问题不是权利义务"是什么"，而是"如何"确认这些权利义务关系。换言之，证据法属于实现法律实体目的的"手段"。

另外，证据法不仅限于诉讼的范畴，证据法学也不仅以诉讼活动为研究的领域。由于审判、仲裁、公证、监察和各种行政执法行为都需要运用证据证明相关事实，所以证据法学是一门应用范围很广的综合性学科。因而，证据法学应该成为法学体系中一个独立的分支学科。

拓展阅读

有人说证据法学是诉讼法学中最重要、最复杂的部分，有人说证据法学是与程序法、实体法三足鼎立的独立学科，而笔者认为，证据法学，是一个在程序法学母体中孕育、成熟并最终必然与之分离的学科。我国的证据法学，随着独立的证据立法的必然进行，将作为独立的法学学科而存在。[1]

项目三 证据法的历史沿革

其实，法官之所以能够就案件作出裁判，并不是因为他们自己的智慧，而是因为有神的帮助。而且，裁判的权威性是最为重要的，人们对合理和正义的理解都会因此而屈从于对神的信仰和崇拜。

——古希腊人

引 例

古印度传说：曾有一个男人，以力大无比著称。一天，其因一时生气而弃妻出走，一个天神便化装成他的样子插足进来。几个月后，丈夫气消了回到家中，问题就此产

---

[1] 刘金友主编：《证据法学》，中国政法大学出版社2001年版，第1页。

生——真假丈夫难辨真假，即便妻子也无力鉴别。于是一个婆罗门的法官被请来判别谁是真丈夫，谁是假丈夫。他知道真丈夫力大无比，于是就令真假丈夫逐一举起巨石，真丈夫使了全身力气才将巨石搬起几英寸高，而假丈夫却像举一根羽毛般把巨石举过头顶，围观的人们大喊"毫无疑问，把巨石举过头顶的是真丈夫"。然而，法官却宣布第一个人才是真丈夫，因为他所做的是人类力所能及的，而第二个人做的只有神才能完成。

问：这一神话故事，对于我们运用证据认定案件事实，有何启示？

基本原理

一、外国证据制度的历史沿革

（一）神示证据制度

1. 神示证据制度的概念。神示证据制度是以神明的启示来判断案件中的是非曲直并作为裁判依据的一种证据制度，具体方式有很多种。作为证据制度发展史上最原始的一种，神示证据制度曾普遍存在于亚欧各国的奴隶社会，直至欧洲封建社会早期仍有残留。

神示证据制度产生的社会基础是人类认识能力的低下，以及对神明的信仰和崇拜。因为人们普遍信奉神明，认为神是人类的主宰，无所不知、无处不在，当遇到难以查明的案情、难以决断的争议时，人们便求助于神明，奉神明的旨意来判断是非、解决争议。由于各民族的社会生产方式、历史传统、宗教信仰和文化习俗各异，所以他们借以体现神意的途径尤其繁多，具体方法更是多种多样。对神宣誓、水审、火审、决斗、卜筮以及十字形证明等，是当时人类社会具有共性的神明裁判方式。

2. 神示证据制度的证明方法。

（1）诅誓。诅誓是对神宣誓，并以此作为当事人或证人自清以及裁判者认定事实的证明方法。当控告人和被告人对案件事实的陈述相互冲突时，审判者要求原告和被告分别对神发誓用以证明自己陈述的真实性。如果哪一方当事人不敢对神发誓，或在宣誓过程中神色慌张，或在宣誓后有某种报应的迹象出现，审判者便可以认定其所陈述之言虚假。如《汉谟拉比法典》第20条规定："倘奴隶从拘捕者之手逃脱，则此自由民应对奴隶主指神为誓，不负责任。"又如西欧中世纪初期的《萨利克法典》第58条规定："如果有人杀了人，而交出其所有财产，但还不够偿付依法所该交纳的罚金，那么他必须提供12个共同宣誓人，他们将宣誓说'在地上在地下，除已交出的东西以外，并没有其他任何财产'。"

神誓法利用了人类初始阶段对神的崇拜心理来查明案情，因为，一旦他们提供了虚假的陈述，便不敢对神宣誓或在宣誓时显现出不安的神态，此时案情自然水落石出，神誓的价值由此得以体现。在笃信宗教的社会，诅誓是常见的证明方式，历史也十分悠久，德国直到1933年才取消将宣誓作为询问证人替代方法的做法。

（2）水审。水审，是指通过一定的方式使当事人接受水的考验，显示神意，借以判定当事人对案情的陈述是否真实，被告人是否有罪。水审分为冷水审和沸水审。冷水审是将被控告的人投入河水中来检验其是否有罪的方法；沸水审是以在沸水中放置物件令被控告的人用手取出来验证其是否有罪的方法。通常的检验标准是：烫伤后经向神祷告或发咒语，在一定时间内如果烫伤痊愈或者有即将痊愈的迹象，则认为无罪；脓肿溃烂则认定其有罪。有些地方用油代替水，实行热油审，方法与此类似。由于各民族传统不同，在具体的判断标准上也存在一些区别。如在古巴比伦王国，被告人被投入河中，如果沉没则表明神要对他进行惩罚，因而其陈述是虚伪的，或者被认定有罪；如果被告人浮出水面，则认为他是诚实的，无罪。但古日耳曼民族的判断标准恰恰与之相反。古日耳曼民族认为水是世界上最纯洁的，不接纳任何污秽的东西，若被告人入水而不沉，意味着他受到水神的唾弃，从而说明他的陈述是虚假的，或者说他是有罪的；相反，如果他沉入水中，则认为纯洁的水神接纳了他，他的陈述是真实的，或者他是无罪的，在这种情况下，亲友必须立即捞救，以免无罪的人反遭溺死。

（3）火审。火审是通过一定的方式要求被告人接受火或烧红的铁的检验，以显示神意，借以判定当事人的陈述是否真实以及被告人是否有罪。《摩奴法典》曾讲述这样一个故事："跋多婆仙曾被其异母弟妄控，指控仙者是首陀罗妇女的儿子，仙者宣誓说这是假的，于是他穿过火内，以证明誓不虚。火作为一切人有罪与无辜的考验者，由于他宣誓真诚，对他毫发未伤。"火审与水审一样，属于比较重大的神判方法，一般用于大案、要案。如欧洲9世纪法兰克的《麦玛威法》规定："凡犯盗窃罪，必须交付审判。如在审判中为火所灼伤，即认为不能经受火的考验，处以死刑。反之，如果不为火所灼伤则可允许其主人代付罚款，免除死刑。"

在这种火审裁判中，司法证明的天平显然不利于受考验一方，因此，裁判者决定让某一方当事人接受神明考验时，往往就在一定程度上决定了审判的结果。

（4）决斗。决定或许是现代人最为熟悉的神明裁判方法，因为这种方法最迟直到20世纪初才被正式废除。决斗是由当事人双方使用武器对打以决胜负的神判方式。凡在决斗中获胜的一方被认为是无罪的，失败的一方被认为是有罪的。当时的人们把决斗视为天意，"认为上帝会给予诉讼理由合理的格斗者一方以勇气，让他击败他的对手"。[1]因此，"政府通过在尽可能小的范围内加以限制的方式开始了诉讼，在这种诉讼案中通过单个格斗来证明或否认有罪的做法是合法的。根据501年通过的以勃艮第国王名字命名的贡德巴尔达斯法，在所有法律诉讼程序中是允许用格斗代替发誓来作证的。在查理曼时代，勃艮第人的做法已传遍法兰西帝国"。不仅刑事案件用到决斗，"随着时间的推移，这种做法扩大到所有民事和刑事案件的审判中去，所有案件都必须

---

[1] [英] 查尔斯·麦凯：《人类愚昧疯狂趣史》，朱品凡等译，漓江出版社2000年版，第292页。

由决斗来决定"。[1]按照孟德斯鸠在《论法的精神》中的记载，巴特尔库露斯甚至说："日耳曼人的一切事情，都用决斗来解决。"这种方式看似迷信，但其产生和运作植根于特定的历史背景和社会状况，具有独特的功能。"司法决斗可视为对抗制诉讼的渊源之一，现代诉讼制度的许多基本要素皆可从中找到对应特征。"[2]

（5）卜筮。卜筮是就当事人双方争议的事实向神祷告，然后进行占卜，法官根据卦象式签牌的内容判断何者胜诉的神判方式。

（6）十字形证明。十字形证明是当事人双方对面站立，手臂左右伸直，使身体呈十字形，保持这一姿势时间最长者胜诉，为信仰基督教的民族所采用。

神明裁判还有其他方法，如鳄鱼审、面包奶酪审，不一而足。这些唯心主义的证明方法，总体并不能帮助形成正确的裁判结论，但是由于其建立在宗教信仰的社会基础上，通过这种方法形成的裁判结论具有毋庸置疑的权威性，能够有效地解决纠纷，实现"定分止争"的功能，因此在当时的社会还是发挥了现实的意义。从审判心理学的角度来看，这种方法利用了人们信奉神灵的心理，也具有一定的科学性。人们在神灵面前具有强大的心理压力，唯恐作不真实的陈述会遭到神的惩罚，因而不敢不如实陈述案件事实真相，进而使真相得到揭示，对于正确断狱息讼也有一定的价值。

（二）法定证据制度

1. 法定证据制度的概念。法定证据制度是指法律根据各种证据的不同形式，对其证明力的大小以及如何审查判断和运用预先明文规定，法官审理案件必须据此作出判决，而不得自由评断和取舍。这种证据制度只要求法官机械地运用法律规定的各项规则认定案情，而无需考虑案件的真实情况。因此它也被称为形式证据制度。

法定证据制度的理论认为，每一种具有一定特征的证据，其证明力在一切案件中都是永恒不变的，因此，可以用法律预先规定各种具有不同特点的证据的证明力。法官在办理各类案件时，只要严格按照法律的规定运用证据，就能够准确地查明案情和正确地裁断案件，这样做有利于防止法官主观擅断。在这种证据制度下，法官在审理案件过程中，不必分析和判断本案中各种证据的真实程度和它的证明力大小，他们唯一的职责就是按照法律预先规定的各种证据可靠性的百分比，机械地计算和评价本案的各种证据，并且据此认定案件事实。

法定证据制度形成于 13 世纪，盛行于 16~18 世纪，直至 19 世纪后期才逐步退出历史舞台。欧洲大陆除英国外，大都实行该制度。

2. 法定证据制度的主要特点。

（1）以证明力大小为标准划分证据种类。首先，法定证据制度预先规定了各种证据的证明力大小。根据当时的法典和证据理论，证据根据证明力大小不同，可以划分

---

[1] [英] 查尔斯·麦凯：《人类愚昧疯狂趣史》，朱品凡等译，漓江出版社 2000 年版，第 292 页。
[2] 徐昕："从武力到决斗"，载《检察日报》2007 年 3 月 16 日。

为完善的和不完善的，或完全的和不完全的。完善或者完全的证据就是法律规定足以认定被告人有罪、"足够判刑不必怀疑"的证据，如1857年《俄罗斯帝国法规全书》将受审人的自白、书面证据、亲自的勘验、具有专门知识的人的证明、与案件无关的人的证明（即证人证言）等证据列为完善的证据。不完善或者不完全的证据就是法律明确规定其证明力尚不充分、"不能消除受审人供述无罪的可能"的证据，如《俄罗斯帝国法规全书》将受审人相互间的攀供、询问四邻所得知的关于犯罪嫌疑人的个人情况和行为、实施犯罪行为的要件、表白自己的宣誓等列为不完善或不完全的证据。按照证据法则，几个不完全的证据可以合成为一个完全的证据。例如一个证人的陈述被视为半个证据，两个证人完全相同的陈述则构成一个完全的证据。

（2）以证据形式为根据规定证据的证明力。法定证据制度预先规定各种证据的证明力，其根据并非证据与案件事实之间的关联性，而是证据的形式。证据形式不同其证明力也大小各异。如被告人的自白被认为是所有证据中最有价值和最完善的证据，贱民、游民的证言证明力只有"完全证人"的四分之一或八分之一，男性、僧侣、牧师的证词证明力大于女性、世俗人员的证词……这种鲜明的形式主义、等级主义色彩，成为法定证据制度的突出特征。

（3）以刑讯逼供为合法的取证手段。因为法律视被告人自白为证据之王，它对案件的判决和被告人的命运起决定性的作用。因此刑讯成为各国刑事诉讼普遍采用的取证手段。一些国家的诉讼法典对刑讯规则作了详细的规定，比如《加洛林纳法典》第31条，明确规定了刑讯的条件："假如某人被怀疑对他人有损害行为，而嫌疑犯被发觉在被害人面前躲躲闪闪、形迹可疑，同时嫌疑犯又可能是犯这类罪的人时，那么这就是足以适用刑讯的证据。"1670年法国刑事法令规定，对应处极刑的重罪案件被告，在已取得相当的证据但又不足以定案时，可以进行刑讯。刑讯时允许使用六锅开水和一具小型刑架，进行特别刑讯时则使用大型刑架。刑讯俨然成了刑事诉讼"整个大厦的中心"。被告人完全沦为诉讼的客体，而无任何权利可言。

（4）对特定案件规定定案证据结构。即特定案件必须具备法定的证据形式并达到相关标准才可以定案。在1670年法国刑事法令、1853年奥地利刑事诉讼法、1857年俄罗斯帝国法规全书等欧洲国家的刑事立法中，都有特定犯罪的形式证据要求。最典型的是认定强奸罪，一般要求具备以下证据：暴力行为实际发生的证据——如被害人或加害人身体上的伤痕；被害人曾经呼救的证据——如证人曾经听到被害人呼救的陈述；被害人曾经明显反抗的证据——如被害人被撕破的衣物；被害人及时报案的证据——如邻居的证词、警察的记录。证据形式结构不完整则不能定案。

以历史的眼光来看，法定证据制度较此前具有浓厚宗教色彩的神明裁判制度，更多地体现了人类在事实揭示、纠纷处理上的理性运用，不再将案件裁判权托付于虚无缥缈的神意，显然更具有进步性。法定证据制度要求法官依照法律预定的证据和规则判案，改变了以往在这个问题上的混乱状态，有效地避免了司法专断；并且某些具体制度，如公文书证大于私文书证、原件证明力较大等，也是沿用至今的证据规则。但其本质上的反科学性、封建性、残酷性甚至反动性，决定了其终将被历史淘汰的命运。

（三）自由心证证据制度

1. 自由心证证据制度的概念。自由心证证据制度，又称"内心确信"证据制度，是指一切证据证明力的大小以及证据的取舍和运用，法律并不预先规定，而是交由法官根据自己的良心、理性自由判断，并根据其形成的内心确信来认定案件事实的一种证据制度。

1790年法国议员杜波尔首次在宪法会议上提出废除法定证据制度、把法官的内心确信作为诉讼证据制度的建议。经过激烈辩论，杜波尔的革新建议取得了胜利。1808年《法兰西刑事诉讼法典》制定了"自由心证"的经典表述："法律并不要求法官通过某种方式形成内心确信，法律也并不规定法官必须特别依据某些规则来确定一项证据的完备性和充足性；法律只要求法官集中思想、静心自问、缜密思考，以自己的真诚和良知，凭借理性，对控诉证据和辩护理由形成独自的印象，法律只向法官提出一个问题，这个问题涵盖了法官履行全部职责的准则：'您是否已经形成了内心确信？'"[1]这一段表述，一向被认为是关于"自由心证"的古典公式。

2. 自由心证证据制度的内容。自由心证证据制度主要包含两个方面的内容：

（1）诉讼证据的证明力，完全由法官凭自己的理性和良知自由判断；所谓理性，一般是指概念、判断、推理等思维形式或思维活动。而理性认识，是认识的高级阶段，是属于概念、判断和推理阶段的认识，它一般反映事物的本质和内部联系。在法庭审判工作中，"理性"并不仅指这些内涵，它更多地要求运用关于证据、解释、推理等知识和技能。而自由，是指法官除了根据"良知""理性"判断证据，不受任何其他的限制和约束。

（2）法官对案情的认定，必须在自己内心形成确信。法官通过对证据的审查判断所形成的内心信念，称为"心证"，心证达到确信不疑的程度，即为"内心确信"。法官审判案件只根据他自己的内心确信来认定案件事实。

需要强调的是，自由心证制度并不是允许法官恣意断案，只是要求法官根据理性、经验法则和良知，形成合理的心证。而所谓的内心的"确信"，也不是没有丝毫的怀疑。法官对案件事实的判断，不可能没有丝毫的怀疑，因此，心证只能实现一定程度的盖然性（指在对案件事实证明没法达到事实清楚，证据确实、充分的情况下，对举证证明事实发生的可能性较大的主张，予以认定的概率论），而不是绝对的真实。

自由心证证据制度，解放了法定证据制度对人类理性的束缚，赋予法官完全自由的证据判断、证据运用的权力，首次确立了以人的思维逻辑和思想信念为基础的证据

---

[1] 《法国刑事诉讼法》第353条。较为准确的译文可参见：何勤华主编：《法国法律发达史》，法律出版社2001年版，第515~516页。

采信原则。只要法官的事实判断来源于证据,来源于法官自身对事实和证据的理性认识,那么法律就完全承认法官的这种内心确信。显然,崇尚理性、自由的自由心证证据制度,与资产阶级思想启蒙运动倡导的人文主义思想一脉相承,由此得以长期存在。

二、我国证据制度的历史沿革

(一)我国古代证据法律制度

1. 奴隶制时期的证据制度。一般认为,禹之子夏启建立了中国历史上第一个奴隶制国家——夏朝,以后的商、周王朝,同属于奴隶制国家。据《左传·昭公六年》记载,夏有乱政,而作禹刑;商有乱政,而作《汤刑》;周有乱政,而作九刑。"禹刑""汤刑""九刑"就是当时奴隶制国家的法律,证据制度包含其中。归纳有如下特点:

(1)证据种类丰富。与西方国家早期神明裁判占主导地位不同,我国奴隶社会就非常重视证据的运用,发展出种类丰富的证据形式及其基本的运用规则。如《尚书》记载审理案件应当"两造具备,师听五辞",其中"两造"即双方当事人,而"师听五辞"就是听取当事人陈述。《周礼·地官·小司徒》记载,"凡民讼,以地比正之"。"地比"就是居住较近的知情人,也就是今天的证人。《周礼》还记载了当时的一种官职"司厉",职责为"掌盗贼之任器货贿",即负责凶器、赃物的保管,证明周朝非常重视物证的收集和运用。《周礼》还多次提到书证的使用。如"凡地讼,以图正之""凡以财狱讼者,正之以傅别约剂"。地界纠纷,以官府的丈量图为证据;财物纠纷,以买卖时签订的文书(傅别、约剂)为证。《礼记·月令》记载了勘验结果的使用:"孟秋之月……命理瞻伤,察创,视折,审断,决狱讼。"治狱之官"理"审理人身伤害案件,必须亲自察看伤情(伤、创、折、断分别指不同程度的伤情)。这种形式繁多的证据运用,体现了我国奴隶社会远较同期其他地区发达的诉讼证据制度。当然,作为早期人类社会,神示证据虽然在当时不太突出,但也同样存在。出土的甲骨文就是对重刑犯的神判记录:"贞:王闻惟辟?""贞:王闻不惟辟?"辟,大辟,就是死刑。这是祈求神明启示是否对受审人适用死刑的卜辞。

(2)规定特定证据的取证制度。如人类社会早期的普遍做法,周朝也有刑讯为法定取证手段的规定。《礼记·月令》中记载:"仲春之月……勿肆掠",意即仲春之月不得"肆掠",即刑讯。其他季节则可以采用。同样,《礼记》中也规定了勘验检查制度。

(3)规定了证据审查、判断的方法。因为我国奴隶社会的神示证据并不突出,因此,对证据的审查、判断是诉讼中的主要内容,进而发展出当时较为先进的方法。据《周礼》记载,官吏审理案件时,应当"以五声听狱讼,求民情:一曰辞听(观其出言,不直则烦);二曰色听(观其颜色,不直则赧然);三曰气听(观其气息,不直则喘);四曰耳听(观其听聆,不直则惑);五曰目听(观其眸子,不直则眊然)"。其大意是要求官吏审理案件时,注意陈述者言语内容是否有逻辑条理、神色是否从容淡定、气息是否平和、精神是否恍惚、眼神是否专注,并据此综合判断其陈述是否真实可靠。这种"师听五辞"的查证方式,与当时同期其他国家相比,有明显的先进性:不仅认可裁判官的理性判断,也符合审讯心理学的原理,同时还体现了对当事人陈述的重视。但其自身的缺陷也是显而易见的。"五听"过于强调官吏察言观色来对证据进行审查判断,难以避免主观猜测和盲目性,为官吏主观擅断、出入人罪开了方便之门。除此以外,当时还规定了调查核实证据的一些措施和方法,此处不一一论述。

(4) 规定了疑罪的处理原则。关于疑罪,夏朝有人主张:"与其杀不辜,宁失不经",[1]即疑罪从无;商朝则规定:"疑狱,氾与众共之,众疑赦之"[2]。依然是疑罪从无,但提出了广泛听取公众意见的程序条件,只有大家都持怀疑态度才免于刑罚。到了周朝,《吕刑》则明确规定:"五刑之疑有赦,五罚之疑有赦,其审克之。"[3]就是说,属于应处正刑(墨、劓、刖、宫、大辟)的疑案,从轻改处罚金,属于应处罚金的疑案,免于处罚。实行疑罪从轻兼从赎的原则。

2. 封建社会的证据制度。"礼崩乐坏"的春秋时代过后是封建制度全面建立的战国时代。至此,中国历史进入了漫长的封建社会。在长达两千多年的封建社会发展过程中,中华法系逐渐定型、成熟、发展。在这一过程中,有关证据制度的规定也日渐完善,一方面在制度的传承中不断地补充发展,如拷囚制度;另一方面则与人类文明发展相适应,一些新的制度伴随着认识能力的提高而产生、发展,如尸检制度。

我国封建法制中有关证据制度的内容主要有:

(1) 对证据种类的丰富和发展。在前人的基础上,封建社会不仅对证据种类的划分更加科学,同时也进一步丰富了具体的证据种类。首先是被告人口供从当事人陈述中独立出来,被赋予"证据之王"的重要地位,成为定罪、结案的法定证据。如《清史稿·刑法志》规定:"断罪必取输服供词。"当时人们认为"狱辞之于囚口者为款。款诚也,言说吐者皆诚也",[4]狱囚在受审时亲自供述的犯罪事实,都是真实可信的,因此,将口供作为定罪下判的必要条件,要求"罪从供定""无供不录案"。其次是把原告人陈述视为独立的证据种类,实行诬告反坐制度,明确了控告人据实陈述的法律责任。如秦律根据主观故意与过失,区分"诬告"和"告不审",对"诬告"处刑重于"告不审"。汉以后,诬告反坐已成定制。至唐,该制度进一步完善,对于非故意控告不实的不再追究,为后世所继承。最后是勘验笔录的规范运用。其中最为瞩目的是死因检验结论的运用,并且通过对这种实践经验的理论归纳,诞生了全球第一部法医学专著《洗冤集录》。

(2) 完善了证人作证制度。首先是明确了证人作证资格。如《唐律·断狱》"八

---

[1] 《商书·大禹谟》。
[2] 《礼记·正制》。
[3] 《尚书·吕刑》。
[4] 《资治通鉴》。

议请减老少"条规定:"其于律得相容隐,即年八十以上,十岁以下及笃疾,皆不得令其作证。违者减罪人罪三等。"其次是制定了证人免证制度。在儒家伦理思想的指引下,封建王朝规定属于得相隐的家庭成员不得作为案件的证人,借此"屈法以申伦理"。有别于现代特免权制度,容隐制度视"容隐"(包庇)为证人义务而非权利。最后是证人证言作为法定的定案根据。规定在特殊案件中,证人证言是法定的定案根据。如《唐律·断狱》"八议请减老少"条规定:"诸应议、请、减、年七十以上、十五一下,及废疾者,并不合拷讯,皆据众证定罪,违者以故失论。"即不得刑讯的特殊对象,应以证人证言定罪。明律、清律也有相似规定。而在某些案件中,一定的证人证言则成为刑讯的条件。

(3) 取证制度进一步发展。首先是勘验制度的建立。秦简《封诊式》记录了三个现场勘察和尸体检验的文书,体现了当时统治者对勘验取证的重视。此后各朝不断发展,至宋已形成了系统的、制度化的勘验法规,并配备专司取证的人员,如验尸官"仵作"、检查女性身体的"坐婆"。南宋法医学鼻祖宋慈在其著作《洗冤集录》序言中指出了勘验的重要性:"狱事莫重于大辟,大辟莫重于初情,初情莫重于检验。"其次是刑讯制度的发展。刑讯合法化贯穿了漫长的封建王朝,刑讯制度不断完善,内容涉及刑讯的条件、刑讯的工具、刑讯的施行、禁止刑讯的对象等各方面内容。

(4) 证据审查判断方法的发展和完善。《唐律》记载了时人对"五听"审讯法的继承和发展,明朝法律在此基础上,进一步规定了对质的查证方式。明会典明确了隔离审讯的原则。在审讯中,应当先分别审讯原告、被告、证人,之后,如果证人证言与原告方相同,那么应再次讯问被告,此时如果被告仍持不同说法,则应当要求原告、被告、证人当庭进行对质,以求察言观色、发现真伪。然后对怀疑提供虚假陈述者施以笞刑,如果不服则改用杖刑,仔细磨问,以求真情。刑讯除了作为取证的法定手段以外,同时也是证据审查判断的方法之一,长期存于封建法制王朝。

(5) 继续实行疑罪从有兼从轻的有罪推定原则。以中华法系鼎盛时期的唐律为例,唐律最后一条规定:"诸疑罪各依所犯以赎论"。即疑罪从有,但降格处以罚金。元朝《大元通制》规定:"诸疑狱在禁五年以上不能明者,遇赦释免。"虽较前更为进步,但"释免"的条件是监禁五年以上,还要有皇帝的诏赦,其机会也甚微。

(二) 旧中国的证据法律制度

1840年鸦片战争揭开了中国近代史的序幕。至此,中国社会的经济结构和政治结构逐渐发生了重大的变化,整个法律制度也出现了近代化的转型,我国传统证据制度绵延发展的链条逐渐中断。清末为期十年的修律运动,实现了实体法与程序法的分立,民事诉讼法与刑事诉讼法的区分,正式开启了中国证据制度近代化的历程。

1. 证据制度近代化的历程。

(1) 第一阶段:萌芽时期。晚清政府展开为期十年的修律运动,沈家本、伍廷芳主持编纂、制定了《大清刑事民事诉讼法》以及刑事诉讼律草案和民事诉讼律草案，虽因大臣反对、清政府灭亡等原因而未及颁行，但是实现了制度建设的近代化，萌生了近代证据制度，其意义不容忽视。

（2）第二阶段：初步形成时期。中华民国南京临时政府颁布了一系列的宪法性文件、保障民权的法令，终结了刑讯取证的合法性。到北洋政府时期，大量的包含证据制度的法律、法令出台，尤其是以清末刑事诉讼律草案和民事诉讼律草案为基础，颁布、施行了中国第一部刑事诉讼法典和民事诉讼法典，近代证据制度开始在中国实行。

（3）第三阶段：正式形成时期。国民党政府分别于1928、1935年颁布施行了两部刑事诉讼法典，民事诉讼法典也在1930、1935年颁布、修改，同时还颁行了一系列的单行诉讼法规。至此，近代中国证据制度宣告正式形成。

2. 中国证据制度近代化的表现。

（1）引进西方证据法概念，探索证据理论研究，出版证据学专著。民国时期学者夏勤首次在其著作《刑事诉讼法要论》中系统论述刑事证据的具体问题，对证据进行了界定和分类，分析了举证目的、证明事项和举证责任等概念。夏勤认为"举证"和"证明"的内涵并不相同，举证是利用证据资料收集证据的行为，其目的在于证明，即"吾人发生确信心之作用也"；并且提出民刑不同的证明责任分配原则，主张刑事诉讼当事人享受"举证之利益"，但不承担举证责任。这些观念至今依然非常先进。1948年东吴大学法学院发行了《证据法学》一书，专门分析、研究证据制度及其相关理论。

（2）制定了一系列的证据原则和制度。北洋政府制定的刑事诉讼条例，明确规定了非常先进的证据法基本原则，包括：证据裁判原则（"犯罪事实，应依证据认定"）、自由心证原则（"证据之证明力，由法院自由判断之"）、直接言词原则（"审判日期除有特别规定外，被告不到庭者，不得审判"）、言词辩论原则（"判决除有特别规定外，应经当事人之言词辩论为之"）以及疑罪从无原则（"法院认为被告之犯罪嫌疑不能证明或其行为不构成犯罪者，应谕知无罪之判决"）。一些极具进步意义的制度，也获得了立法的认可。如直白任意性规则、非法证据排除规则、传闻证据排除规则、证人特免权规则等，均有不同程度的体现。

显然，旧中国进行了一定程度的证据制度建设，但其近代化依然是一个尚未完结的历程。国民党政府对广大人民和共产党人实行血腥镇压的法西斯暴行，完全无视法律的规定，暴露了立法与实践分离的现实状态。因此，正确评价这一时期的证据制度不能仅停留在制度层面，还必须着重考察其贯彻执行情况。

（三）新中国的证据法律制度

新中国建立后，有关证据制度和学术理论进入了重大转型期。20世纪五六十年代，全国各个领域开展向苏联学习的运动，诉讼法律制度也不例外。证据被视为统治阶级用以实现其阶级利益和意志的工具，因而具有强烈的阶级性。1955年，中共中央为了指导肃清暗藏反革命分子的工作，对于有关证据问题作出了具体的指示，明确指出："不漏掉一个反革命分子和不冤枉一个好人，分别是非轻重，根本的办法是依靠证据。证据就是人证和物证"以及"口供只有经过仔细查对确实之后才能相信。……用逼供、诱供等错误办法取得的口供，是一文不值，完全不足凭信的"。这些要求是当时正确处理反革命案件的保障，也是证据制度的重要组成部分。但是50年代后期，由于受到错误思潮的干扰，这些已经确立的证据原则受到严重的冲击，"文化大革命"期间，更是被粗暴践踏。直至80年代，证据制度的建设和发展，一直处于停滞时期。

粉碎"四人帮"以后，社会主义法治建设进入了繁荣发展的新阶段。特别是三大诉讼法的颁行，正式确立了新中国的证据制度。本着实事求是的指导思想，我国证据理论坚持案件事实是客观存在的，证据事实也是客观存在的，证据事实与案件事实之间的联系也是客观存在的，因此确立了客观真实的证明标准。辩证唯物主义认识论强调人的主观能动性，构建了"超职权主义"的诉讼模式，强调公检法三机关是分工负责、互相配合、互相制约的关系，办案机关包括人民法院都负有全面收集证据的责任。这些制度都存在有待完善之处。近年来，一系列的修法活动都把证据制度的完善作为重点内容进行了不同程度的补充和修订，各项现代证据规则得以在我国的证据制度中逐渐确立。

思考与练习

1. 证据法学的研究对象是什么？
2. 试论述证据调查、运用能力在法律事务工作中的重要性。
3. 怎样评价神示证据制度？
4. 试举例说明我国现行证据制度与法定证据制度的异同点。
5. 试述自由心证制度的历史进步意义和局限性。

拓展阅读

1. 何家弘主编：《证据调查实用教程》，中国人民大学出版社2000年版。
2. 张继成："事实、命题与证据"，载《中国社会科学》2001年第5期。

单元二

证据法的基本原则

引 言

证据法的基本原则,是指在收集、运用证据的过程中应当遵循的基本准则。基本原则不同于具体证据规则。基本原则旨在保障诉讼认识的真理性和正当性,是整个证据运行机制的指导思想;而证据规则则是为了保障具体证据的关联性、合法性和真实性以及诉讼证明的规范性所制定的证据操作规程,是司法实践中随手可用的尺度,具有针对性、实用性、具体性。

虽然我国没有独立的证据法典,没有关于证据法基本原则的专门规定,但是在具体的证据制度中仍然贯穿了证据法基本原则的精神,受理论研究的不足以及制度散在各诉讼法中等因素的影响,证据法基本原则的系统性和完整性仍存在不足。我们认为,证据法的基本原则包括:证据裁判原则、程序法定原则、自由评价原则、无罪推定原则和直接言词原则。一些学者主张的不被强迫自证其罪规则,即"任何人都没有义务回答在法官看来,有可能使作证者陷于法官认为可能被控告或起诉,导致任何刑事指控、刑罚或没收的任何问题",[1]我们并未纳入到基本原则体系当中来,虽然这一规则能够有效地遏制刑讯逼供等非法取证行为,对我国的刑事司法实践具有极其重大的现实意义,但是由于沉默权的缺失,这一规则还不具备充分的制度依据。并且我们认为,不被强迫自证其罪也更适合作为一项具体证据规则来加以学习。无罪推定原则虽然包含沉默权的要求,鉴于该原则宣扬的诉讼理念对于当前中国司法实践具有突出的积极意义,并且我国也已基本确认了相关的要求,我们把它列入基本原则体系当中来。

知识目标

通过基本原理的学习,掌握基本原则的内涵和要求;了解各原则的立法体现。

---

[1] 转引自刘善春、毕玉谦、郑旭:《诉讼证据规则研究》,中国法制出版社2000年版,第77页。

能力目标

通过基本技能训练，能够树立以证据为基础、程序正义的现代诉讼理念，并运用各原则，指导具体的取证、举证、质证、认证诉讼活动。

内容结构图

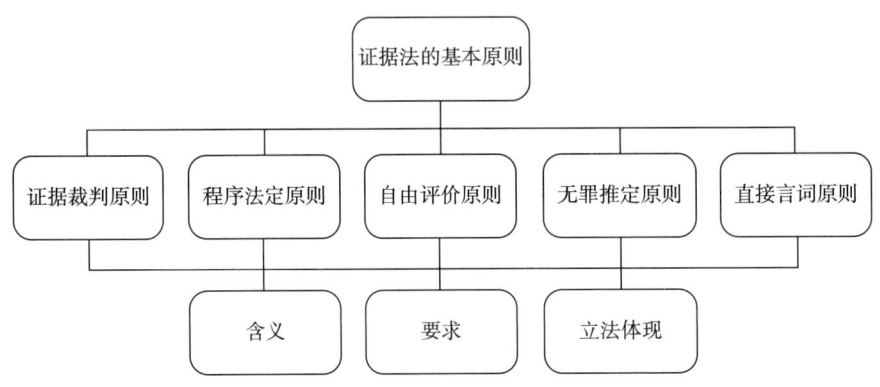

项目一　证据裁判原则

只有在效率提高的前提下才能实现更高层次的公正，正义的第二种涵义——也许是最普通的涵义——是效率。

——波斯纳

引　例

甲与乙在网上二手商品交易区达成买卖数码相机的协议，约定由甲向乙邮寄一台数码相机，要求乙在收货后即按约定付款 2000 元。甲向法院起诉称，他在寄出相机后，多次要求被告付款，但被告一直拒付。而乙辩称，他是收到一个包裹，但里面并不是数码相机，而只是一些金属片和泡沫塑料。法院在审理中查明，包裹单上注明的品名是数码相机，而这些铁片和塑料的重量与包裹单上记明的重量一致。

问：如何运用证据的基本原则对本案作出裁判？

基本原理

一、证据裁判原则的含义

证据裁判原则，又称为"证据为本原则"，是现代诉讼制度、证据制度的基础性原则，是指在诉讼中，对于案件事实的认定必须依据证据的原则。

证据裁判原则的具体内涵有二：

第一，诉讼中的事实应依据证据认定。司法证明是一种逆向思维，所有的案件事实都发生在过去，"事实审理者没有重新见到过去发生的事的能力"，[1]作为裁判者的法官永远无法亲身感知案件事实，这就决定了对案件事实的认识只能通过证据来间接完成，证据成为法官与案件事实之间的唯一媒介。但是，证据的收集和保存本身却面临着诸多困难，因为作为案情记录的证据本身具有易灭失的特性，随着时间的流逝，有的痕迹、物证可能灭失，证人对案情的记忆可能淡化……这就使负责审理案件的法官常常陷入一种证据不充分的状态，只能根据有限的证据来对案情作出判断，因此，对于不同性质的案件、不同性质的待证事实，应当采取充分性程度不同的证据要求，比如刑事案件的定案要求应当高于民事案件，实体性问题的证据要求应当高于程序性问题。如果一刀切，所有案件、所有问题都要求完全清楚无疑，不但过于理想、难以实现，也会影响案件的处理，牺牲司法公正。

时间的一惟性、案件事实的不可逆性同时也决定了人们实际上是难以真正确切地认识案件事实的。"在关于以前发生事件的事实存在争议的司法程序中，事实发现者对于究竟发生了什么不可能获得完全准确的认识。相反，事实发现者能够获得的只是关于'可能'发生了什么的一种信念。"[2]"事件是独一无二的，想象的或模拟的重建都不可能确切地重现过去"，[3]法律在确定事实这道永恒的难题面前，永远也不可能实现案件客观事实的完全再现。诉讼上认定的案件"事实"，是裁判者对证据审查后所形成的心证，是一种基于客观事实的主观判断，在不同程度上受到裁判者的业务素质、道德素养、司法经验等因素的影响，只能是达到法定标准的"法律真实"，而不能等同于案件的"客观真实"。区分这两个概念，有助于我们正确理解证据裁判原则。

第二，没有证据或者证据不能证明的事实主张，不能认定为案件事实。"对事实问题的认定应当依据证据"的逆反命题就是：如果没有证据，就不能对待证事实予以认定。司法实践中贯彻这一原则时需要注意两点：首先，"没有证据"不等于没有任何证据，而是指没有"充分的证据"；没有任何证据的案件，一般不会对办案人员造成太大的困扰。困扰我们的通常是"疑案"，就是有一定的证据，但证据又不能排除其他合理怀疑的案件。证据法的历史沿革告诉我们，人类社会关于疑案的处理原则已经从"疑案从有"发展到了"疑罪从无"。换言之，"没有充分的证据"的处理等同于"没有证据"。不能把没有证据理解为没有任何证据。其次，"没有证据"指的是没有合法的证据。不合法的证据不具有可采性，依法应当予以排除。对于应当排除的证据，当然不能作为案件处理的依据。而所谓"合法"的证据，不仅要求证据的形式合法、取证的

---

[1] 沈达明编著：《英美证据法》，中信出版社1996年版，第3页。
[2] 何家弘、刘品新：《证据法学》，法律出版社2004年版，第327页。
[3] 沈达明编著：《英美证据法》，中信出版社1996年版，第3页。

程序合法，还要求证据的举证和质证程序合法，未经法定调查、质证的证据理论上也不具有可采性。

二、证据裁判原则的立法体现

三大诉讼中，以关乎公民生命、人身自由的刑事诉讼的性质最为紧要。因此，对于刑事证据的要求较其他诉讼更为严格。2010年最高人民法院、最高人民检察院和公安部、国家安全部、司法部联合发布的《关于办理死刑案件审查判断证据若干问题的规定》第2条明确规定："认定案件事实，必须以证据为根据。"这是现代刑事诉讼普遍奉行的证据裁判原则在我国规范性文件上的首次明文规定。2012年《刑事诉讼法》虽然没有在基本原则中直接规定证据裁判原则，但相关规定体现了该原则的精神。该法第53条第1款规定："对一切案件的判处都要重证据，重调查研究，不轻信口供。只有被告人供述，没有其他证据的，不能认定被告人有罪和处以刑罚；没有被告人供述，证据确实、充分的，可以认定被告人有罪和处以刑罚。"第195条关于证据不足的案件处理规定，进一步体现了证据裁判原则的"疑罪从无"的要求。《最高人民法院关于民事诉讼证据的若干规定》第63条规定："人民法院应当以证据能够证明的案件事实为依据依法作出裁判。"《最高人民法院关于行政诉讼证据若干问题的规定》第53条规定："人民法院裁判行政案件，应当以证据证明的案件事实为依据。"这些规定，虽然只是司法解释，仍有待上升为法律制度，但鲜明地体现了证据裁判原则的要求，也具有现实的约束力，可视为证据裁判原则的制度依据。

法规链接

《刑事诉讼法》第48条第2款：证据必须经过查证属实，才能作为定案的根据。

《最高人民法院关于适用〈中华人民共和国刑事诉讼法〉的解释》第61条：认定案件事实，必须以证据为根据。

第62条：审判人员应当依照法定程序收集、审查、核实、认定证据。

第63条：证据未经当庭出示、辨认、质证等法庭调查程序查证属实，不得作为定案的根据，但法律和本解释另有规定的除外。

《最高人民法院关于民事诉讼证据的若干规定》第47条第1款：证据应当在法庭上出示，由当事人质证。未经质证的证据，不能作为认定案件事实的依据。

《最高人民法院关于适用〈中华人民共和国民事诉讼法〉的解释》第103条第1、2款：证据应当在法庭上出示，由当事人互相质证。未经当事人质证的证据，不得作为认定案件事实的根据。当事人在审理前的准备阶段认可的证据，经审判人员在庭审中说明后，视为质证过的证据。

《关于办理死刑案件审查判断证据若干问题的规定》第2条：认定案件事实，必须以证据为根据。

三、证据裁判原则的适用

（一）证据裁判原则适用于所有诉讼认识活动

诉讼制度构建的直接目的就是确保裁判者正当地运用证据认定案件事实，因此，证据裁判原则适用于所有的诉讼认识活动，是证据法和诉讼制度的核心原则。与其他的基本原则相比，具有特殊的优先地位。比如：自由心证原则必须是在优先适用证据裁判原则的前提下才能适用；直接言词原则、无罪推定原则等不能削弱证据裁判原则，反而具有强化作用；要贯彻无罪推定原则，就必须在证据足以证明被告人有罪的情况下，才能对被告人定罪处刑，而在有罪推定原则中，对公民定罪处刑就不一定要求有明确的证据了。正是基于证据裁判原则的核心地位，其在三大诉讼中具有不可替代的作用，决定了案件事实的认定和裁判的作出。

贯彻证据裁判原则，当前迫切的要求是转变办案观念。一直以来，制度对诉讼活动的要求是"查明案件事实"，以事实为根据、以法律为准绳。受此影响，办案人员难免满足于对案件事实的"查明"，即自己明白，容易忽略事实的证明需要，即收集证据、保全证据、运用证据让别人明白的现实需要。时常遭遇"自己明白"的案件事实，到了法庭上却无法变成别人也明白的事实，也就是未能将"让自己明白"的证据提交到法庭上说服法官，最终导致诉讼主张无法认定的尴尬局面。把"查明"案件事实，提升为"证明"案件事实，是践行证据裁判原则的必然要求。

（二）证据裁判原则的例外情形

即便是核心原则，证据裁判原则同样存在若干的例外，尤其是在民事诉讼和行政诉讼中。主要包括：

1. 民事诉讼中自认的事实。基于私权自治原则，对于民事诉讼中当事人对对方所主张的、不利于己的事实的承认，人民法院原则上不需要审查就直接采纳。但法院查明的事实与自认事实不相符的情况除外。

2. 司法认知的事实。法官在审判过程中，根据其知识经验认定的案件事实，当事人无须证明。这些知识经验，可以是法规的存在及其内容，也可以是人们所共知的常识性事实。即便是专门性的问题，只要法官以其个人研究和自己的经验所知道的，就可以直接用它来认定事实。[1] 显然，司法认知有助于提高诉讼的效率。

3. 推定的事实。推定证明是证据证明的替代性技术方法，即根据事实之间的常态联系，当某一事实存在时，推断另一不明事实存在或者不存在。当证据只能证明一个与待证事实有着某种合理逻辑关联的基础事实并且待证事实难以用证据证明，或者用证据证明将不当增加诉讼成本时，允许法官根据基础事实与待证事实之间的关系推定待证事实

---

［1］［日］兼子一、竹下守夫：《民事诉讼法》，白绿铉译，法律出版社1995年版，第102页。

存在或者不存在，这是合理减轻举证责任、解决证据证明困难的重要辅助方法。

4. 拟制的事实。拟制的"特点在于将纯属子虚乌有的事实强行确认其存在，或者将迥然相异的事实强行规定其相同，因而属于立法上的虚构"。[1]这种"立法上的虚构"的事实也是由法官直接根据法律而不是证据加以确认的。

这些例外情形，是为了解决诉讼中出现的无须证明、证明不能或者有证明困难的情况而设定的，是为了救济证据裁判原则之不足而提供的一种补充，诉讼中总的原则当然是证据裁判原则。

（三）证据裁判原则在三大诉讼中的适用范围有所不同

在刑事诉讼中，基于刑罚适用的严厉性、慎重性，要求所有案件事实的认定，必须根据证据作出，即便是被告人作出了有罪供述也不例外。我国《刑事诉讼法》第53条第1款规定："对一切案件的判处都要重证据，重调查研究，不轻信口供。只有被告人供述，没有其他证据的，不能认定被告人有罪和处以刑罚；没有被告人供述，证据确实、充分的，可以认定被告人有罪和处以刑罚。"

而在民事、行政诉讼中，证据裁判原则的例外情形，也就是免于证据证明的情形较为多见。同样是当事人对不利事实的承认，在民事诉讼中人民法院可以直接据此作出裁判。《最高人民法院关于民事诉讼证据的若干规定》第8条第1款规定："诉讼过程中，一方当事人对另一方当事人陈述的案件事实明确表示承认的，另一方当事人无需举证。但涉及身份关系的案件除外。"行政诉讼也有同样的规定。《最高人民法院关于行政诉讼证据若干问题的规定》第65条明确："在庭审中一方当事人或者其代理人在代理权限范围内对另一方当事人陈述的案件事实明确表示认可的，人民法院可以对该事实予以认定。但有相反证据足以推翻的除外。"

项目二　程序法定原则

正义不仅要实现，而且要以人们看得见的方式来实现。

——丹宁勋爵

引　例

某地工商机关多次接到群众举报，称王某销售假冒名牌服装。工商机关的执法人员对王某的服装店进行了突击检查，未查获任何假冒服装，因而怀疑王某将假冒名牌服装藏匿在他处，伺机向前来购买服装的顾客兜售。为了获取王某违法经营行为的有力证据，工商执法人员乔装成顾客，到王某的服装店里购买服装，用隐匿的录像机将

---

[1]　江伟主编：《证据法学》，法律出版社1999年版，第126页。

王某销售假冒名牌服装的过程拍摄下来。工商机关根据获取的证据,对王某进行了处罚。王某对处罚不服,向人民法院提起行政诉讼,称工商机关以偷拍的方式收集证据,侵犯了自己的合法权益,请求人民法院撤销行政处罚。

问:应如何评价工商机关的取证方式?当目的具有正当性时,实现目的的方法、手段是否还应予以规制?规制的理由是什么?

基本原理

一、程序法定原则的含义

英国法学家丹宁勋爵有一句著名的格言:正义不仅要实现,而且要以人们看得见的方式来实现。这句格言就是对程序正义的英美法律文化和传统的集中解说。程序正义不仅要求案件的判决要正确、公平,而且还应当使人感受到判决过程的公平性和合理性。程序正义原则与程序法定原则的关系密不可分,实现程序正义以程序法定为前提。所谓程序法定原则,就是指诉讼中,证据的收集、审查、判断以及运用证据认定案件事实,都应当遵循法律规定的程序,禁止不择手段的取证行为。

程序法定原则是随着人类社会的文明进程逐渐确立的一项原则。自从国家产生和出现以来,人类社会的整体历史进程便始终贯穿着个人权利与国家权力的冲突与协调。国家权力之于个人权利犹如一把双刃剑:一方面,它既是个人权利最强有力、最有效的保护者;另一方面,它又是个人权利最大、最危险的侵害者。如何平衡与协调国家权力与个人权利之间的冲突,就成为各种历史形态的人类社会都必须面对的首要问题。古代社会以国家权力为本位,因而鲜有对国家权力的限制和约束,公民个人权利得不到应有的尊重和保护。及至近代,经过资产阶级思想启蒙运动的洗礼,人们逐渐认识到国家权力的本质来源于公民的授权,其功能只能是保障公民权利,任何以侵犯公民权利为代价的公权行为都应当受到严格的限制。程序法定原则在此背景下诞生。孟德斯鸠甚至认为:对公民的荣誉、财富、生命越重视,诉讼程序就越多。1791年,法国《人权宣言》率先作出规定,进而在宪法加以确认。此后,各国先后将其写入法律甚至上升为宪法性原则。如今,程序法定原则已然成为国际人权保障法的基本准则。我国晚清时期的立法过程中,业界人士已对程序法定的意义有了充分的认识。修律大臣沈家本在给朝廷的奏折中说:"查诸律中,以刑事诉讼律尤为切要。西人有言曰:刑律不善,不足以害良民;刑事诉讼律不备,即良民亦罹其害。"至今,我国宪法和三大诉讼法都规定诉讼必须"以法律为准绳",集中体现了程序法定原则的精神。现代证据法学的核心问题就是发现事实真相的方式和手段的正当性问题,也就是程序独立于实体的、内在的正义价值所在,因此必须坚持程序法定原则的指导。

二、程序法定原则的要求

在诉讼证据问题上贯彻程序法定原则，有如下的具体要求：

（一）立法应当就证据与证明活动制定公平、公正的法律，做到有法可依

首先，程序法定原则要求有法可依。这就要求国家应当保证证据制度的程序化和法治化。为了追究犯罪和保障人权，国家应当通过宪法和法律确立公正的刑事程序，不仅要规定证据的法定形式，更要对限制公民基本人权的取证方法及其适用条件、期限以及具体证据的运用规则、违反相关程序的法律后果、证明责任的完成应当达到的具体标准等，作出明确的规定，使取证、举证、质证和认证的各个环节、各项活动均有法可依、有章可循。我国证据法的立法体例采取在诉讼法内部规定的形式，三部诉讼法均设有证据专章。诉讼活动本质上就是案件事实的认识活动，就是证明的过程，因此许多诉讼程序都同时是证据法的内容。例如，刑事诉讼法中关于侦查程序的大部分规定同时也是取证程序的法律规范。

其次，法定程序应当体现公平、公正的程序正义。程序不仅只是服务于实体正义的工具，强调程序法定，不能忽略程序本身的正当性。事实发现的方法很多，证据法的核心价值就是要确保事实发现的方式、手段正当。目前我国证据法在人权保障方面有很多积极的制度建设，程序正当性不断得到改善，但一些有利于人权保障的制度，如沉默权、禁止夜间讯问、律师讯问在场权等尚未得到立法的确认，实践中为了满足办案需要牺牲程序正义的各种侵权现象仍时有所闻，程序法定、程序正义的理念还需要进一步强化。

（二）国家机关和诉讼参与人在证据的收集和运用过程中应当严格执行和遵守法律程序，做到有法必依

国家机关应当依法行使职权。未经立法授权的国家机关不得开展诉讼活动，不得以办案为由任意进行证据的调查和收集活动，比如侦查机关不得对自诉案件立案侦查、被诉的国家行政机关不得开展取证活动。国家机关行使法定职权应当在法定范围内，依照法定的条件和程序行使，禁止国家滥用权力。同时应赋予公民防御的权利。对于超出法定职权的、违反法定程序的行为，任何公民都有权抵制和控告。如侦查人员在执行拘留、逮捕时遇有紧急情况可以进行无证搜查，但搜查范围仅限于执行场所，其他场所仍应持证搜查。对于无证搜查的，当事人有权拒绝，权利受到侵害的可以得到相应的法律救济。

（三）立法应当明确违反相关程序的诉讼活动及其所取得的证据的制裁性后果

程序法定的初衷在于限制国家权力、保障公民权利。没有配套的制裁措施，相关程序就会被架空、沦为一纸空文。确保程序法定原则的贯彻落实，必须完善违法制裁措施。首先，应当追究违法办案人员，如暴力取证的侦查人员、妨碍作证的律师等个人直接的法律责任；同时，对于这种违法行为还应予以程序性的制裁，即对违反法定程序所取得的证据予以排除，不得作为证据采用。如刑讯逼供得来的口供、"钓鱼执法"获得的证据、"私家侦探"取得的证据……对于采用非法手段收集证据的现象，如果仅仅追究当事者个人的法律责任，难以对其进行有效遏制。各国一般都确立了范围不同的制裁措施，确保程序法定原则的贯彻落实，如我国刑事诉讼中的非法言词证据排除规则。

三、程序法定原则的立法体现

我国三大诉讼的相关立法对于违反法定程序收集证据的行为，都制定了非法证据的排除规定（如下表）。

刑事诉讼	2017年最高人民法院、最高人民检察院、公安部、国家安全部、司法部《关于办理刑事案件严格排除非法证据若干问题的规定》。 《刑事诉讼法》第54条规定："采用刑讯逼供等非法方法收集的犯罪嫌疑人、被告人供述和采用暴力、威胁等非法方法收集的证人证言、被害人陈述，应当予以排除。收集物证、书证不符合法定程序，可能严重影响司法公正的，应当予以补正或者作出合理解释；不能补正或者作出合理解释的，对该证据应予以排除。……"
行政诉讼	《行政诉讼法》第35条规定："在诉讼过程中，被告及其诉讼代理人不得自行向原告、第三人和证人收集证据。" 《最高人民法院关于行政诉讼证据若干问题的规定》第58条规定："以违反法律禁止性规定或者侵犯他人合法权益的方法取得的证据，不能作为认定案件事实的依据。"第60条规定："下列证据不能作为认定被诉具体行政行为合法的依据：①被告及其诉讼代理人在作出具体行政行为后或者在诉讼程序中自行收集的证据；②被告在行政程序中非法剥夺公民、法人或者其他组织依法享有的陈述、申辩或者听证权利所采用的证据；③原告或者第三人在诉讼程序中提供的、被告在行政程序中未作为具体行政行为依据的证据。"
民事诉讼	《民事诉讼法》第78条规定："当事人对鉴定意见有异议或者人民法院认为鉴定人有必要出庭的，鉴定人应当出庭作证。经人民法院通知，鉴定人拒不出庭作证的，鉴定意见不得作为认定事实的根据；……" 《最高人民法院关于适用〈中华人民共和国民事诉讼法〉的解释》第103条第1款规定："证据应当在法庭上出示，由当事人互相质证。未经当事人质证的证据，不得作为认定案件事实的根据。"第106条规定："对以严重侵害他人合法权益、违反法律禁止性规定或者严重违背公序良俗的方法形成或者获取的证据，不得作为认定案件事实的根据。" 《最高人民法院关于民事诉讼证据的若干规定》第47条第1款规定："证据应当在法庭上出示，由当事人质证。未经质证的证据，不能作为认定案件事实的依据。"第68条规定："以侵害他人合法权益或者违反法律禁止性规定的方法取得的证据，不能作为认定案件事实的依据。"

项目三　自由评价原则

审判衙门应斟酌辩论意旨及证据调查结果以自由心证判断事实上主张的真伪。

——《大清民事诉讼律》第339条

引 例

原告（反诉被告）黄某诉被告（反诉原告）詹某、被告赖某，称原告与某汽车贸易公司发生民商事纠纷，委托被告詹某代理诉讼，并写下承诺书，同意案款到位即付给詹某劳务报酬费9万元。诉讼结案后，詹某领取了执行款，但未全部转交黄某。后詹某写下欠条，确认欠黄某案件款5万元，定于某年某月某日还清，逾期未还按年息8厘计算利息；被告赖某作为担保人（未约定保证方式与保证范围）在欠条上签名。

黄某以詹某未按约定清还案件款与赖某未履行保证责任为由提起诉讼。庭审中，黄某提供一张詹某签写的欠条，说明詹某欠黄某款项5万元及赖某签名作为担保人，请求詹某、赖某按欠条约定履行还款。詹某提供一张承诺书，证明黄某与詹某达成委托协议，黄某承诺给付詹某劳务费而未给付，詹某反诉请求适用债务抵消，黄某还应支付詹某劳务费4万元。赖某辩称黄某与詹某互有到期债务，债务抵消后，赖某的担保责任应予免除。

庭审中，双方当事人对对方提供的证据来源均予以承认。本案争议焦点在于：黄某认为自己已付清承诺的劳务费，而詹某未清还执行款；詹某则主张黄某尚未给付劳务费。

一审法院对双方证据的证明力大小进行分析，认定黄某委托詹某代理诉讼，詹某受托已取得委托事务的劳务费，因案款未全部转交黄某，才会立下欠条，确认欠黄某案款5万元。黄某出具承诺书在前，詹某出具欠条在后。从时间上、情理上可以判断黄某已支付报酬费给詹某，否则，詹某不会未取得报酬费又写下欠条的。因此，詹某提供的证据不足以反驳黄某的证据，黄某的证据证明力大于詹某的证据，一审判决对黄某的证据予以确认，其诉讼请求予以支持。

问：人民法院对诉辩双方证据的评价体现了什么原则精神？

基本原理

一、自由评价原则的含义

自由评价原则是关于法官如何评价、运用证据认定案件事实的原则，是指关于证据的取舍、证明力的大小以及如何运用等问题，法律不作预先的规定，而是由法官秉诸"良心"和"理性"自由判断，形成内心的确信，从而作出案件事实的认定。

自由评价原则的核心是强调法官在证据评价和运用问题上的判断"自由"。除法律另有规定的以外，证据及其证明力的有无、大小，由法官自由判断，法律不作预先的规定。法官判断证据的证明力时，不受任何外界的影响。不仅每一个独立的证据能否证明何种案件事实以及证明程度如何，由法官自由判断；而且所有证据综合起来能否证明案件事实以及证明程度如何，也由法官自由判断。但是，这个自由并非绝对的、不受任何限制的自由。法官行使自由的判断权，首先，应秉诸"理性"和"良心"。在法庭审判工作中，"理性"并不仅指一般的概念、判断和推理等理性认识，它更多地要求运用关于证据、解释、推理等的审判知识和技能。换言之，法官是在运用专业知识和技能、诚力推求案件事实的基础上，秉诸客观、中立的良知来自由判断证据。因此，自由评价原则的"自由"核心，是建立在"理性"和"良心"两个支柱基础之上的自由。法官除了根据"良知""理性"判断证据，不受任何其他的限制和约束。现代自由评价原则在原有的内核基础上，增加了一项限制性的规定和规则，其目的是在保证法官的自由裁量权的同时，防止法官的司法专断。其次，对依据全案证据作出事实认定，应当达到"内心确信"的法定标准。所谓"内心确信"，是指法官通过对证据的判断所形成的内心信念，应当达到法定的深信不疑或者优势盖然性（真实的可能性大于虚假的可能性）的程度。如果内心存有疑虑、觉得案件事实似是而非，不得依据所谓的自由判断权认定案件事实。因此，自由心证必须是合理的心证和科学的心证，而不是恣意的、感性的心证。

自由评价原则，确立了以人的思维逻辑和思想信念为基础的证据采信原则，实现了法官理性的解放，以其对理性和自由的崇尚，获得世界的认可，与证据裁判原则一起，构成了现代证据法的基石。该原则虽然主要针对经由审判程序所形成的判决而设，但其同样适用于整个诉讼程序及所有的办案机关，如检察机关和公安机关。

二、自由评价原则的要求

贯彻自由评价原则，应当做到如下要求：

（一）实行严格的法官遴选制度，确保法官具备良好的素养

"法院于事实之真伪，虽有判断之自由，然亦非可率尔以从事，法律所期待者，审判官恒为富于学识经验之人，其判断事实必能依经验定则而为之，如依经验定则而行，自无专横之弊，故敢舍法定证据主义而采自由心证主义者。"[1]将证据的评价以及经由证据进行事实认定的权力交给法官，确保其正确行使自由裁量权的前提是实现法官的精英化。通过严格的选拔制度，选拔专业素养较高、德才兼备、能够保持中立、客观的人士充任法官。为此，各国对于法官任职资格都予以严格条件限制，并建立完善的法官培训制度。

（二）确保法官独立行使审判权

如果允许其他国家机关、个人干涉法官办案，法官的自由裁量权就难以实现；严苛的责任追究制度也会削弱法官在判案过程中的自由和自信；其他包括不完善的回避制度、不科学的上下级监督、不充分的身份保障等，都关系到法官自由裁量权能否充分实现。

---

[1] 石志泉：《民事诉讼法释义》，杨建华增订，三民书局1987年版，第244页。

（三）制定科学的证明标准

法官对现有证据能否证明案件事实的认定，依托于法律制度对证据充分性程度的不同要求。一般不同性质的案件，立法会制定不同的标准，或者是内心的确信不疑，或者是排除合理的怀疑，或者是优势的盖然性……一个科学、明确、具有操作性的证明标准，对于法官准确地作出事实的认定具有关键的指引作用。比如假释案件中罪犯"是否具有再犯罪危险"这一待证事实，因为认定的标准比较抽象，导致司法实践中法官难以有效把握、准确认定，最终限制了假释的适用率。

三、自由评价原则的限制

为了防止法官在自由裁量权的行使过程中出现错误、杜绝恣意妄断的行为，立法在赋予其自由裁量权的同时，依然有必要对自由裁量权作出相应的限制。

（一）构成自由心证基础的证据必须合法取得

一是直接否定可能导致误判的证据的证据能力。对于某些可能导致误判的证据，如传闻证据、品格证据等，直接由立法将其排除在诉讼之外，否定了法官在这类证据取舍问题上的自由裁量权。二是明确规定补强证据。通过立法，直接要求证明力有瑕疵或者虚假可能性比较大的证据，必须经过"补强"，即有其他佐证材料增强其可靠性、证明力时，才能作为定案的根据。常见的"瑕疵证据"如：孤立的有罪供述、与案件有利害关系的证人证言、无法与原件、原物核对的复印件、复制品等，明确要求必须有补强证据佐证才能采用，作为自由评价原则的例外，主要是为了保障这一类证据的真实性。

（二）心证的形成必须遵循一般的逻辑法则或经验法则

"所谓经验法则，是人们在长期生产、生活以及科学实验中通过对客观外在世界普遍现象与通常规律的一种理性认识，在观念上它属于不证自明的公认范畴。司法审判上的经验法则是社会日常经验法则一个必要而特殊的组成部分，其特殊性表现在法官常常根据自身的学识、亲身生活体验或被公众所普遍认知与接受的那些公理经验作为法律逻辑的一种推理方式。"[1]比如，过量饮酒通常影响饮酒人大脑对外界的正常反应以及应变能力，这就是一项生活经验。某人喝了一瓶烈酒的证据，则可以证明其在半小时后发生交通事故时仍处于醉酒状态；又如，在理解一张内容包括"甲借乙5000元"和"甲还借款4000元"的借据真实含义时，应当考虑借款出具借条、还款收回借条或者由债权人出具收条，借据由债权人持有而还款凭证由债务人持有的一般生活习惯，认定甲在5000元债务的基础上再次向乙借款4000元，而非如乙所主张的已经返还4000元欠款。

---

[1] 刘善春、毕玉谦、郑旭：《诉讼证据规则研究》，中国法制出版社2000年版，第613页。

（三）规定全案事实的证明标准

如前所述，法官"自由"判断证据，"自由"形成心证，但认定为法律真实所要求达到的心证程度，由立法予以明确规定，而不由法官随意掌握。如果负有证明责任的一方提交的证据不能达到法定的标准，法官就不得认定其主张的事实为真实。

四、自由评价原则的立法体现

我国证据制度中体现自由评价原则精神的规定主要有：

刑事诉讼	《最高人民法院关于适用〈中华人民共和国刑事诉讼法〉的解释》第104条规定："对证据的真实性，应当综合全案证据进行审查。对证据的证明力，应当根据具体情况，从证据与待证事实的关联程度、证据之间的联系等方面进行审查判断。证据之间具有内在联系，共同指向同一待证事实，不存在无法排除的矛盾和无法解释的疑问的，才能作为定案的根据。"
行政诉讼	《最高人民法院关于行政诉讼证据若干问题的规定》第54条规定："法庭应当对经过庭审质证的证据和无需质证的证据进行逐一审查和对全部证据综合审查，遵循法官职业道德，运用逻辑推理和生活经验，进行全面、客观和公正地分析判断，确定证据材料与案件事实之间的证明关系，排除不具有关联性的证据材料，准确认定案件事实。"
民事诉讼	《民事诉讼法》第64条规定："当事人对自己提出的主张，有责任提供证据。当事人及其诉讼代理人因客观原因不能自行收集的证据，或者人民法院认为审理案件需要的证据，人民法院应当调查收集。人民法院应当按照法定程序，全面地、客观地审查核实证据。" 《最高人民法院关于适用〈中华人民共和国民事诉讼法〉的解释》第105条规定："人民法院应当按照法定程序，全面、客观地审核证据，依照法律规定，运用逻辑推理和日常生活经验法则，对证据有无证明力和证明力大小进行判断，并公开判断的理由和结果。" 《最高人民法院关于民事诉讼证据的若干规定》第64条规定："审判人员应当依照法定程序，全面、客观地审核证据，依照法律的规定，遵循法官职业道德，运用逻辑推理和日常生活经验，对证据有无证明力和证明力大小独立进行判断，并公开判断的理由和结果。"第73条规定："双方当事人对同一事实分别举出相反的证据，但都没有足够的依据否定对方证据的，人民法院应当结合案件情况，判断一方提供证据的证明力是否明显大于另一方提供证据的证明力，并对证明力较大的证据予以确认。因证据的证明力无法判断导致争议事实难以认定的，人民法院应当依据举证责任分配的规则作出裁判。"

项目四　无罪推定原则

只要还不能断定他已经侵犯了给予他公共保护的契约，那么社会就不能取消对他的公共保护。

——贝卡利亚

引 例

2006年7月27日夜，福建省平潭县澳前村17号两户居民家中多人出现中毒症状，其中两人经抢救无效死亡。警方经过侦查，首先从呕吐物中检验出氟乙酸盐，同时在念某食杂店外面靠近卫生间的门把上检出"疑似"氟乙酸盐毒物的物质。警方在检验了数十件物品之后，从死者家中的炒菜铁锅里检验出氟乙酸盐毒物。据此，念某被平潭县公安局认定具有投毒作案的重大嫌疑。

公诉机关指控念某犯有如下罪行：2006年7月26日被告人念某在其食杂店中，看到顾客被丁某某招揽过去而怀恨在心。次日凌晨1时许，被告人念某到其与丁某某等人共同租用的厨房，将半包鼠药倒入矿泉水瓶掺入水后倒入丁某某放置在与他人共同租用厨房烧水的铝壶中，剩余的半包鼠药及装鼠药的矿泉水瓶丢弃在附近的竹筐里。当天下午，陈某某用铝壶中的水帮助丁某某煮鱿鱼，傍晚丁某某用铝壶中的水煮稀饭。当晚被害人俞甲、俞乙、俞丙、丁某某、陈某某、念某某食用了稀饭、鱿鱼相继中毒。其中，俞甲、俞乙经抢救无效死亡。经福州市公安局法医检验，俞甲、俞乙心血尿液中检出含氟乙酸盐鼠药，系氟乙酸盐鼠药中毒死亡。丁某某的铝壶内的水、高压锅残留物、铁锅残留物均检出氟乙酸盐成分。

后该案历时8年10次开庭审判，念某4次被判处死刑立即执行。因为该案大部分证据的鉴定工作违反了公安部的标准性规范，甚至关键证据系警方伪造，比如从检材中检出氟乙酸盐鼠药的结论不规范、不科学、不可靠，不能排除检测过程中的污染和残留对检材的干扰。2014年8月22日，福建高院作出终审判决：①撤销福州市中级人民法院（2011）榕刑初字第104号刑事附带民事判决。②上诉人念某无罪。③上诉人念某不承担民事赔偿责任。在终审判决之后，2014年9月，公安机关旋即对念某投毒案重新立案侦查，念某两次因"犯罪嫌疑人"的身份办理护照遭拒。

问：你认为念某案是冤案、错案吗？该案折射了何种刑事诉讼理念？

基本原理

一、无罪推定原则的内涵

无罪推定原则，是指在刑事诉讼中，任何受到刑事追诉的人在未经司法程序最终判决为有罪之前，都应当被推定为无罪之人。无罪推定原则本质上是对犯罪嫌疑人、被告人在刑事诉讼中的一种保护性假定。通过假定嫌疑人、被告人无罪，强调其受法律保护的公民身份，以此来保障其依法享有的各项权利，突出指控方的证明责任，实现控辩双方对抗力量的平衡。

无罪推定原则所指的"无罪"，并不是从实体角度或者说从客观事实角度来评价嫌疑人、被告人的罪与非罪，而是一种程序上的假设。将办案机关的刑事诉讼活动规范在这个假设的前提下,实现对权力的限制和人权的保障。对这一性质的误解,曾经一度导致实务界人士对这一原则的抗拒,认为其与所有诉讼行为相矛盾。其实,这种"无罪"的推定并不否定办案机关对嫌疑人、被告人采取强制性措施的权力,而是要限制这种公权力的使用,确保其必要性和适度性,从而将这些措施对公民权利的限制和损害降至最低。

与其他现代法治原则一样,无罪推定原则的内涵也是随着人类社会文明程度的发展不断地发展演进的。一般认为,无罪推定原则起源于古罗马时期的"有疑,当有利于被告人利益的原则"。18世纪中叶,意大利启蒙思想家贝卡利亚在其著作《论犯罪与刑罚》中率先提出了无罪推定的思想。他指出,"在法官判决之前,一个人是不能被称为罪犯的。只要还不能断定他已经侵犯了给予他公共保护的契约,社会就不能取消对他的公共保护";"如果犯罪是不肯定的,就不应折磨一个无辜者,因为在法律看来,他的罪行并没有得到证实"。[1]这一主张尽管在当时是封建社会有罪推定和刑讯逼供的对立产物,但随着资产阶级革命的胜利和中世纪纠问式诉讼制度被否定,其逐渐被世人所接受并得到各国立法的确认。1789年法国《人权宣言》正式将无罪推定原则用法典形式确定下来,其第9条规定:"任何人在其未被宣告为犯罪以前应被推定为无罪。"1958年10月的法国宪法重申了这一原则。其他国家的立法也相继确立了这一原则。鉴于无罪推定原则对于保障公民权益的重要性,不仅各国将其作为宪法性原则加以确定,国际性文件甚至将其作为重要的刑事诉讼国际准则加以规定。如1948年12月联合国大会通过的《世界人权宣言》第11条规定:"凡受刑事控告者,在未经获得辩护上所需的一切保证的公开审判而依法证实有罪以前,有权被视为无罪。"1950年签署的《保护人权与基本自由公约》规定:"任何受指控犯罪的人,在未依法确定其有罪之前,推定其无罪。"联合国大会1966年12月16日通过、1976年3月23日生效的《公民权利和政治权利国际公约》第14条第2款也规定:凡受刑事控告者,在未依法证实有罪之前,应有权被视为无罪。可见无罪推定原则已经成为国际刑事司法的最低准则。

二、无罪推定原则的基本要求

根据联合国人权委员会以及其他国际组织的解释,无罪推定原则包含四个基本要求:

(一)只有法院有权依据法定程序宣告被追诉者构成犯罪

在刑事诉讼中,只有人民法院经过法定程序的审判,才能够最终确定并宣告被告人有罪,其他任何单位和个人均不享有此项权力。因此,不论是侦查机关的侦查活动,还是人民检察院的审查批准逮捕、审查起诉等活动,所面对的都是无罪的公民,虽然

---

[1] [意]贝卡利亚:《论犯罪与刑罚》,黄风译,中国大百科全书出版社1993年版,第31页。

在具体案件中该公民被怀疑有犯罪行为,但这种怀疑还不能改变其公民的身份,其依法享有的公民自由、财产、隐私等权利非依法不受侵犯。

(二)控方承担证明被告人有罪的责任

无罪推定原则直接决定了控诉方的证明责任。在任何刑事案件的审判中,证明被告人有罪的责任始终由控诉方承担,并且控诉方对所指控的犯罪全部要素的证明都应达到法律规定的定案要求。而被告方一般不承担证明自己无罪的义务。从逻辑角度分析,既然法律明确推定被告人为无罪之人,那么自然不发生被告人证明自己无罪的必要。反之,作为指控被告人犯罪的控方,应当承担推翻这个法律推定的责任,即应举证证明被告人实施具体犯罪事实的证据,如果证据不足以证明其主张,无罪的法律推定则不能被推翻。需要指出的是,控诉方的举证责任并非是绝对的、无限制的,除了有证明标准的规范以外,还有各种法定的例外情形,即由被追诉方承担证明责任的具体情况。

(三)被告人有辩护的权利,没有证明自己无罪的义务

既然被告人已被法律推定为无罪之人,首先,被告人没有证明自己无罪的责任,不能因为被告人不能或者没有证明自己无罪而认定被告有罪;其次,证明被告人的责任归于控方,被告人也不承担证明自己有罪的责任,因此,理论上被告人享有保持沉默的权利。办案机关不得强迫被告人回答任何可能使其陷于刑事追诉或刑事责任的问题,具体来说,被告人可以选择沉默,即使其放弃沉默选择陈述,也依然有权拒绝回答特定的问题。控方或者警方不能强迫嫌疑人、被告人开口,更不能以暴力、威胁、引诱等方法迫使其作有罪陈述。

(四)疑案应作有利于被告的处理

当案件现有证据存在疑点、矛盾,而案件的客观事实又无法查清或查清事实所需的成本过高,此时,司法机关应作出有利于被告人的裁判。具体如:当证据在有罪与无罪之间存在疑问时,应宣告无罪;当证据在重罪与轻罪之间存在疑问时,应认定轻罪;当证据在数罪与一罪之间存在疑问时,应认定为一罪。

之所以要确立存疑时有利于被告的要求,是由控辩双方的力量对比和保护被告人的权利决定的。刑事诉讼的一方是代表国家行使刑事起诉权的专门机关,另一方是处于被指控地位的公民个人。代表国家的专门机关有庞大的人员队伍、先进的设备、充足的经费以及采取强制性措施的权力等,在与个人的力量进行对比时显然处于优势地位。为了保护被告人的权利,防止冤及无辜,法律赋予了被告人一系列权利以与国家机关相抗衡。当享有强大的办案力量并依法负有证明责任的控诉方,其证明未能达到标准、不能卸除其证明责任、无法推翻法律的无罪推定时,判定其关于被告人有罪的主张不能成立,不仅符合逻辑,更能体现立法对被告人的保护。同理,当重罪、数罪的证据不足、现有证据只能证明轻罪、一罪成立时,则只能作出轻罪、一罪的判决。

三、无罪推定原则在我国的立法体现

关于无罪推定的四项要求,目前我国《刑事诉讼法》已在一定程度上予以贯彻(见下表)。

无罪推定原则的要求	该要求在我国《刑事诉讼法》的体现
定罪权归法院	第3条规定:"对刑事案件的侦查、拘留、执行逮捕、预审,由公安机关负责。检察、批准逮捕、检察机关直接受理的案件的侦查、提起公诉,由人民检察院负责。审判由人民法院负责。除法律特别规定的以外,其他任何机关、团体和个人都无权行使这些权力。人民法院、人民检察院和公安机关进行刑事诉讼,必须严格遵守本法和其他法律的有关规定。" 第12条规定:"未经人民法院依法判决,对任何人都不得确定有罪。"
控方承担证明责任	第49条规定:"公诉案件中被告人有罪的举证责任由人民检察院承担,自诉案件中被告人有罪的举证责任由自诉人承担。"
(未确认沉默权)	第118条第1款规定:"……犯罪嫌疑人对侦查人员的提问,应当如实回答。但是对与本案无关的问题,有拒绝回答的权利。"
存疑时有利于被告	第53条第1款规定:"对一切案件的判处都要重证据,重调查研究,不轻信口供。只有被告人供述,没有其他证据的,不能认定被告人有罪和处以刑罚;没有被告人供述,证据确实、充分的,可以认定被告人有罪和处以刑罚。" 第195条规定:"在被告人最后陈述后,审判长宣布休庭,合议庭进行评议,根据已经查明的事实、证据和有关的法律规定,分别作出以下判决:……③证据不足,不能认定被告人有罪的,应当作出证据不足、指控的犯罪不能成立的无罪判决。"

虽然现行制度尚未赋予犯罪嫌疑人、被告人沉默的权利,并且《刑事诉讼法》第118条要求犯罪嫌疑人配合办案机关、回答与案件有关的提问,但我们认为,这并不等于实行有罪推定。而且,当前中国的刑事司法实践还不具备实行沉默权制度的条件:地区间的经济水平差异大;办案能力、办案经费不均衡,破案率较低;人口流动性极大、流窜作案多、发案率较高;一些"无被害人案件"(如贩毒、受贿等)的侦破工作,对"口供"的倚重大……不顾现实全面推行沉默权制度,可能会对犯罪的打击形成负面影响。但是随着文明进程的发展,假以时日,沉默权必然会获得立法的认可。

项目五 直接言词原则

如果你是一个领导者,
请冷静地听取申诉者的诉说;
在他想向你吐露心中委屈的时候,
请不要打断他。
痛苦的人希望获得胜诉,

更渴望向你倾诉衷肠。
申诉一旦被阻止，
人们会追问："为什么他要拒绝？"
不是所有申诉都会成功，
而一次好的听审能抚慰人的心灵。

——古埃及诗歌[1]

引 例

吉林市佛教协会北山玉皇阁诉吉林市佛教协会北山玉皇阁法物流通处租赁合同纠纷一案，其质证程序是这样展开的：

审判长：根据《中华人民共和国民事诉讼法》第68条规定，证据应当在法庭上出示，并由当事人互相质证。为此，双方当事人应就争议的事实所提供的书证、物证、视听资料等进行辨认、质证。现在由原告委托代理人简要宣读证据的内容并说明该证据要证明的问题。

原告委托代理人：关于吉林市宗教局于1996年5月8日出具证明1份，证明释某某在其他人推荐的情况下，迫使有关人员签字，因此，释某某的身份不合法，原监院不在场。原宗教局局长与宗教协会已传达了释某某不具有法定代表人的身份，根据国家宗教局的有关规定，释某某在走出北山时没有做正式登记，其法定代表人身份有问题，不符合历史定制。

审判长：请值庭法警将原告委托代理人提供的证据交被告辨认。

被告：我有异议。

审判长：请值庭法警将被告辨认的原告委托代理人提供的市宗教局证明1份交到法庭。

法警向法庭提交证据。

审判长：被告，对原告委托代理人提供的证明释某某身份不合法，宗教局证明1份有无异议。如有异议请当庭质证。

被告：原告提供的证据不真实。释某某在掌管事务期间签订的租赁北山玉皇阁法物流通处的合同是有效的。

审判长与合议庭成员评议。

审判长：经合议庭评议，原告提供的市宗教局证据，暂不予以确定。

审判长：现在由被告提供反驳原告委托代理人举证材料的证据，并说明所举证据证明的问题。

被告分段举证：

---

[1] 陈瑞华：《看得见的正义》，中国法制出版社2000年版，第12页。

1. 证明已经履行租赁合同交付租金25 000元的收据；

2. 1993年11月1日吉林市佛教协会6号文件关于同意释某某担任北山玉皇阁监院职务的批复，此批复证明佛教协会已同意释某某担任北山玉皇阁监院和寺庙管理委员会主任职务；

3. 众僧推荐书1份；

4. 提供开光大典上接受袈裟、举行仪式的录像带1盘。

审判长：请值庭法警将被告提供的4份证据交原告委托代理人辨认。

法警交原告辨认4份证据。

审判长：请值庭法警将原告委托代理人辨认的被告提供的证据交至本庭。

法警向法庭提交证据。

审判长：原告委托代理人对被告提供的证据有无异议？如有异议，请当庭质证。

原告委托代理人：对3份书证没有异议，对录像带内容不清楚，要求播放。

审判长：请值庭法警将被告提供的3份书证交到法庭，将视听资料这盘录像带进行播放。

法警将3份书证交到法庭，准备播放。

法警向审判长报告：准备完毕。

审判长：开始播放。

审判长：被告，这盘录像带证明什么问题？

被告：说明释某某是北山玉皇阁监院。在这盘录像带上有省佛协、市佛协及宗教局的领导参加开光大典，有释某某举行仪式接受袈裟的镜头。

审判长：被告，这盘录像带大约多长时间？

被告：大约1小时左右。

审判长：被告，现在主持仪式的是谁？

被告：是市佛教协会会长释某跃。

审判长：被告，现在正在发言的这个人是谁？

被告：省佛协会会长。释某某接受袈裟在后面。

审判长：请值庭法警快速倒带至释某某披袈裟画面。

法警倒带至释某某接受袈裟镜头。

审判长：被告，哪段能说明释某某是北山玉皇阁代表的身份？

被告：释某某接受袈裟这段镜头能够说明释某某是北山玉皇阁监院。无论从手续上，还是程序上都合法。

审判长：录像带就播放到此。请值庭法警将录像带交至本庭。

审判长：原告委托代理人对刚才播放的这盘录像带的时间、内容有无异议？

原告委托代理人：没有异议。

审判长征询合议庭成员意见。

审判长：经合议庭成员评议，对被告提出的反证三份书证、一盘视听资料录像带能够证明释某某身份合法。原告委托代理人对此无异议。本庭予以确认。

审判长：原告委托代理人是否还有关于释某某不具有代表人身份的证据？

原告委托代理人：有。提供吉林市公安局治安处罚决定书、罚款收据。说明释某某因嫖娼被治安处罚。

审判长：请值庭法警将原告委托代理人提供的释某某因嫖娼被治安处罚的证据交被告辨认。

法警将处罚证据交被告辨认。

审判长：请值庭法警将被告辨认的原告委托代理人提供的释某某嫖娼证据交到法庭。

法警向法庭交证据。

审判长：被告对原告委托代理人提供的释某某嫖娼证据有无异议？如有异议请当庭质证。

被告：对该证据的真实性、合法性没有异议，对其关联性有异议，该证据与本案争议事实无关。

审判长征询合议庭意见。

审判长：经合议庭评议，原告委托代理人提供的释某某嫖娼证据，被告无异议，本庭暂予以确认。

审判长：现在由原告委托代理人对双方争议的关于释某某与周某某恶意串通行为的事实进行举证。

原告委托代理人：我方还有证据证明释某某身份不合法。

审判长：请继续举证，并说明所举证据要证明的问题。

原告委托代理人：提供1996年9月20日市委统战部关于释某某有关材料的证明一份。该证说明此内容与宗教局证明基本一致。

审判长：请值庭法警将原告委托代理人提供的市委统战部证明交被告辨认。

被告：我对该证据持有异议。

审判长：请值庭法警将被告辨认的原告委托代理人提供的市委统战部证明一份交到法庭。

法警向法庭交证据。

审判长：被告对原告委托代理人提供的市委统战部出具的证明有什么异议？请当庭质证。

被告：这是一份间接证据，不能说明释某某身份不合法。

审判长：对原告委托代理人提供的市委统战部证明，本庭暂不予以确认，待合议庭评议后再作认定。原告继续举证。

原告委托代理人：关于释某某身份不合法的证据还有：①宗教活动场所登记表一份，说明教职人员名单中没有释某某。释某某是释某跃的徒弟。②1996年6月20日市宗教局关于释某保有关问题的证明，证实释某保是原北山玉皇阁监院，并经依法登记，随后释某保被选为市佛教协会会长至今。③1996年6月20日市宗教局关于北山玉皇阁法物流通处对外租赁合同无效的证明。这三份书证说明了推举释某某是违反程序的，推举监院无效，释某某没有法人资格。宗教局没有同意释某某任监院。这些证据证明释某某不是正规和尚。在北山进行登记时不是玉皇阁的和尚。释某某来时是恶意推翻原监院的。

审判长：请值庭法警将原告委托代理人提供的证据交被告辨认。

被告：我有异议。

审判长：请值庭法警将被告辨认的原告委托代理人提供的证据交到法庭。

法警向法庭交证据。

审判长：被告，对原告委托代理人提交的三份关于释某某身份不合法的书证有什么异议？请当庭质证。

被告：原告委托代理人提供的这三份证据说明不了释某某不是北山玉皇阁监院。佛教协会有任命监院的权利，佛教协会的任命批复是合法有效的。

审判长与合议庭成员评议。

审判长：经合议庭评议，原告委托代理人提供的书证：宗教活动场所登记表、市宗教局关于释某保的证明、市宗教局关于北山玉皇阁法物流通处对对外租赁合同无效的证明，不足以证明释某某身份不合法，本庭不予以确认。

……[1]

问：这一段审理活动说明诉讼证明活动应该如何进行？

基本原理

一、直接言词原则的内涵

直接言词原则是关于案件审理形式的一个基本原则，是直接原则和言词原则的统称，两者关系密切，遵循直接原则必然贯彻言词原则，践行了言词原则也就实现了直接原则。这两项原则均以发现真实、提高诉讼效率、保护当事人权益为主要目的。

直接原则，又称直接审理原则，要求参加审判的法官必须亲自参加证据审查、亲自聆听法庭辩论。强调审理案件时法官的亲历性、审理法官与判决法官的一体化。直接原则要求案件审理不能以间接的、书面的形式进行，法官必须亲自接触实物证据、聆听言词证据的提供者陈述。

言词原则，又称言词审理原则，要求当事人等在法庭上须用言词形式开展质证辩论的原则。该原则强调的是法庭陈述的口头性，是公开原则、辩论原则和直接原则实施的必要条件。与言词审理相对的是书面审理，即以书面形式进行诉讼，集中体现为

---

[1] 案例出自：毕玉谦：《民事证据法判例实务研究》，法律出版社2001年版，第341~347页。

根据书面材料和证据来认定事实。

直接言词原则产生于19世纪的德国，它是针对封建时期纠问式诉讼制度实行的书面审理和间接审理原则而提出来的，其目的是保障被告人供述的自愿性与真实性，去除书面审理程序（邮递传送案卷）所带来的重大缺陷，其具体规定是明确被告人的庭前供述原则上不具备可采性，只有在满足例外情形时才可以进入法庭。之后，其他大陆法系国家也先后确立了直接言词原则。尽管英美法系国家没有直接确立直接言词原则，但英美法系国家却普遍设立了"传闻证据规则"。直接言词原则在近现代为各国广泛采用，具有极大的诉讼价值，在实现实体真实和程序正义以及在效率和效益的追求方面，都发挥着重大的作用。

直接言词原则的理论根据是：

1. 司法亲历性的要求。直接言词原则实践了司法的亲历性。法官必须在庭审及控辩双方质证的基础上，在正确心证的指导下作出最终的裁判，实现了审、判的承接性、一致性，即作出判决的法官必须是自始至终参与审判活动的法官，践行司法亲历性的要求，实现实体正义和程序公正。

2. 直接言词原则有助于发现真实和提高效率。正确的心证是建立在对案件的直观感受和理性分析基础上的，要获得直观的感受，作为裁判者的法官就必须亲自、全程参与审判活动，通过陈述者的相貌、陈述时的态度和情状等获取陈述内容以外的、语言所无法传递的案情信息（即"无言之知"），准确把握其真实意思表示，发现案件事实真相。同时，法官、当事人和证人等通过言词对话，可以当场对模糊陈述予以确认，澄清含糊或矛盾的问题，更好地发现和整理争议焦点，实现紧贴双方辩论的活跃审理，从而推动诉讼迅速、有效进行。

二、直接言词原则的具体要求

直接言词原则对案件的审理形式提出了三个具体的要求：

1. 法官开庭审理时，当事人、检察官以及其他诉讼参与人必须亲自到场参加审判；除法律另有规定的以外，法官审理案件不得缺席审判、不得未经开庭审理直接作出判决。

2. 法官实行"直接采证"，即从事法庭审判的法官必须亲自进行法庭调查和采纳证据，证据只有经过法官以直接采证方式获得，才可以作为定案根据。据此，案件卷宗的内容不得作为裁判的依据。实现"直接采证"，不仅要求所有实物证据必须提交原物、原件，而且最重要的是，提供言词证据的自然人，包括当事人、证人、鉴定人等，必须出庭陈述、接受双方质证。经法庭传唤、无正当理由不出庭的证人、鉴定人提供的证据不得采纳为定案的根据。原则上形成法官心证的所有证据的调查，都应当在法庭上以口头的方式进行。而作出判决的法官必须是自始至终参与审判活动的法官，严格禁止审、判分离。当经历了法庭审判活动的法官因故不能继续案件的审理工作、需要更换法官时，必须重新开始审判程序。

3. 定案必须采纳原始证据，即要求法官认定案件事实或制作判决时，必须直接以原始证据为依据，传来证据只有在法律规定的情况下才能采纳。据此，审查传闻证人的证言、书证的复印件、物证的复制品等证据，应当特别注意。尤其要强调的是，提供言词证据的证人、被害人等应当出庭作证，他们在庭外所作的证言、陈述不具有证据能力。这也意味着刑事案件公诉方提交的案卷笔录对法院认定事实不具有预定的效力。

三、直接言词原则的立法体现

我国三大诉讼法及相关司法解释没有明确地将直接言词原则规定为审判原则或诉讼原则，但是很多条文直接或间接地体现了直接言词原则的具体内容。如下列条文：

	直接言词原则的立法体现	相关例外
刑事诉讼制度	《刑事诉讼法》第59条规定："证人证言必须在法庭上经过公诉人、被害人和被告人、辩护人双方质证并且查实以后，才能作为定案的根据。法庭查明证人有意作伪证或者隐匿罪证的时候，应当依法处理。" 《最高人民法院关于适用〈中华人民共和国刑事诉讼法〉的解释》第70~73条，分别规定据以定案的物证应当是原物，书证应当是原件以及在例外性的使用照片、复制品和录像时的条件。 《刑事诉讼法》第187条规定："公诉人、当事人或者辩护人、诉讼代理人对证人证言有异议，且该证人证言对案件定罪量刑有重大影响，人民法院认为证人有必要出庭作证的，证人应当出庭作证。人民警察就其执行职务时目击的犯罪情况作为证人出庭作证，适用前款规定。公诉人、当事人或者辩护人、诉讼代理人对鉴定意见有异议，人民法院认为鉴定人有必要出庭的，鉴定人应当出庭作证。经人民法院通知，鉴定人拒不出庭作证的，鉴定意见不得作为定案的根据。" 《关于办理死刑案件审查判断证据若干问题的规定》第15条规定："具有下列情形的证人，人民法院应当通知出庭作证；经依法通知不出庭作证证人的书面证言经质证无法确认的，不能作为定案的根据。……" 《最高人民法院关于人民法院合议庭工作的若干规定》第3条规定："合议庭组成人员确定后，除因回避或者其他特殊情况，不能继续参加案件审理的之外，不得在案件审理过程中更换。更换合议庭成员，应当报请院长或者庭长决定。合议庭成员的更换情况应当及时通知诉讼当事人。"	《刑事诉讼法》第190条规定"公诉人、辩护人应当向法庭出示物证，让当事人辨认，对未到庭的证人的证言笔录、鉴定人的鉴定意见、勘验笔录和其他作为证据的文书，应当当庭宣读。审判人员应当听取公诉人、当事人和辩护人、诉讼代理人的意见。" 《最高人民法院关于适用〈中华人民共和国刑事诉讼法〉的解释》第83条规定："……被告人庭审中翻供，但不能合理说明翻供原因或者其辩解与全案证据矛盾，而其庭前供述与其他证据相互印证的，可以采信其庭前供述。被告人庭前供述和辩解存在反复，但庭审中供认，且与其他证据相互印证的，可以采信其庭审供述；被告人庭前供述和辩解存在反复，庭审中不供认，且无其他证据与庭前供述印证的，不得采信其庭前供述。" 《刑事诉讼法》第180条规定："……对于疑难、复杂、重大的案件，合议庭认为难以作出决定的，由合议庭提请院长决定提交审判委员会讨论决定。审判委员会的决定，合议庭应当执行。"

续表

	直接言词原则的立法体现	相关例外
民事诉讼制度	《民事诉讼法》第68条规定:"证据应当在法庭上出示,并由当事人互相质证。……"第70条规定:"书证应当提交原件。物证应当提交原物。提交原件或者原物确有困难的,可以提交复制品、照片、副本、节录本。"第72条规定:"凡是知道案件情况的单位和个人,都有义务出庭作证。……"第十二章第三节开庭审理。 《最高人民法院关于民事诉讼证据的若干规定》第47条第1款规定:"证据应当在法庭上出示,由当事人质证。未经质证的证据,不能作为认定案件事实的依据。"第51条第3款规定:"人民法院依照职权调查收集的证据应当在庭审时出示,听取当事人意见,并可调查收集该证据的情况予以说明。"第55条第1款规定:"证人应当出庭作证,接受当事人的质询。"第59条第1款规定:"鉴定人应当出庭接受当事人质询。"第60条第1款规定:"经法庭许可,当事人可以向证人、鉴定人、勘验人发问。"	《民事诉讼法》第73条规定:"经人民法院通知,证人应当出庭作证。有下列情形之一的,经人民法院许可,可以通过书面证言、视听传输技术或者视听资料等方式作证:①因健康原因不能出庭的;②因路途遥远,交通不便不能出庭的;③因自然灾害等不可抗力不能出庭的;④其他有正当理由不能出庭的。"
行政诉讼制度	《行政诉讼法》第33条规定:"证据包括:……以上证据经法庭审查属实,才能作为认定案件事实的根据。"第43条第1款规定:"证据应当在法庭上出示,并由当事人互相质证。对涉及国家秘密、商业秘密和个人隐私的证据,不得在公开开庭时出示。"第58条规定:"经人民法院传票传唤,原告无正当理由拒不到庭,或者未经法庭许可中途退庭的,可以按照撤诉处理;被告无正当理由拒不到庭,或者未经法庭许可中途退庭的,可以缺席判决。"	《最高人民法院关于行政诉讼证据若干问题的规定》第41条规定:"凡是知道案件事实的人,都有出庭作证的义务。有下列情形之一的,经人民法院准许,当事人可以提交书面证言……"第47条第1款规定:"当事人要求鉴定人出庭接受询问的,鉴定人应当出庭。鉴定人因正当事由不能出庭的,经法庭准许,可以不出庭,由当事人对其书面鉴定结论进行质证。"

贯彻直接言词原则并不意味着概无例外。一些特殊的程序无需采用直接言词原则,如上诉程序、简易程序等。在上诉程序中,法律规定可以开庭审理,也可以书面审理,所以对不需开庭审理的上诉案件没有适用直接言词原则的必要;至于简易程序,立法本意是手续简便、成本低廉,是追求高效率的选择,因此放弃直接言词原则就是迅速快捷优势的要求;对于那些即将灭失或者以后难以取得的证据,依法进行证据保全的,在开庭审理时以宣读证据保全笔录来代替直接审理;对于现场勘验笔录、现场检查笔录等也可以根据具体情况缓和直接原则的适用。这些情形作为直接言词原则的例外,都有合理的依据。

单元二 证据法的基本原则

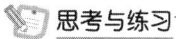 思考与练习

1. 试论述证据调查的基本原则。
2. 结合具体法律规定,谈谈证据裁判原则的立法体现。
3. 直接言词原则和自由心证原则在实务中如何体现?

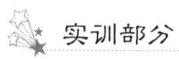 拓展阅读

1. 邹明理:"如何正确理解和运用同一认定理论中的'同一'概念",载《司法鉴定基本理论与鉴定立法》,人民法院出版社 2002 年版。
2. 何家弘编:《虚拟的真实——证据学讲堂录》,中国人民公安大学出版社 2009 年版。
3. 何家弘主编:《证据调查实用教程》,中国人民大学出版社 2000 年版。
4. 张继成:"事实、命题与证据",载《中国社会科学》2001 年第 5 期。

实训部分

【情境设计】

原告北大方正红楼研究所拥有方正 RIP 软件、方正文合软件的著作权。被告高术天力公司、高术科技公司曾为北大方正公司进口的激光照排机进行过代理销售,所销售的激光照排机使用的是方正 RIP 软件和方正文合软件。后双方因分歧终止了代理关系。之后,高术公司与日本网屏(香港)有限公司签订了销售激光照排机的协议,约定高术公司销售的 KATANA – 5055 激光照排机或 TANTOOOO – 5120 激光照排机必须配网屏公司正版 RIP 软件或北大方正公司的正版 RIP 软件,若配方正 RIP 软件,高术公司必须通过网屏公司订购北大方正公司正版 RIP 软件。北大方正公司作为日本网屏激光照排机在中国的代理销售商之一,在此项业务上与高术天力公司存在竞争关系。

随后,北大方正通过调查获悉被告非法制售上述软件,遂派员工以普通客户的身份会同公证人员进行公证取证。北大方正员工以个人名义多次和高术天力公司员工联系商谈购买照排机及安装方正 RIP 软件等相关事宜。在付清 39 万余元货款之后,高术天力公司员工为原告员工进行了照排机的安装、调试工作,并在主机中安装了一套盗版方正软件,最后还留下装有上述软件的光盘、加密狗及工作单。

应北大方正公司的申请,北京市国信公证处先后四次对北大方正员工以普通消费者身份与高术天力公司联系购买照排机设备及安装配套方正 RIP 软件、方正文合软件的过程进行了现场公证,并对安装了盗版方正 RIP 软件、方正文合软件的北大方正公司自备的两台计算机及盗版软件进行了公证证据保全。

原告根据以上证据,请求法院判令被告停止侵权并赔偿损失 300 万元。

一审法院认为:法律并不禁止"陷阱取证",采信了原告的证据,认定被告侵权的

事实，判令被告赔偿原告各项损失、费用100多万元。

二审法院认为：方正公司要想找到被告侵权的确凿证据并非只有"陷阱取证"这一种方法，且这种设圈套的手段违背了公平原则，一旦被广泛使用，将对正常市场秩序造成破坏。但由于高术天力公司承认盗版行为，法院最终改判被告立即停止侵权，并按照一套正版软件的价格赔偿方正13万元的经济损失和1万元的公证费。

【训练方法】

1. 全体实训人员分为原告、被告、一审合议庭和二审合议庭四组，分别讨论原告、被告的主张和两个合议庭裁判的理由。

2. 各小组形成本组的观点依据后，由各组派一名代表发表意见。

3. 任课教师归纳小组意见并予以点评。

【实训任务】

运用相关证据规则审查、判断证据。

单元三

证据的概念和采用标准

引 言

证据是一个法律用语,但证据并非仅存在于法律事务之中。其实,在社会生活的许多领域,证据都在默默地发挥着作用,贡献着自己的力量。譬如,历史学家在研究和探索历史事件的真相时,必须千方百计收集有关的各种证据——史料,然后再根据这些史料去"重建"或"再现"历史事件的本来面目。又譬如,医生诊断病情必须以各种症状为根据,而这些症状也就是证据。无论是中医的望、闻、问、切,还是西医的仪器检验,都是在为确认病情发现证据和收集证据。从这个意义上讲,法律人的工作与历史学家和医生的工作确有许多相通之处。

然而,证据对于法律事务来说,具有特别重要的意义。在诉讼活动中,"证据虽然不是万能的,但是没有证据却是万万不能的"。对于当事人来说,打官司就是打证据,对于法律人来说,办案就是办证据,审案就是审证据。虽然诉讼"号称"是解决法律纠纷的,但是诉讼的核心内容却是由证据构成的。诉讼如此,仲裁、公证、行政执法等亦然。什么是证据?这可谓证据法理论大厦的基石。在司法与执法活动中,什么样的证据可以被采纳?具体标准并不完全相同,但也有共同的一般标准,包括合法性标准、关联性标准、客观性标准等。这些知识的重要性,在我们的学习内容中毋庸置疑。

知识目标

通过基本原理的学习,理解证据的概念,了解证据材料、证据方法与证据概念的异同,熟知证据能力、证据的采用标准和证明力的内涵。

能力目标

通过基本技能训练,具有分析、判断证据的基本能力。

内容结构图

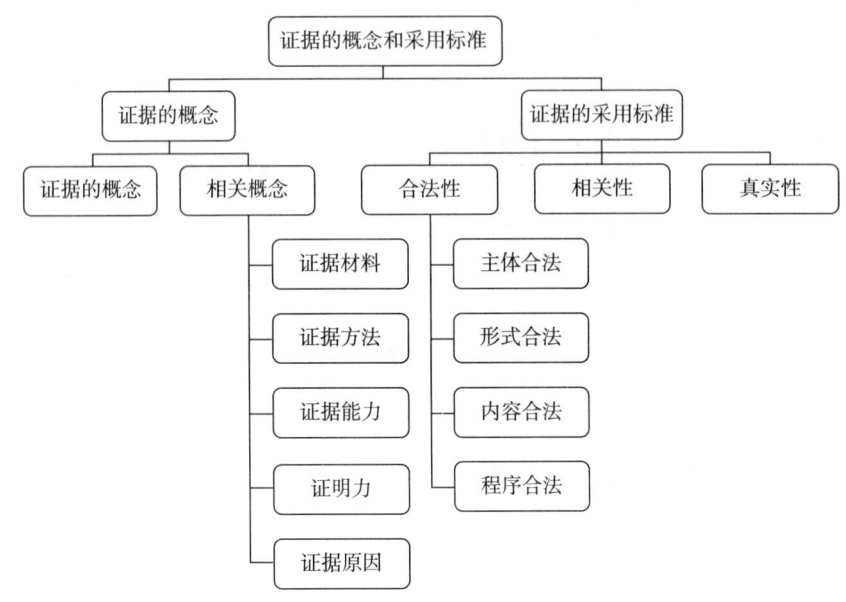

项目一 证据的概念

如果某一个材料被认为是真实的、可信的和具有充分的相关性,能够说服法院,认定其为证据就是适当的。

——摩菲

引 例

1994年4月11日中午11时,湖北省京山县雁门口乡吕冲村九组窑凹堰水面上发现一具女尸。

当日下午2时30分,经法医初步认定,无名女尸系颅脑挫伤导致昏迷后溺水死亡,应属他杀。正式调查尚未展开,一位名叫张某生的男子前来要求辨认尸体。该男子自称其妹张某玉于1994年1月20日晚上离家出走,至今下落不明。张某生同时向专案组反映,张某玉与丈夫关系紧张,时有吵架之事发生,其夫佘某某有外遇。张某生随后辨认了尸体,当即一口咬定无名女尸就是张某玉。

通过总结法医鉴定结果,专案组发现死尸与张某玉的特征有11处相同。案情有了重大突破。下午5时,在无名女尸被发现6个小时后,一份《法医鉴定书》形成了,确认无名女尸就是张某玉。同样的结论被当天下午7时形成的《张某玉被杀现场勘查笔录》所证实。这份报告里保留着此案从始至终唯一一段关于无名女尸的具体描述。

结论是张某玉系被他人用钝器打击头部至昏迷后又被抛入水中溺水死亡。

1997年5月14日,京山县政法委将此案报请荆门市政法委协调。同年10月8日,荆门市政法委在京山县人民检察院召开了此案的协调会。会议决定:被告人佘某某故意杀人一案由京山县人民检察院向京山县人民法院提起公诉,因省高院《退查函》中提到的8个问题中有3个无法查清,会议决定对该案降格处理,对佘某某判处有期徒刑。

1998年3月31日,按照政法委协调会的指示,京山县人民检察院对佘某某提起公诉,指控其构成故意杀人罪。1998年6月15日,京山县人民法院判决被告人佘某某故意杀人罪成立,判处其有期徒刑15年,附加剥夺政治权利5年。

2005年3月28日,一个自称叫张某玉的女人来到了吕冲村里,她说自己是佘某某之前的妻子——那个之前一致被认为"死了的人"。原来被相信并被认定的一切事实都被推翻了。

问:下列材料是不是证据?为什么?①张某生的辨认笔录;②法医鉴定书、现场勘验笔录;③村民关于佘某某有外遇必杀人换妻的证言;④村支书证实曾见过死者的证言;⑤刑讯逼供获得的佘某某的有罪供述。

基本原理

一、证据的概念

"证据"一词在我们的日常生活中并不陌生,似乎也并不艰深晦涩。然而它在诉讼法学理论上的定义,却一直众说纷纭。比如主流观点"事实说"认为,证据就是"证明案件真实情况的事实"[1],我国1996年《刑事诉讼法》第42条第1款就明确规定:"证明案件真实情况的一切事实,都是证据。"而"材料说"则主张,证据就是"证明案件事实的材料"[2],2012年修订的《刑事诉讼法》第48条第1款就采用了这一观点:"可以用于证明案件事实的材料,都是证据。"也有学者主张,证据是"证据载体"与"证据事实"的有机统一,证据就是"用来证明特定案件事实的载体"[3]。还有方法说、信息说、"主观见之于客观"等,在此不一一而论。

我们认为,在法学语境中界定证据的概念,不应该也不必要脱离其本来的字义。证据,简言之就是证明的根据。人们在日常生活中使用"证据"一词,一般内涵是指"法律用语,据以认定案情的材料"[4],或者是"能够证明某事物的真实性的有关事实或材料"[5]。"一般意义的'证据',是指基于特定的证明目的而能够作为映现一定事

---

[1] 陈一云主编:《证据学》,中国人民大学出版社2000年版,第99页。
[2] 应松年主编:《中国行政诉讼法讲义》,中国政法大学出版社1994年版,第136页。
[3] 陈瑞华:《刑事证据法学》,北京大学出版社2014年版,第71页以下。
[4] 《辞海》,上海辞书出版社1980年版,第384页。
[5] 《现代汉语词典》(修订本),商务印书馆1996年版,第1608页。

实状态的根据。"[1]因此,"诉讼证据"就是指证明案件事实存在与否的根据。这个"根据",包括一切物质形态的证据形式,如物证、书证、视听资料等,也包括与实物形态相对应的、各种以人的言辞为表现形式的证据。不管形式如何,只要能够证明案件事实存在与否,就是证据。

"能够证明案件事实",意味着成为证据的唯一条件就是与待证事实存在关联。何谓有关联?也就是说,有了某一项证据,有待认定的案件事实将比没有这一证据时更有可能或者更无可能存在、发生。[2]只要某证据趋向于提高或降低案件事实存在的可能性,那它就具有相关性。法学语境中关联一词的内涵有别于哲学语境中的"普遍联系"。不是"蝴蝶效应"的千丝万缕的联系,而是具有一定实质性的联系,但或许又低于采用、采信的标准。比如,"小时偷针"(前科)与待证事实"大时偷金"有无关联?强奸案件被害人案发前与犯罪嫌疑人的性关系与案件有无关联?犯罪嫌疑人的婚外情与杀妻案有无关联?我们似乎并不能轻易地得出否定性的答案,但显然,我们也无法坚定地采用这样的证据。原因就在于,这些证据与待证事实之间存在着无法否认的关联,但其关联程度又非常薄弱,以至于我们无法予以采用。要解决这些困惑,需要我们厘清几个不同的问题:是不是证据、能不能采用与能不能采信。在关联性问题上,这三个问题存在关联紧密程度上的差异性。我们认为,"小时偷金"可以成为"大时偷金"的证据,犯罪嫌疑人有婚外情,可以成为杀妻动机的证据之一,被害人与犯罪嫌疑人之间存在过的性关系,是我们分析是否存在诬告的依据……换言之,这些事实都是证据。但是因为关联过于薄弱,失真的风险过高,又或者基于被害人权利保护等其他价值考虑,这些都不是可以采用的证据[3]。我们主张,不对证据的证明程度(即提高或降低案件事实存在可能性的程度)提出任何要求,只要具有最起码的逻辑证明力,就应该被认为具有相关性。

综上,引例中所提出的上述问题答案都是肯定的。死者家属的辨认笔录能够证明死者身份、法医鉴定书是查明死因的根据、现场勘验笔录反映了案发现场的具体情况、犯罪嫌疑人佘某某的有罪供述是证明案件各项要素的最直接的证据自不必说。各项材料都与案件存在关联,能够证明案件待证事实,所以都是证据。虽然"亡者归来"后大家才意识到其中的谬误,但这恰恰说明证据的"真实性"并不绝对,而是带有强烈的主观色彩;当时的办案人员主观认识上显然是认定其为真实的、科学的、合法的才加以采信。而引例中村民关于佘某某有外遇、必杀妻换妻的证言,因为纯属村民的主观猜测,与待证事实不存在客观的关联,因而不是证据。只有与案件事实存在关联、能够证明案件事实的才是证据。我们认为,上述材料在当年予以采信是证据,再审时

---

[1] 毕玉谦主编:《证据法要义》,法律出版社2003年版,第60页。

[2] 《美国联邦证据规则》401:"有关联性的证据指具有下述盖然性的证据,即任何一项对诉讼裁判结果有影响的事实的存在,若有此证据将比缺乏此证据时更为可能或更无可能。"

[3] 少年司法中的品格证据作为量刑证据使用是一个例外,品格证据不可作为定罪证据是刑事司法通例。

不予以采信也是证据,证据不因办案机关采用、采信与否而变更身份,得以采信的则为定案根据,不予采信的也不排除在其他诉讼程序中再被确认的可能,佘某某案就是很好的例子。回答一项材料是不是证据,我们只需要关注其关联性。

我们认为,"根据说"可以回答司法实践中不可避免的虚假证据现实存在的问题,也可以避免"材料说"将证据物化的局限性,而且符合字词的本意。"根据说"不讨论证据的真假问题,因为证据的真假本来就是办案人员对客观事物的主观认识,不同的主体认识的结果未必相同。换言之,同样一份证据,在侦查人员眼中是真实可靠的,而在一审法官眼中有可能是虚假的,甚至在二审法官眼中还有可能是真假交叉的。强调只有真实的才是证据,势必造成同一个事物,在某一个诉讼程序中是证据,而在另一个诉讼程序中不是证据的同物不同名的怪状,导致证据法律制度所调整的对象处于一种不确定的状态。所以,我们认为,定义证据可以暂不考虑真假问题,真假问题、合法与否问题留待证据采用环节才予以考虑。同时也不以裁判者采信与否作为认定证据的依据,证据与定案根据是包含与被包含关系的两个不同概念。唯如此,才能避免前述的不确定性,还证据一个稳定、确定的身份。

二、与证据概念相关的几个概念

为助于理解上述的证据定义,有必要将一些相关的、易导致混淆的法律术语作一些介绍和梳理,这些相近术语包括我国司法实践中用得较多的"证据材料",以及大陆法系国家及地区用得较多的"证据方法""证据能力""证据力"与"证据原因"等。

(一)证据材料

"证据材料"一词在司法实践中使用较多,在司法解释中也常常使用,甚至立法中也不鲜见。如《刑事诉讼法》第57条第2款规定:"现有证据材料不能证明证据收集的合法性的,人民检察院可以提请人民法院通知有关侦查人员或者其他人员出庭说明情况……"又如《最高人民法院关于民事诉讼证据的若干规定》第1条规定:"原告向人民法院起诉或者被告提出反诉,应当附有符合起诉条件的相应的证据材料。"《最高人民法院关于行政诉讼证据若干问题的规定》第4条规定:"公民、法人或者其他组织向人民法院起诉时,应当提供其符合起诉条件的相应的证据材料。在起诉被告不作为的案件中,原告应当提供其在行政程序中曾经提出申请的证据材料。……"结合相关规定的具体内容不难理解,"证据材料"是一方诉讼主体依证据方法取得、用以证明案件事实的各种材料,又称为证据资料,如证人证言、鉴定意见、物证书证等。这些为了证明目的而提出的各种材料,有的符合采用标准,可以成为法院认定案件事实的根据,有的不具备采用的资格条件,不能作为定案的根据。证据材料只有经过法庭质证与法庭审核认定,才能成为定案根据。我国刑事诉讼法在使用证据这一概念时未对它们作出区分,本篇篇首摩菲的定义也是如此:"如果某一个材料被认为是真实的、可信的和具有充分的相关性,能够说服法院,认定其为证据就是适当的。"我们主张将摩菲所指的"证据"命名为"定案根据",作为"证据"的一个子概念会更准确。换言之,"证据材料"就是我们这里所讲的"证据",即一方提交法庭用以证明自己的事实主张,尚未经过法庭质证、认证的证据,包括法庭可能采用、采信的证据,也包括法庭不予以采用、采信的证据。

(二)证据方法

海外学者多认为证据是恢复、揭示案情的方法、手段,故将证据称为证据方法。有学者将其定义为:证据方法是指作为认定案件事实素材的人或物,可分为人证或物证。人证就是把人作为证据方法,经过对人的询问所得到的陈述作为认定事实的材料,通常有证人、鉴定人及当事人三种。物证就是把物作为证据方法,经过检查物证所取得和认定事实的材料,通常包括书证和勘验物两种。

(三)证据能力

证据能力,又称为证据资格,或证据的适格性,其所解决的问题是符合什么条件的事实与材料才可以作为证据进入审判程序,换言之证据能力是指一定的资料在法律上被允许作为证据的资格和条件。显然,证据能力要求是法律从外部赋予证据的一种属性,而非证据本身与生俱来的内在属性。比如法律对证人资格条件的规定、采用刑讯逼供的方法获得的有罪供述不可采、采用侵犯公民合法权益的手段收集的视听资料不可采等,即属于证据能力方面的规范。证据能力是证据进入审判程序的基础性要求。

(四)证明力

证明力,或称为证据力,指的是证据对于案件事实证明作用的有无和程度。与证据能力不同,证明力是证据的一种内在属性,取决于证据与待证事实之间的内在联系。可以说,证据能力是证据的法律属性,证明力则是证据的自然属性。一项证据除了具备证明力,还必须具备法律所要求的证据能力,才能运用于诉讼,来证明待证事实。

(五)证据原因

证据原因是指法官对于当事人主张的事实是否属实形成心证的原因。根据证据资料,可使法官确信一方当事人所主张的事实为真时,即构成证据原因。但除了证据资料,法庭辩论的全部内容有时也构成证据原因。

项目二 证据的采用标准

关联性是实质性和证明性的结合。从证明的意义上说,关联性必须涉及证据肯定或否定某实质性问题的能力。如果所提出的证据会使某个主张(实质性问题)的存在成为可能或不可能,它就有证明力,并因此具有关联性。

——华尔兹

引 例

见本单元项目一引例。

问:张某生的辨认笔录、法医鉴定书、现场勘验笔录、村支书证实曾见过死者的证言、刑讯逼供获得的佘某某的有罪供述等,是证据。但是不是可以采用的证据?

基本原理

一项材料是不是证据,与是不是能够采用的证据,这是两个不同的问题。换言之,有些材料能够证明案件事实,是证据,但未必能够被立法所允许采用为诉讼证据,进而成为定案根据。诉讼上采用证据,应当符合以下三个标准:

一、合法性

根据项目一前述,诉讼证据是证明案件事实存在与否的根据,成为证据的唯一条件就是与待证事实存在关联。然而,在讨论某项证据能否进入诉讼大门、是否可以采用时,首要考虑的并不是关联性,而是合法性。所谓合法性,是指证据能够转化为定案根据的法律资格,具体来说就是收集证据的主体、证据的形式、证据的收集程序或提取方法以及法庭调查的程序等必须符合法律的有关规定。证据的合法性,又有可采性、容许性等不同称谓。合法性是证据进入诉讼大门的"门票",不具有合法性的证据将被排除在法庭的大门之外。因此,存在证据合法性争议的案件,法庭应当首先就证据应否排除展开调查。我国法律虽未就证据的合法性作出明确的规定,但通过司法解释以及一系列的规范性文件确立了非法证据排除规则,特别是2010年最高人民法院、最高人民检察院、公安部等共同发布的《关于办理死刑案件审查判断证据若干问题的规定》和《关于办理刑事案件排除非法证据若干问题的规定》,明确了对于明显违反法律和有关规定取得的证据,不能作为定案的根据,应当予以排除。《最高人民法院关于适用〈中华人民共和国民事诉讼法〉的解释》第106条也明确规定:"对以严重侵害他人合法权益、违反法律禁止性规定或者严重违背公序良俗的方法形成或者获取的证据,不得作为认定案件事实的根据。"

(一)提供、收集证据的主体必须合法

收集证据主体与证据的合法性之间的关系,在民事诉讼与刑事诉讼中有不同的体现。在刑事诉讼中,控诉方承担证明被告人有罪的责任,这就决定了大多数的证据收集工作是由控诉机关完成的,并且刑事案件证据的收集经常需要动用与公民人身权、财产权、隐私权等宪法性权利密切相关的强制性手段,因此,法律规定只有特定的国家机关才有权使用这些强制性措施来收集证据，其他诉讼主体一概无权。换言之，在刑事诉讼中，取证主体不合法极有可能直接导致证据被排除。

刑事诉讼取证主体资格主要限定在下列四个方面：①取证机关只能是国家侦查机关。其他机关如纪检、监察、工商、税务等部门无权运用刑事侦查手段调查收集证据。②负责调查取证的机关必须是对案件享有管辖权的侦查机关。实践中为了降低办案成本，也存在委托异地公安机关调取犯罪嫌疑人户籍资料、前科记录以及查找被害人等协同办案的做法，但也仅限于此。③负责调查取证的人员必须是侦查人员。非侦查人员即便属于侦查机关内部的工作人员，也无权调查收集证据。④负责调查取证的侦查人员必须满足法定的人数。如讯问犯罪嫌疑人必须由两个以上侦查人员进行，单独一人收集的证据不具有证据能力。

在民事诉讼中，因为当事人对自己的事实主张承担证明责任，除了可以依法申请人民法院调查收集证据的情形以外，当事人及其代理人是收集证据的主要主体。《民事诉讼法》第64条规定："当事人对自己提出的主张，有责任提供证据。当事人及其诉讼代理人因客观原因不能自行收集的证据，或者人民法院认为审理案件需要的证据，人民法院应当调查收集。……"只要当事人及其代理人不违反法律规定，就有权进行证据的调查收集活动。

在行政诉讼中，作为被告的国家行政机关对其作出的具体行政行为负有举证责任。但是被告只在具体行政行为作出之前享有调查取证权，被告及其诉讼代理人在作出具体行政行为后或者在诉讼程序中不得再行调查取证。被告调查取证事项必须在法定的职权范围内依照法定程序进行。

（二）证据的表现形式必须合法

证据表现形式的合法性，一是指证据的客观表现形式应符合相关诉讼法律规定的具体形式。如刑事诉讼法规定了证据的8种法定形式，民事诉讼法、行政诉讼法规定了证据的7种法定形式。不同性质的诉讼，证据的形式基本相同，但也存在各自特有的证据形式。如刑事诉讼中的犯罪嫌疑人、被告人供述和辩解，行政诉讼中的现场笔录。不具有法定形式的证据不得进入诉讼，比如刑事诉讼中的测谎结论。二是指具体实物证据在内容要素方面应符合法定的要求。如刑事诉讼中的现场勘验笔录应由参加勘验、检查的人和见证人签名或者盖章；行政诉讼中的现场笔录，应载明时间、地点和事件等内容，并由执法人员和当事人签名。

证据形式不合法，并不必然导致证据能力的灭失，而成为"非法证据"，这样的证据更多地属于一种"瑕疵证据"，经过补正仍可采用。具体内容在非法证据排除规则一章中再作阐述。

（三）证据的内容必须合法

比如，证人作证时猜测性、推断性、评论性的内容，不能采纳为证据；鉴定意见只能是鉴定人运用自身的专门知识、技能以及设备等，通过分析、判断后形成的，关于案件的专门性事实问题的结论性意见，而不能是对案件的普通问题、法律问题发表的意见；讯问犯罪嫌疑人、被告人不得提问与案件事实无关的问题等。

（四）证据的收集、调查程序必须合法

证据的收集程序（方法、手段、步骤）不得违反法律的规定。现行立法及相关司法解释、规范性文件等明确规定，刑事诉讼办案机关不得采用威胁、引诱、欺骗以及刑讯逼供的方法收集言词证据；民事诉讼当事人不得以严重侵害他人合法权益、违反法律禁止性规定或者严重违背公序良俗的方法收集、获取证据；行政机关不得采用严重违反法定程序，或者以偷拍、偷录、窃听等手段，或者以利诱、欺诈、胁迫、暴力等不正当手段获取证据。

此外，证据还必须经过法定的调查程序，在法庭出示、经过控辩双方质证并且查证属实之后，才能作为定案根据。如《最高人民法院关于适用〈中华人民共和国刑事诉讼法〉的解释》第78条第1款规定："证人当庭作出的证言，经控辩双方质证、法庭查证属实的，应当作为定案的根据。"《最高人民法院关于行政诉讼证据若干问题的规定》第35条第1款规定："证据应当在法庭上出示，并经庭审质证。未经庭审质证的证据，不能作为定案的根据。"引例中犯罪嫌疑人的有罪供述因为使用了刑讯逼供的非法方法取证，不具有合法性，应予以排除，不得作为证据进入法庭而成为调查的对象，更不能成为定案的根据。司法实践中还存在一些刑讯得来但又具有真实性的"口供"，同样因为没有"门票"而被阻挡在法庭的大门之外。

显然，合法性并不是证据必然具备的内在特质，而是立法者根据诉讼规律，在综合考虑文化传统、诉讼理念发展潮流等多种因素后，以制度的形式从外部赋予证据的条件要求，是一种利益权衡的结果。

二、相关性

证据具有合法性，只是具备了进入法庭的资格条件，要得到法庭的采用、转化为定案的根据，还应当具备相关性。所谓相关性，是指证据所揭示的证据事实与待证事实之间具有某种逻辑关联，按照事物发展的基本规律，该证据能够大体证明待证事实在过去的存在或不存在，或者使得待证事实在过去的存在或不存在更有可能。比如实名制的火车票与同一时间的杀人案之间是一种不兼容的逻辑关系，火车票可以作为犯罪嫌疑人不在场的辩护证据；电梯公司对电梯进行常规保养的事实能够证明电梯公司向用户主张货款的可能性更大等。

作为证据成立条件的相关性，有别于作为证据采用条件的相关性，或者说这是同质而不同量的要求。后者对关联紧密程度的要求应高于前者。此外，作为采用标准的关联性，除了要有证明性，还要具备实质性。所谓"实质性"，是指证据所证明的事实与实体法上的诉讼主张有直接的关联,也就是该证据的存在足以支持当事人的某一主张,或者与对方当事人的抗辩事由具有一定的联系。换言之,证据所要证明的不是一般意义上的事实,而是与控辩双方争议的问题密切相关的待证事实。判断某项证据是否具有实质性,首先需要明确的是该证据所要证明的是不是争议事实,然后再判断证据与争议事实的关系。如果证据要证明的事项不是争议中的事项,那么,该证据就不具有实质性。判断时主要考察当事人提出该证据的证明目的,考察该证明目的是否有助于证明本案中的争议事实。如果特定证据的证明目的并非指向本案的待证事实,则该证据不具有实质性,也就没有相关性。例如刑事案件中,某证人关于被告人未满14周岁的证言,因为被告人只有犯罪时已满14周岁才对重大刑事案件承担刑事责任,年龄是案件的实质性问题之一,而该证言能够使被告人犯罪时不满14周岁这一事实更具有可能性,同时具备证明性和实质性,因而具有完整的相关性。

前述证据的合法性是立法从外部赋予证据的要求,是一个法律问题。而相关性则是经验和逻辑的问题,是一个事物与另一个事物的内在关系。虽然不易描述,但容易识别,一般主要依靠司法人员的主观判断。判断证据的相关性主要有三种方法:

一是常识判断法。即裁判者根据经验法则、逻辑推断和对人类行为的一些既定信念,对证据相关性作出符合常理的决定。前述的实名制火车票与同一时间段发生的杀人案件之间的关联,根据生活经验就不难识别。二是三段论识别法。即以经验法则为大前提,以已知的证据事实为小前提,根据证据事实与大前提命题之间的包含关系,从而得出可靠而准确的结论。如生活经验告诉我们,一个人持有刚刚发生的失窃案件的赃物,同时无法作出合理解释,这个人通常就是作案人。例如犯罪嫌疑人张某身上持有刚刚被盗的金器,则张某可能是作案人。三是实质性检验法。通过三个问题进行检验:①所提出的证据是用来证明什么的?②这是本案的实质性问题吗?③所提出的证据对该问题有证明性吗?如果结论是肯定的,那么所提出的证据具有相关性。

三、真实性

采用证据的真实性标准,是指证据事实必须是伴随着案件的发生、发展的过程而遗留下来的,不以人们的主观意志为转移而存在的事实。首先,证据的内容必须具有真实性,必须是对客观事物的真实反映。虽然这种反映可能存在错误或者偏差,但是它必须是以客观事物为基础的。单纯的主观臆断、凭空的猜测甚至是梦境中的情节、封建迷信的诅咒等,即使被当事人提交作为证据,也因为不具备真实性而不得采用。其次,证据必须具备客观存在的形式,必须是人们可以某种方式感知的事物。无论物证、书证等实物证据,还是证人证言、鉴定意见等言词证据,都有其客观的外在表现形式,是看得见、摸得着、被人五官体察得到的东西。如果案件有关情况仅存在于证人的记忆中,没有以证言或者书面证词的形式表现出来,那么它就不可能被采用。证据的真实性很多时候又被称为客观性,内涵是一致的。我们认为"真实性"一词更有助于准确揭示内容真实的证据采用标准。

理解证据的真实性需要强调一点，证据的真实性并不具有绝对性，或者说，绝对客观真实的证据并不存在。因为任何证据都是人的主观能动性的结果：物证是客观实在物，但离不开人的发现、提取、保管、鉴定、解读，这就掺杂了人的因素；证言是对案件事实的客观描述，但描述之前已经经历了人的感知、记忆等环节，而表达也具有强烈的个人色彩。比如杀人现场的一把带血的匕首，是一个客观实在物，但它不会自己说明案件事实，需要有人将它从案发现场提取、保管并作为证据，然后要有人对它进行检验、辨认、鉴定，鉴定意见的形成是鉴定人的分析结果，结论与案件事实或者嫌疑人的联系，需要办案人员加以分析、推理才能确定。所以，证据是人主观见之于客观的产物，并不存在绝对客观的证据。我们强调的真实性，要求人的主观认识应当建立在客观事物的基础之上，既不能凭空臆想，也不能主观擅断。理解这一点，对于我们审查、运用证据具有重要的指导意义，做到不迷信实物证据、科学证据，谨慎运用言词证据。

下面这则案例能够充分说明证据真实性的相对性：

2001年3月31日晚上11时，青海省互助县威远镇青海特种水泥厂附近一小卖部发生一起杀人案，小卖部老板的外甥任某某被杀身亡。经公安机关调查取证，认定青海特种水泥厂青年工人李某某有重大嫌疑，关键证据就是从其房中搜出的皮夹克上衣上有血迹，在其煤斗中发现有一带血迹的卫生纸，经青海省公安厅进行DNA刑事科学技术鉴定，结论为这两处均留有死者的血迹。归案后一直不承认犯罪的李某某最后承认了杀人事实。

在法庭上，李某某含泪辩称自己无罪，并称有罪供述是逼供所得，鉴定意见是错误的，夹克上及卫生纸上的血迹是自己脸上出青春痘后擦上的血。青海省海东地区中级人民法院经慎重研究，决定重新鉴定。2001年1月11日，经公安部协助，青海省公安厅重新鉴定后结论为：送检的夹克上及卫生纸上的血迹是李某某所留的可能性大于99.99%，不是死者的血迹。得知此情况后，检察机关主动提出撤诉。海东检察院一位副检察长说："我们向专家咨询过，DNA鉴定是最具有权威性的科学技术鉴定，一般不会出错，要错的话只能是提取的检材上的错。"而互助县公安局刑警大队长则说："我们对犯罪嫌疑人进行审讯，完全符合一切法律程序，DNA的检材是我们当时从现场提取的，绝对不会错。"

此案是因为法医工作失误，把从被害人身上提取的检材当作被告人李某某的检材，又把从被告人李某某身上和住处提取的带有血迹的皮夹克上衣和带血迹的卫生纸当成被害人的检材，从而作出了错误的鉴定意见造成的。通常，DNA鉴定证据的科学性并无问题，其证明力受影响往往是因为专业人员在收集、转移和保存样本，实验操作和数据解析等过程中出现问题。

思考与练习

1. 如何理解证据的概念？
2. 你觉得证据"三性"是不是证据的特征、属性？
3. 试分析证据力、证明力、证据可采性、证据容许性等概念的关系。
4. 思考下列案件证据的关联性并提出观点：

某市检察机关审查起诉的一起盗窃案，在审查起诉过程中遇到一个难题，就是本案的作案手段与众不同。这个案件与传统的入室盗窃都不一样，它是嫌疑人爬到几十层的高楼，在楼顶拴上绳索，从最高层开始偷起，盗窃顶层的几家。通常的入室盗窃基本上从底层开始，而这个案件反其道而行之。本案的嫌疑人五年前因盗窃受到了有罪处罚，实施新的盗窃行为时，距离他假释出来不到一年半。办案人员查阅了以前的办案经过和相关的案卷笔录，发现以前十几起入室盗窃都是用这种手段，这次与先前的案件很相似。但嫌疑人否认指控，从他住处以及他控制的其他地方也没有找到赃款赃物，案发现场没有进行勘验检查，也没有提取有用的物证痕迹。问：以前同一个人实施的相似的犯罪行为，比如说作案手段、作案习惯等，能否作为认定被告人有罪的证据？

拓展阅读

1. 王亚新："刑事诉讼中发现案件真相与抑制主观随意性的问题——关于自由心证原则历史与现状的比较法研究"，载《比较法研究》1993 年第 2 期。
2. 鲁杰："证据的属性反思"，载《政治与法律》2007 年第 2 期。
3. 何家弘："让证据走下人造的神坛——试析证据概念的误区"，载《法学研究》1999 年第 5 期。
4. 梁玉霞："什么是证据——反思性重塑"，载《证据学论坛》（第 3 卷），中国检察出版社 2001 年版。

实训部分

【情境设计】

2009 年 6 月，广东电视台社会纵横栏目和南方都市报记者接到举报，称番禺大石街冼村私自挖山卖泥，其"地质灾害报告单"被举报是花钱买来的伪造报告单，文件签有广州市地质调查院预警室主任刘某某的名字。记者推断，刘某某可能存在非法出售国家公文的嫌疑。这两家媒体的三名记者，遂于同年 7 月 10 日假扮成某公司的业务员，准备找刘某某"购买"一份地质灾害报告单。在大门口，记者遇到了该院预警室副主任黄某某，经黄介绍，三名记者与审核部部长罗某某谈定以 2.5 万元价格购买一份报告单。7 月 13 日下午，罗某某开具了报告，收下 2.5 万元，并给了黄某某 2500

元。2009年7月20日前后，此事被这两家媒体曝光。广州市检察院反贪局介入调查，取走了记者暗访的资料，包括视频和报告单。2010年1月，广州市番禺区检察院以此为证据指控罗某某滥用职权。

在本案开庭审理过程中，被告人的辩护律师向法庭提出记者暗访所得的资料不能成为证据。理由是记者没有调查取证的权力，记者的暗访行为是"钓鱼执法"，僭越了特定公权力机关的刑事侦查权，人为地制造了新闻事件，这样的证据不能用。2010年7月9日，广州市番禺区人民法院就此案作出了一审判决，判决罗某某犯滥用职权罪，判处有期徒刑十个月，犯受贿罪判处有期徒刑四个月，决定执行有期徒刑一年两个月。在一审判决书中，法院表明："数名记者采访报道与本案有关的事实行为并非本案证据"，实际上否认了记者采访取得的证据具有证据资格。

针对律师在本案中的辩护意见和法院的判决结果，你认为记者暗访取证如果涉嫌违法，所取得的证据是否具有证据资格，是否可以被采纳？

【训练方法】

1. 全体实训人员分为4个小组，进行分组讨论。
2. 各小组形成本组的观点依据后，由一名代表发表意见。
3. 任课教师归纳小组意见并予以点评。

【实训任务】

通过对具体证据形式的分析判断，掌握运用证据采用标准审查、判断证据的能力。

单元四

证据的种类

引 言

证据的种类,又称为证据的法定形式,指的是立法规定的、能够作为证据加以采用的证据存在形式。这种类别,显然是立法规定的结果,因而具有时空的差异性。不同的国家、不同时期的立法,对于证据的种类有不同的规定。相较国外区分证据为言词、实物和文书三大类的简单做法,我国的立法对证据种类作了比较详细的划分,多达8种。获得法庭采信成为定案根据的证据,必须至少属于这8种形式之一。而不同形式的证据,其取证、举证、质证的方法,认证的规则均有不同。因此,良好的证据调查、运用能力要求我们首先应当能够准确地界定证据的种类。

知识目标

通过基本原理的学习,理解证据种类(形式)与分类的内涵,掌握8种证据的概念、特点以及彼此的区别;熟知证人、鉴定人的资格、条件、权利、义务;明了三大诉讼鉴定程序的启动以及鉴定机构和鉴定人的确定方法;熟知笔录证据的法定类别。

能力目标

通过技能训练,能够准确界定证据形式合法与否、具体的证据形式;能够结合具体要素,审查、判断各种证据形式的合法性。

单元四　证据的种类

✏️ 内容结构图：

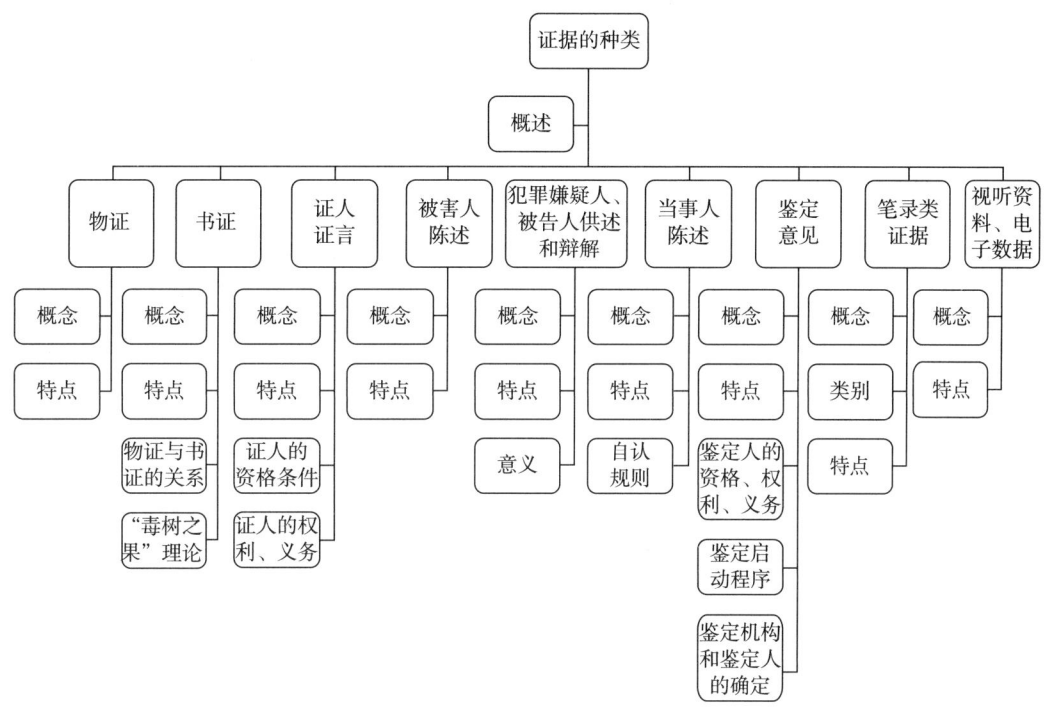

项目一　概　述

在法庭上，只有证据，没有事实。

——法谚

引　例

公诉机关指控：2010年8月4日9时许，被告人蒲某因琐事与被害人朱某发生争吵，在争吵过程中，被告人蒲某抽出随身携带的柴刀将朱某头部和面部砍伤；经鉴定，朱某构成重伤，且被评定为五级伤残，应以故意伤害罪追究蒲某责任。

被告蒲某辩称：我砍伤朱某是事实，我已赔偿3000元，我错了，而且我有投案自首的情节，请求法庭宽大处理。

公诉机关出示了侦查机关出具的《抓获经过》，证明公安机关于2010年8月5日9时许，在新晃县步头降乡黄阳村通往步头降乡街上的公路上的一辆二轮摩托车上将被告人抓获，朱某并不具有自首情节。

问：侦查机关出具的《抓获经过》属于何种证据形式？能否被采用？

基本原理

证据的种类,从字义理解就是指证据的类别。但是在证据法学理论上,存在证据的种类和证据的分类两个概念,它们都是指证据的类别,但二者划分的依据、划分的效力以及具体类别均不相同。

证据的种类,是指立法根据表现形式的不同,对证据进行的划分。因此,证据的种类往往又被称为证据的法定形式。除了物证、书证可能出现形式交叉重合之外,一般情况下,证据只具有一种法定形式。例如,当事人向法庭就案件事实情况提供的陈述,只能是当事人陈述,而不可能以证人证言的形式出现;而刑事被害人提供的陈述与犯罪嫌疑人、被告人的陈述也在形式上泾渭分明,对立性极强。立法对证据形式作了明确的规定,诉讼过程中不具有法定形式的证据则不具有可采性,换言之,作为起诉依据和定案根据的证据,必须符合法律规定的证据形式和要求,属于法定证据种类中的一种,这体现出证据种类的法律约束力。

证据的分类,则是为了对证据理论进行研究,学术界根据不同的标准对证据进行的分类,其目的在于揭示不同证据类别的特点以及运用规则,指导司法实践。因为划分标准不一,一个具体的证据,会呈现出类别的多重性。例如,民事借款纠纷中常见的借据,就可以被归为实物证据、原始证据、直接证据和本证。

早在18世纪的英国,著名法学家边沁就率先提出了证据的分类,但立法对证据种类的划分,则因时因地而异。很多国家并不从法律上列举证据的种类,而只在学术研究中对证据进行粗略的划分。例如英国学者认为:"司法证据主要包括法庭能够接受为争议事实之证据的证言、传闻、文件、物品和事实。"其中"证言"是指所有自然人在法庭上的陈述,"传闻"是指可以被法庭接受的传闻证据,"文件"是可以证明案件事实的文书,"物品"就是诸如血迹、毛发等的各种实体物,"事实"则是可以用以证明某一未知事实或者争议事实的相关证据事实。[1] 又如美国学者认为:"证据通常表现为证人证言或者诸如书面材料和音像记录等物证。"[2] 在大陆法系国家,证据被区分为人的证据方法和物的证据方法两大类,具体分为物证、书证、勘验笔录、录音录像资料、证人、鉴定人等,有的国家在诉讼法中对各种证据加以明确列举,如《俄罗斯刑事诉讼法》第74条将刑事诉讼证据列为6种。也有许多国家并不在法律中具体列举各种证据类别。

因为受苏联法律的影响,我国法律对证据形式作了详尽的划分。

---

[1] Rupert Cross & Nancy Wilkins, *An Outline of the Law of Evidence*, Butterworth, 1964, pp. 17~20.
[2] [美] 彼得·G. 伦斯特罗姆编:《美国法律辞典》,贺卫方等译,中国政法大学出版社1998年版,第162页。

刑事诉讼法	第48条第2款规定:"证据包括:①物证;②书证;③证人证言;④被害人陈述;⑤犯罪嫌疑人、被告人供述和辩解;⑥鉴定意见;⑦勘验、检查、辨认、侦查实验等笔录;⑧视听资料、电子数据。"
行政诉讼法	第33条规定:"证据包括:①书证;②物证;③视听资料;④电子数据;⑤证人证言;⑥当事人的陈述;⑦鉴定意见;⑧勘验笔录、现场笔录。"
民事诉讼法	第63条第1款规定:"证据包括:①当事人的陈述;②书证;③物证;④视听资料;⑤电子数据;⑥证人证言;⑦鉴定意见;⑧勘验笔录。"

不过,这种详细规定证据类别的做法也存在弊端。因为证据本义应当包括一切有助于揭示未知或者争议的案件事实的材料或手段,再详尽的立法也难以有效概括实践中的各式证据,具有实质的证明意义又无法在法定形式中确切归类,这种可能势必存在,结果就会导致具有证明力的证据因为形式不合法而无法被采纳,影响了案件事实的认定。

项目二 物 证

物证不怕恫吓,物证不会遗忘,物证不会像人一样受外界影响而情绪激动。物证总是耐心地等待着真正识货的人去发现和提取,然后再接受内行人的检验与评断。这就是物证的性格。

——赫伯特·麦克唐奈

引 例

1912年,美国马萨诸塞州,已经退休的70岁富商乔治·马昔身中四枪,被抛尸公路边的路基下,钱包和金表都在。调查结果表明,乔治·马昔生前不曾与人结仇,而且为人乐善好施——把自己全部的财产都捐给了慈善机构,捐献之前,他的家属都同意他的做法,因为他们有自己的财产,所以他的死亡并不会给家庭带来好处。案件的杀人动机不明确。

法医检验结果证实:乔治·马昔死于被发现的当天晚上,现场除了有一颗连着编织布料碎片的珍珠灰色的外套纽扣外,没有其他的证据。

后来有人提供线索:命案的当天,曾看到一辆小型的蓝色汽车停在死者家附近。一名管理员回忆说他曾租过一间房子给一个开过这类车的人,此人名叫威廉·度,他曾在窗户边架起一架双筒望远镜,并花很多时间窥视死者家后院。

另一名女房东作证称,她曾租过房子给一名叫威廉·度的人。命案当天,此人离开房子时,扔下了一件所有纽扣都被揪掉的外套。警方把外套和纽扣送到马萨诸塞州北部的纺织大学进行检验。专家通过显微镜进行了观察,发现纽扣连着的外套布料与该外套的编织工艺、纹理一致,连从外套撕下来的面料形状以及接口的断线都清晰可见。他们分析,死者在搏斗中猛地把纽扣从凶手的外套上揪了下来。之后,凶手为了逃避打击,把所有的纽扣都揪掉了。

虽然现场提取的纽扣和威廉·度的外套联系了起来,但这并不足以认定凶手。后来,在距死者被害地点不到50英尺的一个鱼塘,一位渔夫在撒网捕鱼的时候,捞上来一支32口径的柯尔特手枪。加利福尼亚一家商店的销售记录证实,该枪的购买人是威廉·度。

法庭审判过程中,威廉·度承认杀害了乔治·马昔,但辩解其行为是正当防卫。经过两个小时的慎重讨论后,陪审团认为辩解不能成立,一致认定威廉·度有罪。1914年3月24日,他在马萨诸塞州的查尔斯顿被处决。

问:物证具有什么特征?该案从一枚外套纽扣入手就把威廉·度送上了电椅,物证起到了什么作用?

基本原理

一、物证的概念

物证有广义和狭义之分。狭义的物证是指以其外部特征、存在状况、物质属性等来证明案件真实情况的实物和痕迹。其范围非常广泛,诸如作案的工具、行为所侵害的客体物、行为过程中所遗留的痕迹和物品以及所有能够揭露和证明与案件有关的事实的其他物品和痕迹等。而广义的物证是与广义的人证相对称,即以客观存在的物体为材料的证据,包括狭义的物证和书证的总和,也就是我们通常所说的"实物证据"(即以物质形式表现出来的证据)。广义的物证仅仅是我们进行理论研究时所使用的概念,我国诉讼法所谓"物证"指的是狭义的物证。

以实体物作为证据存在形式是多数证据的特点,区分物证与其他实物证据时应把握物证有别于其他证据的证明方式:物证是以实体物本身的外部特征、内在属性及其存在状况来证明案情。

外部特征是指物证以其客观存在的形状、大小、数量、颜色、新旧破损程度等证明案件情况。例如:被盗汽车、手机的品牌、型号、新旧程度,毒品的外部包装,死者身上的胎记,断裂的心脏起搏器,凶器的特征等。

内在属性是指物证以其所具有的质量、重量、材料、成分、结构、性能等信息证明案件情况。例如:毒品的成分、重量、纯度,具有释放放射性物质功能的仪器,仿真枪支的结构、性能等。

存在状况是指物证以其所处的位置、所占有的时间、空间范围等情况证明案情。例如:毒品存在的场所、位置,犯罪嫌疑人在案发现场遗留的手印、足迹,尸体与其他证据的物理关系等。

在司法实践特别是刑事诉讼中，物证被列为各种证据之首，是最常见的证据形式。1910年，法国刑事犯罪学家艾德蒙·洛卡德曾说："任何接触都可以留下痕迹。"理论上来讲，物证存在于每一个案件之中，因为任何案件都发生在一定的物质环境当中，必然会对客观环境产生一定的影响，即使作案人有意识地采取一些逃避侦查的手段，他的这种行为又会产生新的物证。因此，物证是普遍存在的，在有些案件中没有收集到物证，只不过是基于技术手段或者取证能力等因素的限制而未能发现或提取而已。物证的普遍存在决定了它在证明过程当中的巨大作用，已经发现的物证可以为进一步侦查和调查提供线索、指明方向，也可以与其他证据进行比较，甄别矛盾之处，为排除矛盾、排除虚假证据、建立证明案件事实的证据体系提供条件。

二、物证的特点

与其他证据种类相比，物证具有以下特点：

（一）物证是与待证事实有关联的实体物和痕迹，并以其外部特征、内部属性和存在状况来证明待证事实

这是物证的本质属性。所谓的"外部特征"是指物品的外形、颜色、数量、重量、完好程度等状态；"物质属性"是指物品的坚硬和柔软程度、尖锐或是圆钝、有毒有害等物理或者化学属性；"存在状况"是指其所处的位置、环境、物理形态以及与其他物体的相互关系等特征。如辛普森案中在案发现场和其住所发现的同属一副的手套，上面沾有两被害人和辛普森自己的血迹，该手套的样式、所处的空间位置、血迹的DNA检测数据等对于案件事实能够起到证明作用，尽管最后因为这副由控方提供的手套而使得辛普森戏剧性地被陪审团裁定无罪。

（二）物证相对于其他证据而言具有较强的客观性和稳定性

美国著名物证技术专家赫伯特·麦克唐奈曾经说过："在审判过程中，被告人会说谎，证人会说谎，辩护律师和检察官会说谎，甚至法官也会说谎。唯有物证不会说谎。"物证被称为哑巴证据，但是其一旦形成，并且被发现和提取固定以后，就具有了较强的客观性和稳定性。因为它的存在是独立于人的主观意志的，其各项特征虽然可能会因为人为因素或自然因素而发生改变，但是这种改变是有规律可循的。

由于物证具有较强的客观性，在物证面前，当事人、证人等往往无法抵赖或者回避问题而只能如实陈述。司法实践中就曾经发生过犯罪嫌疑人为逃避罪责而将所抢夺来的金饰品吞入肚中，并对自己的犯罪事实矢口否认的案件。但警方对其进行透视检查发现嫌疑人肚中有多颗金属物体，并按医生吩咐定时给其进食，待金属物从体内排出后发现正是被抢夺的金饰品。警方成功提取了案件的关键证据，促使嫌疑人认罪伏法。

与言辞证据相比，物证的这一特点更显突出。言辞证据是由自然人提供的，由于

受其自身主观因素的影响，自然人有可能提供虚假或者错误的信息，或者虚假与真实混杂，不容易辨别真伪的信息，因而旧时就有"迹证重于人证"的说法。在这种情况下，言辞证据往往需要同实物证据结合起来进行印证才能辨别真伪，而物证却可以不依赖其他证据而独立发挥作用。但是要注意的是，这并不是意味着所有的物证都是真实的，物证有可能被伪造或者变造，因而对物证要仔细甄别，防止误判。

(三) 物证的使用一般需要借助一定的科学技术手段，并且物证通过鉴定才能发挥证明作用

物证是客观存在的物品或者痕迹，其不可能像出庭作证的证人一样自己到法庭上证明案件事实，往往需要借助一定的科学技术手段才能实现其证明价值。一方面，物证的发现和提取需要科技手段，比如手印的显现技术和粉尘足迹的提取技术；另一方面，物证中储存的信息也需要科技检验活动来解读，如血液、人体组织中遗传基因。对于一些普通人所无法了解的专业技术问题需要通过鉴定来确认该物证是否包含相关案件的信息，或者辨别同类物中此物与他物的区别，从而为揭示案件真相提供重要依据。比如《折狱龟鉴》就记载了这样一个事件，"吴太子孙登，尝乘马处，有弹圆过，左右求之。适见一人操弹佩圆，咸以为是。辞对不服，从者欲捶之。登不听，使求过圆，比之非类，乃见释"。

(四) 物证一般为间接证据

物证与案件事实的关联性往往不是显而易见的，需要由人来加以揭示，而且每个物证能证明的一般是有关案件的局部事实，是不完整的片段。物证不会说谎，但是物证也不会说话，物证不能自己直接向法庭证明案件的主要事实，而必须要与其他证据结合起来，因此物证一般是间接证据。同样以上面提到的辛普森案血手套为例，该手套一只在嫌疑人家中被发现，而另一只则在犯罪现场被找到，两只手套明显属于一双，而且两只手套上都有被害人和嫌疑人自己的血迹，该手套被控方作为主要证据之一提交法庭。在家中发现的一只手套仅能证明该手套可能为嫌疑人所有，结合现场发现的另外一只则可说明嫌疑人可能到过现场（当然不能排除其他可能性），手套上的血迹则可说明嫌疑人同被害人死亡之间有客观的联系，等等。这些发现都是案件的局部事实，我们要结合其他证据进行综合分析判断才能够对案件的主要事实有一个全面、整体、细致的了解。

(五) 物证通常具有不可代替性，必须有完整的保全链条

物证的证明价值一般都专属于特定的物品和痕迹。同样一种菜刀，放在超市柜台上的和握在罪犯手里的当然是不一样的，侦查人员不能去超市购买一把菜刀来代替嫌疑人作为犯罪工具的菜刀，物证的不可代替性是显而易见的。明确了物证的这个特点，就必须强调物证的保全。任何物证在现场提取以后，都必须严格按照法律的要求进行保管，以确保物证与案件事实的关联性，确保物证的客观和真实。否则物证一旦灭失

或者被损毁,对案件的侦破和处理将会造成无法弥补的损失。

项目三 书 证

只有文书要求提供"最佳证据"——文书的原件。对于不含文书的物品,法官不得排除描述该物品的口头证言而要求提供该物品本身。当然,如果一件物品,比如一枚警徽、一只手枪、一枚订婚戒指或者一块墓碑,上面带有数字或者铭刻有其他内容,将其视为物还是视为文书,则是我们面临的一个问题。

——迈考密克

引 例

1990年4月10日,龚某某的丈夫王某辉被绑架,从此失踪。

1999年6月,王某辉的父亲王某歆诉至香港高等法院原讼法庭,申请证明王某辉已去世,执行他在1968年立下的遗嘱。

2001年8月6日,王某辉遗嘱认证案正式在高等法院原讼法庭开审。本案涉及王某辉的两份遗嘱:一份由王某歆提交,在1968年订立,遗赠所有财产于王某歆;而另一份由龚某某提交,于1990年失踪前订立,具体内容包括:"本人死后,我所有财产全部遗赠我妻子龚某某"、"我王某辉死后一切财产全交妻子龚某某管理,任何人不得异议。我爱妻子,世上她是我最爱的人。在我死后,我的财产、物业、身体,都属于我爱妻……"该遗嘱除了王某辉的四个签名外,每页另有管家谢某某的签名。

庭审焦点聚集在龚某某提交的这份遗嘱真实性上。如果文件上的四个签名被证明为真实的,则龚某某将获得总计400亿的遗产。如果是伪造的,龚某某将承担刑事责任,或将入狱14年。原被告双方均聘请了顶级的笔迹鉴定专家出庭作证。

2001年8月6日正式开庭前,原告方聘请的外国专家给出了否定性的鉴定意见,认为遗嘱上王某辉的签名为临摹;而被告方聘请的中国专家鉴定的结论为真迹。一审判决对被告方的鉴定意见不予采信,理由是"王某辉以往请律师立遗嘱,却自制1990年遗嘱;王某辉对法律文件颇严谨,为人毫不轻率,1990年遗嘱与他性格不符;1990年遗嘱的用字有可疑之处;龚某某在打开收藏1990年遗嘱的信封前,竟预知遗嘱内容;王某辉没有理由改变主意,将遗产受益人由王某歆转为龚某某"等,得出龚某某提供的1990年遗嘱系伪造的结论,将王某辉遗产判归王某歆继承。二审上诉法庭虽然认定遗嘱上见证人谢某某的签名真实,但依然判决龚某某败诉。

2005年7月,香港终审法院根据遗嘱见证人谢某某的证言,认为"没有理由不相信证人的证言",据此采信被告方提交的遗嘱,判决龚某某继承400亿遗产。

问:书证具有什么特征?该案三级法院如何审查、判断该书证?

基本原理

一、书证的概念

书证是指以文字、符号、图案等所表达的思想或记载的内容来证明案件事实的书面材料和其他物品。

书证应当体现为一种书写物，当然书写的内容不限于文字，书写的材料不限于纸张。英国学者理查德·梅指出："书写物一般被认为是写在纸张上。然而，重要的是书写下来的东西，不是被书写在上面的物体。"书证的范围十分广泛，只要记载有能够被理解的思想或内容并对案件有证明作用的实物材料，都可能是书证，例如出生证、户口本、身份证、工作证、营业执照、账册、单据、合同、车船票、电影票等。在英美等国，墓碑、房屋、录音录像带、电影、计算机硬盘上的信息等也都被认为属于文件而可以作为书证使用。当然，我国法律明确规定了视听资料这种与书证并列的证据形式，因而电影、录音录像带、硬盘信息等在我国只能是属于书证以外的视听资料这种证据形式了。

书证中所记载的内容可以证明案件中争议或者待证的事实，但是要注意书证不是为特定案件的诉讼活动制作的，而是在诉讼之前或是在与诉讼没有关系的情况下制作的，这是书证与当事人、证人、鉴定人等诉讼参与人所提供的书面材料之间的主要区别。当事人陈述、证人证言、鉴定意见都可以用书面形式作出，其所记载的内容也能够证明案件事实，但它们不属于书证。在某些案件中，上述书面材料与书证有很多相似之处，需要我们的司法工作人员根据其制作情况来判断其属于哪种证据形式。例如，张某赠与财物给他人时书写的赠与书属于书证，而张某在诉讼中提供的该财物是他赠与他人的书面材料则属于证人证言或当事人的陈述。

二、书证的特点

书证与其他证据相比，具有以下特点：

（一）书证以其记载的内容或表达的思想来证明有关案件事实

这是书证区别于其他证据形式特别是物证的本质特征。麦凯维（John Jay Mckelvey）指出："书证通常被认为是一种思想观念的实体表现，而不是纸张和墨水的结合体。但一件书证可以简单地从其物体——可以触摸到的物件——上看到其内容。因此，除了由一张纸所拥有的内容以外，该物体本身是没有证据力的。"而且要发挥书证的证明作用，其内容还必须是能够被人们所理解和把握的，不论是人们所熟知的文字、图形、符号，还是一般人不了解的密码、暗号等，都应当是有意义的，能够表达一定的思想内容，或者反映书写者的情绪与精神状况。否则的话，书证也就没有了证明作用。

在著名侦探小说《东方快车谋杀案》中有这样一个情节,鼎鼎大名的私人侦探波洛先生在查探被害人尸体的时候发现了一些被烧焦的纸片,为了识别烧焦的纸片上的字迹,波洛采用了一些特别的方法,最终在纸片上看到了一些字迹,知道了死者的身份就是卡塞蒂,也就是当时美国轰动一时的小黛西·阿姆斯特朗案件的漏网罪犯,从而搞清楚了死者被杀的真正原因。波洛之所以千方百计想要识别纸片上的字迹,因为他知道这些字迹是有意义的,甚至可能关系到整个案件能否水落石出。

(二)书证可以作为证明待证事实的直接证据

书证本身是证明内容和证明过程的直接统一。由于书证所包含的信息总是以某种能够被人们所理解的形式表达出来,因此在书证表达其自身内容,并被人们所感知和理解的时候,其对案件事实的证明作用也就同时被人们所认识到了,不需要任何中间的过程和人员。当然,并非说所有的书证都是直接证据,这需要通过考察和分析该书证与案件主要事实之间的关系才能够确定。

(三)书证具有物质性和较强的稳定性

书证所记载或表达的内容必须要以一定的物质材料为客观载体,其中以纸张最为常见,但也包括诸如布、皮、金、石、木等其他物质材料,这些载体表现方式与形成方式也是多种多样。不论载体与表现方式如何,一经形成并固定下来,就不易发生变化,而不像言辞证据那样常常会因为时间的推移而被淡忘或产生记忆模糊的现象,这是书证作为证据的优点之一。

三、物证与书证的关系

在证据种类的划分上,书证因与其载体的不可分割而和物证一样同属于广义的物证即实物证据范畴。要区别物证、书证,单从外部形态上很难加以区分,关键还是要看它们在诉讼中发挥证明作用靠的是什么。正是因为书证表达了人的主观意识和思想内容,从而使它有别于物证,成为证据种类的一种存在形式。例如某故意杀人案件中发现的一封信和一个字条。信的内容与案件无关,但是根据通信双方的姓名和地址查到了罪犯;字条的内容虽与案件也无关,但是根据笔迹鉴定进行排查找到了书写该字条的人。那么这个案件中,信件是书证而非物证,原因是虽然信件内容与案件无关,但是信件的内容记载了双方的姓名和联系地址,从而起到证明作用。字条则是物证而非书证,原因是该字条是以笔迹也就是字的外部特征来起证明作用的。

理论界一般认为,书证与物证具有密切的联系,又有本质上的差异,主要表现在以下几个方面:

1. 证明作用方式不同。书证是以客观物质材料为载体,借助文字、符号或图案所表达的思想内容来证明案件事实的,而物证则是以其外部特征和物质属性本身来起证明作用的。

2. 理解的难易程度不同。书证的证明价值是通过文字、符号、图形等直观形式来实现的，这些文字、符号、图形一般在一定社会中有着通行并且固定的含义，因而书证所表达的意思表示一般能为常人所理解；而物证在表现形态上会受客观存在的特殊状态的影响，常人很可能基于其传统文化、教育水平、专业技术、生活经验等的差异而对物证有不同的理解。因此必须借助科学的专门鉴定方法来加以审查、判断和确认。

3. 保存和固定的方法上存在差异。一般而言，书证常以纸张、布帛等物质材料为常规载体，故对书证通常可采用拍照、复印等方式予以保存固定即可；而对物证则缺乏相应的保存、固定的方式与手段，容易遭受自然或人为地毁损，特别是有的物证由于外形体积庞大，不易存放，其外观特征更易受环境因素的侵蚀，从而影响其证明效力。

需要注意的是，在理论与实践上，常常因为书证的物质属性而产生物证与书证的竞合现象，即一份文书材料既以其所记载和表达的内容来起证明作用，同时又以该文书材料的外部特征如纸张质地、墨水、书写习惯、涂改痕迹等来起证明作用，这样这份文书材料就具有了物证和书证的双重属性，例如常见的伪造或者涂改的账册，嫌疑人遗留在现场的作案计划书等。

四、"毒树之果"理论

在执法机关特别是警察机关收集物证、书证的过程当中，往往容易侵犯到当事人和其他公民的合法权益，特别是犯罪嫌疑人的合法权益。而执法人员为了侦破案件或者急于查明案件事实，往往会不择手段，从而导致了诸如刑讯逼供、违法搜查等侵犯当事人合法权益的情况发生。为了解决这个问题，非法证据的排除规则诞生了，并在此基础上形成了所谓的"毒树之果"理论。"毒树之果"作为一个保护刑事被告人权利的原则，在美国也不是从来就有的。一定的制度需要一定的环境来造就，"毒树之果"也不例外。虽然早在20世纪20年代西尔弗索恩木材公司诉合众国案（*Silverthrone Lumber Co. v. US*）中，就有了相关的判例，著名的霍姆斯大法官提出"禁止以不当方式取证的实质并非仅仅意味着非法而获的证据不应当被法院采用，而是完全不得被使用"。但由于这样的原则对于警方办案以及公众对判决的接受度产生了挑战，这一原则一直没有得到确立。

20世纪60年代，随着民权运动的兴起，对个体权利的保障才再次引起社会的关注，在这样的大环境下，美国联邦最高法院在著名的 *Wong Sun v. U. S* 案中以5∶4的微弱多数正式确立了"毒树之果"规则，后来这一规则被不断完善，逐渐成了"毒树之果"理论，这一理论源于证据排除法则，即"美国联邦政府机构违反美国宪法规定所取得的证据材料，在审判中不具有证明力"，但这样的法则如果仅限于违法直接取得的证据，还不足以达到吓阻警察违法取证的目的，所以，这个违法取得的证据为毒树，而基于该证据再以合法手段间接取得的证据为毒果，该衍生证据（毒果）也不得使用。这样毒树之果原则的覆盖面得到扩大，在阻止政府机构违法方面，这一原则也起到了切实的作用。

然而"毒树之果"理论不是绝对的，如果一概地排除"毒树"的"果实"，将会损害司法正义。它既然是一种理论，在绝对否定的命题之外，必须有着完善的补救系统，以维持实质公正的体现。而如果公众对这一原则的例外情况不了解，该原则势必难以得到认同和理解。

毒树之果原则有以下三种情况的例外：

（一）必然发现情况的例外

所谓必然发现情况的例外，是指虽然政府机构的取证行为违法，但按照政府机构处理同类案件使用的方式方法，该证据即使不依靠该违法程序，也必然会被发现或找到。例如，犯罪嫌疑人将凶器藏在家中的一个角落，警方已经对该房屋开始地毯式的搜查，但在这时在警局内的警察通过刑讯逼供的方式得知了该凶器的具体地点，并找到了凶器。虽然刑讯逼供属于违法，该违法实施人的责任也将得到追究，但就是没有刑讯逼供，这个凶器在搜查中也必然会被发现，这个证据就不属于毒果，可以使用。当然，对于这一原则还有学者持有异议，认为这削弱了毒树之果原则的功能，但这也说明了毒树之果原则的适用是很慎重和严格的。

（二）违法被消除的例外

违法被消除的例外，是指虽然第一次取证违法，但第二次的合法取证由于其他因素的介入而消除了原来的违法性，则第二次合法取得的证据可以具有证明力。也有人称这一例外为违法状态的中断。例如，警方非法拘留犯罪嫌疑人甲，并得到口供，然后释放了甲，几天后甲因为受到家属的开导到警察局自首坦白。这个事件从表面上看是一个连续的状态，但第一次口供属于违法行为，不具有证明力，而甲的自首坦白所做的口供这一证据是合法的，通过自首这一行为消除了这一案件中原来违法行为所造成的污染，可以作为证据使用。

（三）独立来源

独立来源是指针对刑事被告人的证据并非源于违法程序，而是有独立的来源。例如，警方没有合法手续逮捕了犯罪嫌疑人甲并做了犯罪嫌疑人甲的口供。通过口供警方找到了甲的其他犯罪证据。适用"毒树之果"原则，这些证据属于毒果，没有证明力。但不久，在另一案件中，另一犯罪嫌疑人乙举报了甲的犯罪事实以及提供了关于这些证据的线索。这样，这些证据的重新取得和原来的违法行为无关，证据有了独立来源，可以具有证明力。

在我国，2010年7月1日开始生效的《关于办理刑事案件排除非法证据若干问题的规定》对排除非法证据作了明确规定，具有里程碑意义。2012年修订《刑事诉讼法》时首次表明了态度，开始明确不得强迫任何人自证其罪和排除非法证据的相关规定。2017年6月27日施行的《关于办理刑事案件严格排除非法证据若干问题的规定》在非法证据排除的法制进程上又迈出了坚定的一步。但对于"毒树之果"，立法始终持谨慎的态度，并不轻易排除，仅在可能严重影响司法公正而又不能补正或者作出合理解释的情况下，才依法定程序予以排除。

> **法规链接**

《刑事诉讼法》第54条：采用刑讯逼供等非法方法收集的犯罪嫌疑人、被告人供述和采用暴力、威胁等非法方法收集的证人证言、被害人陈述，应当予以排除。收集物证、书证不符合法定程序，可能严重影响司法公正的，应当予以补正或者作出合理解释；不能补正或者作出合理解释的，对该证据应当予以排除。

在侦查、审查起诉、审判时发现有应当排除的证据的，应当依法予以排除，不得作为起诉意见、起诉决定和判决的依据。

《关于办理刑事案件严格排除非法证据若干问题的规定》第7条：收集物证、书证不符合法定程序，可能严重影响司法公正的，应当予以补正或者作出合理解释；不能补正或者作出合理解释的，对有关证据应当予以排除。

《最高人民法院关于适用〈中华人民共和国刑事诉讼法〉的解释》第106条：根据被告人的供述、指认提取到了隐蔽性很强的物证、书证，且被告人的供述与其他证明犯罪事实发生的证据相互印证，并排除串供、逼供、诱供等可能性的，可以认定被告人有罪。

项目四　证人证言

你为国家冒险，国家应该保护你。

——美国法谚

> **引　例**

某市人民检察院向某市中级人民法院提起公诉，指控被告人张某某犯故意杀人罪。起诉书称：2013年3月，张某某与村民朱某因房屋宅基地发生口角后，张某某便蓄意谋害朱某家人。3月10日，张某某见朱某7岁的男孩朱某宇与儿童孙某、葛某一同玩耍，便把早已准备好的一包蛋糕拿出来分与几名儿童食用，其中给了朱某宇一块掺入剧毒农药的蛋糕，朱某宇送入口中，因味道不好意欲吐出，被告人连忙递给他一杯水冲下，并又给了朱某宇一块蛋糕吃下。朱某宇服用后不久就出现腹痛、呕吐现象，在送院途中死亡。该事实有儿童孙某、葛某以及朱某的证言，法医鉴定意见予以证实。被告人辩解没有实施杀人的行为，因为其他儿童也吃了蛋糕，拒不供述。

被告人辩护律师提出案件事实不清，证据不充分，尤其是张某某犯罪动机不明、毒物来源不清，因此不能排除被害人朱某宇误食其他毒物的可能。

经补充侦查，公诉机关又向法庭提供了村民彭某、郑某、蛋糕售货员何某的证言，在被告人张某某家后院搜出的物证——一瓶钾胺磷农药以及儿童孙某、葛某对农药气味的辨认笔录。

问：人民法院能否采用儿童孙某、葛某的证言？为什么？如可，应当审查哪些内容？

基本原理

一、证人证言的概念

证人证言，是指知道案件情况的人，就其所感知的案件情况向公安司法人员所作的陈述。理解证人证言这一证据形式，应把握如下要点：

1. 证人证言的存在形式是人的陈述。任何时候，证人证言的形式都是证人向办案人员所作的口头陈述，而不是书面证词或者询问笔录等文字形式。为了固定证言或者证人本人要求亲自书写证言，所形成的书面材料并不是证人证言的本来形式，明确这一点很重要。因为证据的形式决定了证据的收集、运用，尤其是质证的方法。实践中为了诉讼便捷，有些办案人员只提交证人询问笔录而未传唤证人出庭，导致当事人的质证权难以充分实现，也影响了裁判人员对证据的审查判断。也正因为如此，英美法国家把未出庭证人的陈述视为传闻证据，予以排除。可见，证人提交口头证词、出席法庭接受双方质询，是程序正义和实体公正的共同要求。

2. 证人证言的内容只能是证人亲身感知的案件事实。所谓亲身感知，就是亲眼所见、亲耳所闻、亲身经历，而不是听他人所言，更不能是道听途说。证人陈述的其听到的他人转述的与案件有关的情况，是否可以作为证人证言，不同的国家有不同的规定。在英美法系国家，证人陈述他人转述的案件的有关情况，该证据属于"传闻证据"。在我国，立法上没有关于对传闻证据使用的限制，因此，在司法实务中，对证人转述他人陈述的证言，只要能说明来源，都可以得到有限度的采用。所谓亲身感知，还强调内容的感性认识，即相对于办案人员对案件事实的分析、推理、判断而形成的事实结论，证人只能提供其亲身感受的客观陈述，而不应使用猜测、推断、评论性的语言。《关于办理死刑案件审查判断证据若干问题的规定》第12条第3款规定："证人的猜测性、评论性、推断性的证言，不能作为证据使用，但根据一般生活经验判断符合事实的除外。"《最高人民法院关于民事诉讼证据的若干规定》第57条第2款规定："证人作证时，不得使用猜测、推断或者评论性的语言。"《最高人民法院关于行政诉讼证据若干问题的规定》第46条也规定："证人应当陈述其亲历的具体事实。证人根据其经历所作的判断、推测或者评论，不能作为定案的依据。"证人对有关事实的意见或者结论，被界定为意见证据，不具有可采性，不能作为证人证言使用。根据一般生活经验判断符合事实的意见证据除外，如"闻到一股浓烈的酒味儿"。

把握住证人证言的形式（排除传闻证据）和内容（排除意见证据），是规范收集、运用证人证言的关键。

二、证人证言的特点

作为诉讼中最常见的证据形式,证人证言的优点非常突出——生动、形象、具体、详实。证人未能陈述的细节,也可以通过办案人员的追问获取。因此,证人证言是各国司法实践中都非常重视的证据形式之一。与此同时,作为人的感知、记忆结果,证人证言也存在极大的个体差异性。证人的文化程度、思想观念、个性特点、心理素质、身体素质等,都会影响其对案件事实的感知,形成差异较大的证言,无意的错证就在所难免。同时,有意的伪证也并不少见。证人在对案件事实进行客观陈述的过程中,受其主观心理的影响,如碍于亲情、恐受打击报复等,不敢、不愿如实陈述的现象很普遍,证词不稳定、前后多变等就成为证人证言的一大特点。审查、运用的过程中,既要重视证人证言,但也不可盲目轻信,既要结合证人自身的情况加以分析,又要结合其他证据进行审查核实。如《最高人民法院关于民事诉讼证据的若干规定》第78条就具体要求:"人民法院认定证人证言,可以通过对证人的智力状况、品德、知识、经验、法律意识和专业技能等的综合分析作出判断。"

> **法规链接**
>
> 《刑事诉讼法》第60条:凡是知道案件情况的人,都有作证的义务。生理上、精神上有缺陷或者年幼,不能辨别是非、不能正确表达的人,不能作证人。
>
> 《民事诉讼法》第72条:凡是知道案件情况的单位和个人,都有义务出庭作证。……
>
> 《最高人民法院关于民事诉讼证据的若干规定》第53条:不能正确表达意志的人,不能作为证人。待证事实与其年龄、智力状况或者精神健康状况相适应的无民事行为能力人和限制民事行为能力人,可以作为证人。
>
> 《最高人民法院关于行政诉讼证据若干问题的规定》第41条:凡是知道案件事实的人,都有出庭作证的义务。……
>
> 第42条:不能正确表达意志的人不能作证。……

三、证人的资格条件

证人,是指知晓案件的有关情况,并向当事人或公安司法机关陈述案件事实的当事人以外的第三人。证人的资格条件,就是一个人能够作为证人提供证言的资格,也即哪些人可以和应当作为证人,哪些人不能作为证人。证人的资格条件可以分为积极条件和消极条件。

(一)积极条件

积极条件是公民得以作为证人的资格条件。在我国,证人的积极条件主要有四个方面:

1. 了解案件情况。对案件的有关事实、情节和证据有一定程度、一定范围的了解和知晓是证人的核心条件。证人对案件情况的了解是储存在证人的思想记忆之中的，必须通过其语言、文字或特定符号的表达，才能使外界知道和判断。证人对案件事实的了解，是在案件事实发生的过程中或发生之后形成的，在诉讼中，证人把之前形成的记忆通过语言文字再现出来，成为证人证言。《刑事诉讼法》第187条第2款规定："人民警察就其执行职务时目击的犯罪情况作为证人出庭作证，适用前款规定。"强调了证人了解案件事实这一核心条件。

2. 应当是自然人，而不应当包括法人和其他组织。证人对案件的了解是通过自然人的五官和大脑而形成的，而法人单位和其他组织都不具备这些条件，所以，不能作为证人。我国民事诉讼法规定单位可以作为证人，值得斟酌。实践中单位作为证人，或者以书面材料的形式提交证言，或者以单位工作人员出庭提交言词证据，我们认为，这些方式都无法掩盖信息来源为单位知情人的本质，直接将知情人定位为证人，而非单位，更有助于强化证人的法律责任，确保证言真实。

3. 能够辨别是非。这是一个比较抽象的要求。应当明确一点，辨别能力与年龄、智力等并无绝对的关联，而是取决于认识对象的内容。我国法律并未从年龄这一标准来规范证人资格。因此，不能简单地否认10岁孩子的作证能力；也不能对成年人的资格过于迷信、不加审查。判断证人是否具备辨别能力，首先应当界定认识对象的内容，以此为坐标来进行判断。《最高人民法院关于民事诉讼证据的若干规定》第53条第2款明确提出：证人的辨别能力应从待证事实与其年龄、智力状况或者精神健康状况是否相适应加以辨别认定。该规定第78条也列举了司法机关对辨别能力的判断要素。

4. 能够正确表达意志。"正确表达"是指能够对自己所认识和辨别的事实存在与否、状态如何以及性质怎样进行正确的描述。符合一定条件的未成年人和处于健康状况中的间歇性精神病人，只要神志清醒，能正确表达自己的意志，一般都可以充当证人。

(二) 消极条件

消极条件即根据法律规定不能作为证人的条件。从我国刑事诉讼法和民事诉讼法的规定来看，概括而言不能作为证人的条件包括两个方面：一是生理上、精神上有缺陷或年幼；二是不能正确表达意志。这两个条件必须同时具备。那些生理上、精神上有缺陷或者年幼，但能正确表达意志的人，仍然可以作为证人。例如，盲人可以将其听到、聋哑人可以将其看见的案件发生时的有关情况通过语言、手势等方式提供证言。

司法实践中广泛存在的见证人，有别于证人。见证人，是指与案件无关，而仅在勘验、检查、搜查、扣押和侦查实验等诉讼活动中，被司法人员邀请在现场观察并就活动的程序性问题是否合法作见证的人。见证人可以被选择和替代，不对案件事实问题作证，不是证人。

四、证人的权利、义务

（一）证人的权利

1. 获得人身保护的权利。如美国法谚所言："你为国家冒险，国家应该保护你。"证人证言作为重要的证据种类，对案件的审判结果有重要影响。证人冒着被打击报复的危险为司法机关提供证据，应当受到司法机关的保护。证人能够得到有效的人身保护是证人消除作证顾虑，如实提供证言的有效保证。一个完善的证人保护制度能使证人证言发挥更大作用，更好地保障证人及其近亲属的人身安全。

2012 年修订的《刑事诉讼法》对证人保护方面的规定有一个长足的进步。《刑事诉讼法》第 61 条规定："人民法院、人民检察院和公安机关应当保障证人及其近亲属的安全。对证人及其近亲属进行威胁、侮辱、殴打或者打击报复，构成犯罪的，依法追究刑事责任；尚不够刑事处罚的，依法给予治安管理处罚。"第 62 条规定："对于危害国家安全犯罪、恐怖活动犯罪、黑社会性质的组织犯罪、毒品犯罪等案件，证人、鉴定人、被害人因在诉讼中作证，本人或者其近亲属的人身安全面临危险的，人民法院、人民检察院和公安机关应当采取以下一项或者多项保护措施：①不公开真实姓名、住址和工作单位等个人信息；②采取不暴露外貌、真实声音等出庭作证措施；③禁止特定的人员接触证人、鉴定人、被害人及其近亲属；④对人身和住宅采取专门性保护措施；⑤其他必要的保护措施。证人、鉴定人、被害人认为因在诉讼中作证，本人或者其近亲属的人身安全面临危险的，可以向人民法院、人民检察院、公安机关请求予以保护。人民法院、人民检察院、公安机关依法采取保护措施，有关单位和个人应当配合。"这个条款被视为赋予证人"秘密"出庭的权利和申请司法保护的权利，这在立法上是一大突破。

另外，《最高人民法院关于民事诉讼证据的若干规定》和《最高人民法院关于行政诉讼证据若干问题的规定》中都明确规定，证人及其近亲属的人身和财产安全受法律保护。对证人进行威胁、侮辱、殴打或打击报复的，证人有权要求对行为人予以制裁。

但是，现行刑事诉讼制度对于证人保护的规定依然存在较大的缺陷，以事后性保护为主，事前的保护仅限于危害国家安全犯罪、恐怖活动犯罪、黑社会性质的组织犯罪、毒品犯罪等案件的证人；并且保护面限制在证人及其近亲属范围内。鼓励证人作证，还需要立法进一步地完善。

1998 年 11 月，广东省广州市中级人民法院对由花都人民检察院侦破，经广州市人民检察院起诉的一起涉嫌重大职务侵占罪进行了开庭审理。人民法院要求该案的主要证人出庭作证。该案的主要证人是香港商人，他在接到出庭通知后要求检察机关对其人身安全进行保护。花都人民检察院由此组成了证人保护小组，从证人进入罗湖口岸即对其进行保护。证人出庭完毕后，由保护小组护送证人顺利出关返回香港，保护任务即告结束。

2. 获得经济补偿的权利。证人因出庭作证所支出的费用、减少的劳动收入，有权要求办案机关或者当事人予以补偿，其所在单位不得以任何理由进行阻挠、不得克扣或者变相克扣其工资、奖金及其他福利待遇。《最高人民法院关于民事诉讼证据的若干规定》第54条第3款规定："证人因出庭作证而支出的合理费用，由提供证人的一方当事人先行支付，由败诉一方当事人承担。"《最高人民法院关于行政诉讼证据若干问题的规定》第75条也作出了相类似的规定。《刑事诉讼法》第63条规定："证人因履行作证义务而支出的交通、住宿、就餐等费用，应当给予补助。证人作证的补助列入司法机关业务经费，由同级政府财政予以保障。有工作单位的证人作证，所在单位不得克扣或者变相克扣其工资、奖金及其他福利待遇。"根据最高人民法院的解释，民事诉讼中证人在法庭上拒绝签署如实作证保证书的，除不得作证之外，也不得要求经济补偿，自行承担相关费用。

3. 独立作证、不受干涉的权利。证人有权按照自己知道的案件情况独立、客观地提供证言，不受任何机关、单位和个人的干涉。我国《刑事诉讼法》第50条规定："……严禁刑讯逼供和以威胁、引诱、欺骗以及其他非法方法收集证据，不得强迫任何人证实自己有罪。必须保证一切与案件有关或者了解案情的公民，有客观地、充分地提供证据的条件，除特殊情况外，可以吸收他们协助调查。"证人在行使这一权利时，有权对自己的证词与事实不符的地方进行删减、修改和补充，也可以自己书写书面证人证言。

4. 要求取证人员出示证明文件的权利。当取证人员到证人所在单位或者住处收集证言时，证人有权要求出示相关的证明文件。我国《刑事诉讼法》第122条规定："侦查人员询问证人，可以在现场进行，也可以到证人所在单位、住处或者证人提出的地点进行，在必要的时候，可以通知证人到人民检察院或者公安机关提供证言。……"该条对证人作证的地点作出规定，即现场、证人所在单位、证人住处、证人提出的地点和询问机关所在地。人民检察院或者公安机关选择其他地点进行询问，必须征得证人同意并在证言笔录中对选择其他地点的理由和情况作出说明。该条还同时规定："在现场询问证人，应当出示工作证件，到证人所在单位、住处或者证人提出的地点询问证人，应当出示人民检察院或者公安机关的证明文件。"

5. 个人信息保密的权利。证人有权要求司法机关对其姓名保守秘密，有权要求司法机关在整个诉讼阶段对自己报案、举报的行为保密。《刑事诉讼法》第109条规定，侦查期间如果证人不愿公开自己的姓名和报案、控告、举报的行为，侦查机关应当为他保守秘密。证人的信息保密权包括四个方面：①证人本人的个人信息和隐私应当得到保密；②证人依法作证的这一行为应当依法得到保密；③证人依法提供的证人证言应当依法得到保密；④证人的保密权在范围及存续阶段上具有相对性。

6. 使用本民族语言文字作证的权利。我国《刑事诉讼法》第9条第1款规定：

"各民族公民都有用本民族语言文字进行诉讼的权利,人民法院、人民检察院和公安机关对于不通晓当地通用的语言文字的诉讼参与人,应当为他们翻译。"另外,《民事诉讼法》第11条第1款和《行政诉讼法》第9条也作了相类似的规定。对于聋哑证人,还允许用哑语、手势等作证,并要求通晓哑语、手势的人参加诉讼,为他们提供翻译。

7. 及时获得出庭通知的权利。根据相关法律规定,法庭审理前和法庭审理过程中,证人依法有权在法庭要求其出庭作证时得到法庭的及时通知。《刑事诉讼法》第182条第3款规定,通知证人出庭的通知书至迟在开庭3日以前送达证人。

(二) 证人的义务

作证义务是除当事人以外了解案件情况的人承担的提供自己所了解的案件情况的义务。除法律有特别规定的情况,任何知道案件情况的人都负有作证的义务。履行这一义务,需要达到如下要求:

1. 如实作证。证人作证应当如实、客观地陈述其所了解的案件情况,不得提供虚假证言、隐瞒有关事实。《刑事诉讼法》第123、189条要求司法工作人员在询问证人时应当告知他应当如实提供证言以及有意作伪证或者隐匿罪证要负的法律责任。在民事诉讼中,为了约束证人如实作证,人民法院除了应当告知其如实作证的义务以及作伪证的法律后果外,还将责令出庭作证的证人签署保证书,如果证人拒绝签署保证书,则丧失作证资格,不得作证。根据《民事诉讼法》第111条规定,证人在民事诉讼中作伪证,人民法院可以根据情节轻重予以罚款、拘留。根据《刑法》第305条,在刑事诉讼中,对与案件有重要关系的情节作伪证或隐匿罪证,情节严重的可以构成伪证罪。《行政诉讼法》第59条规定,对于伪造、隐藏、毁灭证据或者提供虚假证明材料,妨碍人民法院审理案件的诉讼参与人,人民法院可予以训诫、责令具结悔过或者处1万元以下的罚款、15日以下的拘留。作为法定义务,证人提供虚假证言将面临不利的后果。

2. 出庭作证。证人履行作证义务当出席法庭、接受控辩双方的质询,无正当事由不得拒绝出庭。证人出庭前需经由当事人申请、人民法院通知这一法定程序。现行立法明确了证人出庭作证的义务,但对于应当出庭而未出庭的证人应当承当的法律后果,并未直接予以规定。《最高人民法院关于适用〈中华人民共和国刑事诉讼法〉的解释》第78条第3款规定:"经人民法院通知,证人没有正当理由拒绝出庭或者出庭后拒绝作证,法庭对其证言的真实性无法确认的,该证人证言不得作为定案的根据。"民事诉讼中的证人无正当理由拒不出庭作证,其证言不得单独作为认定案件事实的依据。

当证人遇有法定情形、确实不便出庭作证时,法律允许其不出庭。法定情形一般是指严重疾病、交通不便不能出庭、路途遥远、自然灾害等不可抗力的原因不能出庭,具体由各诉讼法加以界定,由人民法院结合证人对查明案件事实的重要性、案件性质及利益大小、道路及交通工具等诸多因素加以判断。法定情形下经人民法院许可,可以通过书面证言、视听传输技术或者视听资料等方式作证。刑事诉讼中，经人民法院通知，证人没有正当理由拒绝出庭或者出庭后拒绝作证，人民法院还可以签发强制证人出庭令，强制证人出庭。所谓强制到庭，也就是法院派员以强制性手段将证人带到法庭上，即拘传。但是根据《刑事诉讼法》第188条，这种措施不适用于被告人的配偶、父母、子女。

3. 非法定情形不得拒绝作证。根据我国现行立法，任何知道案件情况的人都负有作证的义务，并无例外。而证人具有拒绝作证特权在很多国家被视为重要的权利加以详细的规定。拒绝作证的特权是指，由于某些人员拥有特定身份而享有免除作证义务的权利。特定的身份通常指配偶、子女、律师、医生、神父等。目前，我国仅在《刑事诉讼法》第46条对此有所体现。该条规定："辩护律师对在执业活动中知悉的委托人的有关情况和信息，有权予以保密。但是，辩护律师在执业活动中知悉委托人或者其他人，准备或者正在实施危害国家安全、公共安全以及严重危害他人人身安全的犯罪的，应当及时告知司法机关。"该法第188条仅免除了被告人配偶、父母、子女出庭作证的义务，并未免除这类证人的作证义务。

4. 遵守法庭纪律。《刑事诉讼法》第194条规定："在法庭审理过程中，如果诉讼参与人或者旁听人员违反法庭秩序，审判长应当警告制止。对不听制止的，可以强行带出法庭；情节严重的，处以1000元以下的罚款或者15日以下的拘留。……"《民事诉讼法》第110条规定："诉讼参与人和其他人应当遵守法庭规则。人民法院对违反法庭规则的人，可以予以训诫，责令退出法庭或者予以罚款、拘留。人民法院对哄闹、冲击法庭，侮辱、诽谤、威胁、殴打审判人员，严重扰乱法庭秩序的人，依法追究刑事责任；情节较轻的，予以罚款、拘留。"据此，遵守法庭纪律也是证人出庭作证的义务之一，违反者视情节依法承担警告、训诫、强行带出法庭、罚款、拘留甚至追究刑事责任等法律责任。

项目五　被害人陈述

被害人在经历了犯罪人、警察、检察官和辩护律师的不正当待遇之后，希望法官能最终实现他们寻求的正义。

——安德鲁·卡尔曼

引　例

18岁的李某向公安机关报案，声称遭到张某的强奸。其陈述称："我在聊天网站上认识了张某，感觉非常投缘。网聊一周后约定在悦来饭店见面吃饭。见面过程中彼此感觉挺好，谈到夜里11点，张某提出到他的宿舍里喝茶，接着聊。我感觉11点还不算太晚，就同意了。进入张某的房间之后，他先打开了电视，因为坐在沙发上看不见电视,我就坐在床上。这时他也过来坐在床上,两只眼睛盯着我说:'你喜欢我吗?'我说:'我们初次见面还谈不上喜欢,不过你这个人看上去还不错。'这时,我想方便一下,就起身去了洗手间。那天正逢我刚来月经,我取下脏的护垫,但没有新的垫子可换,因为我的手提包放在了汽车里。等我从洗手间出来的时候,不禁吓了一大跳,因为这时他已经脱光了衣服。没等我反应过来,他已经饿虎扑食般冲了过来,把我按倒在床上。我说:'你想干啥呀?你放开我,不要伤害我。'我一边哀求,一遍拼命挣扎,但他非但不理会我的哀求和挣扎,还掐我的脖子,叫我不要反抗,不然他就杀了我……他解开我的衣服,在我的哀求声中强奸了我……"

张某拒不承认其强奸行为。在公安机关接受讯问时的陈述很简单,他说:"……进入房间之后,一切都很自然而然地发生了。我们先是调情,继而是相互拥抱和爱抚,最终才是做爱……"

事后证明被告人并未掐被害人的脖子,也未威胁要杀死被害人,只是用强力把被害人按倒在床上,实施强奸行为。

问:被害人陈述的特点是什么?如何审查判断被害人陈述?

基本原理

一、被害人陈述的概念

被害人陈述,是指受到犯罪行为直接侵害的人向公安机关、人民检察院或人民法院就其遭受犯罪行为侵害的事实和有关犯罪嫌疑人、被告人的情况所作的陈述。这是刑事诉讼独有的证据形式,具体包括公诉案件中被害人的陈述和自诉案件中自诉人的陈述。理解被害人陈述,有如下几个要点:

1. 提供证据的主体是遭受犯罪行为直接侵害的自然人。遭受犯罪行为直接侵害的人,在刑事公诉案件中称为被害人,在刑事自诉案件中则是自诉人。收集、运用这一证据时,要注意取证对象应当是:

(1) 合法权益遭受犯罪行为侵害的人。合法权益是指法律赋予人们为一定行为或不为一定行为以及要求他人为一定行为或不为一定行为的能力及由此而产生的利益。包括人身权利、财产权利,也包括其他方面的权利和利益。当公民将自己合法的财产用于非法的目的时,其合法财产遭受侵犯的,不受法律的保护。从被害原因上看,被害人合法权益遭受的是来自犯罪行为的直接侵害。这里的"犯罪"是程序意义上的"犯罪",即公安司法机关已经立案侦查、受理审判的刑事案件,即便人民法院最终宣告被告人的行为不构成犯罪,但合法权益遭受侵害的人,在诉讼过程中的身份、地位依然是被害人、当事人。

(2) 犯罪行为直接侵害的对象,不包括间接受害人。犯罪是最严重的违法行为,具有最大的社会危害性。除了直接遭受犯罪侵害的人之外,还可能有不同的人、群体、社会、国家遭受犯罪的间接危害。这些遭受犯罪行为间接损害的单位、个人、群体，不属于程序法意义上的"被害人"，因此，他们就案件具体情况向公安司法机关所作的陈述，不属于被害人陈述，而属于证人证言。例如，张三被杀害，张三是刑事被害人，张三的母亲因张三遇害而精神失常，张三母亲的健康虽因犯罪行为受到了侵害，但遭受的是间接的侵害，因此不是被害人。另外，有些犯罪行为所侵害的客体是公共秩序或社会利益，它虽没有直接的明显的被害人，但仍存在间接的、潜在的被害人。如贩毒案件，由于吸毒者自愿购买毒品而不能成为受害者，但吸毒者家属或社会将为其戒毒支付高昂的费用，家属或纳税人成为贩毒罪行的间接受害者。但这种间接被害人并不被当作刑事被害人对待。

（3）自然人。提供被害人陈述的主体只能是自然人。单位被害人因为不具备作证的自然条件，只能由相关工作人员作为证人提交有关侵害情况，而不能以单位被害人的身份来提交"陈述"。

向被害人取证时还应注意一点，即只能由被害人本人提交陈述。由于被害人的身份是犯罪行为造成的，是特定的人，具有不可代替性。被害人的特定性决定了其陈述的专属性，即不能由其他人来代替被害人陈述案件事实和被害的经过。如果其他人感知了这一犯罪事实，也只能以证人身份来作证。即使是被害人的法定代理人或诉讼代理人有权代理被害人参加诉讼活动，提出具体的诉讼要求，也不能代替被害人陈述案情，提供被害人陈述这种证据。至于一个案件有没有被害人，或有几个被害人，则因案而异。

2. 被害人陈述属于证据的内容主要为两个方面：一是被侵害的事实情况，二是其他与案件有关的情况。有的被害人虽然不知道犯罪分子是谁，但对犯罪发生的时间、地点、目的、手段、后果等这些方面可能有所了解；而有的被害人在陈述中能够具体描述出犯罪分子的情况，甚至直接控告犯罪人。如果被害人与犯罪分子有过直接的接触，会对犯罪分子的外貌特征等作出清楚地的描述，多数能单独证明案件的主要事实，其陈述可能是直接证据的最重要来源，具有较高的证据价值；其他被害人陈述则多为间接证据，只能证明案件的个别情况。当然被害人作为当事人为维护自己的合法权益，在陈述时可能会提出各种惩罚犯罪的要求和对案件的处理意见，甚至还有可能举报与本案无关的犯罪分子的其他情况。从证据法学的角度讲，被害人的请求和意见等是维护自己合法权益而行使的诉讼权利，不属于被害人陈述的这一证据种类的内容。同样，举报符合证人证言的性质和特点，也不属于被害人陈述。

3. 被害人陈述通常是指向司法机关所作的陈述，不包括对其他机关和个人所作的陈述。在司法实践中，被害人在受害后可能向其单位领导或者亲友等讲述了被害的经过，这时的陈述不是被害人陈述。只有被害人直接向公安机关、检察院、法院所作的口头或者书面陈述才属于被害人陈述。

4. 被害人陈述的表现形式多为口头陈述，也可以采用书面形式。书面陈述一般应由被害人亲笔书写。被害人提供口头陈述的，司法机关应制作笔录，或采取录音、录像的方式予以固定、保全。

被害人是刑事诉讼法律关系的主要主体。被害人的控告、陈述常常是立案侦查、追究犯罪的根据和起点。

> **知识链接**
>
> 在国外，被害人陈述大都被作为证人证言的一种，这主要是因为被害人陈述和证人证言的证明作用，收集途径、方法等方面有诸多相似的地方。但两者的区别也是显著的，不可混为一谈。具体而言，区别有：
>
> 1. 主体与案件结局关系不同。被害人陈述主体与案件有直接利害关系；而证人证言主体与案件结局没有直接利害关系。
>
> 2. 主体虚假陈述的法律后果不同。被害人如果捏造事实陷害他人可能构成诬告陷害罪；而证人故意作虚假证明可能构成伪证罪。
>
> 3. 主体作证的心理基础不同。被害人合法权益被侵害，往往会积极主动配合作证；而证人因为不是当事人，往往不愿意作证。

二、被害人陈述的特点

（一）内容的综合性

被害人陈述的内容不仅包括对犯罪事实的检举揭发和对犯罪过程的叙述与说明，还可能包括对司法机关惩罚犯罪的要求、对作案人的指责、对犯罪的控诉，对社会或有关人员的抱怨等。而且这些内容往往是交织混杂在一起的。我们须知道，作为证据使用的不是被害人所作的一切叙述，而仅是就其所遭受特定犯罪行为侵害以及有关犯罪情况的叙述。但是，虽然其中与犯罪事实无关的内容并不具有证据的作用，司法人员也要认真听取并记录下来，然后综合识别和评断。由于被害人亲身经历了全部或部分案件事实，因此，被害人往往能够准确地描述犯罪发生地时间、地点、犯罪手段、犯罪目的和后果等，内容全面、具体、形象，对侦破案件、认定犯罪事实具有重要意义。

（二）证明的直接性

被害人因合法权益直接遭受犯罪行为侵害，对犯罪事实有亲身感知和体验，其陈述直接源于案件事实，是原始证据。它对犯罪事实的证明更直接、更具体。这是其他证据无法比拟的，特别是在犯罪事实难以为其他人感知的情况下，被害人的陈述证明的直接性更加明显。引例中被害人陈述的内容包括了案件主要事实要素（人和事），能够单独、直接证明案件事实，证明的直接性非常明显。

（三）内容的真假难辨、虚实交叉

由于种种复杂原因，被害人陈述也可能有意或无意地夸大或缩小客观事实。还有人故意捏造事实，谎报案情。其具体表现有以下几个方面：①由于身受犯罪行为的侵害，而产生报复心理，情绪偏激，夸大事实情节，导致陈述的虚假性；②在一些案件中，由于被害人精神高度紧张，观察不细，记忆模糊，而导致陈述不清，甚至是主观推断的虚伪陈述；③个别被害人出于个人私利或者其他不可告人的目的，制造假陈述诬告陷害他人；④有的被害人出于个人的种种考虑，前途、名誉、家庭关系、子女利益等，有羞于口，不敢理直气壮地揭露犯罪，大事化小，小事化了；⑤有的被害人出于亲情或者人情，或者被金钱收买，或者受外界干扰被威逼恐吓，而作虚假陈述；等等。引例中被害人就为了增强自己的控诉力、加大被告人的责任，杜撰了掐脖子、言辞威胁等内容。即便是真实的内容，也会带有不同程度的倾向性。

项目六　犯罪嫌疑人、被告人供述和辩解

在审判过程中，被告人会说谎，证人会说谎，辩护律师和检察官会说谎，甚至法官也会说谎，唯有物证不会说谎。

——赫伯特·麦克唐奈

引　例

1998年2月15日，商丘市柘城县老王集乡赵楼村赵振某的侄儿赵某亮到公安机关报案，称其叔父赵振某于1997年10月30日离家后已失踪4个多月，怀疑被同村的赵某某杀害。公安机关当年进行了相关调查，发现赵某某与杜某某存在不正当关系，与赵振某因争风吃醋以及既往的金钱纠纷结下私怨，案发日赵振某持刀将熟睡的赵某某砍伤。

1999年5月8日，赵楼村村民在挖井时发现一具高度腐烂的无头、膝关节以下缺失的无名尸体，公安机关遂把赵某某作为重大嫌疑人于5月9日拘留。当天晚上，赵某某被柘城县公安局控制一夜后承认杀人的事实。自此至6月18日，赵某某一共做了9次有罪供述。

2002年12月5日，商丘市中级人民法院作出一审判决，以故意杀人罪判处被告人赵某某死刑，缓期二年执行，剥夺政治权利终身。河南省高级人民法院经复核，于2003年2月13日作出裁定，核准商丘市中级人民法院上述判决。

2010年4月30日，赵振某回到赵楼村。其自称于1997年10月30日夜，携自家菜刀在杜某某家中向赵某某头上砍了一刀，怕赵某某报复，也怕把赵某某砍死了，就收拾东西于10月31日凌晨离家出走，走时带了被子、身份证和400元现金，骑着自行车

离开。后在外地以捡废品为生。因病无钱医治才回到村里。

2010年5月9日，河南省高级人民法院宣告赵某某无罪。

问：该案的错误启发我们应当如何审查、判断犯罪嫌疑人、被告人供述与辩解？

基本原理

一、犯罪嫌疑人、被告人供述和辩解的概念

犯罪嫌疑人、被告人供述和辩解，是指犯罪嫌疑人、被告人在刑事诉讼过程中，就与案件有关的事实情况向司法机关所作的陈述，俗称"口供"。犯罪嫌疑人、被告人供述，是指犯罪嫌疑人、被告人向侦查人员、检察人员或者审判人员承认犯有某种罪行所作的交待。犯罪嫌疑人、被告人辩解，是指犯罪嫌疑人、被告人向侦查人员、检察人员或者审判人员作出的否认犯罪或者反驳控诉的申辩和解释。公诉刑事案件的诉讼过程中，犯罪嫌疑人与被告人是同一诉讼主体在被起诉前和被起诉后的不同称谓，在审判前的阶段作出的，就被称为犯罪嫌疑人供述和辩解；在审判阶段作出的，就被称为被告人供述和辩解。

在理解犯罪嫌疑人、被告人供述和辩解的概念时，应当注意以下几个方面的问题：

（一）犯罪嫌疑人、被告人供述和辩解的形式

"口供"属于言辞证据，以口头陈述为形式，笔录为其主要的固定手段，也可以采用录音或者录像的手段；对于可能判处无期徒刑、死刑的案件或者其他重大犯罪案件，刑事诉讼法要求必须对讯问过程进行全程的录音或者录像。不管固定手段形式如何，均不能改变其口头陈述的存在形式，在证据出示、质证、认证等环节均应注意这一点。实践中，"口供"可能呈现书面和口头两种形式，经过侦查人员、检察人员许可，犯罪嫌疑人也可以自行书写成文字材料。但被告人的供述和辩解则只能采取口头形式，刑事被告人必须在法庭上接受讯问，并口头陈述其供述和辩解，即使他作为犯罪嫌疑人在侦查和审查起诉阶段书写了口供，在法庭审判阶段也必须转化成口述形式。

（二）犯罪嫌疑人、被告人供述和辩解的内容

根据内容划分，犯罪嫌疑人、被告人供述和辩解一般可以分为三部分：①犯罪嫌疑人、被告人的有罪供述，即向司法机关承认自己有犯罪行为和关于犯罪具体过程、情节的叙述。②犯罪嫌疑人、被告人无罪、罪轻的辩解，即否认自己有犯罪行为，或者虽然承认自己犯了罪，但有依法不应追究刑事责任以及从轻、减轻或免除处罚等情况所作的申辩和解释。③对他人犯罪的检举、揭发，俗称"攀供"。对于"攀供"部分的证据形式应具体分析，对于同案共犯的检举揭发，仍属于犯罪嫌疑人供述和辩解；对非同案犯或同案犯的其他罪行的检举、揭发则属于证人证言。这对于是否适用口供补强规则非常重要。

> **知识链接**

口供补强规则,是指为了保护被告人的权利,防止案件事实的误认,对于唯一的被告人供述这一证据,要求有其他证据予以证实才可以作为定案根据的规则。我国《刑事诉讼法》第53条规定:"对一切案件的判处都要重证据,重调查研究,不轻信口供。只有被告人供述,没有其他证据的,不能认定被告人有罪和处以刑罚;没有被告人供述,证据确实、充分的,可以认定被告人有罪和处以刑罚。"

(三)同案犯罪嫌疑人、被告人供述和辩解的性质

近几年来,无论在理论界还是在司法实践中,对同案犯罪嫌疑人、被告人供述和辩解的性质存在较大的争论。有学者认为,同案犯罪嫌疑人、被告人兼有犯罪嫌疑人、被告人和证人的双重身份,他就自己的问题所作的陈述,属于犯罪嫌疑人、被告人供述和辩解,就同案犯罪嫌疑人、被告人的问题所作的陈述,属于证人证言。而且,《刑事诉讼法》第60条第1款规定:"凡是知道案件情况的人,都有作证的义务。"同案被告人均是当事人,他们最了解自己与案件的真实情况;利用同案犯作证,不仅有利于准确认定案件事实,还有利于促使其他同案被告人认罪服法。也有学者认为,同案犯罪嫌疑人、被告人就案件事实所作的陈述,仍然属于犯罪嫌疑人、被告人供述和辩解,不能作为证人证言使用,但是在特定情况下可以作为证人证言使用。还有观点主张,同案犯罪嫌疑人、被告人就案件事实的陈述,只能是犯罪嫌疑人、被告人供述和辩解,而不是证人证言。我们同意第三种观点,原因在于:一是在刑事诉讼中,有关人员就案件事实向司法机关所作的陈述,是属于哪种形式的证据,主要取决于他们在诉讼中的地位:被害人所作的陈述,叫被害人陈述;犯罪嫌疑人、被告人所作的陈述叫犯罪嫌疑人、被告人供述和辩解;与案件结果无直接关系的公民所作的陈述,则为证人证言。这样的划分,有利于分析各种证据的特点,便于对它们进行审查判断。二是如果把同案犯罪嫌疑人、被告人的陈述当作证人证言,会使某些司法人员规避我国《刑事诉讼法》第46条的规定,仅仅根据同案犯罪嫌疑人、被告人供述,就予以定案,这容易造成冤假错案,不利于保护犯罪嫌疑人、被告人的合法权益。

二、犯罪嫌疑人、被告人供述和辩解的特点

(一)证明的直接性

犯罪嫌疑人、被告人供述和辩解往往不需要结合其他证据就可以单独证明案件的主要事实,因为犯罪嫌疑人、被告人对于自己是否犯了罪以及犯罪的具体过程和情节、犯罪前后的主观心理状态是最清楚的。他所作的有罪供述,会更直接、更全面地反映出其犯罪的动机、目的、手段、时间、地点、后果等事实根据或申辩理由,他所作的揭发举报他人犯罪行为的陈述,可以反映其犯罪的形成、分工和具体实施犯罪的全过

程,还可以反映其认罪态度和思想状态。因此,只要办案人员收集证据的方法得当,程序合法,充分而正确地运用好审讯策略,犯罪嫌疑人、被告人的口供一旦被查证属实,就可以成为认定案件事实的直接证据。这是其他证据无法比拟的。

(二) 不稳定性

犯罪嫌疑人、被告人供述和辩解的不稳定性,主要体现在诉讼过程中,犯罪嫌疑人、被告人的思想由于受各种因素的影响,极易起伏波动。有的犯罪嫌疑人、被告人开始作了虚假供述,以后受到教育,真诚悔罪,又如实供述。有的犯罪嫌疑人、被告人在供述罪行以后,由于受到看守所里惯犯或"二进宫"等人的教唆,在后来的审讯中又推翻以前的供述。还有的犯罪嫌疑人、被告人时供时翻,屡供屡翻,使案情复杂化。根据这种特点,在运用犯罪嫌疑人、被告人供述和辩解这种证据时,应当全面分析犯罪嫌疑人、被告人在刑事诉讼过程中的所有供述和辩解,研究其翻供的原因是否合理,以判明其价值和真实性。

(三) 犯罪嫌疑人、被告人供述和辩解的复杂性

犯罪嫌疑人、被告人供述和辩解的复杂性表现为犯罪嫌疑人、被告人供述和辩解的内容既有可能是真实的,也有可能是虚假的。而虚假的可能性很大,主要有以下两方面原因:其一,犯罪嫌疑人、被告人是被追究刑事责任的人。诉讼结果与他有切身的利害关系,在诉讼中是供述还是辩解,以及如何供述和辩解,都直接影响到司法机关对他的处理。因此,一般地说,犯罪嫌疑人、被告人在供述犯罪事实时,往往有隐瞒、避重就轻,不会痛痛快快地把案件事实全部讲清楚。为了逃避罪责,很可能编造谎言,进行狡辩。只有在极少数情况下,犯罪嫌疑人、被告人会为了掩盖某种隐私,把本来不是犯罪的行为供认为犯罪;或者为了给亲属开脱罪责,冒充犯罪人到司法机关投案自首;或者出于"哥们义气",把别人的犯罪行为包揽在自己身上。其二,犯罪嫌疑人、被告人所处的受刑事追究的特殊地位以及在被拘留、逮捕的条件下,对于审讯人员的逼供、诱供、指供、暗示等行为,容易产生"顺竿爬"的特殊心理状态。

三、犯罪嫌疑人、被告人供述和辩解的意义

古今中外,任何一个时期的刑事诉讼中,犯罪嫌疑人、被告人供述和辩解在司法人员认定案件事实中都扮演着重要的角色。犯罪嫌疑人、被告人供述和辩解对于全面分析研究案情,正确认定案件事实,公正、准确地处理案件,不枉不纵,合理配置司法资源,降低诉讼成本,缩短办案周期,具有十分重要的价值。

1. 犯罪嫌疑人、被告人供述和辩解有利于办案人员迅速查明案情,提高效率,有助于实现公正。在刑事诉讼中,犯罪嫌疑人、被告人可能是实施了受到指控的犯罪的人,也可能是没有实施受到指控的犯罪的人。犯罪嫌疑人、被告人对自己是否实施了犯罪行为以及如何实施犯罪行为,比其他任何人都更为清楚,如果犯罪嫌疑人、被告

人作出如实供述，可以全面、详尽地反映其作案的动机、目的，作案的手段、过程。共同犯罪的犯罪嫌疑人、被告人的供述，还可以从各个侧面反映案件全貌。有罪供述经查证属实，可以成为认定案件事实的直接证据。如果犯罪嫌疑人、被告人如实辩解，可以提供证实其无罪或者罪轻的证据和证据线索，同样可以帮助办案人员正确分析案情，使公安司法人员克服主观臆断，做到兼听则明，及时发现和纠正办案中的偏差，防止无罪的人受到错误的刑事追究或者有罪的人罚不当罪，促进办案人员进一步收集新的证据，查获真正的犯罪分子。

2. 犯罪嫌疑人、被告人供述和辩解有利于发现其他犯罪线索和犯罪嫌疑人。犯罪嫌疑人、被告人的有罪供述，常常可以为发现其他犯罪和犯罪嫌疑人提供有价值的线索，在共同犯罪案件中尤其如此，司法实践经验已充分证实了这一点。犯罪嫌疑人、被告人在其辩解中，也能够提供有利于查获真正犯罪人的情况。特别是犯罪嫌疑人和被告人的检举揭发，往往能给公安司法人员提供新线索、新证据，使一些陈年积案得以侦破。在共同犯罪案件中，犯罪嫌疑人、被告人供述和辩解对于正确确定各犯罪嫌疑人、被告人的责任，也具有十分重要的作用。

3. 犯罪嫌疑人、被告人供述和辩解有利于审查核实本案中的其他证据，更好地对其他证据作出正确判断。各种证据只有在相互比较、印证中才能审查核实，犯罪嫌疑人、被告人供述和辩解作为证据的一种，可以与其他证据相互比较、印证，发现和排除矛盾点，使案件最终得到正确处理。

4. 犯罪嫌疑人、被告人供述和辩解可以反映出犯罪嫌疑人、被告人的悔罪态度，办案机关可以据此确定采用何种强制措施，审判机关可以据此进行量刑。通过对犯罪嫌疑人、被告人口供的分析，就可以判明其思想情况和实际表现，从而有利于对其更好地适用法律，作出公正处理。

犯罪嫌疑人、被告人的供述和辩解，虽然对查明案件事实有重要作用，但是，犯罪嫌疑人、被告人口供只是一种普通证据，其依附性很强。口供必须经过查证，并有其他证据加以证实以后，才能作为证据使用。司法机关不能单凭口供定案。所以说，口供作为诉讼证据没有独立的证明作用。《刑事诉讼法》第 53 条第 1 款规定："对一切案件的判处都要重证据，重调查研究，不轻信口供。只有被告人供述，没有其他证据的，不能认定被告人有罪和处以刑罚；没有被告人供述，证据确实、充分的，可以认定被告人有罪和处以刑罚。"法律规定的这个基本原则，说明了犯罪嫌疑人、被告人口供和其他证据的证明作用是不同的。只有口供是不能定案的，不能像封建社会的刑事诉讼那样，把口供看成是"最好的证据"，实行"无供不录案""罪从供定"，即没有口供就不能定案，即使有了其他证据，如果没有口供也不能定案；相反，虽然没有其他证据，但是，只要有了口供就可以定案。总之，我们不能把口供看作是主要的、唯一的证据。当然，也不能把口供看成是"最坏的证据"，认为犯罪嫌疑人、被告人永远都是在说假话，不说真话，从根本上否定口供的证据意义。

项目七　当事人陈述

> 司法实践中，由于当事人的陈述多多少少都有一定的偏颇，当事人陈述实际上不作为证据使用。
>
> ——张卫平

引　例

男青年某甲在申奥成功之夜，在广场参与大狂欢。因人多，随人流进入喷泉池。喷泉管理者乙单位未完全清退喷泉中的游人，突然开启喷泉。因无思想准备，某甲的肛门及直肠被高压水柱冲破，形成重伤。在该案的审理过程中，原告某甲提供了他受伤后乘坐的士的司机的证言，证明其在喷泉附近上了车，其车座上染有血迹；另提供了首次接诊医生的证词及住院病历，均证明了某甲就诊时的原始陈述。他很明确地告诉医生，其受伤系被告管理的喷泉水柱冲击所致。相反，被告乙单位没有提供任何证据。在庭审过程中，辩方律师的主要理由就是原告方缺乏直接证据，间接证据尚未形成证据链。

问：在本案中，法院应如何认定原告诉称的事实的真伪？其效力如何？

基本原理

一、当事人陈述的概念

在民事和行政诉讼中，广义的当事人陈述至少会有案件事实的陈述、诉讼请求的提出、诉讼标的的主张等内容。但作为证据使用的当事人陈述显然只限于有关案件事实的陈述，因为只有与待证事实有关联、能够证明案件事实的材料才能作为证据使用。具体来说，不能作为证据使用的当事人陈述内容包括诉讼请求、抗辩请求、各种程序的申请、关于案件性质、证据调查、法律适用等问题发表的意见等。这些内容虽有助于人民法院行使审判权，但其内容均为法律问题，而不是事实问题，故不能作为证据使用。因此，当事人陈述，是指当事人就有关案件的事实情况向人民法院所作的说明，它不仅包括当事人自己说明案件事实，也包括对案件事实的承认[1]。换言之，证据法

---

[1] 一方当事人对另一方当事人提出的不利于己的事实主张予以承认，称为自认。自认是否属于证据？法官对其有无审查判断的权利？两大法系存在不同的做法。英美法系将自认作为一种证据或证据方法来看待和使用，而大陆法系则视其为举证责任的例外（免证事项），而不是证据。《最高人民法院关于民事诉讼证据的若干规定》第8条，曾经采用了大陆法系的做法，规定一方自认的案件事实，另一方当事人无需举证。2015年在《最高人民法院关于适用〈中华人民共和国民事诉讼法〉的解释》第92条作了修订，否定了自认对人民法院的约束力，规定自认的事实与查明的事实不符的，人民法院不予确认，确认了人民法院对于自认事实的调查权。

学上的当事人陈述是狭义的,并非指当事人所有的陈述。虽然因为当事人与案件处理结果有利害关系,司法实践中常常并不将其视为证据使用。我国民事诉讼法和行政诉讼法还是将其区别于证人证言,作为一种独立的证据形式予以规制,《民事诉讼法》第63条第1款第1项、《行政诉讼法》第33条第6项均有明文规定。刑事诉讼当事人具有其特殊性,其陈述被区分为犯罪嫌疑人、被告人供述和辩解及被害人陈述,有别于本单元的当事人陈述。

理解当事人陈述这一证据形式,应注意以下几点:

(一) 主体要件

顾名思义,当事人陈述的证据主体只能是案件当事人,即案件事实发生、发展、变化的参与者、亲历者,他们对案件事实有着远高于其他诉讼主体的全面、准确认识,能够更有效地反映案件的各种情况,这也是立法将其作为独立证据形式规定的理由。当事人的范围具体包括诉讼案件的原告、被告、第三人、共同诉讼人、诉讼代表人。至于委托代理人以及无民事行为能力的当事人能否提交当事人陈述?显然,尤其是在被代理的当事人不出庭的情况下,诉讼代理人无法回避向法庭陈述案件事实的现实必要。根据《最高人民法院关于民事诉讼证据的若干规定》第8条第3款的精神,代理人出庭参加诉讼的,代理人对案件事实的陈述,尤其是对不利于被代理人的案件事实的承认,视为当事人陈述。但未经特别授权的代理人对事实的承认直接导致承认对方诉讼请求的除外;当事人在场但对其代理人的承认不作否认表示的,视为当事人的承认。因此,除了直接导致承认对方诉讼请求的事实,一般代理人无权代为承认以外,原则上代理人对案件事实的陈述、说明、承认,视为当事人陈述。同理,无民事行为能力的当事人可以由其法定代理人、诉讼代理人代为陈述。

(二) 对象要件

当事人陈述须是当事人在诉讼中向人民法院作出,准确地说是向经办案件的审判人员作出。相对于书证、物证等其他证据而言,当事人陈述在形成的时间上具有事后性,在陈述对象上具有特定性。当事人以诉讼为目的在庭前撰写的起诉状、在庭外撰写的答辩状等,最终被提交到人民法院,其内容依然被视为当事人陈述。而以下两种情况则不属于当事人陈述的范围:一是当事人在庭外(一般是开庭前)向其他办案机关所作的陈述。比如,劳动争议案件当事人在劳动局就案件事实所作的叙述及笔录、人身损害纠纷案件当事人在派出所作的陈述及笔录。二是当事人在其他案件中向其他法院或者同一法院其他审判人员就案件事实所作的陈述。这两种情况当事人所作的陈述作为书证、视听资料等证据形式使用。因此,在陈述对象上,要求当事人必须是向经办案件的审判人员作出的陈述才构成"当事人陈述"。当事人在非经办法官面前的陈述,被提交到法庭上也可以作为证据,但不属于当事人陈述这一证据形式。案例中原告向医生所作"其受伤系被告管理的喷泉水柱冲击所致"之陈述,并非当事人陈述。

陈述的内容经医生转述而形成证人证言，医生接诊时制作的病例可作为书证使用。

（三）内容要件

如前所述，作为证据使用的当事人陈述仅限于与案件事实有关的内容，并且当事人只能提交其真切感知的事实。但是，对方当事人提出的不利于己方的事实主张，当事人予以承认的，这种情况证据法学理论上有另一套制度予以规制，那就是自认规制。另外，《最高人民法院关于适用〈中华人民共和国民事诉讼法〉的解释》第122条规定，当事人申请人民法院通知具有专门知识的人出庭，就专业问题提出的意见，视为当事人的陈述。这种特殊的"当事人陈述"，其内容或者是针对鉴定机构出具的鉴定意见，从其鉴定依据、鉴定方法以及鉴定对象本身等关系鉴定意见科学性的问题发表意见，或者是直接就案件的专门性问题，运用其专门知识提出个人的意见。第二种情况应该类似鉴定人出庭作证，但对于接受委托的出庭人员有无资格的要求，立法并不明确。立法将其视为当事人陈述，资格要求显然应该有别于鉴定人。

（四）形式要件

只要是向人民法院提交，不论是书面还是口头形式，都不妨碍当事人陈述这一证据形式的合法性。

二、当事人陈述的特点

（一）真实性

一方面，当事人是指引起争议的实体法律关系发生、变更和终止的行为实施者，是案件事实的亲身经历者，较其他诉讼参与人，如证人、鉴定人、勘验人等对争议的案件事实了解得更直接、更全面。因此，从应然的意义上讲，当事人陈述比任何其他证据形式更能反映案件的事实情况。另一方面，当原告认为自己的合法权益受到了侵犯，为了"讨回公道"，使自己的权利恢复到未被侵害的状态或使自己获得恰当的补偿，会积极向法庭陈述案件的真实情况。当被告认为原告的主张不合理时，也愿意向法院陈述案件真实情况以保护自己的合法权益。

（二）虚假性

由于当事人与案件处理结果有直接的利害关系，在利己主义心理的驱动下，当事人陈述的内容又通常难以确保其全面性、客观性，往往在真实的陈述中渗入虚假的成分，并始终带有有利于陈述者一方的主观性和片面性。因此，从实然的意义上看，当事人的陈述不可避免地有虚假、片面的因素。其可靠性和客观性都是令人质疑的，这无疑在很大程度上削弱了当事人陈述的证明价值。

鉴于当事人陈述的真假双重性，我国《民事诉讼法》第75条要求裁判者在证据审查、运用过程中应持谨慎的态度，应当结合本案的其他证据，审查确定能否作为认定事实的根据。

三、自认规则

2005年10月26日，在十运会女子万米决赛后的兴奋剂检查中，运动员孙某杰尿样呈阳性。十运会组委会随即取消了孙某杰继续参加十运会的比赛资格。之后，中国田协对孙某杰处以不少于2年的停赛处罚。事发后，孙某杰一直认为自己被人陷害。为了寻找证据，孙某杰和她的教练王某显进行秘密调查，最后，他们将目标锁定在运动员于某江身上，并于11月15日起诉到五大连池市法院。法院审理过程中，被告于某江承认在孙某杰平时习惯饮用的猕猴桃果汁饮料中放入自己服用过的"强力补"，动机是想帮助孙某杰。法院经过审理最终认定于某江侵权行为成立，作出了"支持原告孙某杰的诉讼请求，被告于某江在国家级报纸上登报公开向原告孙某杰赔礼道歉、恢复名誉、消除影响。赔偿原告孙某杰精神损害抚慰金3万元及诉讼费。登报内容需经法院审核"的判决。虽如此，案件的疑点依然耐人寻味：其一，"投药人"于某江身为运动员，难道不知道投放他所声称的"吃过几次后感觉身体很有劲"的药会产生什么样的后果吗？何况他与孙某杰并无利益之争。其二，被告于某江在庭审中辩称投药的动机是："我就是出于想帮她，因为孙某杰是我心中的偶像。"这理由怎么听起来都有些荒唐。其三，于某江说药是他在某个厕所挂钩上的一个蓝包里捡的，也实在是有悖常理。其四，于某江的身份也成为最大疑点之一，作为孙某杰的教练王某显之弟王某明的弟子，在事发2个月后，突然现身成为该事件的责任承担者，于情于理让人难以接受。被告人已承认侵权，法院究竟还要不要查个水落石出？

广义上，当事人的承认包括对对方所主张的案件事实的承认和对诉讼请求的认可。作为认定案件事实的根据，这两项内容的功能完全不同。后者因为不涉及案件事实，并无证明案件事实的功能，但对案件处理、纠纷解决发生重大影响，理论上把对诉讼请求的承认称为认诺，这是性质和法律效果均有别于自认的一种承认，体现的是当事人的自由处分原则。有认诺即可成为判决败诉的依据。前者将直接导致案件事实的认定，民事证据法学上称之为自认。自认，是指诉讼上，一方当事人就对方所主张、不利于己的事实作出明确的承认或表示，从而产生相应法律后果的诉讼行为。虽然从通常的表现形态来看，当事人的自认也采用的是一种陈述的形式，但是这种陈述与通常的陈述所不同的是，他所陈述的是对方所主张的、对其在诉讼上发生不利影响的事实，产生对其不利的诉讼后果的事实，因此，这种当事人陈述是一种特殊的陈述形式。其特殊性就在于，一旦作出这种对其不利的陈述，法官在审判上将会把这种陈述作为一种真实来看待，而无须将其作为一种证据提交当事人进行辩论，对方当事人也得以免除相关的证明责任。这种诉讼效果催生了自认规则。

（一）自认的构成要件

1. 主体要件。如前所述，作出自认的只能是案件的一方当事人及其诉讼代理人，如果涉及直接导致承认对方诉讼请求的案件事实，只能是当事人本人和特别授权的代理人。我国民事诉讼法明确要求，诉讼代理人代为承认、放弃、变更诉讼请求，进行和解，提起反诉和上诉，必须有委托人的特别授权。故而，对于某项可能直接导致承认对方诉讼请求的事实，只有法定代理人和获得被代理人特别授权的委托代理人才有权作出。

2. 对象要件。自认必须是向本案的审理法官作出。具体既可表现为一方当事人在答辩状上就原告于起诉书中提出的对其不利的事实主张的承认，也可以表现为法庭调查、法庭辩论过程中，一方当事人对另一方当事人事实主张的明确承认。只有陈述对象是审理本案的审判人员才能成立自认。当事人曾经在其他案件当中就相关的事实作出的承认、当事人在诉讼之外的承认都不构成自认。如被告人接到起诉书后，与朋友私下聊天时作出的承认，被录音或者以证人证言的形式提交法庭，可以作为视听资料或者证人证言等具体证据使用，但不成立自认，不产生自认的法律效果。《最高人民法院关于民事诉讼证据的若干规定》第74条规定所要求的自认须是在"诉讼过程中"，容易被误解为自认的时间要求，但其实质为陈述对象的要求，是庭审中心主义、证据裁判主义和辩论主义等现代诉讼基本原则和理念的体现。

3. 内容要件。自认的内容必须是对方当事人所主张的、对其不利的事实，并且这种事实必须是一种免除证明责任以外的事实，即不能包含涉及有关日常经验、事理和其他能够作为司法认知的客体内涵。被告对原告诉讼请求的承认叫认诺。认诺承认的内容、法律的效果都有别于自认。

4. 形式要件。自认必须以明确的承认或表示作出。可以是法庭审理过程中就案件事实作出口头陈述被作为自认而被记载于法庭笔录上作为证据使用，也可以是当事人在有关诉讼文书上就案件事实的陈述产生自认的效力。作为一种对裁判结果具有重大影响的诉讼行为，其行为模式必须是积极的作为。相对于此，一方当事人就对方当事人主张对其不利的事实，不明确予以否认或提出何种异议，而是以不作为的方式来对待这种事实主张，也就是我们俗称的"默认"，并不能构成诉讼上的自认。《最高人民法院关于适用〈中华人民共和国民事诉讼法〉的解释》第92条明确指出只有"对于己不利的事实明确表示承认的"，才能免除对方当事人的举证责任。而《最高人民法院关于民事诉讼证据的若干规定》第74条具体列明，当事人在起诉状、答辩状、陈述及其委托代理人的代理词中承认的对己方不利的事实和认可的证据，都构成自认。

（二）自认的效力

结合我国民事诉讼制度，自认的法律效力可以归纳为如下四点：

1. 自认对对方当事人发生毋庸举证的效力。对于一方当事人主张不利于己的事实而作出自认，他方因而就该项事实主张，得以免除其证明责任。自认发生免除证明责任的效力，其理论根据在于双方当事人对案件事实不存在争议，其制度的根据体现在

《最高人民法院关于适用〈中华人民共和国民事诉讼法〉的解释》第92条、《关于民事诉讼证据的若干规定》第8条。

2. 自认对法院产生拘束效力。作为自认的效力产生于自认的规则，对于法院而言，由于此种舍弃证明的效果，在辩论主义所实行的范围内有拘束法院的效力，法院自应认定当事人自认的事实为真实，而没有必要对其真实性予以审查，并且应即以双方一致的主张作为裁判的基础，而不得作出与之相反的事实认定。所以，上述孙某杰案理论上法院应当以被告人自认的事实进行裁判，《最高人民法院关于民事诉讼证据的若干规定》第74条也明确规定人民法院对于自认的事实应当予以确认。但是被告人的事实陈述显然不符合常理，在法院对其真实性已经产生怀疑的情况下，如果依然按照自认事实裁判显然不妥。有鉴于此，2015年《最高人民法院关于适用〈中华人民共和国民事诉讼法〉的解释》第92条改变了这一做法，仅规定了自认免除对方当事人举证责任的效力，强调"自认的事实与查明的事实不符的，人民法院不予确认"。所以我们认为，自认对于裁判者的拘束力并不具有绝对性。在没有相反证据、没有合理怀疑的一般情况下，裁判者可以以自认事实作为裁判基础，但这不意味着自认可以排除法院的调查取证权、限制法院的裁判权。

3. 自认对当事人产生不得撤回的约束力。当事人一旦对案件事实作出自认后非经法定程序、具备法定条件不得再行撤回，人民法院可将该自认事实作为裁判依据。

（三）自认的撤回

自认从成立起就发生拘束当事人和法院的效力，并具有免除当事人举证责任的功能。因此，自认一经作出，原则上当事人不得撤回。否则势必导致对方举证负担的复位，造成审判上的混乱。但是在特定情况下，为实现裁判的公平正义，有必要赋予当事人撤回自认的权利。《最高人民法院关于民事诉讼证据的若干规定》第8条第4款规定了自认撤回的两种情形：

1. 经对方当事人同意，在法庭辩论终结前，自认人可以撤回自认。自认经对方当事人同意后允许撤回，符合当事人意思自治的原则。自认的不可撤回性则源于对当事人诉讼权利的特别保护，这是自认的重大法律效果决定的——当事人自认免除了对方的举证负担；一旦撤回，则该负担复位，但对方可能已经失去了举证、质证的时机或条件，造成诉讼权利的不平等。

2. 有证据证明当事人的自认是在受胁迫或重大误解情况下作出的，并与事实不符，自认人可以撤回自认。自认作为一种重大的诉讼行为，应当出自当事人真实的意思表示，如果自认是因为当事人受胁迫或者重大误解而为，且与案件已经查明的事实明显不符的，当事人申请撤回自认，则自认无效，也不能免除对方当事人的举证责任。

（四）自认的例外

在一些特殊情形下，或者出于诉讼政策的必要考虑，立法上应当对自认的效力加以必要的限制，或者作为自认规则的一种例外。

1. 法官依职权探知的事实。一般来说，法官职权探知的事实涉及公益，对此类案件拒绝当事人的自认，旨在防止当事人作出虚假的自认而有害于公共利益。另外，由于人身诉讼涉及当事人的人身关系，直接关系到人身权利的确认。人身权是自然人与生俱来的一种固有的民事权利，它虽然没有财产利益的属性，不能够采用金钱来加以评估和衡量，但是这种权利主要体现的是人格关系与身份关系中的精神权益与价值理念，决定了一个社会赖以维系的公序良俗，因而有必要启动一种社会公共权益保障机制来加以维护，为此，各国法院对这两类案件一般采用依职权调查主义。《民事诉讼法》第55条第1款规定，对污染环境、侵害众多消费者合法权益等损害社会公共利益的行为，法律规定的机关和有关组织可以向人民法院提起诉讼。涉及身份关系的案件主要包括婚姻、收养、继承、监护等民法、婚姻家庭法、收养法中的身份关系，基于维护人类基本伦理价值和人权保护的需要，这类案件不适用自认规则，法院对当事人自认的事实仍可以要求当事人举证证明。

2. 法官司法认知或者能够基于推论而得知的事实。作为当事人在诉讼上的自认，虽然能够产生免除相对一方当事人证明责任的诉讼效果，但是，就法官所要在诉讼上确认的待证事实而言，实际上，这种待证事实是审判上的一种命题，除了当事人提供证据进行证明外，当事人的这种证明行为在诉讼上也应包含辩论行为，而法官在评估这些证据的价值上无不打上经验法则的烙印。因此，凡当事人所作出的自认与客观上所存在的显著事实或者常理相违背的，自应对这种矛盾情状进行审核认定，并且可以对这种自认作出否定性的评价结论。前述孙某杰案，被告虽然对侵权行为作出自认，但是事实陈述严重违反生活常理：正常人都不会乱吃药，更不敢把捡来的药（还是厕所里捡拾所得）往嘴里送，遑论身为职业运动员、具备谨慎饮食习惯的被告，关于行为动机的陈述也不符合其职业运动员的身份。结合二人背后千丝万缕的关系，法官有权对这些不符常理、疑点重重的自认事实作进一步的调查，并作出否定性的评价结论。

3. 在诉讼上已被证明为并非真实的事实。对于已被有效的证据加以证实的事实，本已无调查证据的必要。而自认规则主要应针对为当事人所主张而尚未得以证实的事实，所谓免除当事人的证明责任的效果即来源于此；倘若为当事人所主张的事实已被证据所证实，而法官对其产生确切的心证，此时已无当事人就此再加举证的必要。因此，如再有当事人的自认，即便属于对其不利的另一"真实"事实，也不应产生任何效力。

> **法规链接**

《最高人民法院关于适用〈中华人民共和国民事诉讼法〉的解释》第92条：一方当事人在法庭审理中，或者在起诉状、答辩状、代理词等书面材料中，对于己不利的事实明确表示承认的，另一方当事人无需举证证明。对于涉及身份关系、国家利益、社会公共利益等应当由人民法院依职权调查的事实,不适用前款自认的规定。自认的事实与查明的事实不符的,人民法院不予确认。

《最高人民法院关于民事诉讼证据的若干规定》第8条:诉讼过程中,一方当事人对另一方当事人陈述的案件事实明确表示承认的,另一方当事人无需举证。但涉及身份关系的案件除外。……当事人委托代理人参加诉讼的,代理人的承认视为当事人的承认。但未经特别授权的代理人对事实的承认直接导致承认对方诉讼请求的除外;当事人在场但对其代理人的承认不作否认表示的,视为当事人的承认。当事人在法庭辩论终结前撤回承认并经对方当事人同意,或者有充分证据证明其承认行为是在受胁迫或者重大误解情况下作出且与事实不符的,不能免除对方当事人的举证责任。

第74条:诉讼过程中,当事人在起诉状、答辩状、陈述及其委托代理人的代理词中承认的对己方不利的事实和认可的证据,人民法院应当予以确认,但当事人反悔并有相反证据足以推翻的除外。

项目八　鉴定意见

鉴定人传达推论,证人传达事实;鉴定人提出大前提,证人提出小前提;证人是证据方法,鉴定人是法官的辅助者。

——上野正吉

引　例

2000年8月21日,被告人于某与助理律师卢某(另案处理)接受委托共同担任马某贪污案的一审辩护人。同年11月1日,检察院以贪污罪对马某提起公诉,并向法院移送了该案主要证据的复印件6本,共计421页。同年11月3日,于某安排卢某去法院复印了马某贪污案的有关案卷材料。马某的亲属向卢某提出看看复印材料的要求。卢某在电话请示于某后,将有关复印材料留给了马某的亲属。当晚,家属详细翻看了复印的案卷材料,并针对起诉书进行研究。次日,家属根据案卷材料反映的情况,对有关证人逐一进行寻找和联系,并做了工作。后于某对证人取证时,证人均出具了虚假的证明材料。经河南省国家保密局、河南省焦作市国家保密局鉴定,被告人于某让马某家属所看的马某贪污案的案卷材料均属机密级国家秘密。检察院据此指控,由于于某故意泄露了国家秘密,马某贪污案开庭审理时,有关证人作了虚假证明,扰乱了正常的诉讼活动,造成马某贪污案两次延期审理的严重后果。检察机关认为,被告人于某的行为已触犯了《刑法》第398条的规定,构成了故意泄露国家秘密罪。2001年4月19日,一审法院判决:被告人于某犯故意泄露国家秘密罪,判处有期徒刑1年。一审宣判后,于某不服,提出上诉。二审法院撤销一审刑事判决,宣告上诉人于某无罪。

问：保密局的鉴定意见是否具有证据力？

基本原理

一、鉴定意见的概念

鉴定意见是鉴定人接受委托或聘请，运用自己的专门知识或技能，对案件中某些专门性问题进行分析、判断后所作出的结论性意见。

当事人在证明某一事实的过程中，或者法官在认定某一事实的时候，时常会遇到依靠常识无法解决的问题，如事故发生的原因、痕迹是否为某一特定的人或物所留、文书是否为伪造、产品质量是否合乎要求等。这时就需要请具有专门知识或技能的人根据有关材料进行分析，解读证据材料的证据信息、判断其所能证明的事实，并针对所要解决的问题提供结论性意见。被聘请的具有专门知识、技能的人称为鉴定人，鉴定人对专门问题所做的分析、判断活动称为鉴定，鉴定意见是对鉴定活动的总结性意见。我国刑事、民事和行政诉讼法中均有诉讼过程中遇有专门性问题需要鉴定的规定，并规定鉴定意见应具有书面形式。

理解鉴定意见这一证据种类，应把握如下几点：

(一) 鉴定意见解决的是事实问题，而非法律问题

因为在诉讼中，"知法""找法"和"适用法律"是法官的专属职责，为法官审判权的内容。举证、质证、认证的目的在于查明案件事实，鉴定人进入诉讼活动旨在帮助法官查明案件事实，只能就案件事实问题发表意见。引例中定罪量刑的关键依据在于被告人泄露的材料是否属于国家秘密、属于何种密级。我们认为这个问题取决于保密法的相关规定。因此，被告人所泄露的案件资料是否属于国家秘密，属于法律适用问题，应由裁判者依据保密法予以认定，法律适用问题不能由鉴定人来发表结论性意见。而且，鉴定意见解决的是专门的事实问题而非普通事实。法官行使审判权对案件作出裁判，前提需要对案件事实作出认定。因此，认定事实的权力专属于裁判者。凡是通过运用证据，一般人运用正确的逻辑推理即可得出结论，而不需借助于专门知识的普通事实问题，皆由法官根据证据认定。但实践中往往会遇到一些专门事实，法官运用一般的逻辑推理无法得出结论，必须运用专门知识才能加以解决。例如：死者是否患有精神病，只有具备精神病学专业知识的人才能判断；而死者是否因为精神病而跳楼死亡，则属于一般人可以结合证据认定的普通事实。又比如，产品质量是否符合质量标准是专门性问题；产品质量是否影响合同效力或者违约责任则属于法律问题。只有专门事实问题才有鉴定的必要。《最高人民法院关于适用〈中华人民共和国刑事诉讼法〉的解释》第87条指出了鉴定内容是待证事实中的"专门性问题"。常见的超范围鉴定现象如审计报告中对审计结果得出的数额认定为系违法所得，就属于对专门问

题进行了法律评价。

（二）鉴定主体只能是自然人

作为一种专业分析的结论性意见，毫无疑问，这种证据的提供主体只能是具备某种专业知识和主观能动性的自然人。虽然鉴定人所在机构必须加盖公章，但对鉴定意见负法律责任的主体依然是具体鉴定人，鉴定机构只承担对鉴定人的管理责任。没有鉴定人签名的鉴定意见形式不合法。我国《刑事诉讼法》第144条、《民事诉讼法》第76条、《最高人民法院关于民事诉讼证据的若干规定》第29条以及《最高人民法院关于行政诉讼证据若干问题的规定》第14条都表明鉴定的主体是"具备资格的鉴定人""有专门知识的人"，而不是鉴定机构。鉴定意见应当有鉴定人签名。需要说明的是，虽然提供鉴定意见的主体是自然人，但这并不意味着自然人可以直接接受委托开展鉴定业务。根据现行法律，鉴定人开展具体鉴定业务的前提必须是鉴定机构接受委托，并指派其承办具体的鉴定业务。

（三）鉴定意见具有书面形式

根据《刑事诉讼法》第145条、《民事诉讼法》第77条第2款，鉴定人应将鉴定结论性意见形成书面鉴定意见。因而在表现形式上，鉴定意见与书证具有相似之处——两者都具有书面载体；两者都是以其记载的思想、内容来证明案件事实。不仅如此，法庭上鉴定意见往往也是以书面方式加以展示并接受控辩双方的质证，这也与一般的言词证据迥然相异，而与书证的审查判断程序大体相似。但是根据《全国人民代表大会常务委员会关于司法鉴定管理问题的决定》，诉讼中当事人对鉴定意见有异议的，经人民法院依法通知，鉴定人应当出庭作证。诉讼法也强调人民法院可以通知鉴定人出庭作证。因此，我们认为鉴定人向法庭提供的口头陈述具有言词证据的属性。虽然立法要求鉴定意见以书面形式加以表达，但这并不影响其言词证据的形式。鉴定意见实质就是鉴定人就案件中的专门问题所作的科学鉴别意见，反映的是鉴定人对特定专门问题的主观判断，与证人撰写书面证词、被害人亲笔书写被害人陈述都不被视为书证是一样的道理。鉴定意见的具体形式要求还包括应有鉴定人签名、鉴定机构加盖公章。

法规链接

《刑事诉讼法》第144条：为了查明案情，需要解决案件中某些专门性问题的时候，应当指派、聘请有专门知识的人进行鉴定。

第145条：鉴定人进行鉴定后，应当写出鉴定意见，并且签名。鉴定人故意作虚假鉴定的，应当承担法律责任。

《民事诉讼法》第76条第2款：当事人未申请鉴定，人民法院对专门性问题认为需要鉴定的，应当委托具备资格的鉴定人进行鉴定。

《全国人民代表大会常务委员会关于司法鉴定管理问题的决定》第1条：司法鉴定是指在诉讼活动中鉴定人运用科学技术或者专门知识对诉讼涉及的专门性问题进行鉴别和判断并提供鉴定意见的活动。

第10条：司法鉴定实行鉴定人负责制度。鉴定人应当独立进行鉴定，对鉴定意见负责并在鉴定书上签名或者盖章。多人参加鉴定的，对鉴定意见有不同意见的，应当注明。

第11条：在诉讼中，当事人对鉴定意见有异议的，经人民法院依法通知，鉴定人应当出庭作证。

现行法律中的"鉴定意见"，曾经叫作"鉴定结论"。这个名称的变化有着深刻的法律意义。首先，它强调了鉴定人作出的鉴定意见仅仅是一种证据。它的专业性和科学性并不能改变它的证据属性，与别的证据一样，只有经过法庭的举证、质证、辩论和法庭评议之后才能转化为定案的根据。鉴定意见并不具有天赋的"定案根据"的身份，对法庭不具有也不应该具有区别其他证据的约束力，法庭应当一视同仁地加以审查、判断，而非唯其"结论"是论。换言之，法庭有权对审查发现证明力和证据能力存在缺陷的鉴定意见作出否定性判断，甚至可以将那些违法所得的鉴定意见作为非法证据予以排除。其次，立法之所以改"鉴定结论"为"鉴定意见"，还因为这个意见很可能并不是唯一的、终局的，法庭在对鉴定意见有疑问时可以作出重新鉴定或补充鉴定的决定，而这种经过重新或补充鉴定所形成的新的鉴定意见，很有可能与侦查机关所提供的鉴定意见出现不一致甚至直接矛盾的情况。同一鉴定事项出现两份不同的鉴定意见的情况下，法庭必须进行全面的审查、选择使用，这种情况下，"鉴定结论"自然就不称其为"结论"了。显然，"鉴定意见"这一称谓更能准确地表达其供法庭参考、选用的证据属性。

二、鉴定意见的特点

（一）科学性

鉴定意见是具有专门知识的人对事物的认识的结果，因此被认为是"科学证据"。但是，作为人主观对客观的认识结论，其可靠性受认识水平的限制，也受鉴定材料是否充分、来源是否可靠的限制。因此，即便是带有科学性的鉴定意见，也与其他证据无异，不能绕过审查、判断而直接成为定案的根据。

（二）意见性

鉴定意见是鉴定人在对鉴定对象分析研究的基础上，对发现的现象及其所能说明的事实作出的判断，与证人证言、勘验笔录等不同，它含有主观分析的成分，是一种意见证据。

(三) 主观性

作为一种认识活动的结果,鉴定人运用专门知识对客观事物进行分析推理后形成的鉴定意见虽然具有较强的客观性,但依然难以免除其主观性。尤其在笔迹鉴定、司法精神病鉴定等领域,表现得尤为突出。

2003年2月24日,湖南省湘潭市临丰学校年仅21岁的女教师黄某赤身裸体死在校内宿舍的床上,警方在案发现场提取到数团留有其男友姜某某精斑的卫生纸,还发现黄某的下肢左右腘窝处有两处挫伤伤痕。经过现场勘察、法医尸表检查后,公安机关排除了黄某因外力致死或者中毒的可能性。应黄某家属要求,公安机关对尸体进行了死因鉴定,结论为:黄某系患心脏疾病急性发作导致急性心、肺功能衰竭而猝死。尸检报告同时显示黄某的处女膜完整,无破裂现象。

随着媒体对黄某死状的报道,舆论迅速发酵。在此压力下一直坚持认为不具备立案条件的公安机关决定立案侦查。

2003年3月19日,湘潭市公安局刑警支队委托湖南省公安厅刑侦局又进行了第二次死因鉴定。鉴定意见为:黄某系肺梗死引起的急性心力衰竭与呼吸衰竭死亡。

2003年6月8日,公安部组织相关专家再次作出鉴定,结论仍为"因肺梗死致急性呼吸循环衰竭而死亡"。同时认为"其体表外伤在这一过程中可能成为一个间接诱发因素"。

2003年6月2日,犯罪嫌疑人姜某某被警方刑事拘捕。2003年7月8日,姜某某被逮捕,罪名是涉嫌强奸中止。2004年4月,在看守所羁押9个月之久的姜某某被取保候审。虽然在此期间,公安机关先后三次作出的法医鉴定都认为黄某是因疾病自然死亡,但是黄某的家人一直持怀疑态度。

2003年7月3日,黄某母亲委托南京医科大学法医学专家对三份鉴定结论进行医学理论审查,得出了与公安机关完全不同的结论:黄某属非正常死亡,因风湿性心脏病、冠心病或肺梗死的证据不足。

2003年8月,受黄某母亲委托,中山大学法医学陈教授特地前往湘潭为黄某再次做鉴定,认为警方关于黄某突发疾病的死因缺乏足够的证据。

2003年12月22日,湘潭市雨湖区检察院采纳湖南省公安厅的鉴定意见,以强奸罪(犯罪中止)对姜某某提起公诉。

2004年3月22日,司法部上海鉴定中心的法医来到湘潭鉴定,却意外发现,原本保存黄某器官标本的湘潭市二医院病理科,已将心脏烧毁,鉴定材料不复存在了。因而鉴定被迫终止。

2004年6月30日,在多方的努力之下,最高人民法院司法鉴定中心组织了5位专家赴湘潭,就黄某的死亡原因、死亡方式进行医学鉴定。2004年7月2日,他们作出了"被鉴定人黄某在潜在病理改变的基础上,因姜某某采用较特殊方式进行性活动促发死亡"的鉴定意见。这是有关黄某之死的第五次司法鉴定。

2006年7月10日，雨湖区法院以没有证据能够证明姜某某对黄某的死负有直接责任为由，判决宣告被告人姜某某无罪。

三、鉴定人的资格、权利、义务

（一）鉴定人的资格

作为帮助司法机关解决专门性事实问题的"辅助人"，鉴定机构和鉴定人只有具备法定的资格和条件，才能接受委托，所提供的鉴定意见才具备证据能力。反之，即便鉴定机构和鉴定人出具的鉴定意见具有科学性、权威性，也将被排除在法庭的大门之外，不得作为定案根据。因此，鉴定机构和鉴定人具备法定的资格和条件，是鉴定意见具备证据能力的前提条件。

1. 具备专业知识。鉴定人的实质性条件应该就是具备相应的专业知识。但是因为这一条件具有抽象性，诉讼上难以进行审查判断，因此司法部《司法鉴定人登记管理办法》将其具体化，规定申请登记从事司法鉴定业务应当具备以下条件："……②具有相关的高级专业技术职称；或者具有相关的行业执业资格或者高等院校相关专业本科以上学历，从事相关工作5年以上；③申请从事经验鉴定型或者技能鉴定型司法鉴定业务的，应当具备相关专业工作10年以上经历和较强的专业技能；④所申请从事的司法鉴定业务，行业有特殊规定的，应当符合行业规定……"综上所述，关于鉴定机构和鉴定人的资格条件，我国实行名册制度。法庭判断鉴定机构和鉴定人的资格条件，依据的是司法行政机关颁发的执业证书。

2. 与案件无依法应当回避的关系。为了确保鉴定意见的科学性和真实性，《全国人大常委会关于司法鉴定管理问题的决定》第9条进一步要求，鉴定人和鉴定机构应当在鉴定人和鉴定机构名册注明的业务范围内从事司法鉴定业务。鉴定人应当依照诉讼法律规定实行回避。据此，具体鉴定人还应当满足与案件没有可能影响意见公正性的某种利害关系这一条件，一旦鉴定人与案件具有可能影响意见公正性的关系，应当自行回避，不得接受鉴定机构的指派开展鉴定业务。

3. 没有出现丧失执业资格的情况。拥有鉴定资格的鉴定人，如果出现丧失行为能力、犯罪或者因违法鉴定而遭受行政处罚等情况，将丧失执业资格。

（二）鉴定人的权利、义务

1. 鉴定人的权利。作为独立的诉讼参与方，鉴定人享有如下权利：

（1）知情权。为了了解鉴定对象，鉴定人可以采取查阅笔录、勘验现场等方法；有权要求提供鉴定的必需材料；有权向委托鉴定机关了解鉴定之后的处理情况。

（2）询问权。根据鉴定需要，经执法人员许可，鉴定人可以询问当事人、证人、被害人等。

（3）独立发表意见权。鉴定人有权发表独立的见解。在出现多个鉴定人意见不一致的情况下，鉴定人可以单独书写自己的鉴定意见。

（4）拒绝鉴定权。在委托违法或者无法进行鉴定时，鉴定人可以拒绝鉴定。

（5）报酬以及其他相关费用请求权。鉴定人有权获得必要的劳务报酬和相关费用的补偿。

（6）人身财产权不受侵犯的权利。由于意见对案件有着重大的关系，所以如同证人一样，鉴定人也会遭遇被威胁的情形。最高人民法院在刑事诉讼证据和行政诉讼证据的司法解释中就明确规定，应对鉴定人的合法利益进行保护，包括其人身和财产利益。

（7）其他有关权利。例如，精神病司法鉴定人有权要求委托机关将被鉴定人送至收治精神病人的医院住院检查和鉴定。

2. 鉴定人的义务。鉴定人承担如下义务：

（1）客观提交鉴定意见。鉴定人应该根据鉴定材料，按照法定的期限、程序、格式、方式，客观提交鉴定意见，不从事影响鉴定客观性的活动，不收受贿赂、不吃请收礼、不徇私情、不弄虚作假。

（2）回避的义务。当鉴定人遇有可能影响意见公正性的情形，应当主动或者申请回避，不得隐瞒并继续从事特定的鉴定活动。

（3）依据人民法院的通知出庭的义务。经人民法院通知而拒不出庭的鉴定人，其鉴定意见不得作为定案的根据。当事人可以要求返还鉴定费用。

（4）保密的义务。鉴定人对于涉及国家秘密、商业秘密或者个人隐私的鉴定事项，负有保密的义务。

（5）妥善保管鉴定材料的义务。鉴定人应妥善保管鉴定材料，不得遗失或者任意挪作他用。

四、鉴定启动程序

（一）刑事案件鉴定启动程序

根据刑事诉讼法的规定，只有办案机关认为查明案情需要就某些专门性问题进行鉴定时，才会启动鉴定程序。犯罪嫌疑人、被害人在得知鉴定意见后，享有申请补充鉴定或者重新鉴定的权利。如果侦查机关不认为有鉴定的必要，从未启动鉴定程序，犯罪嫌疑人、被害人即使自行委托鉴定机构就相关问题进行鉴定并取得鉴定意见，检察机关和人民法院往往也并不采纳。而被告人、辩护律师向法院提出的"补充鉴定"或"重新鉴定"的申请，大都也被无理由拒绝。这种制度和现实状况说明，被告人、辩护律师既无法自行委托鉴定人、提供独立的鉴定意见，也很难说服法院启动"重新鉴定"或"补充鉴定"的程序。为了保证鉴定意见受到有效的质证，2012年《刑事诉讼法》第192条第2款赋予当事人、辩护人、诉讼代理人一项全新的权利——申请通知有专门知识的人作为证人出庭，"就鉴定人作出的鉴定意见提出意见"，同时明确，这种专家证人出庭，适用鉴定人的有关规定。这一制度强化了法庭控辩双方的对抗能力，有助于提高庭审效果的实质性。但是，我们认为，与鉴定人针对案件中的专门性问题提出专业意见不同，"有专门知识的人"是针对鉴定意见提出意见，并不提供新的鉴定意见。其目的在于协助控辩双方对鉴定意见进行有效的质证，强化或者否定鉴定意见的证据能力或者证明力，其本质属于当事人一方的质证意见，故不应该视为其他独立的证据形式。

（二）民事案件鉴定启动程序

当事人可以就查明事实的专门性问题，向人民法院提出鉴定申请。但是，申请鉴定的事项与待证事实无关，或者对证明待证事实无意义的，人民法院不予准许。法院准许当事人鉴定申请的，应当组织双方当事人协商确定具备相应资格的鉴定人；当事人协商不成的，由法院指定。

符合依职权调查收集证据条件的，人民法院应当依职权委托鉴定，在询问当事人的意见后，指定具备相应资格的鉴定人。

据此，民事案件鉴定程序的启动，贯彻当事人申请为主、人民法院依职权启动为辅的原则。如果当事人对鉴定意见不予认同，根据《民事诉讼法》第79条，当事人可以申请人民法院通知有专门知识的人出庭，就鉴定人作出的鉴定意见或者专业问题提出意见。但是，司法解释将该意见视为当事人陈述，而非鉴定意见，也不是证人证言。

（三）行政案件鉴定启动程序

行政诉讼有其自身的特殊性，鉴定程序不一定都是在诉讼过程中进行。在行政程序中，行政机关在调查收集有关事实材料时，遇到依靠常识无法解决的专门性问题，如产品质量是否合乎要求等，需要请具有专门知识的人分析、判断并形成意见。这时，行政机关可以委托鉴定机构就相关问题进行鉴定。原告或者第三人有证据或者有正当理由表明被告行政机关据以认定案件事实的鉴定意见可能有错误，可以在举证期限内书面申请人民法院重新鉴定，人民法院应予准许。

五、鉴定机构和鉴定人的确定

在刑事诉讼中，只有公安司法机关享有鉴定权利，鉴定机构和鉴定人都是由办案机关指派或者聘请，当事人无权介入。根据《民事诉讼法》第76条规定："当事人可以就查明事实的专门性问题向人民法院申请鉴定。当事人申请鉴定的，由双方当事人协商确定具备资格的鉴定人；协商不成的，由人民法院指定。当事人未申请鉴定，人民法院对专门性问题认为需要鉴定的，应当委托具备资格的鉴定人进行鉴定。"《最高人民法院关于民事诉讼证据的若干规定》第26条明确，当事人申请鉴定经人民法院同意后,由双方当事人协商确定有鉴定资格的鉴定机构、鉴定人员,协商不成的,由人民法院指定。综上,民事诉讼、行政诉讼中鉴定机构和鉴定人的确定,实行当事人双方协商确定为主、人民法院指定为辅的原则。

项目九　笔录类证据

勘查无论怎样周密细致,如果不能将其结果正确表现在笔录上,也是没有意义的。笔录的使命就是为在日后看到它的第三者,特别是检察官、审判官面前能再现勘查时的情况,像直接见到活生生的现场一样容易被理解、被认识,从而发挥其作为证据的价值。

——纲川正雄

引　例

乔某在某集贸市场开了一间杂货店,经营日用百货。喜欢耍小聪明的乔某经常短斤缺两,从顾客身上占些小便宜。为此,乔某经常和顾客发生争吵,市场工商执法监督站的执法人员多次对乔某作出过警告,但乔某不思悔改,仍然我行我素。某日,乔某在出售花生油的过程中在秤上做了手脚。顾客到市场的公平秤上一秤,发现5斤花生油竟然少了4两。顾客找到乔某,乔某拒不承认,双方在店内争执起来。顾客向工商执法站投诉,执法人员赶到现场进行查处。一开始,乔某死不认账,但在围观群众的纷纷指责下,乔某只好承认了短斤缺两的事实。工商执法人员制作了现场笔录,乔某在笔录上签了名。工商机关据此对乔某作出了处罚。乔某对处罚不服,向上级工商机关申请行政复议。复议机关维持原处罚决定。乔某遂提起行政诉讼。在诉讼过程中,工商机关提交了执法人员制作的现场笔录作为证据,但乔某予以否认,称自己是在工商执法人员的胁迫下承认违法事实并签字的,该证据缺乏真实性,不能采信。[1]

问:该现场笔录能否作为证据使用?应如何认定其证明力?

基本原理

一、笔录类证据的概念

自1979年我国首部《刑事诉讼法》将"勘验、检查笔录"列为法定证据形式之一以来,三大诉讼法都有笔录类的证据形式。2012年《刑事诉讼法》进一步扩大了这一证据种类的范围,增加了"辨认笔录"和"侦查实验笔录"两种证据形式。而在司法实践中,以"笔录"形式制作的证据远远不止上述三种,还包括"搜查笔录""扣押

---

[1] 鲍雷、刘玉民主编:《用证据说话——行政证据的收集、保存、提交》,人民法院出版社2005年版,第181页。

清单""证据提取笔录"等常见的多种证据形式。相比之下，民事诉讼法和行政诉讼法规定的笔录类证据形式则很单一，前者只有勘验笔录一种，后者也只有勘验笔录和现场笔录两种。为了表述和分析的方便，我们将这些以"笔录"命名的证据形式，统称为"笔录类证据"。

所谓"笔录类证据"，是指办案人员对其勘验、检查、侦查实验、搜查、扣押等证据收集、提取活动所作的书面记录。因为公安、司法以及行政执法人员，在办案过程中依法享有勘验、检查、搜查、扣押、辨认等证据的发现、收集和提取的法定职权，因此相关人员在进行相关活动的同时，将证据收集、提取情况的记录，所形成的书面笔录具有证据效力。

（一）笔录类证据是对办案机关取证活动的客观记载

办案机关依据诉讼法、行政法的规定，采取各种证据收集活动，旨在发现实物证据，同时了解实物证据被发现时所处的状态、位置、相互关系以及其他有证明作用的情况。为了日后能够将当时情况作为证据提交到法庭上，让裁判者也能通过这些实物证据及其具体情况、采信办案机关的事实主张，办案机关必须将取证活动过程中发现的物品、痕迹等采用适当的方法加以提取保存。这些物品、痕迹被发现时所处的位置、状态等情况与待证事实有关，能够证明相关的情况，也必须及时加以记录、固定，以免日后相关场所、物品被破坏、湮灭而无法证明案件事实。

只有如实反映取证活动过程以及所发现的实物证据，这一笔录才具有证明案件事实的作用。因此，笔录不应该包含制作主体的主观分析成分，而只是取证人员自身或借助仪器设备感知的案件事实。取证过程中，办案人员必然需要对相关情况进行分析判断。如分析现场足迹可能会是几个人留下的，留下足迹的人具有何种特征等。这些分析的情况以及需要鉴定才能认识的事实都不应当出现在笔录中。

（二）笔录类证据记载的内容是取证活动中发现的实物证据有关情况

实物证据的证明作用通常离不开其来源、出处、存在的状况以及与其他证据的关系。办案人员在取证过程中发现了能够证明案件事实的实物证据，必须对该实物证据的来源、出处、存在状况等要素加以详尽、准确地记载，唯其如此，日后所提取的实物证据才能以其上述要素发挥证明作用。来源不明的实物证据不能被采纳为证据使用，而相关信息不详尽、不准确的实物证据，其证明力也会受到限制。

（三）笔录类证据的记载方式多种多样

笔录类证据作为取证活动的记录、场所、物品相关情况的固定手段，虽名为"笔录"，但其记载取证活动过程和结果的方法、手段却并不仅限于文字记载。通常还会运用照相、录音、录像、绘图等措施，这些技术方法较之文字记载能够更准确、全面地反映取证活动中发现的实物证据及其状态、特征、关系等情况，而且能够动态地反映取证活动的全过程，甚至在记录中所占的比重和所起的作用有超过文字记载的趋势。

立法和实践沿用"笔录"之名，也是一种习惯使然。准确而言，"笔录"应代之以"记录"为佳。

二、笔录类证据的类别

（一）勘验笔录

勘验笔录，是指公安司法机关对与案件有关的现场进行勘查、检验时所制作的关于勘查、检验过程和结果的客观记录。内容包括勘验对象的外部状况、存在时空或物理生化属性等勘验、检查的过程和结果。除了现场文字记录固定勘验工作情况和现场状况外，辅之以现场照相、绘图、录音、录像等，互为补充、互相印证，共同构成勘验笔录的整体。

勘验笔录是三大诉讼共有的法定证据形式，但它在刑事诉讼中的地位最为突出，规范程度最高，种类最多。刑事诉讼中的场所勘验往往伴有人身、物品、尸体的检查活动，故记录文书一并称为勘验、检查笔录，是指侦查人员、审判人员对于与犯罪有关的场所、物品、尸体和人身进行勘验、检查所作的实况记录。勘验、检查的对象不同，勘验、检查笔录又可以细分为场所勘验笔录、尸体检查笔录、物证检查笔录和人身检查笔录等。勘验、检查笔录通常会记录以下内容：提起勘验、检查的事由，勘验、检查的时间、地点、人员、现场方位、周围环境等情况，现场、物品、人身、尸体等的位置和特征，勘验、检查的过程。勘验、检查笔录有助于司法人员研究分析犯罪的时间、地点、作案人数、作案方法、手段、过程等，是证明犯罪事实的主要证据之一。

（二）辨认笔录

辨认笔录是指侦查人员组织的对特定场所、尸体、物品、个人等所进行的辨别和确认活动。根据所要辨认的对象不同，辨认可以分为现场辨认、尸体辨认、照片辨认、列队辨认等不同形式。通过组织辨认活动，侦查人员将辨认的过程和结果制作专门的辨认笔录，交由侦查人员、辨认人、见证人签名或者盖章，从而形成辨认笔录。辨认是刑事司法实践中使用频率很高的侦查措施，辨认笔录也因而成为常见的刑事证据形式。

（三）侦查实验笔录

在刑事诉讼过程中，为了查明案情，侦查人员有时需要对在特定环境、气候、场所、时间等条件下出现的事实信息作出重新验证或者模拟实验。侦查实验笔录就是对此类实验过程和结果的书面记录。《刑事诉讼法》将侦查实验笔录视为与勘验、检查笔录相互独立的笔录证据形式，以突出侦查实验笔录的活动性质和活动目的异于勘验、检查活动的特质。

(四) 现场笔录

现场笔录,是指行政机关工作人员依法行使职权作出具体行政行为的过程中,对行政违法行为当场进行调查、给予处罚或者处理而制作的文字记录,包括行政机关对违反行政法规的当事人进行讯问所作的笔录。现场笔录是行政诉讼证据的特有证据形式,这是因为与民事诉讼及刑事诉讼相比,行政诉讼具有特殊性,它以在诉讼程序启动前就已存在的行政机关作出的具体行政行为为审查对象。而在行政机关作出的具体行政行为中,存在相当数量的现场处罚或者处理决定,因此,有必要在进行处罚或者处理决定的现场,由有关人员对事件发生的过程制作现场笔录。一来有利于规范行政执法活动,二来也有利于行政机关在行政诉讼过程中有效地承担举证责任。

被告行政机关向人民法院提供的现场笔录,应当载明时间、地点和事件等内容,并由执法人员和当事人签名。当事人拒绝签名或者不能签名的,应当注明原因。有其他人在场的,可由其他人签名。

三、笔录类证据的特点

(一) 制作主体的法定性

不论是刑事诉讼中的各类笔录、行政诉讼中现场笔录,还是民事诉讼中的勘验笔录,都必须由法定的制作主体来完成。刑事诉讼中的笔录制作主体有侦查机关、审判机关和行政管理机关在其职权范围内制作现场笔录,而民事诉讼中,勘验笔录的制作主体包括人民法院和公安机关。笔录制作主体的法定性,旨在保障其制作的合法性和真实性。

(二) 制作时间的即时性、不可再现性

作为取证活动的过程、结果的记录,笔录的制作要求当场完成,并且不得事后补记或者重记。这也是笔录内容的客观性的保障。只有即时制作、同步制作的笔录,才能准确反映取证活动的各项情况,发挥其证明作用。

(三) 制作内容的客观性

笔录是对取证活动的客观记载,不得掺入制作主体的主观分析、判断,否则将失去其证明作用。当然,与任何形式的证据一样,取证活动本身就是取证主体的行为,其所见、所闻、所取、所记已然掺杂了行为人的主观因素,并无纯粹客观的笔录。虽如此,制作主体在制作过程中应尽力避免主观因素的影响,力求客观、全面、准确地反映相关情况。

(四) 制作程序和格式的法定性

作为同步记录取证活动和结果的文字记载,笔录制作程序自然应当体现法定的取证程序,其内容也应当反映相关的程序要求。比如,勘验时必须出示证件、要求邀请

见证人等；辨认应当告知辨认人有意作假辨认应负的法律责任；勘验人、测绘人、其他在场人（当事人、见证人、协助人等）应当签名或盖章等。

项目十　视听资料、电子数据

视听资料与传统证据种类的最显著的区别在于其具有科学技术内容，这一特性决定了它在诉讼的证明活动中发挥着愈来愈大的作用。

——佚名

引　例

原告田某某诉被告付某贵（原告继子）、付某才（原告继子）房产纠纷案。起诉理由是，原告在患食道癌治疗期间，上列被告不尽赡养义务，全靠孙子付某明（付某贵之子）对其照顾，尽了赡养义务。原告在病重期间，口头声明要将自己的一栋房子作为遗产，让孙子付某明继承。两被告坚决反对，并强行占据了房子。原告遂向法院起诉，请求法律保护。在诉讼过程中，原告因病危，怕死后遗产落到两被告手里，便请来律师和两名邻居作为见证人，在病榻前立下口头录音遗嘱，说明了遗产的数量、规格、四邻界址，并表示愿意留给付某明继承，不允许两被告继承，律师和邻居也作为见证人发表了意见。几天后，原告去世，遗产自然应归付某明所有，但是两被告拒不承认。付某明作为遗产的合法继承人，继承了原告的诉讼权利而参与诉讼，并向法庭提交了立遗嘱人田某某的遗嘱录音磁带。法庭开庭审理，播放了该录音证据，经各方当事人、诉讼参与人辨认确系立遗嘱人所述，且意思表示明确真实。法院依照继承法的有关规定和录音资料的证据效力，判决田某某的房屋遗产由付某明继承。[1]

问：关于视听资料、电子数据的特点及其在现代诉讼中的地位，此案对你有何启发？

基本原理

一、视听资料的概念、特点

视听资料指依托现代技术手段，以录音、录像所反映的声音、形象、电子计算机所储存的资料，或其他科技设备所提供的信息来证明案件情况的证据。视听资料兼具证人证言、当事人陈述、书证和物证的部分特征，形象、生动、直观，可以全面地再现有关案件事实或相关情况，使人如临其境、如见其人、如闻其声；视听资料体积小、

---

[1] 案例出自：樊崇义等编著：《视听资料研究综述与评价》，中国人民公安大学出版社2002年版，第72~73页。

信息量大、便于保存，使用起来方便、高效。但视听资料对科技、物质具有强烈的依赖性，只有通过一定的科学技术设备，才能将作为音像证据的声音、图像、数据、信息等存储在有形的录音带、录像带、激光唱盘和视盘、电子计算机存储软盘、X射线探测信息存储软盘等载体里，并于需要时再现出来。如果没有这些有形物质作依托，可以供人视听的信息资料就会转瞬即逝，无法捕捉。这种高科技性在发挥视听资料较高的证明价值的同时，也容易被篡改、变造，为视听资料的真假检验带来了很大的难度。

作为证据的视听资料与作为证据的固定、保存手段的视听资料不同。前者属于法定的证据形式——视听资料；后者虽然也表现为视听资料，但其证据形式取决于所反映的证据的形式，例如，以录音的方式固定、保存证人证言、犯罪嫌疑人供述和辩解，则该录音带分别属于证人证言和口供，而不属于视听资料。

随着现代科技的突飞猛进，各种利用高科技手段犯罪的案件日渐增多，司法实践中的高科技证据也逐渐被广泛使用。在一些特定案件中，如制造、贩卖、传播淫秽物品案件和涉及银行取款事实的案件，视听资料往往是关键证据。对于视听资料的收集和审查判断，必须加大科技投入，提高科技水平，才能保障其客观真实性，更好地用于案件事实真相的揭示。

与其他证据形式相比，视听资料的主要特点有：

1. 具有动态直观性。视听资料通常是在案件事实的发生、发展或者消失过程中同步制作形成的，视听资料记载的动态的声音或者图像直观地再现了案件事实的情况，对案件事实具有较强的证明力。

2. 具有科技依赖性。视听资料的形成离不开科学技术设备，对视听资料的收集、运用、审查、判断，均离不开相应的技术、设备。由于视听资料很容易通过科学技术手段进行篡改和伪造，因此对视听资料的辨别也有较高的要求。

3. 具有准确、可靠性。由于视听资料是采用现代科技手段和设备对案件事实的发生、发展及消灭的过程进行重现，在排除伪造、变造、篡改的前提下，视听资料与案件事实的真实情况高度契合，这种契合程度是其他证据形式不能企及的。

二、电子数据的概念、特点

《刑事诉讼法》第48条、《行政诉讼法》第33条、《民事诉讼法》第63条规定的"电子数据"，在证据法学领域多称为"电子证据"或者"计算机数据"。《最高人民法院关于适用〈中华人民共和国民事诉讼法〉的解释》第116条第2款作如此解释："电子数据是指通过电子邮件、电子数据交换、网上聊天记录、博客、微博客、手机短信、电子签名、域名等形成或者存储在电子介质中的信息。"同时规定，存储在电子介质中的录音资料和影像资料，适用电子数据的规定。同样在《最高人民法院关于适用〈中华人民共和国刑事诉讼法〉的解释》中，最高人民法院以列举的方式解释了电子数据的内涵:"电子邮件、电子数据交换、网上聊天记录、博客、微博客、手机短信、电子签名、域名等电子数据,……"我国《电子签名法》第2条将"数据电文"界定为"以电子、光学、磁或者类似手段生成、发送、接受或者储存的信息"。根据该条规定,数据电文的概念包含两层意思:①数据电文是使用电子、光、磁或者类似手段所形成的;②数据电文的实质是各种形式的信息。

一般认为,典型意义上的电子数据证据主要有:①应用计算机技术产生的证据,例如数据图片、数据文档、黑匣子记录、智能交通信息卡、电子货币等;②应用网络技术产生的证据,例如电子邮件、BBS记录、网上聊天记录、电子数据交换、电子报关单等。

综上,电子数据证据泛指借助信息技术或电子设备而形成的,能准确地储存并反映有关案件情况的一切证据,是对案件具有较强证明力的独立的证据形式。

电子数据证据的主要特点是:[1]

1. 电子数据证据具有特殊的物质载体。作为电子数据证据的数据和信息,是以电讯号代码形式存储在计算机存储介质中,输出的文件资料中的数据和信息,都是以不可直接读取的形式出现的。经计算机输入或传输、处理、存储或输出的数据和信息,均为一二进制电磁代码。人们把这些凭自己的感官无法直接感知为物质实体的电子物质视为无形物质,要把这些无形物质保存下来,必须运用现代技术手段,进行一系列的能量转换,使之固定在各级计算机存储介质等电子化的物质载体里。如果没有这些有形物质作依托,可以供人读取的数据和信息就会转瞬即逝,无法捕捉。可见,电子数据证据必须借助于电子化的仪器、设备及其特殊功能才能形成。而且,审查、鉴定电子数据证据的真伪,也要靠专门的电子仪器、设备和运行特定的程序才能进行。如果没有播放、检索、显现设备,形象、真实可靠的内容也只能停留在计算机各级存储介质中,而不能被人们所感知,也不会直接出现在法庭上供法官作为证据使用。

2. 电子数据证据信息量大、内容丰富。这主要表现在三个方面:一是电子数据证据具有动态连续性,能够再现与案件有关的文字、图像、数据和信息,生动形象地展现案件事实,而且它所反映的案件情况是一个动态的过程。二是电子数据证据具有高度的直观性和生动形象性。通过先进的科学技术手段,它可以将与案件有关的图像、声音、符号、文字、数据和其他信息,甚至案件发生的实际状况,直观地再现在司法人员面前。三是电子数据证据科技含量高,蕴藏的信息极为丰富。一张3寸软盘存储的文字即可到七八十万字,而一张光盘储存的图像信息播映几个小时。巨大的信息量为侦查破案提供了丰富的材料来源。

3. 电子数据具有便利、高效性。电子数据证据一般具有容量大、体积小、重量轻及易于保存、传送、运输的特点,只要保存好各级存贮介质,就可以反复重现,作为证据也易于使用,审查核实时便于操作。特别是若干年后仍可重现当时的真实情况,

---

[1] 樊崇义等编著:《视听资料研究综述与评价》,中国人民公安大学出版社2002年版,第122~123页。

具有较长时间的稳定性。

思考与练习

1. 唐某在新加坡闯荡了十多年后，加入了新加坡国籍，并在一家国际知名企业担任高级主管。2012年，唐某通过亲戚介绍，结识了温州女子方某，半年后两人正式结婚。2012年11月，方某来到新加坡和唐某开始共同生活。2014年4月，方某生了一个女儿。此后，方某每年都要回国几趟。2017年7月，方某向唐某摊牌，称自己爱上了其他人，正式向他提出离婚。而唐某认为女儿和自己长得不像，怀疑不是自己亲生的。问题：①在离婚案件中，对于双方的婚后共同财产能否自认？②在离婚案件中，对于女儿是不是唐某亲生这一事实，能否自认？

2. 张某在购买电饭煲时，阅读了其包装上的性能说明，感觉不错，遂买下。后在使用中发生产品质量问题，引起争议。该电饭煲的包装可以作为下列哪种证据被法院采纳？①书证；②物证；③鉴定意见；④视听资料。

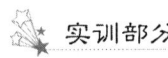

【情境设计】

2013年10月9日晚11时许，被告人钱某搭乘其弟钱小某驾驶的拖拉机回家，当拖拉机转入某村时，被受害人白某乘坐的由江某驾驶的大货车撞倒，钱小某当场死亡。被告人钱某见弟弟被撞倒在地、昏迷不醒，便跑回自家的小卖部说："我家的拖拉机被撞倒，钱小某跌在地上，叫也叫不醒，快出去打死他（指司机）！"在小卖部内的周某、赵某、孙某、李某等人随即在店内拿了玻璃瓶赶到事故现场，见钱小某倒在地上没有反应，便围打江某、白某。江某见状马上跑开而逃脱，被告人赵某用木棍猛击被害人白某的头部，其余各被告人用玻璃瓶及用拳脚殴打被害人的头部、躯干等部位，见白某流血倒地方停手。被害人白某后被送医院抢救无效死亡。

上述犯罪事实，有以下证据证实：

（1）证人陈某某证实，在自己的修理店内听到撞车的声音，从窗口看到钱某跑回村中叫了周某、赵某、李某等人到出事现场，几个人来到后用玻璃瓶打大货车上的人，将其中一个打倒在保险杠下。

（2）证人张某某证实，钱某从外跑进小卖部，说拖拉机被撞倒，快出去打死司机。周某、赵某、李某、孙某等冲到外面。

（3）被告人赵某供认，听钱某讲大货车撞到了钱小某，便骑车出去，在公路上见到两个外省人，便上前用拐棍对着蹲着的那个外省人头部打下去，接着又打那人的腰部。

（4）被告人周某供认，钱某回来说汽车撞到了拖拉机，钱小某被撞倒，于是叫赵某、李某等赶到现场。自己没有打人，其他人有没有打人则没有看见。

（5）被告人钱某供认，是自己跑回小卖部说："爸，我家的拖拉机被人撞倒了，钱小某倒在地上，叫他也一动不动，出去打死他（指肇事司机）!"周某、李某、孙某在店内拿出玻璃瓶冲出来，赵某骑自行车也跟到现场。周某抓住一个外省的男子，几个人围住这个人就打，赵某用木棍打，其他人用玻璃瓶打，均打头部，直到赵某最后用很大力气一棍打在那人的头上，那人跌倒后才停手。

（6）被告人孙某证实，赵某首先用木棍打那个外省人，周某、钱某、李某以及他自己也上前用汽水瓶围攻，见到被打的人头部有血才停手。

（7）被告人李某证实，是钱某叫出去打死司机，周某、赵某、孙某等人就冲出去，赵某用木棍打，周某用汽水瓶打那人头部，他与钱某也是用汽水瓶打，汽水瓶也打烂了。

（8）公安局刑事科学技术鉴定书证实，白某因重度脑挫裂伤，颅内血肿，导致呼吸循环中枢衰竭，脑水肿而死亡。

（9）提取笔录证实，侦查人员在被告人周某的小卖部提取了玻璃瓶三只，又在被告人赵某家中提取了木棍一条。玻璃瓶经被告人孙某、李某辨认，均证实与殴打白某的玻璃瓶相同。木棍经被告人赵某辨认，证实是其殴打白某所用。

（10）现场勘查笔录证实，现场位于某村口路段，该处国道单向路宽9.5米，路口东面国道内的花池上有玻璃碎片，路口西面为一间小卖部及修理店。

人民法院依据以上证据，依法作出了判决。

【训练方法】

全体实训人员将本案全部证据进行梳理，列明各项证据所属的具体形式，说明其证明方式以及特点和运用规则。

【实训任务】

运用证据概念区分证据的法定形式，能够结合其特点、规律进行准确的审查、判断。

单元五

证据的分类

引 言

在立法已经对证据的种类作出明确规定的情况下,理论研究者依然执着于证据的分类研究,这是为了归纳各类证据的特点,找出其运用规律,以指导司法实践。既然是理论研究的成果,那么观点必然带有多元性、个体性、争议性,但也有一些公认的分类方法。通过对证据分类理论的学习,有助于我们准确地把握各类证据的特点和运用规则,强化证据的运用能力。因此,不仅要知道法定证据形式的种类,还应该知道证据的理论分类。

知识目标

通过基本理论的学习,理解几种证据二分法的划分标准,掌握各种证据类别的具体含义、特点,熟知其运用规则。

能力目标

通过基本技能训练,能够根据不同的分类标准,区分具体证据的类别;并能够结合其特点,运用相关的规则审查、判断证据,尤其是结合证据的证明关系、证明作用,能够运用间接证据、无罪证据、本证准确认定案件事实。

内容结构图

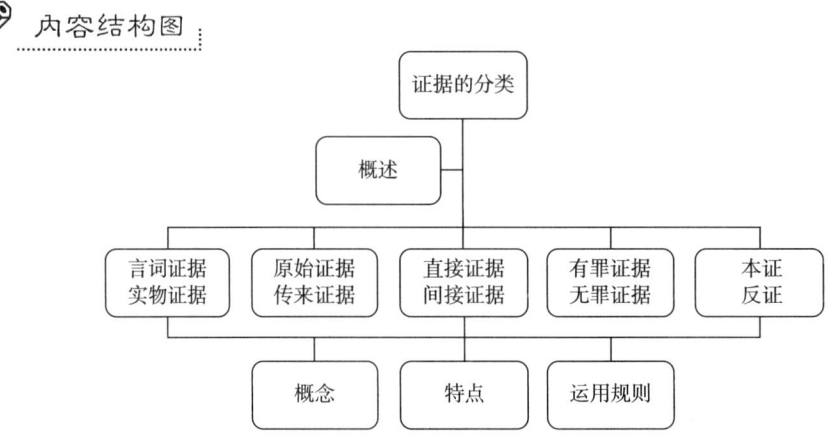

项目一　概　述

> 分类法是学习和研究的一种重要方法。
>
> ——佚名

引　例

2014年12月，某电信公司向人民法院起诉，称：被告李某申请办理了移动电话使用手续，从2014年4月至今拖欠移动电话使用费2243.6元，请求人民法院判令被告支付。电信公司向人民法院提交了移动电话用户申请卡、李某的身份证复印件以及话费清单等证据。李某则否认其曾办理过上述电话使用手续，提出移动电话上的签名并非其所签。

问：结合原被告双方的主张，能否归纳出双方证据的具体特点？

基本原理

一、证据分类的概念

证据分类，是指在理论上按照一定的标准，从不同的角度对证据所做的不同的划分。分类是人们认识和研究客观事物的一种逻辑思维方法。人们认识客观事物往往是从区分事物开始的，通过事物之间的比较，找出其共性和差异，从而加强对事物的认识和了解。

对证据分类的研究，最早始于18世纪英国法学家边沁（J. Bentham，1738~1832），他在其代表作《司法证据理论》一书中将证据分为9类，包括实物证据和人的证据，自愿证据和强制证据，言词证据、宣誓证据和书证，直接证据和情况证据，原始证据和传来证据等。但由于分类标准和方法不同，世界各国对证据分类并没有形成统一的意见，从而在证据分类上呈现出众说纷纭、各持己见的局面。

二、证据分类与证据种类的关系

证据种类也就是证据的法定形式。证据分类以证据种类作为研究对象，它不能离开证据种类而存在。但由于证据分类是对各种证据的特点、作用进行深入全面研究后所形成的一种理论体系，因而又是证据种类的丰富和深化，两者有着极为密切的联系。但两者在性质上又是不同的分类，有着明显的区别。主要表现在：

1. 划分的标准和数量不同。证据的种类只有一个划分标准即证据存在的形式，而证据分类则有多个划分标准，如证据的表现形式、证据的来源、证据的证明作用、证据与案件事实的关系等。相应地，证据种类是按照其存在形式这个标准，分为物证、书证、证人证言、当事人陈述、鉴定意见、勘验笔录、视听资料等。而依赖标准的不同,同一种证据则被归于不同的类别。如具体案件中的证人证言分别属于言词证据、原始证据、直接证据、本证等。

2. 是否具有法律约束力不同。证据种类由国家法律加以明确规定,具有法律约束力,不符合法律规定的证据不得作为定案根据使用,同时法律对每一种证据的收集、审查判断和运用都作了具体规定,司法人员和当事人等在诉讼过程中必须严格遵守;证据分类是一种理论上的划分,因而不具有法律上的约束力。

3. 能否全面反映证据的特点不同。证据种类由于划分标准单一而具有狭隘性,因此对证据的来源、证明力的强弱等均无法反映;证据分类,由于是按不同标准和从不同角度对各类证据进行比较和分析,因而能够揭示各类证据的认识规律和运用规则,故能弥补证据种类划分的不足。

需要注意的是,某一种证据,由于分类的标准和角度不同,因而在分类上具有交叉和多重性。例如,一把杀人的刀子,在证据的种类中属于物证,而在证据分类中则既可以是实物证据,也可以是原始证据,还可以是间接证据。但它不能再是同一类证据中的另一种证据,即既然是实物证据,就不能是言词证据;如是间接证据,就不能是直接证据。

项目二 言词证据和实物证据

实物证据所提供的,好比是一张张孤立的、静止的"照电";而言词证据所提供的,则是一幕幕连贯的、生动的"电影"。

——何家弘

引 例

在一起故意伤害致人死亡案件中,被告人方某被指控与同事一起对餐厅顾客张某进行殴打。其间,方某踢中张某头部,致张某死亡。公诉机关提交了李某、董某、何某等人的证言以及法医鉴定意见作为证据。

经法庭调查,李某在侦查阶段作过五次证言,内容有所不同,但公诉机关仅向法庭出示了其中一份证言。而且李某作为本案关键证人,没有正当理由未出庭作证;董某在证言中提出其并未准确看清加害人的正脸,只是通过背影判断"可能"是被告人方某,但并不十分肯定。而且,董某的证言有自相矛盾之处。在第一次询问笔录中,董某称没有注意案发时方某下身的穿着。但在第二次询问笔录中,却能明确指出方某穿的是深蓝色的牛仔裤。董某的询问笔录与律师调查笔录也存在矛盾。在最初的询问笔录中,董某并没有明确提出是谁踢了死者最后一脚。即便在律师调查笔录中,他也一再说并没有看清是谁踢了被害人一脚。而此后的询问笔录中董某却明确指出是方某踢了张某最后一脚,导致张某受伤倒地。何某称在出租车上看到死者现场有被告人方某,但并未看见究竟是谁踢了被害人的头部。法医鉴定意见认为:被害人头部有多处损伤呈现片状皮下出血伤痕。被害人属于脑血管畸形,外力作用是导致其脑血管破裂、蛛网膜下腔出血,脑疝死亡的诱发因素之一。李某证实最后一脚所踢的部位为被害人脸部,"是脸部的上侧,鼻子上面额头的位置",董某称踢在死者"脑门位置",但司法鉴定意见显示:被害人该位置并没有明显的伤痕。[1]

问:结合此案,试分析言词证据与实物证据的不同特点和运用规律。

基本原理

一、言词证据和实物证据的概念和特点

根据证据形成的方法、表现形式、存在状况、提供方式的不同,可以将其分为言词证据和实物证据。

(一) 言词证据的概念和特点

所谓言词证据,是表现为人的陈述的各种证据,是人的意识对案件情况作出反映而形成的。在法律规定的证据种类中,表现为人的陈述的证据,如证人证言、当事人陈述、被害人陈述、被告人供述与辩解、鉴定意见等,均属于言词证据。人的陈述既可以采用口头形式,也可以采用书面形式,其中,对于证人证言、被害人陈述和被告人供述与辩解,法律规定口头形式是其基本的陈述方式,而鉴定意见必须采用书面形式。言词证据主要有以下特点:

1. 证明的直接性。言词证据与待证事实之间的关联性一般比较明显,能够主动、全面地证明案件事实。言词证据所反映的案件事实存在于人的大脑中,通过人的陈述表达出来,它虽然不像实物证据那样是可见的,但也不像实物证据那样处于静止和被动的地位。人们可以主动地提供他所感知的案件事实,从而对案件真实情况起到及时的证明作用。同时,言词证据是陈述人对他所感知的案件事实的复述,往往能够把刑事案件或民事、行政争议发生的原因、过程、后果等详细具体描述清楚,从而比较全面地证明案件真实情况,而且陈述人能在司法人员和有关诉讼参与人(如辩护人、诉讼代理人)询问或发问的引导下,补充、修正他所感知的事实,澄清疑问,从而更加全面地揭示案件的事实真相。

2. 内容的不稳定性。人的大脑对案件事实的反映,通过人的陈述再现出来,不会像照相那样直观真实,它会受到人的感知、记忆、表达能力以及思想感情、个人品德、利害关系等一系列主客观因素的影响,其中鉴定意见的正确性还会受到人的知识水平、

---

[1] 鲍雷、刘玉民主编:《用证据说话——刑事证据的收集、审查、认定》,人民法院出版社2005年版,第107~108页。

技术能力等因素的制约。因此，言词证据常常不能确切地反映案件事实，容易发生失实甚至虚假的情况。因此，对言词证据必须慎重对待，不可轻易相信。

(二) 实物证据的概念和特点

所谓实物证据，是指以实在物为表现形式的证据。在法律规定的证据种类中，物证、书证、勘验检查笔录、现场笔录、视听资料等属于实物证据。这类证据具有以下三个特点：

1. 较强的客观性。实物证据所反映的案件事实因固定于实物形态之中，它不依赖于人的意识而独立存在，因而在诉讼中不易受到人的主观因素的影响，从而具有较强的客观性，进而其证明力一般大于证人证言等言词证据。

2. 较为明显的被动性和依赖性。实物证据在诉讼中处于被动的待发现的地位，其证明价值常常要依赖于专门人员运用一定的技术手段来发掘和固定。同时实物证据会由于外力作用而灭失，包括被人为毁弃而灭失和由于自然条件的变化而消失，因此实物证据的证明价值还依赖于对它的及时发现、收集和保护。

3. 证明范围的狭窄性。实物证据通常只能说明案件事实中的某个片段或某个情节（视听资料除外），而对案件的主要事实不能作出直接证明，需要和其他证据一起才能发挥证明作用。

二、言词证据与实物证据的运用规则

区分言词证据和实物证据，最重要的意义在于帮助司法工作人员和当事人把握言词证据和实物证据各自不同的特点，有针对性地进行收集、固定和运用，据以准确地判断案件事实，查明案件真相。

(一) 言词证据的运用规则

言词证据是由当事人、证人、鉴定人等通过陈述而产生的口头或书面证据，不可避免地受到主客观因素的影响，因此，为保证其真实性和使其具有证据能力，在收集、固定（保全）和审查判断言词证据时需要注意：

1. 收集。言词证据的收集方法主要是讯问或询问，不得采用刑讯逼供、威胁、诱骗等非法方法收集言词证据。《刑事诉讼法》第50条规定："……严禁刑讯逼供和以威胁、引诱、欺骗以及其他非法方法收集证据，不得强迫任何人证实自己有罪。……"另外，由于人的记忆会随着时间推移而淡化，甚至出现错误记忆，因此要及时收集。

2. 固定（保全）。言词证据一般是以笔录的形式加以固定，证人证言可以由证人亲笔书写证词或供词，也可以录音、录像的方式加以记录。由于言词证据易变性较大，因此需及时对言词证据加以固定，并要求提供证据者对固定下来的言词证据进行核实并签名确认。

3. 审查判断。审查言词证据应注意有无影响其真实性的主客观因素，如被害人是否因为遭受犯罪行为侵害而有意夸大事实，证人、鉴定人有无因为与当事人有亲疏关系、恩仇关系而故意作虚假证明或鉴定，陈述人感受案件事实时客观环境的好坏（如光线的暗淡、地势的高低、天气的好坏等）以及是否受到威胁、引诱甚至刑讯逼供。在法庭上，通过询问和质证对言词证据加以核实。

（二）实物证据的运用规则

与言词证据相比较，实物证据具有较强的客观性，一般不会由于主观因素的影响而失真，但它是"哑巴证据"，不能主动对案件事实作出证明，从而不容易为司法人员和当事人所直接了解，而且还可能被伪造、变造或者发生变化，因此，收集、固定（保全）、审查判断实物证据需要注意：

1. 收集。实物证据的收集，主要是通过勘验、搜查、扣押、查封、冻结、调取、当事人提供等方式进行。采取上述措施收集实物证据，也必须依照法定的程序进行，对实物证据的取得，必须履行必要的交接手续（如扣押清单、调查清单等），还应充分利用现代科学技术手段并及时进行，以防止由于自然或人为因素而使实物证据灭失、毁损或被伪造、变造。

2. 固定（保全）。实物证据的固定保全，以不毁损、不变形、不丢失为原则，尤其要注意分案分别保管，以防不同案件的证据相互混淆。不能保存的应采用拍照、制作模型、绘图等方法进行固定和保全。

3. 审查判断。审查实物证据应该注意有无伪造、变造或者由于客观环境影响而发生变形、损坏或灭失的情况，同时还应注意收集实物证据的专业人员的业务素质以及技术设备的质量等情况，以便作出准确的判断。

项目三　原始证据和传来证据

在美国，有一句广为流传的俗语，叫做"直接来自马嘴"。究其渊源，大概是来源于赛马场的赌徒。赌徒们对自己的赛马预测极为自信，因为他们得到了"直接来自马嘴"的信息。

——乔恩·华尔兹

引　例

原告洪某某之女林某某于2001年8月1日与被告保险公司签订了一份名称为康宁定期保险的保险合同。该合同约定保险责任起止时间为2001年8月2日起至被保险人70周岁生效对应日止，保险费4200元，缴费方式为年交，基本保险金额30万元。合同约定被保险人在合同生效之日起180日后初次发生并经保险公司指定或认可的确诊患重大疾病时（无论一种或多种），保险公司按基本保额给付重大疾病保险金，合同终止；被保险人身故，保险公司按照基本保额给付身故保险金，合同终止。合同还约定投保人故意不履行如实告知义务的，保险公司对合同解除前发生的保险事故不承担给付保险金的责任并不退还保险费。合同签订当日，林某某交付当年保险费4200元。2002年2月4日，林某某就医于市医院、医科大学附属第二医院，2月5日，林某某的家属放弃治疗主动出院。后林某某因身患急性淋巴细胞白血病并感染性休克死亡。林某某死亡当日，被告保险公司工作人员到林某某家中并于次日通知原告把林某某的尸体火化。由于被告拒绝给付保险金，原告向法院提起诉讼。

一审法院认为：2002年2月4日林某某因病到市医院、医科大学附属第二医院住院治疗，市医院根据林某某家属的陈述，在病历记录单上记载林某某在就医前8个月因于某医院检查，被确诊为"急性淋巴细胞性白血病"，在外长期口服药物治疗。医科大学附属第二医院的病历记录单中记载：林某某以"确诊白血病4个月"为主诉入院，家属称患者于4个月前因发热、浑身酸痛就诊于外院，被确诊为急性淋巴白血病，并经若干次化疗。2月5日家属表示放弃治疗，主动出院。同日凌晨4时许林某某死亡。林某某死于急性淋巴细胞白血病，虽然没有直接的证据证明林某某是带病投保，但林某某家属在林某某病危时向医院所作的陈述应是客观真实的，且两家医院在当时的情况下所作的病历记载基本一致，由此可以推出林某某在2002年2月4日前4个月即2001年10月就患有重大疾病。本案的保险合同于2001年8月1日签订，故林某某在合同签订后的180天内患重大疾病，符合原、被告合同中关于被保险人在合同生效之日起180天内患重大疾病，被告不负保险责任的约定，因此，被告不必承担支付保险金的责任。据此，一审法院判决驳回原告的诉讼请求。[1]

问：本案证据有何特点？能否证明林某某带病投保？

基本原理

一、原始证据和传来证据的概念

根据证据的来源或出处的不同，证据可以分为原始证据和传来证据。

原始证据是直接来源于案件事实且未经复制或转述的证据，也就是通常所说的"第一手资料"。比如，在民事、行政案件中，当事人对案情的陈述、合同的原件、遗嘱的手稿、文件的原本、物证的原件等直接来源于案件事实的证据；刑事案件中，犯罪目击证人根据其所看到的情况和事实所提供的证言、犯罪嫌疑人或被告人对自己罪行的供述或辩解、被害人对自己受害经过事实的说明陈述等也均属于原始证据。

传来证据是间接来源于案件事实，不是从第一来源直接获取的，而是经过传抄、复制、转述等中间环节后形成"第二手材料"，它是原始证据所派生出来的证据。比

---

[1] 齐树洁、王振志主编：《证据法案例精解》，厦门大学出版社2004年版，第224~225页。

如，物证、书证的复制品，证人转述他人告知的案情，鉴定意见、勘验、检查笔录的复制品等。

需要注意的是，证据的来源是原始证据和传来证据的划分标准。换言之，应以证据是否直接来源于案件事实或原始出处为标准划分，而不能以证据本身的表现形式是否为复制品为标准。例如，在有的煽动颠覆国家政权案件中，犯罪人首先手写反动标语，然后复制成若干份广为散发，则无论是手写的原件还是复印的标语都属于原始证据。

二、原始证据和传来证据的运用规则

（一）原始证据的运用规则

原始证据最显著的特点在于它能够比较客观地反映案件的本来面貌，比传来证据更为真实和可靠。因此在司法实践中运用原始证据应遵循以下规则：

1. 在证据的收集中，应当尽量收集和使用原始证据。对于书证，应当收集调取原件，只有当取得原件确有困难或者因保守国家秘密的需要时，才可以收集调取副本或者复制件。对于物证，应当收集调取原物，原物不便搬运、保存的，才可以拍摄足以反映原物外形或者内容的照片、录像。

2. 对于亲自感知案件事实的证人和当事人，应当尽可能亲自询问，并制作详细的询问笔录。在法庭调查中，亲自感知案件事实的被害人、目击证人应出席法庭，进行陈述并接受询问，以保证原始证据的客观真实性。

3. 对原始物证、书证或视听资料的审查确认必须依法进行。按照诉讼法的有关规定，原始物证、书证和视听资料应当当庭出示或者播放，经当事人、证人、勘验人等当庭辨认、质证并经查证属实后，才能予以确认，用作定案的依据。

（二）传来证据的运用规则

由于传来证据在复述、转抄和复制过程中容易失实，且其证明力小于原始证据，因此在司法实践中运用传来证据应当遵守以下规则：

1. 必要性原则。为了避免失真的可能性，仅在原始证据不可获得、确有必要的情况下，使用传来证据认定案件事实。

2. 追溯来源原则。使用传来证据必须查明其来源、出处。如果经过审查核实，证明传来证据没有确切来源和出处，无法判明其是否真实、可靠，就不能用作定案的根据。例如，道听途说、里弄传闻以及匿名的电话、信件等，均不能成为传来证据并用作定案的根据。

3. 减少环节原则。使用传来证据时尽可能收集和运用最接近于原始证据的传来证据，即复述、转抄或复制次数最少的传来证据。这是因为，证据的可靠性一般与它同证明对象的距离有关，即转手的次数越少、距离原始证据越近的传来证据越可靠，而转手次数越多、距离原始证据越远的传来证据，其失实的可能性越大，越不可靠。

4. 严格查证原则。在运用传来证据认定案件事实时，必须注意传来证据与其他证据互相印证。不仅要求它与案件事实确有联系，有确切的来源和出处，而且还必须与其他证据互相印证，没有矛盾或矛盾已经得到合理排除，才能作为定案的根据。

项目四 直接证据和间接证据

有人曾说间接证据就像一个链条，每一个间接证据就是这个链条上的一环。其实不然，因为任何一环断开，整个链条就会断掉。间接证据更像许多股细绳拧成的绳索。一股绳子或许不能承受重量，但许多股绳子合起来可能就足够结实有力了。

——波洛克

引 例

一天，一名妇女从18层的楼上坠落下来，楼下草坪上的人听到该妇女在坠落过程中拼命地喊："是张某某推我的！"然后坠地而亡。张某某是该妇女的丈夫。公安人员对张某某家进行了搜查，结果发现了该妇女的一封遗书，遗书中写道："张某某有婚外恋，我若死亡就是被张某某害死的"。张某某承认自己当时在家中，但辩解自己没杀人。当公安机关正准备结案提起公诉时，死者的父母来到公安局，认为他们的女儿是自杀，并向公安人员提交了以下证据：证据一，他们的女儿小心眼，曾对他们说过，就算豁出命去也不能便宜了张某某。证据二，他们的女儿跳楼时，岳父正和张某某通电话，想让张某某过来给他们换煤气。经到电信局查询确有通话记录。通话时间正是该妇女死亡的时间，这证明张某某没有作案时间，最后公安将张某某释放。

问：请对本案证据加以分类，并归纳各自的特点。

基本原理

一、直接证据和间接证据的概念

根据证据与案件主要事实的关系，即证据能否单独直接证明案件主要事实，可以将证据分为直接证据和间接证据。

直接证据是能够独立地、直接地证明案件主要事实的证据。也就是说，只要有一个直接证据经过查证属实后，就不必经过推理过程即可对案件主要事实作出肯定或否定的结论。例如，在引例中，如果证人甲的证言如果审查属实，就可以肯定被告人是杀人犯，故甲的证言为直接证据。需要指出，"能够"证明案件主要事实并不意味着"足以"证明案件事实，界定是否直接证据时不应与证明标准问题混淆。直接与否是具体证据与待证事实之间的证明关系，而充分与否则是全案证据的证明力的要求。引例中目击证人复述死者的言论，包含了犯罪嫌疑人和犯罪行为两大要素，能够单独、直接证明案件主要事实,是直接证据;但显然,仅凭这一证据不足以认定张某某实施了杀死被害人的罪行。

就具体证据种类而言,犯罪嫌疑人、被告人供述一定是直接证据;鉴定意见、勘验检查笔录一定不是肯定型直接证据,但有可能成为否定型直接证据。

间接证据是不能独立地、直接地证明案件主要事实,而需要与其他证据结合起来、经过必要的分析、推理才能证明案件主要事实的证据。也就是说,就单个的间接证据而言,它只能证明案件主要事实中的某一事实要素或某一个情节。只有把各个间接证据结合起来,构成一个具有内在联系的证据体系,才能对案件的主要事实作出肯定或否定的结论。例如,命案现场的尸体、旁边的匕首、匕首上面的指纹和血迹,单项证据来看,没有同时蕴含犯罪嫌疑人和犯罪行为两大要素,即案件主要事实的证据都是间接证据。只有抓获犯罪嫌疑人后,通过鉴定意见,将尸体、匕首、血迹、指纹等证据连接起来,根据其彼此之间的关系,分析是否是嫌疑人手持匕首将被害人杀害。

因而,区分直接证据与间接证据,需要以案件主要事实为坐标。所谓案件主要事实,是指当事人所争之主要事实或诉讼的主要标的。在不同的诉讼中,案件主要事实是不同的。在刑事案件中,主要事实是犯罪嫌疑人、被告人(人)是否实施了指控的犯罪行为(事);民事案件的主要事实是指民事当事人之间争议的民事法律关系发生、变更、消灭的事实;行政诉讼案件的主要事实是行政机关具体行政行为是否合法的事实。

间接证据的范围相当广泛,一般来说,只能证明时间、地点、工具、手段、结果、动机等单一的事实要素和案件情节证据,都是间接证据。间接证据虽不能直接证明案件事实,但它也有重要作用,表现为:一是间接证据是发现其他证据的先导;二是间接证据是印证直接证据的有效手段;三是在无法收集到直接证据时,依靠若干间接证据形成证据锁链也能定案。因此,也不能忽略间接证据。

二、直接证据和间接证据的特点

(一)直接证据的特点

1. 证明过程的直接性。由于直接证据对案件主要事实的证明不需要经过任何中间环节,也无需借助其他证据进行逻辑推理就可以直观地指明案件的主要事实,证明过程是"一步到位式",因而运用直接证据认定案情的方法简单,难度较小,只要经过查证属实,就可以认定案件的主要事实,对案件及时作出处理。因此,一般而言,直接证据的证明力大于间接证据。这也是侦查人员执着于"口供"的重要原因之一。

2. 表现形式的言词性。言词证据的重要特点之一就是容易受到人的主观因素的影响而有失实的可能。因此,运用直接证据认定案情必须十分谨慎,应当按照法定程序对直接证据的真实性进行认真的查证核实。

3. 收集和审查的困难性。直接证据的数量较少,且不容易获取。这一特点在刑事案件中尤为突出。由于犯罪分子实施犯罪行为多秘密进行，一般没有目击证人，因而缺少这方面的直接证据；而且犯罪分子案发后主动投案自首或被抓获后主动交代罪行的较少，因而犯罪嫌疑人、被告人的口供不容易获得，而且容易翻供。在民事、行政案件中，当事人一般只陈述对自己有利的情况，而对自己不利的情况则只字不谈，从而希望当事人陈述全部情况也实非易事。为了获取有力而又稀少的直接证据，司法实践中难免就会出现非法取证的现象，导致直接证据的真实性、合法性受损，运用时应重点审查。

（二）间接证据的特点

1. 证明关系的间接性。如前所述，间接证据不能单独、直接证明案件主要事实，其运用方法比较繁杂，必须把一系列的间接证据有机联系起来，进行分析推理才能得出关于案件主要事实的结论，因此，间接证据与待证事实之间的证明关系具有间接性的特点。

2. 证明过程的依赖性。间接证据具有相互依赖的特点，任何一个间接证据本身并没有单独的证明作用，它必须依赖其他证据，并且和其他证据结合起来才能具有证明作用。

3. 表现形式的实物性。间接证据多表现为实物证据，且客观性较强。间接证据大多表现为实物证据和对实物证据进行鉴定后出具的鉴定意见，一般来说，实物证据和言词证据中的鉴定意见，其客观性比较强，可用以审查直接证据的真实性。

4. 证明方式的推理性。间接证据证明案件主要事实的方法繁杂，必须有个判断和推理的过程，把一系列的间接证据有机联系起来，综合运用演绎、归纳、推理、反证和排除等逻辑证明手段，从一个事实推论出另一个事实，再从另一个事实推论出下一个事实，逐一排除其他各种可能性之后，才能得出关于案件主要事实的结论。

三、直接证据和间接证据的运用规则

（一）直接证据的运用规则

为保证直接证据的证明价值，充分发挥直接证据对案件主要事实的证明作用，在运用直接证据时应遵守以下几项规则：

1. 确保直接证据的合法性。严禁以刑讯逼供和以威胁、引诱、欺骗以及其他非法方法收集直接证据。由于直接证据主要表现为当事人陈述、被告人供述、证人证言等言词证据，因此必须严格按照法定程序进行讯问或询问，不得以上述非法手段收集这些证据。

2. 确保直接证据的真实性。原则上，直接证据需有其他证据加以印证，证明其真实可靠后，才能用来认定案件主要事实。

3. 孤证不能定案。即只有一个直接证据，而没有间接证据印证的情况下，不能据

以认定案件事实。《刑事诉讼法》第53条规定："……只有被告人供述，没有其他证据的，不能认定被告人有罪和处以刑罚。……"在刑事案件中，如果只有被告人供述，其真假无法查明，仅根据被告人供述定案，一旦被告人翻供，案件的认定就会失去依据，造成被动状态。在民事案件中，当事人一方陈述没有其他证据印证的，也不能作为定案的依据。但对一方当事人的陈述，对方当事人当庭未提出异议的，则可以作为定案的依据。

（二）间接证据的运用规则

从间接证据的特点来看，运用间接证据来认定案件事实比运用直接证据更加困难复杂，必须遵守以下几个规则：

1. 确保各项证据的真实性。即用于定案的每一个间接证据都已经查证属实，都必须是真实可靠的。如果间接证据本身的真实性不能肯定，就不能作为间接证据使用。

2. 确保各项证据的关联性。即间接证据必须与案件事实存在客观联系，对证明案件事实有实际意义。要防止那些与案件毫无关系的材料，当作间接证据加以收集和使用。间接证据与案件事实的客观联系是多种多样的，存在着各种复杂的内在联系，所以需要仔细分析它们之间是否存在客观的内在联系，有什么样的联系，保证以间接证据为依据的推理的正确性。

3. 确保全案证据的充分性、完整性。即间接证据必须形成一个完整的证明体系。每个间接证据，只能证明案件的某个事实或情节，只有把能够证明全部案件事实和各个情节的所有间接证据按照它们之间的联系排列起来，形成一个完整的证明体系，才能达到能够证明案件全部事实所需要的量。如果间接证据不充分，支离破碎，互不衔接，则无法构成完整的证据体系，也就不能实现证明案件全部事实的目的。

4. 确保全案证据的协调性。即间接证据之间要协调一致、互相印证，没有矛盾。例如，证人甲证明案件发生时被告人在场，而证人乙证明被告人没有作案时间，这就是一对互相矛盾的间接证据，就应当通过进一步调查研究，查证清楚后，才能确定其证明效力。

5. 确保结论的唯一性、排他性。即运用间接证据构成的证据体系得出的结论必须是唯一的，并具有排他性。按照间接证据所构成的证据体系进行综合分析和逻辑推理后得出的关于案件事实的结论必须是唯一的。只有这样，才能根据间接证据予以定案。如果经过综合分析和逻辑推理，得出了两个或者两个以上的结论，则说明还有其他可能性，就不能据以定案。

法规链接

《最高人民法院关于适用〈中华人民共和国刑事诉讼法〉的解释》第105条：没有直接证据，但间接证据同时符合下列条件的，可以认定被告人有罪：①证据已经查证属实;②证据之间相互印证,不存在无法排除的矛盾和无法解释的疑问;③全案证据已经形成完整的证明体系;④根据证据认定案件事实足以排除合理怀疑,结论具有唯一性;⑤运用证据进行的推理符合逻辑和经验。

项目五　有罪证据和无罪证据

客观地说,不是每一起刑事案件都存在无罪证据,但这并不妨碍我们将其纳入证据调取范围。无罪证据的重要性,不仅在于其本身所具有的证明力,还在于其很大程度上体现着无罪推定的司法理念。

——佚名

引　例

1994年7月30日和8月16日,承德市郊区先后发生两起抢劫出租车案件,司机刘某某、张某被杀害。其中,张某被刺21刀,整个上半身布满了马蜂窝似的血窟窿。凶手作案后,劫掠了被害人身上的钱物,将两辆车弃置路旁。

当年11月3日至18日,陈某某、杨某某、何某某先后被采取强制措施。1996年2月24日,朱某某也被逮捕,警方认定他们就是抢劫杀害两名出租车司机的凶手。检察院指控,"7·30"案件系陈某某、何某某所为;"8·16"案为4人共同作案。主要证据有现场勘验笔录、尸体检验报告、血型鉴定、从陈某某家提取的刀上的血迹检验与被害人血型一致的鉴定报告、被抢出租车内提取的烟头上经鉴定与被告人杨某某一致的唾液、证人证言、被告人有罪供述等。

对于控诉证据,辩护律师提出如下质证意见:

1. "现场勘验笔录"违反勘验规则。对勘验现场出租车内唯一的一个重大涉案烟头,既没有拍照,又没有详细的记录,更没有见证人见证。说明这个烟头的来源不清,不能作为定案的依据。

2. 血型鉴定问题。首先,血清型鉴定不是血型鉴定;其次,血清型鉴定不是同一认定,不具有唯一性,不能据此认定刀子上的血是被害人的,该证据不能作为定案根据;再次,公安局的血型鉴定时间是案发后的第二天,被告人未被抓获、未提取刀子就检验出了刀子上的血型。该鉴定不具有真实可靠性。

3. 提取的烟头是否与杨某某唾液一致的问题:①杨某某系10月17日被收审,鉴定结果早在8月23日就得出。也就是说杨某某的血和唾液检材没提取,鉴定结论就提前出现在案卷中。②"检验人"岳某于1996年7月25日在1994年8月23日出具的法医鉴定书的尾部又注明:"何某某的血,杨某某的血、唾液均为1995年2月8日检验。"其真实性令人怀疑。有理由断定,这是一个不存在的烟头。③"检验人"根本没有法医鉴定资格。④1995年4月2日辽宁省公安厅对烟头的鉴定书和1995年9月15日的情况说明，疑点丛生：鉴定书第一项的检材所见就先入为主地将过滤嘴烟头认定为出租车内提取，并称剪取其中烟嘴纸0.5公分一圈作为DNA检材，被告人强烈要求重新鉴定，而辽宁省刑事科学技术研究所出具说明书称："在DNA测定中烟头被全部用光。"一个2.5公分至3公分长的过滤嘴烟头由原来的剪取0.5公分作DNA检测鉴定，突然变成剩余的六分之五过滤嘴烟纸都不见了。令人生疑。

4. 被告人供述与证人证言的问题。首先，没有任何证人证明四被告抢劫杀人，只有被告人的口供没有其他确实的旁证材料，不能认定被告人有罪。其次，四被告人在移送起诉后全部翻供，其中陈某某提出，7月30日晚在工厂加班，8月16日和陈某志捞鱼，并在陈某某家炖鱼吃；何某某提出，7月30日帮周某某、侯某某卖西瓜，8月16日在杨某某家打了一宿麻将；杨某某提出8月16日在家与李某、朱某某、朱某清等人打麻将。

经查，在"7·30"案发当天，被告人陈某某所在的锅炉厂的考勤记录、考勤员、工友等多名证人均证实，陈某某全天上班，下午6时半下班后又加班2个小时；在"8·16"案件发生时，被告人朱某某因头部被人打伤，到医院缝合后正在家中输液。朱某贵在8月18日结婚时，朱某某去贺喜，头上仍缠着纱布，走路不稳。医生谢某某证明，她在8月16日早上8时给朱某某输液时，朱某某的头部包着，有外伤。陈某某的出勤记录表和朱某某的处方被公安机关先后提取，但未作为证据向法庭提出。

辩护律师对控诉证据提出质疑的同时，提交了被告人杨某某没有作案时间的证据。证人谢某某向律师证实，杨某某在1994年8月16日夜与李某、朱某清、朱某某在杨某某家打了一夜麻将，后公安局预审人员找她和杨某某父母核实此证时，对她恐吓，要抓她、罚她，她害怕又推翻此证，说是杨某某媳妇找她让她这样说的。后律师再次找她，她仍证明这夜在杨某某家打麻将的事。

在终审判决中，河北高院根据朱某某口供中的一句话"杨大夫走后，我自己控制的开关，那天输得快，用了一个多小时就输完了"，认定朱某某没有作案时间的理由不成立。

问：应如何评价控辩双方的证据？能否认定四被告抢劫杀人的事实？

基本原理

一、有罪证据和无罪证据的概念

根据证据对事实的证明作用是肯定还是否定犯罪嫌疑人或被告人实施了犯罪行为，即犯罪事实是否发生，可将证据分为有罪证据和无罪证据。

有罪证据，是指能够证明犯罪事实存在，犯罪嫌疑人、被告人有罪，或者加重犯罪嫌疑人、被告人刑事责任的证据。由于它是肯定犯罪嫌疑人、被告人罪行的证据，所以叫有罪证据。有罪证据一般是由控诉人对犯罪嫌疑人、被告人进行指控时提出的，也是人民法院作出有罪判决和加重处罚的根据，所以也称为控诉证据。

无罪证据，是指反驳控诉，能够证明犯罪事实不存在，或者证明犯罪嫌疑人、被告人无罪的证据。它是否定犯罪的证据。

一般而言，有罪证据由控诉人提出，是人民检察院提起公诉和人民法院对被告人作出定罪判决的依据；无罪证据常常是犯罪嫌疑人、被告人及其辩护人在进行辩护时提出，是人民检察院作出不起诉决定和人民法院作出无罪判决的依据。但是，需要注意是，有罪证据和无罪证据的分类，是根据证据的内容和作用划分的，而不是根据提供证据的诉讼主体身份来划分的，控诉方可能提交罪轻的证据，被告方也可能会提交有罪证据。如，犯罪人自首、被告人供认自己犯罪，经查证属于有罪证据，而不是有罪证据。

把证据划分为有罪证据和无罪证据的意义，在于使办案人员全面客观地收集和运用证据，防止主观片面性。《刑事诉讼法》第50条规定："审判人员、检察人员、侦查人员必须依照法定程序，收集能够证实犯罪嫌疑人、被告人有罪或者无罪、犯罪情节轻重的各种证据。……"对于每个案件，既要查明犯罪嫌疑人、被告人有罪和加重罪责的情况，也要查明犯罪嫌疑人、被告人无罪和从轻、减轻罪责的情况；既要收集对犯罪嫌疑人、被告人不利的证据，又要收集对犯罪嫌疑人、被告人有利的证据。只有全面地收集和运用证据，才能查明案件的事实真相。

二、有罪证据和无罪证据的运用规则

收集、运用有罪证据和无罪证据，要注意几点：

1. 在证据的收集时，要坚持客观、全面的原则。既要注意收集同本案有关联的有罪证据，也要注意收集无罪证据，在两类证据的比较和鉴别中，分清是非、划清界限，准确地认定案件事实。

2. 在证明标准和要求上，在运用有罪证据对被告人作出有罪判决时，有罪证据应当达到"确实充分"的要求。在未达到有罪证据确实充分、未排除无罪的可能性、案内的无罪证据尚未被排除时，不能对被告人作出有罪判决。经过调查后，仍同时存在有罪证据和无罪证据，难以查证并排除无罪可能，即形成疑难案件时，应当作出无罪判决。我国《刑事诉讼法》第195条规定："……③证据不足，不能认定被告人有罪的，应当作出证据不足、指控的犯罪不能成立的无罪判决。"

3. 运用无罪证据证明犯罪嫌疑人或被告人无罪的方法与有罪证据要求不同。在刑事案件中，只要有一个经核查属实的无罪证据，就应当认定犯罪嫌疑人或被告人无罪，无罪证据不但不需要形成某种证据链，甚至不需要有数量方面的要求。例如，在某个案件中，即使有诸多证据均指向犯罪嫌疑人甲是实施抢劫犯罪行为的人，但只要有一个经查证属实的证据证明甲在案发当时根本不在犯罪现场因而没有实施抢劫的可能，那么就应对犯罪嫌疑人甲解除嫌疑。

4. 无罪证据不受任何证据法则的规制。对于无罪证据,只审查其真实可靠性,而不考虑其合法性。即便证据收集过程中存在方法、手段的违法之处,如使用了威胁、引诱、欺骗等手段,只要确认证据事实是真实的,不能以程序违法为由予以排除。

项目六　本证和反证

唯本证与反证,究系两种证据,故反证之提出,必先有本证在。

——陈朴生

引　例

刘某与张某之间有长期的业务往来,双方的习惯是每年结算一次。刘某与张某之间有几十万的债权债务关系,刘某是债权人,张某是债务人,以欠条为证。刘某向张某多次催款,因张某长期没有还款,刘某于2013年向某法院起诉。

原告刘某诉称：2012年7月8日,刘某与张某在刘某的办公室结算债务金额,算账结束后,刘某要张某重新签欠条,张某说要看一下上一张欠条的格式,然后趁刘某不备突然将欠条撕碎。刘某立即叫来自己的工人将张某按住,同时报警。现刘某请求张某立即偿还15万元,主要证据为：①被撕碎后又被刘某重新粘好的欠条；②派出所记录的一份张某的供述。

被告张某提出答辩意见：①双方计算利息过高；②债的内容显失公平；③部分债的内容涉及非法土地转让,应属无效。

在开庭审理过程中,被告张某突然提出了几张有原告刘某签名的收条,以此证明其在2012年7月8日已经还了钱。而原告陈述：他与被告算账时,被告要求他打个条以方便被告记账,于是,原告每算完一笔账就打个收条,全部算完后,再由被告打一张总的欠条,两人以此为习惯近十年,十年来两人一直以这种方式算账。

一审判决原告败诉。原告不服上诉。[1]

问：结合本案证据,思考一审判决的主要依据。

基本原理

一、本证和反证的概念[2]

本证和反证是民事诉讼与行政诉讼按其是否由负有证明责任的当事人所提出及其

---

[1] 刘金友主编：《证据法案例教程》,知识产权出版社2005年版,第245~248页。
[2] 刘金友主编：《证据法案例教程》,知识产权出版社2005年版,第245~248页。

所能证明的事实是否为其所主张的事实所作的分类，是民事诉讼与行政诉讼特有的一种证据分类形式。

在民事诉讼与行政诉讼中，凡能证明负举证责任的一方当事人所主张的事实存在的证据，称为本证；凡能证明负举证责任一方所主张的事实不存在的证据，称为反证。本证与当事人的举证责任和诉讼利益相关联。一般来说，对于举证一方有利且支持其主张的证据为本证。不仅原告为了证明作为自己诉讼请求根据的事实而提出的证据是本证，而且被告为了证明作为答辩根据的事实存在，履行其举证责任所提出的证据，也是本证。本案中，原告与被告之间曾存在债权债务关系，有作为本证的欠条证明。原告诉称，清偿期已届满而被告却未清偿，举出被告所立欠条为据。这种欠条是证明原告所主张的事实存在的证据，属于本证。被告辩称，其已清偿，债已消灭，举出原告所签收条为据，这种收据并不是证明原告所主张的欠款事实不存在，而是在证明欠款事实存在的同时，证明已经履行还款事实的存在，也属于本证。在司法实践中，认为"原告提出的证据是本证，被告提出的证据是反证"的观点是错误的。被告答辩借款已经偿还，为证明其答辩所主张的事实，提出收据没有推翻欠款的事实，而是为证明还款的事实，因此是本证。

反证是指当事人一方为否定对方当事人所主张的事实而提出的、为证明该事实不存在而提出的证据。本案是原告要求被告偿还欠款的诉讼，如果被告说明确从原告那里取得款项，但并非借款，而是赠予，并提出原告写给被告的赠款书信为证，这封书信就是反证。因为它所证明的事实与对方所主张的事实相反，如果真实可靠，就可以推翻对方所主张的借款事实。反证与本证一样，既有被告提出的，也有原告提出的。在我国立法中没有直接使用"反证"一词，但有与反证相近的"相反证据"。如我国《民事诉讼法》第69条规定："经过法定程序公证证明的法律事实和文书，人民法院应当作为认定事实的根据，但有相反证据足以推翻公证证明的除外。"本证与反证都是直接证明案件同一事实的，只是发挥的作用不同。反证的作用在于削弱、动摇本证的证明力，它与当事人的诉讼地位无关，原告、被告或第三人均可成为提出本证和反证的主体。

二、划分本证和反证的意义

1. 体现诉讼的对抗性，有利于调动当事人双方举证的积极性。根据举证规则，主张某项事实的一方负有举证责任，有义务对自己的事实主张提出证据加以支持，并应达到法律所要求的证明程度。如果不能提出足够的证据证明自己的主张，则要承担败诉的风险。

2. 有利于审判人员迅速了解双方的事实主张，尽快查明案件的真实情况。当双方举证的积极性被调动起来后，证据的来源便大大拓宽，审判人员根据双方陈述的事实和提供的大量本证、反证，可以迅速了解双方的事实主张，并通过双方证据的审查，

单元五 证据的分类

及时查明案件的真实情况。

3. 有利于审判人员迅速了解当事人争议的焦点，提高诉讼效率。在双方当事人本证与反证的交锋中，审判人员根据双方当事人的陈述的事实和提供的大量本证、反证，可以迅速了解案件的焦点，并将审理的重心放在当事人有争议的问题上，有利于快速审结案件。

4. 有利于审判人员审查判断证据，准确认定案件事实。本证、反证区分的目的是为了明确两类证据的证明作用，以便于当事人全面收集证据和法院正确审查判断证据，防止主观片面性。本证与反证不能同时为真，一旦并存必有一假，为审查人员确认何者为假提供逻辑规则。《最高人民法院关于民事诉讼证据的若干规定》第72条规定："一方当事人提出的证据，另一方当事人认可或者提出的相反证据不足以反驳的，人民法院可以确认其证明力。一方当事人提出的证据，另一方当事人有异议并提出反驳证据，对方当事人对反驳证据认可的，可以确认反驳证据的证明力。"这为民事诉讼确立了证据证明力的确认规则。

 思考与练习

1. 立法已经对证据进行了划分，为什么还要对证据进行理论上的分类？
2. 试论述有罪证据与无罪证据、本证与反证的运用规则。

实训部分

【情境设计】

在张某诉刘某借款纠纷一案中，有以下几种证据：

1. 张某出具的由刘某签名的借条一张。该借条内容为：今借张某人民币3000元，一个月以内返还。2009年3月20日。

2. 刘某的同事李某的证言。李某证明，他在2009年3月21日听刘某说，刘某向张某借了3000元，准备到外地旅游时用。

3. 刘某向受诉人民法院所作的陈述。刘某说："我在2009年3月20日向张某借了3000元，但我在5月份就还给他了，当时我向他要借条，他说借条丢了。他给我写了一张借条，但现在借条我找不着了。"

4. 刘某的朋友王某向受诉人民法院提出的证言：刘某在2009年3月底与王某到五台山旅游时向王某说，这次出来玩的钱是向别人借的。

在上述证据中，请指出哪些是原始证据？哪些是传来证据？哪些是言词证据？哪些是实物证据？哪些是直接证据？哪些是间接证据？对当事人张某的关于刘某向其借款的主张来说，哪些是本证？哪些是反证？每一种证据的运用应注意什么问题？

【训练方法】

1. 全体实训人员分为4个小组，进行分组讨论；

2. 各小组形成本组的观点依据后,由一名代表发表意见;
3. 任课教师归纳小组意见并予以点评。

【实训任务】

通过对具体证据形式的分析判断,掌握各类证据的分类标准以及各自的运用规则。

单元六

证据规则

引 言

诉讼证据规则不是一般的原则、精神或制度，也不是细枝末节，而是司法实践随手可用的尺度，是实用的、规律性的证据操作流程，是具有法律效力的程序性准则。其理论基础为司法公正和查明真相，其核心是证据的可采性问题。我国虽然没有独立的证据法典，但是最高院分别颁布的三大诉讼证据规定，已经构建了我国的证据规则体系雏形，尽管相关规定依然非常粗疏、过于原则。理解相关证据规则、进而熟练运用，不仅需要基本的证据理论储备，更加需要掌握证据的程序性运用规则。尤其当前以审判为中心的刑事诉讼制度改革，更加强调庭审的实质性。与此相适应，证据的可采性、关联性，交叉询问的方法，非法证据排除，庭前证据开示等一系列的问题，都涉及证据规则的理解和运用，这些问题的解决对业界人士和莘莘学子提出了更高的要求。

知识目标

通过对基本原理的学习，宏观把握我国的证据规则体系，理解各具体证据规则的内涵和要求，知晓相关规则的立法体现。

能力目标

通过基本技能训练，能够运用证据规则指导证据收集、审查、判断等诉讼活动。

内容结构图

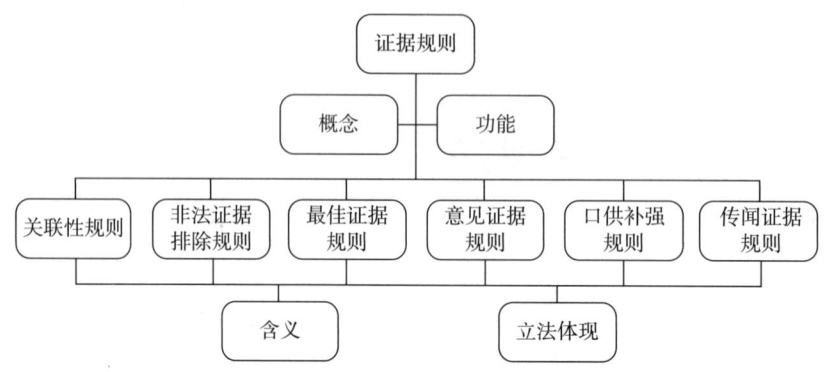

项目一 概 述

何种资料,可为证据,如何收集及如何利用,此与认定之事实是否真实,及适用之法律能否正确,极其重要。为使依证据认定之事实真实,适用之法律正确,不能无一定之法则,以资准绳。称此法则,为证据法则。

——陈朴生

引 例

在英美法系国家,假设某甲因本票纠纷起诉某乙,某乙在票据上的签字是否属实为本案的争议事实。由此,凡是能够证明某乙签过字或某丙曾经冒充某乙签字的证据,均为与争议事实有关联的证据。但是,假如有一个精神病人作证说他曾经亲眼看见某丙签字,该证言就不具有可采性,因为此人没有作证能力;假如某乙的律师作证说某乙曾经对他说自己签过字,该证言也不能予以采纳,因为某乙与律师的谈话受作证特免权规则的保护;假如某丁作证说,某戊曾经告诉他戊本人曾经见过乙签字,丁的证言也不能被接受,因为适用传闻证据规则。[1]

问:关于证据规则,上述假设的情形给予你何种启发?

基本原理

一、证据规则的概念

证据规则就是指在收集证据、采用证据、核实证据、运用证据时必须遵循的一系

---

[1] 何家弘、刘品新:《证据法学》,法律出版社2004年版,第356页。

列准则。换句话说,就是在诉讼中与证据有关的具有可操作性的程序性准则。其核心问题就是证据的可采性问题。科学的证据规则体系,对保证诉讼的程序公正和实体公正都有重大的意义。例如,排除传闻证据,要求文书证据必须提供原件、禁止普通证人提供意见、证据必须经在公开的法庭上交叉质证等,该规则既可以保证当事人的程序性权利,又可以保证案件事实真相的查明。

诉讼活动以认定事实、适用法律为基本内容,其中,认定事实是适用法律的前提和基础。认定事实是一种凭借诉讼中可运用的证据资料推求过去发生的事实的回溯性证明活动,该活动必须依据证据进行。这个证明过程直接关系着事实的认定,进而决定诉讼的最终结果。因此,如何对证据的收集、审查和判断活动进行规范,显得尤为重要。

二、证据规则的功能

(一) 查明案件事实真相

大多数证据规则是为了查明案件事实而设计或规定的。比如,传闻证据规则,之所以要排除传闻证据的使用,就是因为传闻证据是间接性认识,可靠性较差,不利于案件客观事实的再现;再如,口供补强规则,由于口供或证人证言的易变性,该规则要求不能仅凭言词证据定案(即我们日常所说的"口说无凭"),必须辅之以其他证据,从而保证判决的真实性。

(二) 制约国家权力,保护人权

诉讼的价值之一是维护人权、限制政府权力的滥用。证据规则能够限制国家权力的肆意行使,保障当事人的权利。如,非法证据排除规则能够有效地制约侦查机关,以减少刑讯逼供、非法取证等情况,也有利于减少冤假错案的发生。

(三) 平衡、维护诉讼价值

查明案件事实真相是诉讼证明的一个重要目的,但并非唯一目的,还有如保护人权、限制政府权力滥用、诉讼文明等目的。确立相关的证据规则,有利于避免诉讼过度偏向某一种价值,实现程序公正和实体公正的统一。如,赋予特定证人拒绝作证权(特免权)在某种意义上,其与追求客观真实的要求存在矛盾,但却是对其他社会价值进行有效保护的需要。又如,我国《刑事诉讼法》规定了被告人的配偶、父母、子女有不被强制出庭作证的权利,古代也有"亲亲相隐"的传统,赋予特定人员拒绝作证权,虽不利于发现案件真相,但却维护了亲情、人伦的社会价值。

(四) 提高诉讼效率

制定证据规则的另一重要目的是提高实效,即控制审判的范围和时间。诉讼受法定期间的规制,国家司法资源也是有限的,因此必须以合理的方式迅速解决。达到一个最终的结果本身就是有价值的,即使其并不完美。例如,证据规则中的推定和司法认知就有利于迅速结案,法院通过对事实直接予以认定的方式,减轻当事人的举证责任,明确案件的争议要点,从而达到提高诉讼效率、迅速结案的目的。

三、证据规则的种类

按照不同的分类标准,证据规则可以被划分为不同的类型。

（一）规范证据能力的规则和规范证明力的规则

这是按照证据规则的规范对象所做的分类。规范证据能力的规则就是规范"这个证据能否被采纳"的规则,主要包括关联性规则、传闻证据规则、最佳证据规则、意见证据规则、非法证据规则等。例如,通过刑讯逼供取得的口供不能作为证据被采纳。规范证明力的规则就是规范"这个证据有多大的证明力"的规则,主要包括仅凭口供不能定案的规则、原始证据优先规则、补强证据规则、书证优先规则等。例如,我国刑事诉讼法规定,仅有被告的供述而没有其他证据不能定罪。

（二）保障实体真实的规则和维护正当程序的规则

这是按照证据规则的价值取向不同所做的分类。保障实体真实的规则是以发现案件真实,避免错案发生为价值取向的,主要包括关联性规则、传闻证据规则、最佳证据规则、意见证据规则、口供补强规则等；维护正当程序的规则是以保障当事人诉讼权利,制约公权力等为价值取向的,主要包括非法证据排除规则、自白任意性规则等。

（三）通用的证据规则和特殊的证据规则

这是以证据规则在民事、刑事和行政诉讼中的不同适用而划分的。三大诉讼通用的证据规则有：最佳证据规则、一般举证规则、品格证据规则、质证规则等；而特殊规则则表现在：民事诉讼中的优势证据规则、行政诉讼中的被告举证原则和刑事诉讼中的排除合理怀疑原则和补强证据规则等。

项目二　关联性规则

我国学者对于证据的属性曾先后提出过数十种概念……经过大浪淘沙,犹如磐石岿然而始终不动的证据属性,当推关联性。不管人们对证据的属性如何争论,也无论证据的属性出现在何国、何一历史时期的证据法学论坛,人们对于证据的关联性似乎总是不加争执,确认它为证据属性之中的当然品格。

——汤维建

引　例

谢××诉张××（被告一）、上海××铸造有限公司（被告二）,称：原告与被告一就转让被告一在铸造公司的20%股份达成协议后，原告先后向铸造公司账户转入40万美元，并以投资人身份被列为铸造公司的副董事长，但一直未参与铸造公司的经营管理。后来，原告发现被告一直未将其出资进行验资，并且在经营管理期间还有违规操作及侵害其他股东权益的情形，于是提出退股，要求被告一按原价收购其转让给原告的20%股权。双方确定以铸造公司董事会决议案的方式代替股权转让合同。会议后董事会形成两个决议案（"3.13决议"）：一是同意原告将铸造公司20%股权以40万美元的价格转让给被告一；二是同意在决议签署后两日内，将公司名下的金沙江路65号404房作价421 145元人民币过户给原告，同时将65号底层店面出售款中的150万元人民币先行支付给原告，余款由铸造公司向原告开出远期银行汇票每月支付一次。由于被告一实际是铸造公司的全额出资人，因此被告一对原告的付款行为，即为铸造公司向原告的付款行为。董事会决议作出之后，原告即离开铸造公司，被告一也向员工宣布了原告退股的消息。但是两被告并未按照决议办理过户、支付余款。股权转让协议签订后，虽未到政府相关部门办理变更登记手续，但依法成立的合同具有法律约束力。对其主张，原告提交了支付投资款的汇款凭证及股东变更后的批准证书、营业执照、"3.13决议"以及谢××催促张××和铸造公司办理转股手续的文件等证据。原告请求法院判令被告一立即支付股权转让款，判令被告二连带清偿被告一的债务。开庭时，原告增加请求：判令两被告办理有关因股东、股权变化所引起的一切法律手续。

被告一辩称：被告二铸造公司是本人与案外人共同设立的中外合作企业。原告的资金是汇入了铸造公司，但铸造公司不是本人的私人企业，原告将其列为本案被告没有事实根据。铸造公司董事会确实同意被告一承购原告的20%股权，但公司股权变更还必须经过审批机关的批准和登记机关进行变更登记。董事会决议将属于铸造公司的两处房产作价给原告支付股权转让款，如实施该决议会造成公司注册资本减少，其将有悖法律规定。董事会虽然决议谢××把价值人民币300万元以上的股权转让给本人，但由董事会决议的形式转让，不符合法律的要求。决议后，谢××并未与本人订立过转让的书面合同。因此，原告根据铸造公司的董事会决议主张股权转让款，不应予以支持。

被告二辩称：本案是股东之间的股权纠纷，与本公司没有关联。

对于原告增加的诉讼请求，二被告答辩称：由于约定房屋的出售事宜未能如约成交，也由于谢××已经要求政府职能部门停止办理铸造公司的股权变更手续，所以并非被告拖延不办，而是无法办妥。此前在谢××借故拒绝参加的情况下，铸造公司召开了董事会，作出了关于终止"3.13股权转让协议"执行的决议（"12.5决议"）。因此，谢××退股的事实前提已不存在，其支付股权转让款的诉讼请求不能成立。对此，被告提交了"12.5决议"作为证据。

人民法院审理后认为："3.13决议"不但议定了铸造公司股东间转让股权的方案，还对受让方如何向出让方支付转让金等问题作出了规定，具有董事会决议和股权转让合同的双重性质，谢××与张××在"3.13决议"上签字时，双方的股权转让合同即已成立。该决议是双方当事人的真实意思表示,且符合法律规定,应认定其具有法律效力,双方应当予以遵守。决议内容证实,铸造公司事实上为张××以房屋提供了担保,因此铸造公司与谢××和张××股权纠纷事实存在关联性,铸造公司应当在房屋抵债的范围内承担有限的债务清偿责任,被告二的辩解不能成立。"12.5决议"因谢××未参加会议,不具有合法性,故该决议不能否决"3.13决议"的效力。先行判决二被告办理股权转让手续,至于谢××关于支付股权转让款的诉讼请求,待先行判决生效后视审查批准机关的审批结果再行处理。[1]

问:人民法院对本案证据的审查、事实的认定体现了什么证据规则?

基本原理

一、关联性规则的含义

关联性证据规则又称为相关证据规则,是指只有与本案有关的事实材料才能作为证据使用。

检验证据是否有关联性,有以下几个标准:①所提的证据是用来证明什么的?②这是本案的实质性问题吗?③所提的证据对该问题有证明性吗?因为证据的关联性从本质上说取决于证据事实由案件事实所反映、所产生,与案件事实存在内在的、实质的联系,从而才可能产生不同程度的证明力。因此,判断证据是否有关联性,往往需要逻辑推理,需要有丰富的实践经验。

在英美证据法中,关联性规则被视为规范证据可采性的"黄金规则"。美国学者格雷厄姆·利利(Graham Lily)认为,"证据的关联性,是融会于证据规则中带有根本性和一贯性的原则……由于关联性这一含义适用于所有举出的证据,因此,也渗透于庭审的全部过程。所有具备可采性的证据必须首先与要证事实具有关联性,至少当对方举证或就证据的关联性质疑时,必须首先证实其具有关联性"。[2]

塞耶曾将关联性规则总结为两条著名的原则:其一为消极原则,即除非具有关联性,否则证据不可采纳;其二为积极原则,即一切有关联性的证据都可采纳,除非按照可采性规则被排除。[3]也就是说,证据要被采纳,首先必须要有关联性,但该命题反过来却不能成立,即具有关联性的证据不一定可以被采纳,而仍有可能被其他特殊规则所排除。比如,犯罪嫌疑人对于杀人情节的供述,该证据对于故意杀人罪的证据具有关联性,但如果是通过非法取得的,则会被非法证据排除规则排除而不具有可采性。

---

[1] 参见王建华主编:《民事诉讼证据实证分析》,法律出版社2006年版,第487~495页。
[2] 转引自陈光中:《证据法学》,法律出版社2013年版,第234页。
[3] 转引自陈光中:《证据法学》,法律出版社2013年版,第234页。

二、国外有关关联性证据规则的规定

许多国家的证据法都明确了关联性规则。例如，美国《联邦证据规则》第 402 条规定："所有具有关联性的证据均可采纳，但美国宪法、国会立法、本证据规则以及联邦最高法院根据立法授权确立的其他规则另有规定的除外。没有关联性的证据不能采纳。"澳大利亚《联邦 1995 年证据法》第 56 条也规定："除本法另有规定外，诉讼程序中有关联的证据在诉讼中应予采纳。在诉讼程序中无关联的证据不得采纳。"英国证据法虽无此规定，但其证据理论也承认这一规则。

英美法系证据法对证据的关联性极为重视。英美法理论认为，作为证据，必须既有关联性，又有可采性。英美法之所以要求证据必须有关联性才可以被采纳，其主要理由有两个方面：①英美法系实行陪审团审判的制度，由陪审团来认定案件的事实，为了防止当事人将没有关联性的证据提供给陪审团考虑，导致陪审团错误地认定案件事实，所以要求证据要有关联性，以免陪审团受当事人提出的无关联性证据的误导。②英美法系实行当事人主义，证据的提出是当事人的责任，提出何种证据完全由当事人决定，如果不加以限制，会导致案件证据调查无法终结，审判旷日持久，影响诉讼的顺利进行。

三、我国对证据关联性的规定

我国诉讼法没有就证据的关联性问题作出明确规定，但对于证据只有对案件事实有证明作用才能够用来证明案件事实这一点，是法学界的共识。在我国的法律中，存在有关关联性的分散的规定。

在我国的刑事诉讼中，《刑事诉讼法》第 118 条规定："侦查人员在讯问犯罪嫌疑人的时候，应当首先讯问犯罪嫌疑人是否有犯罪行为，让他陈述有罪的情节或者无罪的辩解，然后向他提出问题。犯罪嫌疑人对侦查人员的提问，应当如实回答。但是对与本案无关的问题，有拒绝回答的权利。"《最高人民法院关于适用〈中华人民共和国刑事诉讼法〉的解释》对于物证、书证、鉴定意见、视听资料、电子数据的审查和认定上，提到了关联性规则。如其中第 69 条规定："对物证、书证应当着重审查以下内容：……④物证、书证与案件事实有无关联；……"第 84 条规定："对鉴定意见应当着重审查以下内容：……⑧鉴定意见与案件待证事实有无关联……"等。

在民事诉讼中，《最高人民法院关于适用〈中华人民共和国民事诉讼法〉的解释》对当事人申请收集调查证据、申请鉴定以及法定质证的规定体现了证据的关联性要求。例如，第 95 条规定："当事人申请调查收集的证据，与待证事实无关联、对证明待证事实无意义或者其他无调查收集必要的，人民法院不予准许。"第 104 条第 1 款规定："人民法院应当组织当事人围绕证据的真实性、合法性以及与待证事实的关联性进行质证，并针对证据有无证明力和证明力大小进行说明和辩论。"第 121 条第 1 款规定：

"当事人申请鉴定，可以在举证期限届满前提出。申请鉴定的事项与待证事实无关联，或者对证明待证事实无意义的，人民法院不予准许。"

项目三　非法证据排除规则

棰楚之下，何求而不得？

——《汉书·路温舒传》

引　例

原告北大方正红楼研究所拥有方正 RIP 软件、方正文合软件的著作权。被告高术天力公司、高术科技公司曾为北大方正公司进口的激光照排机进行过代理销售，所销售的激光照排机使用的是方正 RIP 软件和方正文合软件。后双方因分歧终止了代理关系。之后，高术公司与日本网屏（香港）有限公司签订了销售激光照排机的协议，约定高术公司销售的 KATANA-5055 激光照排机或 TANTOOOO-5120 激光照排机必须配网屏公司正版 RIP 软件或北大方正公司的正版 RIP 软件，若配方正 RIP 软件，高术公司必须通过网屏公司订购北大方正公司正版 RIP 软件。北大方正公司作为日本网屏激光照排机在中国的代理销售商之一，在此项业务上与高术天力公司存在竞争关系。

随后，北大方正通过调查获悉被告非法制售上述软件，遂派员工以普通客户的身份会同公证人员进行公证取证。北大方正员工以个人名义多次和高术天力公司员工联系商谈购买照排机及安装方正 RIP 软件等相关事宜。在支付 39 万余元货款之后，高术天力公司员工为原告员工进行了照排机的安装、调试工作，并在主机中安装了一套盗版方正软件，最后还留下装有上述软件的光盘、加密狗及工作单。

应北大方正公司的申请，北京市国信公证处先后四次对北大方正员工以普通消费者身份与高术天力公司联系购买照排机设备及安装配套方正 RIP 软件、方正文合软件的过程进行了现场公证，并对安装了盗版方正 RIP 软件、方正文合软件的北大方正公司自备的两台计算机及盗版软件进行了公证证据保全。

原告根据以上证据，请求法院判令被告停止侵权并赔偿损失 300 万元。

一审法院认为：法律并不禁止"陷阱取证"，采信了原告的证据，认定被告侵权的事实，判令被告赔偿原告各项损失、费用 100 多万元。

二审法院认为：方正公司要想找到被告侵权的确凿证据并非只有"陷阱取证"这一种方法，且这种设圈套的手段违背了公平原则，一旦被广泛使用，将对正常市场秩序造成破坏。但由于高术天力公司承认盗版行为，法院最终改判被告立即停止侵权，并按照一套正版软件的价格赔偿方正公司 13 万元的经济损失和 1 万元的公证费。

问：关于非法证据的界定及其法律后果，一审、二审法院对于方正公司"陷阱取证"行为的合法性评价，对你有何启发？

基本原理

一、非法证据排除规则的概念

非法证据排除规则,是指违反法定程序,以非法方法获取的证据,不具有证据能力,不能为法庭所采纳。该规则体现的是实体正义与程序正义并重的诉讼理念,强调正义要以"看得见"的方式来实现,目的的正当性不等于手段的恣意性。

从证据的形式上看,非法获取的证据,大体上可以分为两个类型:一类是以非法方法获取的言词证据;一类是以非法方法获取的实物证据。从世界各国确立和实施非法证据排除规则的情况来看,非法言词证据因受到普遍的重视而成为非法证据排除规则的主流。我国《刑事诉讼法》对非法言词证据采取了绝对排除而对非法实物证据采取相对排除的规则。

三大诉讼都存在非法证据排除规则,但在刑事诉讼中该规则的地位尤为突出。该规则体现的是刑事诉讼保障人权的价值目标,与刑事诉讼惩罚犯罪的价值目标存在一定的冲突。一方面,从惩罚犯罪的角度来说,由于国家机关往往是在没有其他途径查获证据的情况下才会违背法定程序,通过非法方法获取证据,因此,非法证据的采用对于国家机关查明案件事实,追究、惩罚犯罪具有不可替代的重要作用,基于惩罚犯罪的目标,非法证据应当作为指控被告人的呈堂证供;另一方面,为防止国家权力过度扩张给公民权利造成损害,国家权力只能在法律授权的范围内行使。国家权力机关违反法定程序、通过非法手段获取证据是违背现代法治国家的政治伦理的,是对公民个人权利的侵犯。因此,基于保障人权的目的,有必要确立非法证据排除规则,排除非法证据的证据能力。

从现代刑事诉讼制度的发展趋势来看,刑事诉讼保障人权的价值目标也越来越受到广泛的关注和重视,而日渐成为一种优位价值理念,即当保障人权的价值目标和惩罚犯罪的价值目标发生冲突时,往往是保障人权优于惩罚犯罪。正是在这种人权保障思潮的时代背景下,各国立法都在一定程度上确立了非法证据排除规则。

二、非法证据排除规则的立法体现

(一)我国非法证据排除规则的立法

我国《宪法》第 13 条第 1、2 款规定:"公民的合法的私有财产不受侵犯。国家依照法律规定保护公民的私有财产和继承权。"第 37 条第 3 款规定:"禁止非法拘禁和以其他方法非法剥夺或者限制公民的人身自由,禁止非法搜查公民的身体。"第 39 条规定:"中华人民共和国公民的住宅不受侵犯。禁止非法搜查或者非法侵入公民的住宅。"第 40 条规定:"中华人民共和国公民的通信自由和通信秘密受法律的保护。除因国家安全或者追查刑事犯罪的需要，由公安机关或者检察机关依照法律规定的程序对通信进行检查外，任何组织或者个人不得以任何理由侵犯公民的通信自由和通信秘密。"以上是构建非法证据排除规则的宪法基础和根据。

2010年6月13日，最高人民法院、最高人民检察院、公安部、国家安全部、司法部联合颁布了《关于办理刑事案件排除非法证据若干问题的规定》和《关于办理死刑案件审查判断证据若干问题的规定》。这两个司法解释均强调采用刑讯逼供等非法手段取得的言词证据不能作为定案的根据，并进一步对审查和排除非法言词证据的程序、证明责任及讯问人员出庭等问题进行了具体的规范，以确保其得到切实贯彻。2012年修正的《刑事诉讼法》第54~58条吸收了上述两个证据规定的相关内容，从而在《刑事诉讼法》中确立了非法证据排除规则。2017年6月，两高三部联合发布《关于办理刑事案件严格排除非法证据若干问题的规定》，不仅再次重申了排除非法证据的立场和决心，更细化了相关非法证据的内涵、排除非法证据的操作程序，该规定又一次推进了非法证据排除规则的制度建设。

在民事诉讼中，《最高人民法院关于民事诉讼证据的若干规定》明确："以侵害他人合法权益或者违反法律禁止性规定的方法取得的证据，不能作为认定案件事实的依据。"这是民事诉讼中有关排除非法证据的规定。2015年《最高人民法院关于适用〈中华人民共和国民事诉讼法〉的解释》对该规定作了修正，规定："对以严重侵害他人合法权益、违反法律禁止性规定或者严重违背公序良俗的方法形成或者获取的证据，不得作为认定案件事实的根据。"

在行政诉讼中，我国《行政诉讼法》第35条规定："在诉讼过程中，被告及其诉讼代理人不得自行向原告、第三人和证人收集证据。"《最高人民法院关于行政诉讼证据的若干规定》规定："以违反法律禁止性规定或者侵犯他人合法权益的方法取得的证据，不能作为认定案件事实的依据。"据此确立了行政诉讼中的非法证据排除规则。

（二）我国刑事诉讼非法证据排除规则的主要内容

非法证据排除规则，主要需要理解几个问题：哪些是非法证据？如何排除？由谁排除？如何启动排除程序？如何证明？

法规链接

《刑事诉讼法》第54条第1款：采用刑讯逼供等非法方法收集的犯罪嫌疑人、被告人供述和采用暴力、威胁等非法方法收集的证人证言、被害人陈述，应当予以排除。收集物证、书证不符合法定程序，可能严重影响司法公正的，应当予以补正或者作出合理解释；不能补正或者作出合理解释的，对该证据应当予以排除。

1. 非法证据的内涵与外延。从《刑事诉讼法》的规定来看，我国非法证据排除规则中的非法证据既包括非法言词证据，也包括非法实物证据。但是应当注意的是，非法证据与排除的非法证据是两个不同的概念,换言之,并非所有的非法证据都必须排除。根据《刑事诉讼法》和相关的司法解释,一些非法证据经过补正或者合理解释后,仍可以采用。如《刑事诉讼法》第 54 条规定:"……收集物证、书证不符合法定程序,可能严重影响司法公正的,应当予以补正或者作出合理解释;不能补正或者作出合理解释的,对该证据应当予以排除……"因此,只有不能补正或者作出合理解释的证据,才予以排除。而依法排除非法证据也有不同的适用原则。

非法言词证据适用绝对排除的原则。根据《刑事诉讼法》规定,采用刑讯逼供等非法方法收集的犯罪嫌疑人、被告人供述和采用暴力、威胁等非法方法收集的证人证言、被害人陈述,属于非法言词证据。如何理解"……等非法方法"?《最高人民法院关于适用〈中华人民共和国刑事诉讼法〉的解释》第 95 条将"非法方法"进一步界定为"使用肉刑或者变相肉刑,或者采用其他使被告人在肉体上或者精神上遭受剧烈疼痛或者痛苦的方法,迫使被告人违背意愿供述的……"。据此,采取殴打、违法使用戒具等暴力方法或者变相肉刑的恶劣手段,以暴力或者严重损害本人及其近亲属合法权益等进行威胁的方法,以及采用非法拘禁等非法限制人身自由的方法取证,都属于"非法方法"。这些"非法方法"除了非法拘禁外还有程度的要求,即必须使犯罪嫌疑人、被告人遭受难以忍受的痛苦。司法实践中比较常见的"非法"取证方法,如:使用电棒触打,疲劳讯问,让被讯问人受酷热、冷冻和饥渴煎熬以及服用某些药品等。

非法实物证据适用相对排除,即附条件排除的原则,即:①该物证、书证的取得违反法定程序;②可能严重影响司法公正;③不能作出补正或者合理解释。《最高人民法院关于适用〈中华人民共和国刑事诉讼法〉的解释》第 95 条第 2 款规定:"认定刑事诉讼法第 54 条规定的'可能严重影响司法公正',应当综合考虑收集物证、书证违反法定程序以及所造成后果的严重程度等情况。"

2. 非法证据排除的主体和时间。谁可以排除,以及什么时候排除非法证据?在西方国家,非法证据排除规则的适用主要是指审判阶段法官对非法证据的排除。

我国《刑事诉讼法》第 56 条第 2 款规定:"当事人及其辩护人、诉讼代理人有权申请人民法院对以非法方法收集的证据依法予以排除。申请排除以非法方法收集的证据的,应当提供相关线索或者材料。"根据该条规定,排除非法证据的申请主体包括当事人、辩护人及其诉讼代理人。而非法证据的审查主体则包括侦查机关、检察机关和审判机关。

提出排除非法证据申请的时间则贯穿了侦查、审查起诉和审判全过程。但是审判阶段原则上应当在开庭审理前提出,如果有新的证据的可以在庭审中提出。

3. 非法证据排除程序的启动。《刑事诉讼法》第 56 条规定:"法庭审理过程中,审判人员认为可能存在本法第 54 条规定的以非法方法收集证据情形的,应当对证据收集的合法性进行法庭调查。当事人及其辩护人、诉讼代理人有权申请人民法院对以非法方法收集的证据依法予以排除。申请排除以非法方法收集的证据的,应当提供相关线索或者材料。"

根据该条规定，我国非法证据排除启动的程序有两种模式：

（1）审判人员依职权启动调查程序，其启动条件为可能存在《刑事诉讼法》第54条规定的非法取证的情形的。

（2）审判人员依当事人申请启动调查程序，当事人及其辩护人、诉讼代理人提出申请的同时需要承担初步的举证责任，即提供相关线索或者材料。根据《最高人民法院关于适用〈中华人民共和国刑事诉讼法〉的解释》第96条规定，申请排除非法证据的当事人一方"应该提供涉嫌非法取证的人员、时间、地点、方式、内容等相关线索或者材料"。

> **法规链接**

《刑事诉讼法》第57条：在对证据收集的合法性进行法庭调查的过程中，人民检察院应当对证据收集的合法性加以证明。

现有证据材料不能证明证据收集的合法性的，人民检察院可以提请人民法院通知有关侦查人员或者其他人员出庭说明情况；人民法院可以通知有关侦查人员或者其他人员出庭说明情况。有关侦查人员或者其他人员也可以要求出庭说明情况。经人民法院通知，有关人员应当出庭。

第121条：侦查人员在讯问犯罪嫌疑人的时候，可以对讯问过程进行录音或者录像；对于可能判处无期徒刑、死刑的案件或者其他重大犯罪案件，应当对讯问过程进行录音或者录像。

录音或者录像应当全程进行，保持完整性。

3. 证据合法性的证明责任与证明方式。由于控辩双方力量对比的悬殊，世界各国的非法证据排除程序普遍采用举证责任倒置的做法，即申请排除非法证据的当事人无须承担证明存在非法取证行为的义务，而由控方反证其证据取得的行为合法。

从上述规定来看，人民检察院负有取证合法性的举证责任，而通知有关侦查人员或者其他人员出庭作证是控方在现有证据材料无法证明证据收集程序合法情形下的补充证明方式，另外，播放讯问期间的同步录音录像也是控方证明证据合法性的方式之一。

4. 非法证据排除程序中的证明标准。根据《关于办理刑事案件严格排除非法证据的规定》第26条的规定，只要人民法院对证据收集的合法性有疑问的，应当在庭审中进行调查。据此，非法证据的证明标准可以分为两档：第一档，提出排非申请的证明，只需达到"有疑问"标准即可；而控方如果不能证明证据的合法性（确认非法），对相关证据应予以排除。第二档，控方举证后依然不能排除以非法方法取证的可能的，对相关证据也应予以排除。综上所述，证据合法性证明应达到证据确实、充分的标准。这与我国刑事诉讼中有罪判决所采取的证明标准相同，是最高层次的证明标准。

> **法规链接**

《刑事诉讼法》第58条：对于经过法庭审理，确认或者不能排除存在本法第54条规定的以非法方法收集证据情形的，对有关证据应当予以排除。

项目四　最佳证据规则

最佳证据规则在现代的应用中仅指这样一条规则，即一份文字材料的内容必须通过引入文书本身来证明，除非对原始文字的缺失提出令人信服的理由。

——美国1945年赫济格诉斯威夫特公司案[1]

> **引　例**

原告浙川制药集团有限公司诉被告宋××货款纠纷案。关于双方业务关系的性质，被告宋××主张是建立在办事处协议基础上的总代理、总经销、委托销售关系；制药公司则称双方虽然签订有办事处协议，但是协议并未履行，办事处并未实际成立。宋××为证明该协议有效履行及双方业务关系的真实状况，提交了一份市纪委对公司法定代表人、时任厂长的全××的调查笔录（复印件，原件由市纪委保存）。笔录记载：

问：（市纪委，下同）是否与宋××签过经销协议？

答：（全××，下同）有两次。一次是1994年3月与宋××签的协议。当时开了领导班子会，我和王××、韦××、周××、宋××、李××等参加。主要内容是在宋××处设办事处、销售网点，作为药厂在南阳地区的总经销。另一次是1995年1月与宋××签的协议，主要内容是宋××全年销售氟桂嗪3000件，完成任务后药厂让利20%，自1995年1月21日至25日，由宋××给药厂解决50万元资金。

问：1994年签的协议提出哪些优惠条件？

答：主要是宋××在南阳租赁的门面及仓库费用由药厂承担，资金7.5万元；另一次是按销售额由药厂给宋××支付3%运杂费。

问：1994年的合同有效期为3年，是否宣布作废？目前是否有效？

答：没有宣布作废，目前仍然有效。

制药公司在庭审中提出：关于我厂原厂长在纪检部门的笔录不是原件，不应作为证据使用。制药公司随后提交了1999年3月28日全××的书面证言，全××在该证言中否认了市纪委调查笔录的说法。[2]

---

[1] 转引自〔美〕乔恩·R. 华尔兹：《刑事证据大全》，何家弘等译，中国人民公安大学出版社1993年版，第335~336页。

[2] 参见王建华主编：《民事诉讼证据实证分析》，法律出版社2006年版，第464~467页。

问：你认为本案被告提交的调查笔录复印件能否被采用？主要依据是什么？

基本原理

一、最佳证据规则的概念

最佳证据规则是英美法最古老的证据规则之一，起源于普通法的发源地英国。最佳证据规则是一项适用于书证的规则。其含义是，在以文书的内容证明案件的事实时，除非存在法定的例外情形，举证人必须提供原始文书，否则法官不予采纳。

最佳证据规则是一项规范证据的证据能力以保障真实性的证据规则，凡不是原件的书证，除非有法定原因，否则一律排除适用。最佳证据规则的合理性来自两点：一是凡非原始文书的证据极易被仿造或改写，故而其证明力会大打折扣；二是非原件无法与原件进行比对，因此易造成案件真相的混淆。

最佳证据规则起源于英国古代司法证明中的"文书审"（Trial by Charters），所谓"文书审"，就是由诉讼当事人把与争议事实有关的一般由被告人制作的文书提交给法官，以便法官裁定原告的主张是否在该文书中有足够的依据。依照当时的法律规定，只要原告把一件文书用作证明其权利的依据，法官就不能忽视该文书的存在，必须对该文书进行审查，以便确定其是否为被告人所制作以及上面有没有被告人的印章，而且判决一般都要以被告人的印章的比对结果为依据。法律规定在契约纠纷等类案件中，必须采用"文书审"。由于"文书审"的核心是文书，因此这种审判必须向法庭提交文书，而且必须传唤文书制作过程中的目击证人到庭证明其可靠性，法庭的调查也要受到文书内容的严格限制，不得以口头证言改变或者增加文书已经确定的内容。

二、最佳证据规则的适用范围和例外

由于最佳证据规则只是一项关于文书证据可采性的规则，因此通常认为该规则仅适用于文字材料，如信件、电文等。根据《美国法学会法典》第1条对"文书"的定义，凡是"手写、打字、印刷、影印、照相及每一种其他记录之方法，如记录于任何可触知之事务，任何通信或表示之方法，包括信函、文字、图画、声音或符号或其他结合物"，都属于文书。

最佳证据规则限制过严，有时不免会导致诉讼陷入困境，英美法近年来的审判实践发展了许多最佳证据规则的例外情形：①原件显然已经毁损灭失的，曾经见过该文书的人可以作为证人进行陈述；②文书的载体不能够移动或不容易移动的，如碑文等，可以以其他方法证明；③文书被对方当事人持有，经要求其提出而被拒绝的，或者文书被第三人持有，而该第三人依法有权拒绝提出的；④依照次级证据所表明的文书原件的内容，已经被对方当事人所承认的；⑤所需要提出的文书是公文书或者其他特殊

文书，已经依法提出朝见的。

三、我国有关最佳证据的立法

我国现行三大诉讼法的规定体现了最佳证据规则的精神。主要的规则为：①物证、书证应为原物、原件；②据以定案或认定案件事实的应为原物、原件；③复印件、复制件、复制品、副本、照片等在例外情况下可作为定案或者认定案件事实的依据。三大诉讼法具体的适用规则如下：

（一）刑事诉讼法的有关规定

《最高人民法院关于适用〈中华人民共和国刑事诉讼法〉的解释》第69条规定："对物证、书证应当着重审查以下内容：①物证、书证是否为原物、原件，是否经过辨认、鉴定；物证的照片、录像、复制品或者书证的副本、复制件是否与原物、原件相符，是否由2人以上制作，有无制作人关于制作过程以及原物、原件存放于何处的文字说明和签名……"第70条规定："据以定案的物证应当是原物。原物不便搬运，不易保存，依法应当由有关部门保管、处理，或者依法应当返还的，可以拍摄、制作足以反映原物外形和特征的照片、录像、复制品。物证的照片、录像、复制品，不能反映原物的外形和特征的，不得作为定案的根据。物证的照片、录像、复制品，经与原物核对无误、经鉴定为真实或者以其他方式确认为真实的，可以作为定案的根据。"第71条规定："据以定案的书证应当是原件。取得原件确有困难的，可以使用副本、复制件。书证有更改或者更改迹象不能作出合理解释，或者书证的副本、复制件不能反映原件及其内容的，不得作为定案的根据。书证的副本、复制件，经与原件核对无误、经鉴定为真实或者以其他方式确认为真实的，可以作为定案的根据。"

（二）民事诉讼法的有关规定

《民事诉讼法》第70条第1款规定："书证应当提交原件。物证应当提交原物。提交原件或者原物确有困难的，可以提交复制品、照片、副本、节录本。"《最高人民法院关于适用〈中华人民共和国民事诉讼法〉的解释》第111条规定："民事诉讼法第70条规定的提交书证原件确有困难，包括下列情形：①书证原件遗失、灭失或者毁损的；②原件在对方当事人控制之下，经合法通知提交而拒不提交的；③原件在他人控制之下，而其有权不提交的；④原件因篇幅或者体积过大而不便提交的；⑤承担举证证明责任的当事人通过申请人民法院调查收集或者其他方式无法获得书证原件的。前款规定情形，人民法院应当结合其他证据和案件具体情况，审查判断书证复制品等能否作为认定案件事实的根据。"

（三）行政诉讼法的有关规定

《最高人民法院关于行政诉讼证据若干问题的规定》第10条规定："根据行政诉讼法第31条第1款第1项的规定，当事人向人民法院提供书证的，应当符合下列要求：

①提供书证的原件，原本、正本和副本均属于书证的原件。提供原件确有困难的，可以提供与原件核对无误的复印件、照片、节录本；②提供由有关部门保管的书证原件的复制件、影印件或者抄录件的，应当注明出处，经该部门核对无异后加盖其印章……"第12条规定："根据行政诉讼法第31条第1款第3项的规定，当事人向人民法院提供计算机数据或者录音、录像等视听资料的，应当符合下列要求：①提供有关资料的原始载体。提供原始载体确有困难的，可以提供复制件；②注明制作方法、制作时间、制作人和证明对象等；③声音资料应当附有该声音内容的文字记录。"第40条第1款规定："对书证、物证和视听资料进行质证时，当事人应当出示证据的原件或者原物。但有下列情况之一的除外：①出示原件或者原物确有困难并经法庭准许可以出示复制件或者复制品；②原件或者原物已不存在，可以出示证明复制件、复制品与原件、原物一致的其他证据。"第71条规定："下列证据不能单独作为定案依据：……⑤无法与原件、原物核对的复制件或者复制品……"

项目五　意见证据规则

意见，并非证人所体验者。故证人之意见与推测，在证据上并无用途，且有影响于公正事实之认定。如许证人提供意见，不特使其供述之客观的事实中，混入与提供证据资料上毫无关系之物，且致立法混乱，提供偏见或预测资料之危险，有碍于真实之发现。

——陈朴生

引　例

某市人民检察院以抢劫罪对被告人董某提起公诉。在法庭审理中，公诉机关申请法庭传唤了证人李某出庭作证。李某证实："那天我在珠宝店邻街的茶餐厅吃饭，吃着吃着突然听到击碎玻璃的声音，稍后，我就看到那个抢劫犯从珠宝店那条街跑到茶餐厅这条街来，他身上背着一大包的东西，还有金链子露出袋口，手上正流着血。这个抢劫犯身材高大、留着长头发、穿着一件黑色的羽绒服……"辩护律师提出质证意见，认为证人并未亲眼看见董某实施抢劫行为，其提交的意见证据不能被采纳为定案根据。

问：你认为李某的证言能否被采用？哪些能用？哪些不能用？

基本原理

一、意见证据规则概述

意见证据，是指某种源于证人所亲身感知的事实而作的意见、推理或结论。意见证据并非事实本身，而是由此作出的推断或评价，与待证事实并无关联，不具有证明力，因此，意见证据排除规则明确：证人只能陈述自己亲身感受和经历的事实，而不得陈述对该事实的意见或者结论。证人为证明其所相信的事实而叙述的关于事实的意见、推理或结论一律不具有可采性。

意见证据规则是英美法的一项重要证据规则。在英美法系国家，证人一般只能对自己耳闻目睹的事实作证，而不能就这些事实提出意见、推理或结论，也就是说，普通证人不得在陈述自己亲身经历的事实之外，陈述其意见、推理或结论，这就是意见证据规则。例如：某甲在驾驶过程中见到前方某乙的汽车行驶路线呈S形，就只能如实陈述其所见到的情形，而不能对法庭推论说，"乙系醉酒驾车"，即使事实极有可能就是如此，但甲的推理性意见仍是不可被采纳的。

设立意见证据规则的理由有两个：一是一般的证人没有专业知识，缺乏基本的技能和训练，没有能力对所见所闻的事实作出评价；二是对证人陈述的事实如何评价属于执法机关的职权，证人对所见所闻的事实作出评价实际上侵犯了执法机关的职权。

二、意见证据规则的例外

（一）专家证人意见例外

在诉讼中，往往有许多事项涉及专业知识，需要由某一专业的专家提出意见或结论。在英美法系国家，长期以来专家证人的意见都是可采的，这是意见证据规则最主要的例外。

英美法系的"专家"是指经过某一学科科学教育的人或从实践中掌握了解特别知识的人，这些人都是以某一方的证人的身份进行作证的。专家证人在作证之前有证人资格认定程序，经过认证程序获得了专家证人的资格后，该专家证人可以对某项需要特定专业知识的事项提供证言或报告，这类证言或报告不仅可以包括对事实的陈述，也可以包括其推断或意见。专家证人的证言，无论是陈述还是推断或意见，均具有可采性。

（二）不可能以其他方式表达的例外

当普通证人的意见合理地建立在该证人的感觉之上，或者对于清楚正确地理解该证人证言或者确定争议事实确实有益，或者不可能以其他方式表达，如涉及嗅觉和听觉的问题、个人感情问题、车轮的速度、声音的认定、笔迹的认定、对不正常行动的反映等的时候，该意见证据可以作为意见证据规则的例外而具有可采性。例如：证人在交通肇事案件中作证称，"肇事车辆当时以每小时100公里的速度撞上了被害人所驾驶的车辆"，这里显然包含了一个判断结论性的意见证据。但是在这种情况下证人所提供的意见证据实际上承载着其对感知事实的描述，如果排除了意见证据的可采性，则亦排除了其所承载的事实陈述的可采性，这种绝对化的排除方式显然不利于查明案件事实，也违反诉讼价值平衡的观念。

值得注意的是，意见证据与证人亲身所感知到的事实的界限并非泾渭分明，塞耶就曾指出:"从某种意义上说,所有的证人证言实际上都是意见证据,是从现象和心理印象形成的结论。"

三、我国有关意见证据的立法

意见证据规则是英美法的一项重要证据规则,但是在大陆法系,许多国家都没有限制证人提出意见的规定。这主要是因为大陆法系传统上一直都是主要由职业法官进行审判,而英美法系传统原则上应由非职业的陪审团进行审判,执业法官受证人意见影响的可能性要比陪审团小得多。

《最高人民法院关于适用〈中华人民共和国刑事诉讼法〉的解释》第75条第2款规定:"证人的猜测性、评论性、推断性的证言,不得作为证据使用,但根据一般生活经验判断符合事实的除外。"《最高人民法院关于民事诉讼证据若干规定》第57条第2款规定:"证人作证时,不得使用猜测、推断或者评论性的语言。"《最高人民法院关于行政诉讼证据若干问题的规定》第46条规定:"证人应当陈述其亲历的具体事实。证人根据其经历所作的判断、推测或者评论,不能作为定案的依据。"

项目六 口供补强规则

在审判过程中,被告人会说谎,证人会说谎,律师和检察官会说谎,甚至法官也会说谎,唯有实物证据不会说谎。

——赫伯特·麦克唐纳

引 例

公诉机关指控被告人王某于2001年10月某日23时许,在家中因琐事与妻子叶某发生争吵,猛掐叶某颈部并用袜子堵塞其口腔,致叶某机械系窒息死亡,后将尸体丢弃在小区北侧荒地内。公诉机关提交了以下证据:①证人方某的证言,证实自己在2002年3月2日晨在某小区外散步时,发现小区北侧的地里有一具尸体,身体赤裸,脸和双腿之间盖着东西。②证人姚某的证言,证实2001年10月的某日晚上,楼下王某家中发生过争吵,还有下楼关门的声音。③证人叶某的母亲魏某的证言,证实2001年10月某日15时许,叶某通过电话告诉她当天给魏某汇款,后自己在叶某的住处发现了邮局汇款单。④证人李某的证言,证实2001年10月某日18时许叶某来上班,19时许叶某下班离开。⑤现场勘查笔录:案发现场位于某小区北侧荒地内。尸体为女性,头上盖着一件秋衣;口腔中塞有两只白色女式针织袜;脖颈上有指痕,尸体乳房上有一件白色乳罩,其他部位裸露,下身被焚烧,腿上有焚烧过的衣服碎片;尸体位置东北方向发现一个被烧毁的皮包,包内有记账本等物品。⑥鉴定意见:经对尸体头发和叶某母亲魏某的静脉血进行比对,不排除尸体头发为叶某所有。⑦尸体检验报告:叶某颈部可见皮肤损伤,该损伤扼压可以形成,叶某符合被他人扼压颈部及闷堵口鼻致机械系窒息死亡的特征。⑧辨认笔录:2002年3月某日下午,由犯罪嫌疑人王某辨认其交代的抛尸路线和现场。⑨王某于2002年3月某日被抓获后供述的作案时间、地点、情节、手段与上述证据基本吻合。

王某辩称:其是无辜的,未实施故意杀人行为。其与叶某感情很好,没有证据证明自己是杀人凶手;公安机关对其采取刑讯逼供等非法方法,获取其有罪供述。王某的辩护人要求宣告王某无罪,认为:案发时间没有证据证实;认定死者在家中被害,死于"扼压颈部及闷堵口鼻致机械系窒息死亡"证据不充分;本案的关键事实尚未查清,不能排除死者因其他原因被杀的可能性;王某的口供不具备证据效力,不能成为认定王某有罪的依据。

经法庭调查发现,本案存在以下疑点:王某供述的叶某衣着、叶某的书包及包内物品的种类、抛弃物品位置等,与其他证据存在矛盾;尸体检验报告和照片中显示尸体左颈部有一处5×4厘米的皮下出血,成因不明;经鉴定,尸体上已有被烧毁的蓝色裤子一条,但随案移送的还有在发现尸体现场附近提取的牛仔裤一条;现场提取的破旧床单等物品可能与现场附近的垃圾堆有关,王某没有供述过床单的特征,程序上也没有经过辨认。[1]

问:本案侦查阶段王某作出有罪供述,结合全案证据,你认为能否认定王某故意杀人的罪行?

基本原理

一、口供补强规则概述

口供补强规则是指,法律规定因某一证据(如口供)的证明力较弱,不能将其单独作为认定案件事实的依据,只有在其他证据以佐证方式对其证明力给予补充、加强的情况下,法院才能将该证据作为认定案件事实的依据的规则。所谓"补强",意指支持或印证。补强证据的作用在于通过证据的相互印证作用而增强或担保主证据的证明力。由于主证据对于案件主要事实的证明具有决定作用,为了保证发现案件的真相,防止该证据为虚假证据,需要借助补强证据来印证主证据的证明力。

在人类历史上,无论是中国的诉讼历史还是外国的诉讼历史,都存在制度性地偏重口供的情况,即以口供为"证据之王"。为获取口供而使刑讯合法化、制度化,形成了"无供不录案""罪从供定"的制度传统,从而造成了较多的冤假错案。在当今社会,也有口供主义的回潮,鉴于历史教训,确立并认真遵循证据补强规则是十分必要的。

---

[1] 鲍雷、刘玉民主编:《用证据说话——刑事证据的收集、保存、提交》,人民法院出版社2005年版,第83~84页。

在现代证据制度中,法律一般不对证据的证明力作出规定,而是交由法官根据经验自由判断,但是被告人有罪供述的证明力则是为数不多的例外。在我国补强规则不仅存在于刑事诉讼,在民事诉讼中的运用更为广泛。

二、英美法系补强证据规则

在英美法系国家的刑事诉讼中,依照制定法或惯例,补强证据规则主要有:

1. 关于叛国案件,须有法定证据。例如,《美国宪法》第3条规定,叛国罪的成立必须要有2名证人证实其叛国行为,或者经过被告在公开的法庭上自白所犯的罪行。

2. 被告在法庭审判外的自白,经他人提出法庭作证者,须另有补强证据,才可以作为考虑的证据。

3. 关于伪证案件,仅凭一名证人指证,不足以定案,因为如果这样做就是认为一个人的宣誓证言可以推翻另一个人的宣誓证言。

4. 对妇女儿童犯风化罪,如强奸等性犯罪中,仅凭一名证人的证言是不足以定罪的,因为这样的指证只是出于被害人之口,没有其他佐证,不能增强其证明力。

5. 幼年人作为证人时提供的不经宣誓的证言,其证言的可信度也有限制。

6. 共犯的证言。根据某一共犯的证言对另一个共犯定罪时,如果没有补强证据,依据惯例,英国法院认为法官应当告知陪审员,注意考虑共犯的证言有没有充分的证明力,必要时需要参考补强证据。

在被告人自白是对被告人唯一不利的证据时,能否认定被告人有罪?是否需要补强证据?英美法系和大陆法系的做法是有差异的。在英美证据法中,如果被告人在法庭上自愿作有罪供述,即作出有罪的自白,就不再进行其他证据的调查。只要该供述是在"明知且理智"的状态下自愿作出,则构成有罪答辩。在此情形下,对案件不再进行开庭审理,直接进入量刑阶段。在大陆法系国家,刑事诉讼被视为旨在确定国家刑罚权的活动,犯罪嫌疑人、被告人不利于自己的陈述,即使是对被指控犯罪的全盘承认,其法律效力也只是证据的一种。例如,在日本,依据补强规则,不论被告人的自白是否在公审庭上作出,当该自白是对被告人不利的唯一证据时,就不得认定被告人有罪。即要认定其有罪,在自白之外,还需要有其他证据。

三、我国的口供补强规则

关于口供的证明力,即口供补强的问题,我国《刑事诉讼法》第53条第1款规定:"对一切案件的判处都要重证据,重调查研究,不轻信口供。只有被告人供述,没有其他证据的,不能认定被告人有罪和处以刑罚;没有被告人供述,证据确实、充分的,可以认定被告人有罪和处以刑罚。"《最高人民法院关于适用〈中华人民共和国刑事诉讼法〉的解释》第83条规定:"审查被告人供述和辩解,应当结合控辩双方提供的所有证据以及被告人的全部供述和辩解进行。被告人庭审中翻供,但不能合理说明翻供原因或者其辩解与全案证据矛盾,而其庭前供述与其他证据相互印证的,可以采信其庭前供述。被告人庭前供述和辩解存在反复,但庭审中供认,且与其他证据相互印证的,可以采信其庭审供述;被告人庭前供述和辩解存在反复,庭审中不供认,且无其他证据与庭前供述印证的,不得采信其庭前供述。"第106条规定:"根据被告人的供述、指认提取到了隐蔽性很强的物证、书证,且被告人的供述与其他证明犯罪事实发生的证据相互印证,并排除串供、逼供、诱供等可能性的,可以认定被告人有罪。"

尽管我国已经有了口供补强规则的相关规定,但仍需对该规则加以完善,尤其应当对共犯口供是否可以作为其他共犯口供的补强证据的问题作出明确规定。我们认为,共犯的口供仍然是"被告人供述",如果可以仅凭共犯的供述定案,无疑有"轻信口供"之嫌。因此,不能仅仅以共犯的口供作为补强证据,即使共犯的口供相互一致,也应当寻求其他证据来补强。总体而言,被告人口供的证据补强,要达到证据确实充分的程度,才能够定罪。

项目七　传闻证据规则

传闻之事,恒多失实。

——范晔《后汉书·臧宫传》

引　例

以下是一段庭审对话:

公诉律师:"科鲁普克警官,你接着做了什么?"

答:"我安排了一组人。我告诉这个姑娘,如果调戏她的人就在这些人中,请把他指出来。"

问:"那么她又是怎样做的呢?"

答:"她指出了左数第三人,就是本案的被告。"

辩护律师:"我反对,法官阁下。这是行为传闻。"

法官:"反对有效。陪审团对证人最后的回答将全部不予考虑。"

问:法官为什么要排除出庭警察的证言?

基本原理

一、传闻证据的概念

传闻证据有两种:一是证明人在审判期日外对直接感知的案件事实亲笔所写的陈述书及他人制作并经本人认可的陈述笔录;二是证人在审判日就他人所感知的事实向法庭所作的转述。

一般来说，传闻证据的形成过程涉及两个主体和两个陈述环节：两个主体——原陈述人和证人，即一个是亲身感知案件事实的甲，一个是在庭审期日以证人身份出庭作证（或提交书面证据）的陈述主体乙；两个环节——一是原陈述人（甲）在庭外对事实的感知和陈述，二是法庭上的证人（乙）向法庭对前者（甲）的陈述的转述（或以某种证据代为陈述）。

例如：证人乙在法庭上说："上个周末，邻居甲曾对我说，'我昨天下午看见丙鬼鬼祟祟地从丁家院子里出来'。"邻居甲没有出庭，证人乙在法庭上的陈述便是传闻证据。或者，如果目睹事实的另外一个人甲告诉乙后，乙将之作成书面文书提交法庭，这个书面文书也是传闻证据。

传闻证据有三个特点：①是以人的陈述为内容的陈述证据；②不是直接感知案件事实的人亲自到庭的陈述，而是对感知事实的书面的或者口头形式的转述；③是没有给予当事人对原始证人进行反询问的机会的证据。

二、传闻法则及其理由

传闻证据规则，也叫传闻法则，是英美证据法中最重要的排除法则之一，指传闻证据一般不具有可采性，不得提交法庭进行调查质证，已经在法庭出示的，不得提交陪审团作为评议的依据。

1. 传闻证据本身因为不是本人亲自在法庭上所做的陈述，因此存在转述不准确或伪造的可能。传闻证据属于第二手以上的证据材料，可能会由于故意或过失导致转述错误或出现转述的偏差，因此，如果允许采纳传闻证据，不利于发现案件的真实情况。比如，在口头传闻中，甲转述乙的陈述，事实 A 会变成事实 B，在此过程中可能会产生转述不准确的问题，故有"传闻多失"之说。

2. 传闻证据未经宣誓就提出来，没有经过交叉询问程序，其真实性难以通过公正的诉讼程序加以证实。英美法系国家庭审采用对抗式，由一方提出证据，而由另一方进行反驳，对证人的交叉询问可以说是其中最重要也是最精彩的一环。特别是反询问，通过质疑证人的可靠性、揭露证言的虚假性，能够更好地发现事实的真相。如果采纳传闻证据，原陈述人就不用出庭作证，另一方当事人就不能（通过律师）对他进行反询问，证人的感知能力、记忆能力、语言表达能力以及是否诚实等都得不到审查，而这些都是构成证言可靠性的基本元素。

另外，在所有的刑事指控中，被告人都应当有权与证人对质。联合国《公民权利和政治权利公约》第14条也规定，与证人对质是被告人的权利。在崇尚个人权利的英美法系中，传闻证据规则的设立是符合正当程序的精神的。

3. 传闻证据不是在裁判者面前所作的陈述。证据调查应当在法庭上进行，以保证裁判官能够察言观色，辨明其真伪。在证人出庭的时候，法官和陪审团可以观察证人面容、证人态度、证人表情，可以听见证人声音及说话情绪，这些都是审查判断证言必不可少的态度证据，有助于综合地判断陈述内容的真实性。

三、传闻证据的例外

根据传闻法则，为了确保证人陈述的真实可靠，传闻证据一般情况下不具有可采性，要予以排除。但是，如果绝对地排除传闻证据，会导致相当一部分案件的事实真相无法查清，或者使查明案件事实的成本增大。传闻证据的例外包括以下几种情形：①在某些状况下不得不使用传闻证据，如证人死亡、重病在身或旅居海外，去向不明等。②从诉讼经济考虑，允许使用传闻证据是必要的，比如，某些书面证据所证问题清楚，诉讼双方均无异议；或者所证问题不重要，到庭作证成本太高，而不到庭对案件事实的确认没有影响等。③为保护证人等其他原因，如证人系特情人员，出庭作证可能暴露其身份而使其陷入危险或者影响其他案件的侦查等。

传闻法则例外的适用，英美法系国家理论认为，需要具备两个条件：①具有"可信度的情况保障"，即传闻证据从多种情况看，具有较高的可信度，即使不经过当事人反询问，也不至于损害当事人的利益。②具有"必要性"，即存在无法对原始人证进行反询问的客观情形，因而不得不适用传闻证据。如原始证人死亡、病重、旅居海外或去向不明等。

四、我国有关传闻证据的立法

我国三部诉讼法都没有明确规定传闻证据规则。我国诉讼法中有关证人出庭的相关规定吸收了传闻规则的精神。

（一）证人应当出庭

我国刑事诉讼关于证人出庭义务的规定，主要有两点：一是证人证言须经质证。《刑事诉讼法》第59条规定："证人证言必须在法庭上经过公诉人、被害人和被告人、辩护人双方质证并且查实以后，才能作为定案的根据。法庭查明证人有意作伪证或者隐匿罪证的时候，应当依法处理。"第60条规定："凡是知道案件情况的人，都有作证的义务。"二是规定了证人强制出庭制度。第187条第1款规定："公诉人、当事人或者辩护人、诉讼代理人对证人证言有异议，且该证人证言对案件定罪量刑有重大影响，人民法院认为证人有必要出庭作证的，证人应当出庭作证。"第188条规定："经人民法院通知，证人没有正当理由不出庭作证的，人民法院可以强制其到庭，但是被告人的配偶、父母、子女除外。证人没有正当理由拒绝出庭或者出庭后拒绝作证的，予以训诫，情节严重的，经院长批准，处以10日以下的拘留。被处罚人对拘留决定不服的，可以向上一级人民法院申请复议。复议期间不停止执行。"

我国《民事诉讼法》第72条第1款规定："凡是知道案件情况的单位和个人，都有义务出庭作证。有关单位的负责人应当支持证人作证。"《最高人民法院关于民事诉讼证据的若干规定》第55条第1款规定："证人应当出庭作证，接受当事人的质询。"

（二）未出庭证人的证言经查证属实的可以作为定案依据

《刑事诉讼法》第190条规定："……对未到庭的证人的证言笔录、鉴定人的鉴定意见、勘验笔录和其他作为证据的文书，应当当庭宣读。……"两院三部《关于办理刑事案件排除非法证据若干问题的规定》第13条规定："庭审中，检察人员、被告人及其辩护人提出未到庭证人的书面证言、未到庭被害人的书面陈述是非法取得的，举证方应当对其取证的合法性予以证明。"

《最高人民法院关于民事诉讼证据的若干规定》第78条规定："人民法院认定证人证言，可以通过对证人的智力状况、品德、知识、经验、法律意识和专业技能等的综合分析作出判断。"

（三）证人不出庭作证的法定情形

《最高人民法院关于适用〈中华人民共和国刑事诉讼法〉的解释》第206条规定："证人具有下列情形之一，无法出庭作证的，人民法院可以准许其不出庭：①在庭审期间身患严重疾病或者行动极为不便的；②居所远离开庭地点且交通极为不便的；③身处国外短期无法回国的；④有其他客观原因，确实无法出庭的。具有前款规定情形的，可以通过视频等方式作证。"

《民事诉讼法》第73条规定："经人民法院通知，证人应当出庭作证。有下列情形之一的，经人民法院许可，可以通过书面证言、视听传输技术或者视听资料等方式作证：①因健康原因不能出庭的；②因路途遥远，交通不便不能出庭的；③因自然灾害等不可抗力不能出庭的；④其他有正当理由不能出庭的。"

《最高人民法院关于行政诉讼证据若干问题的规定》第41条规定："凡是知道案件事实的人，都有出庭作证的义务。有下列情形之一的，经人民法院准许，当事人可以提交书面证言：①当事人在行政程序或者庭前证据交换程序中对证人证言无异议的；②证人因年迈体弱或者行动不便无法出庭的；③证人因路途遥远、交通不便无法出庭的；④证人因自然灾害等不可抗力或者其他意外事件无法出庭的；⑤证人因其他特殊原因确实无法出庭的。"

另外，我国三大诉讼法还有关于证人保护、对伪证的处理、证人出庭作证的经济补偿、证人免证制度的相关规定。

思考与练习

梳理我国证据规则的相关立法。

实训部分

【情境设计】

2010年10月2日午夜，A市某区公安人员在辖区内巡逻时，发现路边停靠着一辆轿车，其中坐着的三个年轻人（朱某、尤某、何某）形迹可疑，即上前盘查。经查，公安人员在该车辆后备箱中发现了盗窃机动车的工具，遂将三人带回区公安分局进一步审查。案件侦查终结后，区检察院向区法院提起公诉。

朱某在侦查中供述：其作案方式是三人乘坐尤某的汽车在街上寻找作案目标，确定目标后由朱某、何某下车盗窃，得手后三人共同分赃。作案过程由尤某策划、指挥。在法庭调查中朱某承认起诉书指控的犯罪事实，但声称在侦查中因刑讯受伤。

尤某在侦查中与朱某供述基本相同，但不承认作案由自己策划、指挥。在法庭调查中尤某翻供，不承认参与盗窃机动车的行为，声称对朱某盗窃机动车一事毫不知情，并声称在侦查中因刑讯受伤。

何某始终否认参与犯罪。声称被抓获当天自己从C市老家来A市玩，与原先认识的朱某、尤某一起吃完晚饭后坐在车里闲聊，才被公安机关抓获。何某声称以前从没有与A市的朱某、尤某共同盗窃，并声称在侦查中因刑讯受伤。

公安机关在朱某、尤某供述的十几起案件中核实了A市发生的3起案件，并依循线索找到被害人，取得当初报案线索和被害人陈述，调取到某一案发地录像，显示朱某、尤某盗窃汽车的经过。根据朱某、尤某在侦查阶段的供述，公安机关认定何某在2010年3月19日参与了一起盗窃机动车案件。

何某的辩护人称，在案卷材料中看到了朱某、尤某、何某受伤后包有纱布的照片，并提供4份书面材料：①何某父亲的书面证言：2010年3月19日前后，何某因打架被当地公安机关告知在家等候处理，不得外出，因此何某未离开C市；②2010年4月5日，公安机关发出的行政处罚通知书；③C市某机关工作人员赵某的书面证言：2010年3月19日案发前后，经常与何某在一起打牌，何某随叫随到，在此期间未离开C市；④何某女友范某的书面证言：2010年3月期间，何某一直在家，偶尔与朋友打牌，未离开C市。

庭审中，三名被告人均声称受到侦查人员刑讯。辩护人提出，在案卷材料中看到朱某、尤某、何某受伤后包有纱布的照片，被告人供述系通过刑讯逼供取得，属于非法证据，应当予以排除，要求法庭调查。公诉人反驳称，被告人受伤是因公安人员抓捕时三人有逃跑和反抗行为造成，与讯问无关，但未提供相关证据证明。法庭认为，辩护人意见没有足够根据，即开始对案件进行实体审理。

法庭调查中，根据朱某供述，认定尤某为策划、指挥者，系主犯。

审理中，何某辩护人向法庭提供了证明何某没有作案时间的4份书面材料。法庭认为，公诉方提供的有罪证据确实充分，辩护人提供的材料不足以充分证明何某在案发时没有来过A市，且材料不具有关联性，不予采纳。

最后，法庭采纳侦查中朱某、尤某的供述笔录、被害人陈述、报案材料、监控录像作为定案根据，认定尤某、朱某、何某构成盗窃罪（尤某为主犯），分别判处有期徒刑 9 年、5 年和 3 年。[1]

【训练方法】

1. 全体人员分为 5 个小组，分别代表控方、三名被告和审判方，就辩护人的排非申请、证据合法性、关联性等问题进行分组讨论；

2. 各小组形成本组的观点后，由一名代表发表意见；

3. 任课教师归纳小组意见并予以点评。

【实训任务】

通过对具体证据的分析判断，掌握相关证据规则的运用。

【实训步骤】

步骤 1：根据案情，列出具体证据种类；

步骤 2：划分有罪证据和无罪证据，列出传闻证据、非法证据；

步骤 3：运用相关证据规则，对上述证据进行审查、判断，形成处理意见。

---

[1] 卞建林主编：《证据法 原理·图解·案例·司考》，中国民主法制出版社 2015 年版，第 101~102 页。

单元七 证 明

引 言

证明活动在我们的生活中非常普遍。人们就某一问题发生争执时都会摆出自己的观点，用许多方法去证明自己的观点正确，并反驳他人的观点；科研人员也会寻找许多途径证明自己的猜想正确或某些自然规律客观存在，这些都属于证明活动，但不属于司法证明。司法证明有自己的概念和特点，有严格的程序和步骤，是区别于其他社会活动中的证明。在证据法学中，证据论和证明论是组成司法证明的两大基础部分。证据论主要研究各种证据的法律规定、特点以及实际运用中存在的一些问题，是静态的；而证明论主要研究证据在诉讼中的动态活动，是证据的证明价值得以实现的必经阶段，是司法证明活动的理论基础。证明是证明论当中的核心概念，证明有其自身的特点、方法和理论分类，对证明进行深入的了解，能够更好地理解证明活动的具体制度设置，确立现代诉讼证据理念，为司法工作人员拥有良好的工作能力打好理论基础。

知识目标

通过基本原理的学习，理解证明的概念和特点，理解证明的要素，了解证明的种类，基本理解证明的相对性。

能力目标

通过基本技能训练，转变办案理念，变"查明"案件事实为"证明"案件事实；树立法律真实与客观真实的理念；懂得区分不同待证事实适用的证明类别和规则；能够运用证明要素的相关知识对具体案件的证据进行分析；能对相关证明进行种类上的区分。

内容结构图

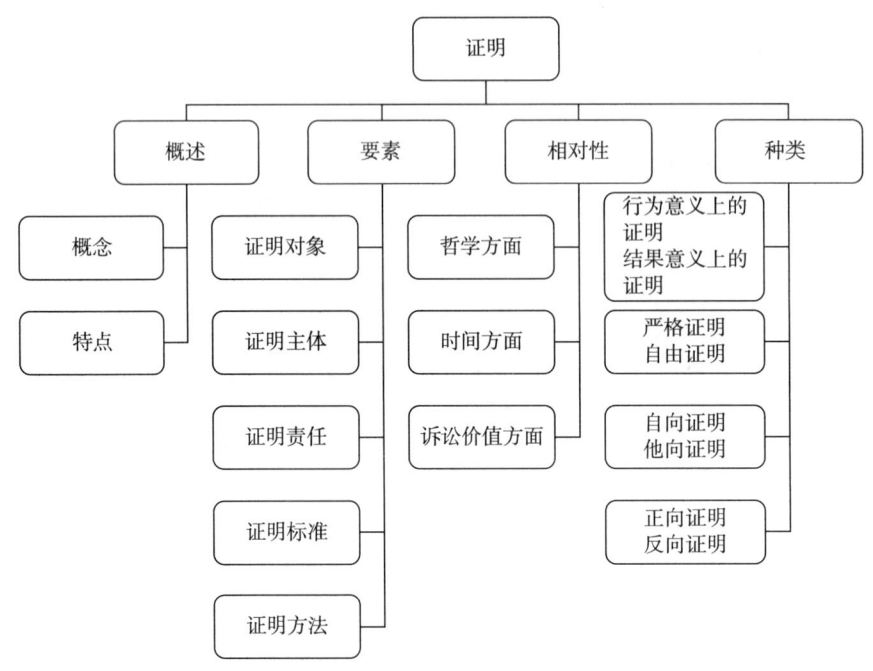

项目一 概 述

我们可以区分三种能找出证明和要求证明的论说类型。在纯数学里，我们寻求证明先天抽象的真理；在形而上学里，我们寻求证明关于世界结构的最一般的命题；在日常生活论证中，尤其是在政治的或法庭上的论证中，我们寻求偶然性命题的证明。

——威廉·涅尔

引 例

2002年3月15日晚，年仅18岁的少女高某某，死于其工作的宝石宾馆。当地公安局尸检鉴定结果为：死者体表无明显损伤，颅脑内及双腿有严重损伤，说明其为生前从高处坠落致伤。公安局将案件定性为自杀，并要求家人尽快火化尸体。但家属并不认同这个结果，他们发现高某某右耳后有紫红色掐痕，两手腕及手背有紫红色握痕，像是曾被人用力抓过双手，并拍有照片。家属觉得高某某死因疑点重重，不同意火化，并将高某某尸体从殡仪馆移至宾馆三楼大厅，设置灵堂，引来大批群众围观，造成宾馆门前交通阻塞。在多次劝说无效的情况下，为防止事态继续恶化，市委研究决定调集公安民警、武警，于凌晨强行将高某某尸体从宝石宾馆移回殡仪馆。当日，市委工作组与高某虎签订协议，商定高某虎将高某某尸体火化后，工作组给其协调4.9

万元补助费用。当晚高某某尸体被火化。次日,工作组将宝石宾馆提供的6300元和从慈善基金中支出的4.27万元共4.9万元交付给高某虎。案发后高某某父母坚持上访,一个很重要的证据是高某某死亡时所穿的内裤上检出精斑。事发后,他们将这条内裤送往湖北省同济法医学司法鉴定中心进行鉴定,鉴定报告书确认:死者高某某白色内裤上检出精斑。2006年上半年,高某虎接受媒体记者采访,媒体的报道引发舆论强烈关注。后当地成立专案组复查案件,通过对原始现场进行复勘及人形模特模拟实验等技术侦查手段,仍然得出高某某系坠楼自杀身亡的结论。高某虎在公安人员的陪同下,将一直由自己保管的高某某死亡时所穿衣物送交公安部物证鉴定中心鉴定,结论为"高某虎提供的白底蓝花内裤上的精斑是高某虎所留的可能性大于99.999999%"。检方认为,高某虎的行为涉嫌诬告陷害罪,法庭上辩护律师为高某虎作无罪辩护,最终法院判决高某虎诬告陷害罪名成立。

问:下列哪些行为属于证明?具体理由是什么?①法医对尸体的检验;②高某虎提供内裤的行为;③记者对案件展开的调查;④公安机关对案件进行的复查;⑤公安部物证鉴定中心对精斑进行的鉴定;⑥检察官对高某虎的起诉;⑦律师的辩护;⑧法官的判决。

基本原理

一、证明的概念

《汉语大辞典》定义"证明"为"据实以明真伪";《现代汉语词典》的解释是:"用可靠的材料来表明或断定人或事物的真实性"。从字义本身理解,证明就是用证据来明确、说明或表明某一事实,至少包括几种含义:①从已知到未知的推论活动;②支持某种观点或论断的说明活动;③为某人、某事作证或担保的行为;④具有证明作用的文书。

社会生活中,存在各种各样的证明活动。如:通过科学观测,证明地球围绕太阳公转;通过对H1N1流感病毒的医学研究证实H1N1流感病毒可以在人与人之间相互传播;通过考古活动和历史研究证明火药最早在中国发明等。这些例子都属于科学证明,它与我们下面学习的司法证明有一定的区别。

司法证明有广义和狭义之分。广义的司法证明是指,司法人员或司法活动的参与者运用证据明确或表明案件事实的活动。包括:①提出事实主张的当事人、律师、检察官等用证据向法官说明或表明案件事实存在与否的活动,即他向证明(或称为狭义的"证明");②法官运用证据查明和认定案件事实的认识活动,即自向证明(或称为"查明")。

狭义的司法证明则指诉讼当事人在法官的主持下,按照法定的程序和规则,通过举证和质证来反驳不利于己的诉讼主张,追求有利于己的诉讼结果的法律行为。

引例中,检察院对高某虎诬告陷害罪的起诉、律师的辩护是典型意义的司法证明,其他当事人和办案机关的各种行为应该定义为"查明"案情的行为,记者的调查活动不属于司法证明活动。

二、证明的特点

(一)证明具有对抗性

证明的对抗性是指在进行司法证明活动的过程中,诉讼的双方当事人、诉讼代理人或辩护人在审判人员的主持下进行举证、质证,支持自己的诉讼主张,反驳对方的诉讼主张。

英国法谚有云:"诉讼一方的陈述等于无陈述;裁判者应听取双方的陈述。"在诉讼中,双方当事人、诉讼代理人或辩护人从支持自己的诉讼主张、反驳对方的诉讼主张两方面进行举证和质证。控方会从控方的角度构建自己的证据链条,形成证据体系,证明案件事实。辩方会提出不利于控方的证据,用以打断控方的证据链条。同时,辩方也会从辩方的角度构建自己的证据链条,形成体系,证明案件事实。而控方也会就辩方的证据体系进行反驳。如此一来往复不断,针锋相对,这便是证明的对抗性的具体体现。基于证明的对抗性,案件事实在审判人员的主持下,由控辩双方针锋相对,相互印证证据,可以使事实越辩越清。这样既节省了审判资源,又使审判人员能够更好地认定案情,作出裁判。

(二)证明具有时效性

西方法谚有云:"迟来的正义非正义。"任何案件应当在一定期限内审理终结,审理过程假如超过一定期限必然导致审判权威受损、实际损失扩大、责任追究难度增大等问题。证明的时效是指依照法律规定,有关司法证明行为应当在特定的时间范围的实施,否则将承担不利的法律后果。不利的法律后果依法律规定有如下五种:"不予采纳""不能用于证明特定的事实主张成立""视为没有证据""视为举证不能"和"视为放弃举证权利"。下面对这些法律后果进行具体分析:

1. "不予采纳"是指人民法院对逾期提交的证据原则上不组织质证。对于"不予采纳"的证据,依法规定不属于"新证据"范畴的,原则上予以排除。

2. "不能用于证明特定的事实主张成立",是对特定事实不能使用该证据予以证明,但该证据可以证明除该特定事实外的其他事实主张成立。比如,在行政复议程序中,逾期提交的证据,不能用来证明具体行政行为合法,但可以用来证明具体行政行为违法。

3. "视为没有证据"的法律后果是直接在法律上不承认证明具体行政行为的相关证据的证据资格,对这种证据在法律上绝对排除,法官没有自由裁量的余地。

4. "视为举证不能"则是指由于当事人自己的过错,导致逾期举证,不能证明相关事实，法律直接认定当事人不能举证。

5. "视为放弃举证权利"是指在这些情况下逾期提供证据的，视为当事人自动放弃举证的权利。法院可以自由裁量是否采信这些证据。

项目二 证明的要素

证明责任乃诉讼的脊梁！

——罗森贝克

引 例

2004年7月，某甲向某乙借款4000元，双方约定半年内还款。半年期满，某乙向某甲提出还款要求，某甲称该款是当时做生意某乙承诺支持他而资助给他的，在甲乙生意往来过程中早已归还。某乙怒，遂将某甲告上法庭，要求某甲还款。在庭审过程中，某甲承认自己收过此款，但坚持辩称该款是某乙当时对自己生意上的资助，其早已在生意往来中归还。而某乙则坚持这4000元是自己借给某甲的，并说好半年归还，遂要求某甲归还。双方各执己见，但是都没有证据证明自己的事实主张。

问：某甲和某乙之间的债权债务关系是否成立？某乙是否履行了债务？

基本原理

无论在民事诉讼、行政诉讼还是刑事诉讼中，司法证明都是一个动态的过程，它由证明对象、证明主体、证明责任、证明标准和证明方法这几个要素组成。如若西方法谚所言"证明责任乃诉讼的脊梁"，那么证明对象便是手脚，证明主体便是头颅，证明标准便是五脏，证明方法便是六腑。这几个诉讼要素是一个有机的整体，它们相互作用，相互影响，在具体案件的司法证明活动中体现出来。比如，在民事侵权案件中，原告应当提出侵权行为的违法事实及其造成的侵权结果，并对侵权行为与侵权结果之间的因果关系以及加害人有过错进行证明；而被告则有权证明自己的行为并非违法侵权行为或自己的行为与侵权结果无因果关系。在这里，不同的证明主体对不同的证明对象负有不同的证明责任，不同的证明责任对应不同的证明标准，以不同的证明方法进行证明。因此，在实务中，司法工作人员必须对证明对象、证明主体、证明责任、证明标准和证明方法有综合的、系统的认识，捋清事情的脉络，清晰地抓住具体案件中的各个要素，找到适当的视角，发现主要问题，解决主要问题，完成案件的处理。

一、证明对象

证明对象是指在司法证明活动中，需要证明的各种案件事实，又称待证事实或要证事实。通俗地说，证明对象就是在司法证明过程中，司法工作人员和诉讼当事人以及律师在诉讼中必须运用证据认定的事实。深入地了解这一概念有助于司法工作人员在开展工作过程中准确定位案件矛盾点，集中主要力量解决相关问题，使诉讼有针对性地、有效率地开展起来。依照我国法律的相关规定，我国三大诉讼的证明对象各有不同，刑事诉讼的证明对象主要是有关犯罪行为构成要件和量刑情节的事实；民事诉讼的证明对象主要是民事纠纷产生、发展和消灭的事实；行政诉讼的证明对象主要是与具体行政行为合法性相关的事实。然而，在具体案件当中，由于具体争议的事实不尽相同，因此具体的证明对象也不尽相同。

作为一个司法工作人员，如何才能在诉讼当中准确地把握具体案件中的证明对象呢？我们应当认识证明对象在具体诉讼活动中的具体表现形式，更好地对证明对象的范围作出界定。一般来说，诉讼当中的证明对象有以下几种界定方式：

（一）法律规定

在我国，证明对象主要由实体法规定。我们应当在实际操作中注意法条中所表述的证明对象，从而在进行诉讼活动的过程中更好地把握具体案件中的证明对象。如《刑事诉讼法》第50条规定："审判人员、检察人员、侦查人员必须依照法定程序，收集能够证实犯罪嫌疑人、被告人有罪或者无罪、犯罪情节轻重的各种证据……"该条规定了在刑事诉讼中犯罪嫌疑人、被告人有罪或者无罪、犯罪情节轻重属于刑事诉讼证明对象的实体要件事实，理解该条款对于证明对象的规定，司法工作人员就能够在具体案件中把握住具体的证明对象。

（二）司法解释的相关规定

在我国，司法解释作为诉讼实务中重要的法律指引，对具体案件的审理起着举足轻重的作用。司法解释的规定主要通过对现行法律法规的扩大、补充、修改三种方式对证明对象的范围界定进一步进行细化和完善。

（三）当事人的主张

当事人的主张必须具有争议性，才能被作为证明的对象，没有争议的主张不属于证明对象。作为证明对象的当事人的主张，应当具有以下几方面特点：首先，当事人在起诉时，应当提出诉讼请求，主张自己的实体权利；其次，在诉讼中，为支持其诉讼请求，当事人应当就案件的有关事实提出证据参加举证、质证和认证。当事人通过以上两个步骤将证据运用到证明活动当中，支持自己的诉讼主张，通过证明活动实现证据与诉讼主张的联系。因此，当事人的诉讼主张也应当属于证明的对象。在具体的案件当中，我们必须联系实体法，判断案件争议的主要事实，划定当事人的事实主张范围。在引例当中，某甲的主张是自己已归还某乙款项，已经履行了合同义务。某乙的主张则是某甲未按照约定按期还款，要求其尽快归还欠款。

（四）其他事实情况

没有相关的法律规定，也没有相关法律解释，当事人又没有提出主张，而在庭审中为作出判决又必须要予以认定真伪的事实，也应当属于证明的对象。由于法律在制定的时候必然存在滞后性，而司法解释又不能在短时间内穷尽社会新发生的各种情况，当事人由于法律意识的缺失而不能完全从法律角度充实自己的主张，因此，审判人员在出现这种情况时应当参照相似法条或依照法理对这些事实情况进行分析：假如该事实情况对案件主要事实真伪的认定有实质法律意义，有可能影响最终的审判结果的话，那么该事实情况应当作为证明的对象进行质证和认证，否则该事实不应当作为证明的对象。

由此可见，证明对象通过上述几种方式表现出来。另外，在证明对象中，需要特别注意推定和司法认知，详细内容在单元十三中进行介绍，此处不再重复。

二、证明主体

证明主体是指依法进行诉讼证明活动，承担诉讼义务，享有诉讼权利的人。按照我国法律的有关规定，当事人、诉讼代理人和辩护人、司法机关都是证明活动的主体。

（一）当事人

当事人是主要的证明主体。依照相关法律的规定，在民事诉讼和行政诉讼中，当事人包括原告、被告、第三人、共同诉讼人以及法定代理人；在刑事诉讼中，当事人包括被害人、自诉人、被告人、犯罪嫌疑人、附带民事诉讼原告人、附带民事诉讼被告人以及法定代理人。

当事人在不同案件的司法证明中承担不同的证明责任，享有不同的诉讼权利。一般来说，当事人承担证明责任遵循"谁主张，谁举证"的原则，但为使证明责任得到公平的分配，法律亦规定有例外。

（二）诉讼代理人和辩护人

诉讼代理人和辩护人凭借一定的法律专业知识帮助诉讼当事人参与诉讼，进行诉讼活动。诉讼代理人和辩护人基于当事人与其成立的合同上的代理关系，在当事人的授权范围内代理当事人处理相关事宜。因此，诉讼代理人和辩护人并不享有当事人在诉讼上的所有法律权利。诉讼代理人和辩护人的权利有两方面的限制：一是诉讼代理人和辩护人只能在法律规定的范围内参与诉讼；二是诉讼代理人和辩护人只能在当事人的授权范围内参与诉讼。另外，诉讼代理人和辩护人承担与当事人同等的证明义务。在辛普森案件的刑事审判当中，辛普森的律师团队发挥了极大的作用，使案件的审理过程变得跌宕起伏，影响了最终的判决结果。

（三）司法机关

在我国，司法机关包括人民检察院和人民法院。人民检察院在依法行使检察权的过程中，部分职权行为属于司法证明的范畴。

人民检察院依法行使检察权。检察权包括两大部分：一是就刑事案件进行审查并出庭支持公诉；二是对刑法明文规定由检察院展开侦查的案件，依法进行侦查。人民检察院依法就刑事案件出庭支持公诉的相关活动就属于司法证明活动。

人民法院依法行使审判权。人民法院在依法受理案件的基础上，开庭审理案件，在诉讼双方各自提出其诉讼主张，提交相关证据后，主持诉讼双方进行举证和质证，充分听取诉讼双方的意见，在认定案件事实的基础上依法作出裁判，判定法律责任的最终分担。因此，人民法院依法行使审判权，不承担证明责任，该行为不属于司法证明活动。

三、证明责任

证明责任是指进行诉讼证明活动的人，依法对其主张的事实有予以证明其真实性的责任，如果不能依法证明相关事实的真实性，则应当承担其主张不被法庭支持的法律后果。从证明责任的概念中我们可以看到，证明责任实质上包括两种不同的情况：一种是行为意义上的证明责任，即当事人不能证明则承担其诉讼主张不被支持的法律后果；另一种是结果意义上的证明责任，即当事人不能证明则承担败诉的法律后果。

行为意义上的证明责任在庭审中由当事人的一系列具体主张和具体证明行为产生，由法官依自由裁量权认定其是否达到证明责任的要求；就结果意义上的证明责任来说，当事人需要承担的结果由法律规定。引例当中，某甲与某乙都有自己的诉讼主张，都应当对自己的诉讼主张承担证明责任，但是原、被告双方都没有证据证明自己的诉讼主张。根据《最高人民法院关于民事诉讼证据的若干规定》第5条规定，双方对合同的成立、生效发生争议时，由主张合同成立、生效的一方就成立、生效的事实承担举证责任。该条第2款规定，"对合同是否履行发生争议的，由负有履行义务的当事人承担举证责任"。

引例中，某乙主张某甲应当归还欠款，虽然某乙没有证据证明双方的债权债务合同关系成立，但是某甲当庭承认了拿到4000元款项的事实，因此某乙的诉讼主张中，某甲取得4000元款项的事实得到了证明。另一方面，某甲提出自己已经履行该借款合同的诉讼主张，但是其没有证据证明自己已经履行了借款合同的义务，其诉讼主张不能得到支持。综上所述，某甲应当承担举证不能的法律责任，归还欠款。

四、证明标准

证明标准是指司法人员查明案件事实、当事人证明案件事实需要达到的程度。在世界各个国家当中，由于经济、政治、法律、风俗、思维方式等社会背景的不同，证明标准的尺度也多种多样，纷繁复杂。具体来说，各国发展出了包括"优势证据""排除合理怀疑""优势盖然性"等不同的司法证明标准。在英美法系国家中，法律都会要求证明主体对不同类别的法律事实以不同的司法证明标准进行司法证明，这种证明标准的法律规定被称为"多元化"的证明标准。辛普森案件刑事审判结果与民事审判结果的大相径庭也是因此造成的。

在我国,法律明文规定的证明标准表述基本一致:"案件事实清楚、证据确实充分"。我国《刑事诉讼法》第 195 条规定:"在被告人最后陈述后,审判长宣布休庭,合议庭进行评议,根据已经查明的事实、证据和有关的法律规定,分别作出以下判决:①案件事实清楚,证据确实、充分,依据法律认定被告人有罪的,应当作出有罪判决;②依据法律认定被告人无罪的,应当作出无罪判决;③证据不足,不能认定被告人有罪的,应当作出证据不足、指控的犯罪不能成立的无罪判决。"我国《民事诉讼法》第 168 条、《行政诉讼法》第 69~70 条也作了类似规定。

然而,我国已经开始在立法方面就民事诉讼的证明标准进行层次上的区分。《最高人民法院关于民事诉讼证据的若干规定》第 73 条第 1 款规定:"双方当事人对同一事实分别举出相反的证据,但都没有足够的依据否定对方证据的,人民法院应当结合案件情况,判断一方提供证据的证明力是否明显大于另一方提供证据的证明力,并对证明力较大的证据予以确认。"因此,也有学者认为我国的"一元化"证明标准体系已经在被逐渐打破。

五、证明方法

证明的方法是指在司法证明活动过程中,依法运用的思维方法和认定事实的方法,具体来说包括逻辑推理、司法认知、推定等。

(一) 逻辑推理

恩格斯曾指出:"逻辑是关于思维过程本身的规律的学说。"逻辑研究的是思维的形式和思维的规律。而逻辑推理就是从已知的事实或判断,通过一定的逻辑规律或逻辑规则,推理出新的事实或判断的思维过程。

通过逻辑推理得到的结果并不一定都是正确的。逻辑推理必须按照一定的规律和规则,假如违反这些规律和规则进行推理,必然导致思维上的混乱,造成推导的结果不正确。

然而,是否完全按照逻辑推理所要求的规律和规则进行逻辑推理,就必然得到正确的结论呢?逻辑推理是人们思维的过程,按照逻辑推理所要求的规律和规则进行推理仅仅是在思维过程上符合了思维的形式性要求,人们并未将推理所得的结果与客观事实进行对比,因此推理的结果仅仅符合人们思维上的形式要求,并未符合客观上的事实要求,因此其并不一定符合客观事实。在司法证明中,要通过逻辑推理获得客观真实的结论,除了在推理过程中遵守一定的逻辑规律和规则之外,还要用案件证据和其他事实进行检验,要求该结论符合人们的经验法则。

逻辑推理主要分为演绎推理和归纳推理。简单来说,演绎推理是从一般到个别,归纳推理则是从个别到一般,两者的思维方向相逆。

演绎推理是从一般的原则推导出个别结论的逻辑思维方法。典型的演绎推理是"三段论"。"三段论"由两个基础判断和一个结论判断组成,两个基础判断是前提,一个结论判断是通过思维模式推导出的新结论。在一个三段论中,如果两个基础判断均为真实,那么结论判断必然真实。通过演绎推理,我们可以依据已知的事实,通过一定的思维模式得到新的未知事实。因此,演绎推理在司法证明活动中被广泛应用于案件事实的调查、证据的核实。在运用演绎推理进行司法证明时必须注意两点:①基础判断不仅要客观真实,而且必须在法律意义上也为真实;②不论是基础判断还是结论判断,必须符合经验法则和法律的规定。举个例子:所有的犯罪嫌疑人未经定罪均不得被认定为罪犯,犯罪嫌疑人某甲未经审判定罪,所以不能认定犯罪嫌疑人某甲为罪犯。在演绎推理所得到的结论符合以上各个条件之后,才能认定该事实符合真实性和可靠性,该事实才能够被用作定案事实而予以采信。

归纳推理是通过对很多个别事实情况进行总结归纳,推导出一般性结论的逻辑思维方法。归纳推理是普遍性结论的来源,我们生活中的经验法则、审判中的指导性原则、司法证明中的证据规则,都是通过归纳推理所得到的结论。归纳推理的重要作用是形成具有普遍性的结论,从而使具有普遍性的结论指导人们认识其他一般的个别事实情况,也就是个别到一般,再从一般到个别的思维方式运用。归纳推理以一定数量的个别性事实情况为前提,推导出一个一般性的结论。使用归纳推理必须注意以下几点:①一定数量的个别性事实情况必须被确定为真实,否则会影响一般性结论的真实性;②在一定数量的个别性事实情况为真实的前提下推导出的一般性结论未必都是正确的;③符合一般性结论的个别性事实情况越多,一般性结论的真实性越大。举个例子:证人 A 说当天看见某甲持刀行凶,证人 B 也说当天看见某甲持刀行凶,证人 C 也说当天看见某甲持刀行凶,那么,应当认定某甲当天持刀行凶。但是,经过警方调查发现,某甲当天只是在附近买刀,案件另有罪犯。看来,A、B、C 三位证人提供了虚假证言,导致结论错误。

(二)司法认知

司法认知,也被一些学者称为审判上的认知或审判上的知悉。司法认知,是指在案件审理过程中,审判人员对于需要认定的事实,无须经过当事人的举证和质证,直接依法予以确认,从而用作判决依据的一种司法证明方法。本章作简单介绍,证明对象单元将作详细介绍。

依照我国相关法律的规定,司法认知的范围主要包括:

1. 众所周知的事实。众所周知的事实是指一般人凭借基本生活经验和社会经验应当知道的事实。生活经验和社会经验具有地域性,因此,众所周知的事实是在一定地区范围内的人所普遍了解的事实。比如,在中国,人们都知道"天狗吃月"的现象是指月食；十月一日是国庆节；夏天的白天比较长；等等。

2. 自然科学定律。自然科学定律是指经过科学研究证实，符合自然规律，能够被人们所理解并运用的原理。科学家们通过猜想、实验、推理等方法，不断积累科学知识，深化理解，从而提炼出对自然界一些规律的总结，用等式、语言等方式表达出来，并被人们运用在生活中。自然科学定律涵盖自然科学的各个方面，包括数学定律、物理定律、化学定律等。比如欧姆定律、万有引力定律等。

3. 国家机关公报的事实。一些事实通过国家机关的相关程序进行了认定之后，通过一定方式公报出来，具有较高的公信力和真实性。国家机关公报的事实如何进行司法认定与公报事实的具体国家机关有关系。对有立法权的国家机关公报的事实进行司法认定的时候，人民法院应当直接以司法认知确定其真实性，无需进行审查；对没有立法权的国家机关所公报的事实进行司法认知时，人民法院应当对相关事实进行审查和核对，确认与事实情况无任何矛盾后才能以司法认知确定其真实性。

4. 生效的裁判、公证文书和行政行为确认的事实。在我国，审判机关、公证机关和行政机关依法行使审判权、公证权和行政权。在执行公务的过程中，必然会对一些有争议的事实进行确定，并以一定的文书形式表现出来。这些文书当中所确认的事实由于经过国家机关的确定，因此有国家公信力给予支持，应当直接予以认可。

5. 当事人承认的事实。在庭审过程中，当事人有权对一些不利于自己的事实予以承认，放弃一些反驳的权利。这些事实经法庭确认查明并无异常的，应当基于减轻庭审的压力、减少庭审的时间、提高庭审效率的目的，将其列为司法认知的一部分。需要注意的是，我国《刑事诉讼法》第53条规定，只有被告人供述，没有其他证据的，不能认定被告人有罪和处以刑罚。因此，在刑事诉讼当中，对于被告人承认的事实可以通过司法认知进行认定，但不能仅凭该事实定罪量刑，必须有其他证据相互印证，才能作出最后裁判。引例中，某甲就自己已经取得款项的事实便属于当事人承认的事实。

6. 其他明显的、当事人不能提出合理怀疑的事实。对于一些显著客观存在的事实，假如当事人不能提出有效的合理怀疑，法庭也应当确认该事实确实存在。该事实指依据一般人的知识水平或日常生活经验即能确定真实与否的事实。比如：某人从广州到北京仅用了3个小时，那么他用的交通工具是飞机；2001年9月11日美国纽约发生了911事件。

（三）推定

推定是指法官依照法律规定或者经验法则，根据一个已知事实推断出另一个未知事实的一种司法证明方法。推定在司法证明当中经常使用，审判人员依照法律规定或经验法则推断出另一个事实，称为推定事实。推定由前提事实、法律规定或经验法则、推定事实三个部分组成。前提事实的不真实，法律规定或经验法则的运用不当，都会导致推定事实不真实。因此，我们在进行推定时，应当注意前提事实的真实性和适用法律规定或经验法则的正确性。

根据推定时适用的是法律规定还是经验法则，推定可分为立法推定和司法推定。立法推定的依据是法律法规，当前提事实和推定事实相对稳定时，就可以立法的方式固定这种推定形式，在司法实践中依法使用；司法推定的依据是逻辑思维和经验法则，当前提事实符合一定程度逻辑思维的正常推断或经验法则上的当然性时，就可以依照逻辑思维和经验法则推断出推定事实。

项目三　证明的相对性

一个人不能两次踏入同一条河流。

——古希腊哲学家赫拉克利特

引　例

辛普森案。[1]

基本原理

证明的相对性是指由于证明的主体、依据、对象、程序等因素的影响，在权衡正义、公平、平等、效率等诉讼价值后，在客观真实性上不可能达到绝对客观真实的程度。司法证明作为证明的一种，证明的相对性必须从以下几个方面综合认识：

一、哲学方面

辩证唯物主义的认识论指出，人能够能动地认识世界，甚至认识世界的规律，但是人不能穷尽对所有知识的认识，这是由于人们的认识受到事物的变化、自然条件、经济条件、科学技术条件等这些客观条件以及人的主观能动性、知识构成、历史认识水平等这些主观条件的限制造成的。人们总是在不断地发展科学技术，加深对自然规律的认识，但是人们总是无法认识所有科学技术和自然规律，人们还是有诸如疾病、生命起源等很多问题无法解决。每一个时代的人都有不一样的经济、社会和科学技术发展背景，每一个时代的人认识水平都不同。比如原始时代的人不懂得使用电力，奴隶时代的人不懂得因特网。但是随着时代的进步，人们会懂得使用电力，使用因特网。这说明了这样一个事实，人们虽然可以认识事物，但是由于客观条件和主观条件的限制，人们不可能完全认识所有的事物，而只能认识到一部分事物。也就是说，人们在认识事物的过程中，并不能达到绝对的、完全的认识，而只能达到相对

---

[1] 王达人、曾粤兴：《正义的诉求》，法律出版社2003年版。

的、片面的认识。恩格斯在《反杜林论》中就明确指出:"一方面,人的思维的性质必然被看作是绝对的,另一方面,人的思维又是在完全有限地思维着的个人中实现的。这个矛盾只有在无限的前进过程中,在至少对我们来说实际上是无止境的人类世代更迭中才能得到解决。从这个意义上来讲,人的思维是至上的,同样又是不至上的。它的认识能力是无限的,同时又是有限的。按它的本性、使命、可能和历史的终极目的来说,是至上的和无限的;按它的个别实现和每次的现实来说,又是不至上的和有限的。"

司法证明是人们认识事物的过程。通过司法证明,法官和诉讼当事人能对案件事实有一定的认识,并依照法律的相关规定确定法律责任的分配。但是,人们对案件事实的认识都属于认识的"个别实现",都是"在完全有限地思维着的个人中实现的",都是不可能无止境无限期地进行下去的。而且由于客观条件和主观条件的限制,通过司法证明并不能完全还原案发当时的所有情况。比如,案发时当事人心理状态的变化、案发时被害人死亡的时间、案发时被告人离开案发现场步行了多少步等都难以完整地被人们所认识。正因如此,我们通过司法证明所认识的事实并不是绝对的、完全的案发事实,而是相对的、部分的认识。因此,依法经过法庭审理以后,法庭据以宣判的事实认定并不能穷尽对案件所有情况的认识,只能达到相对的真实。正如列宁在《唯物主义和经验批判主义》中指出的:"马克思和恩格斯的唯物主义辩证法无疑地包含着相对主义,可是它并不归结为相对主义,这就是说,它不是在否定客观真理的意义上,而是在我们的知识向客观真理接近的界限受历史条件制约的意义上,承认我们一切知识的相对性。"

二、时间方面

司法证明是一种"历史证明",亦有学者称为"回溯证明"。只有在案件发生之后,司法工作人员才能进行侦查活动,诉讼双方才能开展司法证明活动。因此司法证明活动只能在案件发生以后才得以开展,证明的对象也只有在案件发生以后才能予以确认。司法证明具有时间上的天然滞后性,司法证明不可能与案件同步进行。从时间上来说,司法证明都是正在进行司法证明的主体对以前的、历史的事实进行追查和核实,以确定当时的案件真实情况是否符合自己推测的事实情况的一种历史证明,这说明司法证明在时间上具有相对性。也就是说,在时间上,司法证明的事实总是发生在案发的事实后面。这样就会造成以下后果:证人可能因为时间的流逝而忘记了目击的部分案件情况;物证可能因为时间的经过造成特性的变化或形态的转变而灭失;被害人的尸体或伤势因为时间的经过产生变化而导致鉴定结果的不准确等。

由于司法证明与案件真实情况在时间上的相对性,司法证明不可能达到对案件真实情况的完整"重现",只能"重组"案件真实情况,使案件真实情况尽可能地接近案件发生时的真实情况。在辛普森案件中,警方的侦查和取证都是在案件发生以后才进行的，证人对所知道的案情的描述更是在庭审时才能被知晓，警方的鉴定意见也是在案件发生后才能进行。每一项证据都是在案件发生以后才被调取，并用来证明已经成为历史的案件真实情况。所有证据都在庭审时才被用来进行案情的"重组"，以说服陪审团和法官承认本方所"重组"的案情，该证据并不能使"重组"的案情与案发当时的所有客观情况、心理情况、环境情况等完全吻合。因此陪审团和法官据以认定案情作出裁判的"案件事实"并不是案发当时的案件事实，而是经过"加工"的案件事实，其自然就会受到时间的影响，不能达到完全的吻合。

三、诉讼价值方面

诉讼有正义、公平、平等、效率等法律价值。法律追求正义公平的审判结果，但是，在实际审判过程中必须兼顾平等和效率。假如为了追求绝对的公平正义而忽视平等，则可能导致诉讼资源的分配不均，导致审判结果没有说服力。假如为了追求绝对的公平正义而忽视效率，则可能导致审判的结果实际上没有意义或者现实法律效果降低。

假如司法工作人员为了追究犯罪嫌疑人的刑事责任，百般阻挠其代理律师进行证据收集，则破坏了律师依法享有的取证权，忽视了诉讼权利的平等，这就有可能造成司法不公。在著名的辛普森案件中，警方在取证过程中对"血袜"这一重要证据的不当处理，导致控诉方的证据链条出现漏洞，而辛普森的律师就是抓住了这一条，反驳了警方的指控，最终使辛普森无罪释放。假如法院不理会辛普森律师团队的意见，仅仅采纳或过于重视警方的证据和指控，进而作出有罪判决，那么这个判决就是建立在非平等的诉讼之上，即使是正义的，也无法说服辛普森和其他民众。

通过司法证明所获得的案件事实虽然是定案事实，但其并非是案件的真实客观历史全貌。也就是说，在实际的庭审中，用来作为审判依据的定案事实不是完美的事实，其自身必然存在缺陷。那么，用存在缺陷的案件事实定案，判决双方当事人承担相应的法律责任是否违背了法律对正义、公平价值的追求呢？并非如此。正如西方法谚所言："迟到的正义非正义。"诉讼作为一种在法律上解决人们矛盾的机制，必须有时效性。假如法庭为追求完美的案件事实，对该案进行了为期80年的审理，宣判时诉讼双方当事人早已死去，那么审判结果对于诉讼双方当事人而言毫无意义，法律也就失去了权威性。同理，我们应当认识到，早到的正义，亦非正义。

诉讼作为人们平息争端、解决纠纷的一种方式，要求在一定的时间内，尽量地达到公平正义，这就必须兼顾诉讼的平等和效率价值。通过司法证明所得到的案件事实只能达到相对真实，这也是诉讼的法律价值冲突的结果。

项目四　证明的种类

问题在于用事实证明有理，没事实，有理也不值一文。

——罗曼·罗兰

引　例

7岁小童甲与8岁小童乙在一楼顶比赛谁抛掷石块比较高，两人同时抛出两个石块后，石块掉落楼下，不慎将行人丙头部击伤，导致行人丙昏迷住院。经医院检查，确认行人丙的受伤乃当时从楼上掉落的两块石头的其中一块石头击中头部所致。丙经治疗苏醒后神志清醒，遂将两小童告上法庭。在法庭上，7岁小童的父亲发现合议庭中一名审判员是丙的兄弟，遂向法庭提出申请，要求该审判员回避。

问：案例中的证明行为有哪些？请就这些证明行为进行分析。

基本原理

一、行为意义上的证明和结果意义上的证明

依照证明动态的表现形式，可以将证明分为行为意义上的证明和结果意义上的证明。行为意义上的证明是指证明主体通过证据对案件事实进行确认的过程，具体分为取证、举证、质证和认证一系列动态过程；结果意义上的证明是指证明主体通过已知的案件事实认定案情的最终结果。行为意义上的证明强调的是证明主体在进行证明的动态过程，结果意义上的证明强调的是证明主体对于证明行为的最终结果形态上的认定。[1]如引例中，对7岁小童甲和8岁小童乙一同抛掷石块的行为进行确认的取证过程，对行人丙的伤势鉴定过程即为行为意义上的证明。而对于合议庭中一名审判员为丙的兄弟，法庭作出其必须回避的决定的证明，即为结果意义上的证明。

区分行为意义上的证明和结果意义上的证明有助于我们从动态过程和静态结果两个层面理解证明活动。任何动态过程的证明行为最终都会形成审判人员对案件的认定结果。

二、严格证明和自由证明

依照证明行为所需要遵守的法律规定的严格程度和证明对象的证明程度不同，证明可分为严格证明和自由证明。严格证明所需要遵守的法律法规较多，规定相对较为严格，其证明对象一般为实体法事实；自由证明所需要遵守的法律法规较少，规定相

---

[1]　樊崇义主编：《证据法学》，中国人民公安大学出版社2003年版，第215页。

对较为宽松，其证明对象一般为程序法事实。比如，在一起民事侵权案件中，原告必须举证证明被告作出了侵权行为，该侵权行为造成了原告的实际损害，对这些事实所展开的证明活动属于严格证明的范畴；而被告提出审判庭中有审判员是原告的兄弟，提出回避申请，对于申请回避所依据的事实进行的证明活动属于自由证明的范畴。

严格证明和自由证明的本质区别在于他们所针对的证明对象不同，严格证明所针对的证明对象为实体法事实，而自由证明所针对的证明对象为程序法事实。两者在法律规定上的区别直接体现了两者在本质上的区别。下面我们看看两者在表现形式上即法律规定上的区别：[1]

第一，就证明的程序来说，严格证明由法律禁止性规定予以规范，即违反相关法律规定所采取的证明方法一律无效；而自由证明，极少由法律禁止性规定来规范，一般由审判人员依自由裁量予以确认证明方法是否有效。

第二，就证明的具体方法来说，严格证明的具体证明方法由法律明文规定，凡采取非法律明文规定的方法进行的证明一律无效；而自由证明的具体证明方法，只要没有法律明文规定予以禁止，都可以被法庭采信。

第三，就证明标准来说，严格证明的证明标准是"案件事实清楚、证据确凿充分"；而自由证明的证明标准相对较低，只要能够达到"合理的可能"既可。

三、自向证明和他向证明[2]

依照证明行为所指向的主体不同，证明可以分为自向证明和他向证明。自向证明是指所证明主体作出的证明行为是为了向自己证明相关问题；他向证明是指证明主体作出证明行为是为了向证明主体之外的其他人证明相关问题。司法证明一般指的是他向证明，即向事实裁判者进行的证明。比如，检察机关侦查部门为了查明某一贪污案件的相关案情，向犯罪嫌疑人所在单位调取证据，向其存款的银行核实情况等侦查行为即为自向证明；检察机关公诉部门查明该贪污案件后向法院提起公诉，进行举证和质证，向法院和被告人说明案情的行为即为他向证明。

由此可知，同一个机关在不同阶段可以成为自向证明的主体，也可以成为他向证明的主体。在上例中，检察机关在侦查阶段是自向证明的主体，而在审判阶段，则是他向证明的主体。司法证明一般指的是他向证明，即向事实裁判者进行的证明。因此，人民法院是自向证明主体，而非他向证明主体。

区分自向证明和他向证明，有利于我们更好地把握证明行为所指向的对象主体，从而更好地把握具体诉讼阶段中证明行为所需要达到的程度。

---

[1] 何家弘、张卫平：《简明证据法学》，中国人民大学出版社2007年版，第74页。
[2] 何家弘、张卫平：《简明证据法学》，中国人民大学出版社2007年版，第74页。

四、正向证明和反向证明[1]

依据对案件事实证明的方式是积极方式还是消极方式,证明分为正向证明和反向证明。正向证明是指以积极的方式证明案件相关事实成立或真实存在的证明方式;反向证明是指以消极的方式证明案件相关事实不成立或不真实存在的证明方式。在反向证明中,如果证明主体不能拿出充分证据证明所主张的事实不成立或不真实存在,则应当认定该事实成立或真实存在。反向证明常被运用在举证责任倒置的情况下。例如,《最高人民法院关于民事诉讼证据的若干规定》第4条第7项规定:"因共同危险行为致人损害的侵权诉讼,由实施危险行为的人就其行为与损害结果之间不存在因果关系承担举证责任。"依照该规定,引例中,小童甲和小童乙抛掷石块导致丙受伤,小童甲和小童乙共同实施了抛掷石块的危险行为,他们应当就其抛掷石块的行为与丙被石块砸伤的结果之间不存在因果关系承担举证责任。

人们认识事物都可以从正反两方面进行,证明活动也不例外。人们在认识事物的时候,从正面认识事物时都必须对事物建立一个完整的、正确的认识体系,使正面认识能够经得起考验。而当人们从反面认识事物、否定事物时,仅需要举出反例打破正面的认识体系既可。我们可以发现,从正面认识事物较从反面认识事物更困难,正面认识的事物说服力要比反面认识的事物说服力大,正面认识的标准比反面认识的标准要高。

正向证明和反向证明正是从正反两方面深化人们对案情的认识,从而使案情能够更加清晰,使审判人员作出正确的裁判。正向证明的证明难度较大,标准较高,但证明力较强;反向证明的证明难度相对较小,标准较低,但证明力相对较弱。因此,法律为平衡正向证明和反向证明,通常通过举证责任倒置平衡诉讼双方的举证责任,提高诉讼的对抗性。

问题与思考

1. 司法证明与其他证明有什么不同?司法证明有什么特点?
2. 证明由哪些要素组成?三大诉讼中的证明要素有什么不同?
3. 你怎样理解证明的相对性?如何在实践中把握证明的相对性?

拓展阅读

1. 何家弘:"论司法证明的基本范畴",载《北方法学》2007年第1期。
2. 乔纳森·科恩、何家弘:"证明的自由",载《外国法译评》1997年第3期。
3. 樊崇义:"客观真实管见——兼论刑事诉讼证明标准",载《中国法学》2000年第1期。
4. 罗玉珍、高委:《民事证明制度与理论》,法律出版社2003年版。

---

[1] 何家弘、张卫平:《简明证据法学》,中国人民大学出版社2007年版,第75页。

单元八

证明对象

引 言

开展司法证明活动，首先必须确立证明对象，明确证明活动的方向，做到有的放矢。取证、举证、质证、认证等各个证明环节，均以证明对象为出发点和归宿。证明对象的确定，主要依据实体法，但程序法要求的一些事实，也会成为证明的对象。证明对象不仅因案件性质不同而不同，甚至在同类型案件中也会因案而异。证明对象的不同，决定了证明主体的不同。故证明对象要素在司法证明中具有举足轻重的地位。在证明活动中，基于证明的必要性、证明的现实困难等因素的考虑，一些本来属于证明对象的事实，会被排除在证明对象范围外，成为免证事项。

知识目标

通过基本原理的学习，掌握证明对象的概念和范围；知晓免证事项的概念、范围；熟知三大诉讼各自的证明对象；理解民事诉讼证明对象划分的理论依据。

能力目标

通过基本技能训练，具备根据实体法规范分析、归纳案件证明对象的能力；能够识别免证事项；能够界定民事案件具体待证事实的性质。

单元八 证明对象

📝 内容结构图：

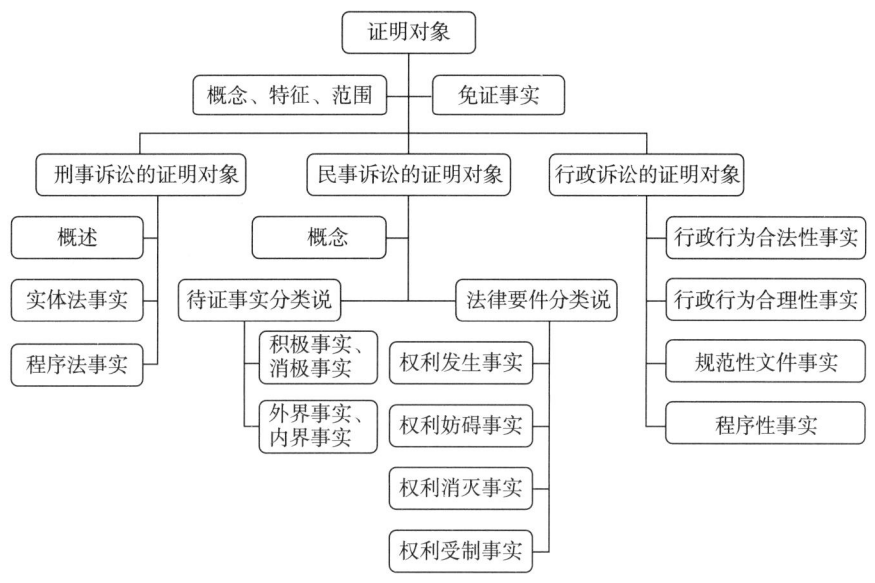

项目一 概 述

证明对象既是诉讼的出发点，又是证明活动的归宿，它决定着诉讼证明活动如何进行、需要什么证据、谁负举证责任等。

——佚名

引 例

湖南长沙人胡某荣曾经在某银行共存四笔定期存款，总额 4.8 万美元。2003 年 1 月 31 日，他拿着到期存单取款，却被工作人员告知存款由一个自称是胡某荣弟弟"胡某仁"的人取走了。那人于 1 月 19 日拿着自己和胡某荣的身份证办理了挂失手续，随后将美元兑换成人民币全部取走。经查，"胡某仁"的身份证是假的，而其所用的胡某荣的身份证是失主两年前丢失的，失主已经在报上登了遗失启事，并领了新的身份证。此外，在挂失申请单上还有不少技术问题，如五处字迹涂改，四个账号都漏写了前七位数字，身份证号码前后不一致，有些内容还是银行营业员代替取款人填写的。然而，银行坚持说他们是照章办事，行为绝对无过错，因此拒绝再次付款。胡某荣无奈，只好起诉到法院。

问：就本案的当事人而言，证明对象是什么呢？

基本原理

证明对象是诉讼过程中需要证明的事实,包括实体法事实和程序法事实,但证据事实不属于证明对象。不同的诉讼,证明的对象也不同。

一、证明对象的概念和特征

(一) 证明对象的概念

证明对象,是证明主体的对称,又称证明客体,即要证事实、待证事实。证明对象分为广义的证明对象与狭义的证明对象。广义的证明对象包括诉讼中的证明对象和非诉讼中的对象;狭义的证明对象仅指诉讼中的证明对象。本节所研究的证明对象,是指狭义的证明对象,即诉讼中的证明对象。

诉讼中的证明对象,是指在诉讼活动中,由对立的诉讼主体提出诉讼主张和采用证据加以论证和证明的,并最终由裁判者加以确认的案件事实。

需要明确的所谓对立的诉讼主体提出诉讼主张和采用证据加以论证和证明,综合体现了三大诉讼上的一个基本特征,即对立的诉讼主体根据法律上的规定和采用证据对其诉讼主张加以论证,其目的是证明特定案件事实的成立,这是由诉讼上的对抗制构架决定的,而对立的诉讼主体之间所提出诉讼主张的不同,是由其诉讼职能或者具体的利害关系之间冲突所决定的。例如,刑事诉讼活动中,公诉机关及自诉人行使控诉职能,力图证明被告人有罪、罪重并应当承担相应的法律责任,而被告人及辩护人行使辩护职能是为论证被告人无罪、罪轻从而应当免除、减轻其刑事责任。而在民事诉讼中,则体现为民事权益处于冲突的当事人根据法律、运用证据提出诉讼主张和论证其所主张的案件事实,借以实现其诉讼请求的格局。

(二) 证明对象的特征

1. 证明对象首先必须是当事人所主张的事实。当事人的诉讼请求和事实主张界定了待证事实的范围、边界,是某一事实成为证明对象的前提。审判机关对于当事人没有主张的事实不能展开审理,与诉讼请求无关的事实被排除在证明对象之外,该事实也就不可能成为证明对象。如引例中,胡某荣需要证明的是其存款被人取走是因为银行的过错的事实,银行要证明的事实是其照章办事,对胡某荣的存款被人冒领无过错。

2. 证明对象是法律规定的要件事实。要件事实是指执法人员作出合法处理必须查明的事实。在刑事诉讼法中是有关犯罪构成要件和量刑情节的事实,在民事诉讼中是有关民事法律关系构成要件的事实以及民事纠纷产生和发展的事实,在行政诉讼中是与被诉行政行为合法性有关的事实。要件事实本质上是由实体法规制的,较为概括和抽象,起诉或抗辩方将其运用到具体案件中,据以提出事实主张后,便具体化为特定的案件事实。因此,具体案件中的待证事实的内容和范围受制于当事人的诉讼请求和法律规制的构成要件。

3. 证明对象是需要证据证明的事实。证明对象与证据是目的和手段的关系，证明对象是未知的事实或者处于真假不明状态的不确定事实，证据是已知的、确定的事实，被用于证明案件事实。证明对象需要证据加以证明，是证据和证明对象关系的常态。应当明确的是，倘若作为诉讼上的证明对象要求必须具备运用证据加以论证的必要性，那么证明对象就不应包括法律所规定的免证事实，因为这时对证明主体而言并非存在着从事证明行为的必要性。但是，这时的证明对象在概念范畴上不能与案件事实完全吻合，因为，在裁判上为法官最终认定的案件事实，既应包括应予证明的待证事实，也应包括为法律所认可的免证事实。

4. 证明对象与证明责任密切相关。证明责任是为了使证明对象获得确证，而为特定的诉讼主体设立的提供证据证明案件事实成立的责任。证明责任是针对一定的证明对象而言的，凡证明对象都要求有相应的证明责任。证明对象的分类历来是证明责任分配的基础，二者关系密不可分。

证明对象在我国还不是一个法律概念，法律条文中没有"证明对象"这样的名词。但这不妨碍司法实践对这一证明要素的研究和归纳。

二、证明对象的范围

（一）实体法事实

实体法事实是指实体法规定的行为或者法律关系构成的要件事实，是主要的诉讼证明对象。证明对象本质上是由实体法规制的。诉讼的启动和运作，始终是基于实体法律规范对实体法律关系主体之间所存在的权利义务关系的调整。实体法详细规定了在什么条件下、需要具备哪些要件事实才能课以当事人法律责任。因此欲追究被告（人）的法律责任，证明主体就必须证明要件事实存在与否。

（二）程序法事实

程序法事实是引起诉讼法律关系发生、变更和消灭的事实，也称诉讼法律事实。理论界对程序法事实是否属于证明对象有不同意见。但通说认为程序法事实应当是证明对象，理由如下：诉讼过程，既是适用实体法的过程，也是适用程序法的过程，实体法事实影响对当事人责任的认定，程序法事实则保障对当事人责任的正确认定。只有经过必要的、正当的程序过程，才能产生法律意义上的案件"事实"。因而程序法所确定的事实也应当作为诉讼上的证明对象。一些重大的程序事实，如关于回避的事实、不可抗力耽误诉讼期限的事实、违反法定程序的事实等，甚至可能对诉讼产生实质性的影响，因此把程序法事实排除在证明对象范围之外是不可取的。

（三）证据事实

证据事实，是指证据本身所记载和反映的事实，它本身不属于证明对象。证据之所以能够证明案件事实，是因为其本身记载和反映了与待证事实相关的一定事实，这些事实就是所谓的证据事实。被假定为未知事实的案件事实，由被假定为已知事实的证据事实来探知、认识和推导。因而案件事实是证明对象，证据事实是证明手段。如果因为证据事实需要审查判断而将其列为证明对象，势必陷入定义的自我循环，导致证明对象失去其特定的内涵而造成范围的无限扩大。但必须强调，证据事实虽不属于证明对象，但显然也需要查证属实，否则其不具备成为证明手段的资格。

三、免证事实

（一）免证事实的概念与特征

免证事实，即免除当事人举证责任，不需要采用证据加以证明即可在裁判上加以确认的事实。在诉讼中，有些事实的真实性是一目了然的，有些事实的真实性已由法院在其他诉讼中查明，有些事实被法律假定为真实，也有些事实因当事人之间无争议而被视为真实。对这些事实，对方当事人若未提出反证或提出的反证不能成立，法院在裁判中可以直接确认，使它们不再成为实际诉讼中的证明对象。法律设立免证事实规则的主要考虑是效率。免证事实免除了司法机关的证据调查职责，也免除了当事人不必要的举证负担，可以有效防止当事人滥用举证权和质证权，避免诉讼拖延。

免证事实的特征主要表现在：

1. 法定性。免证事实的范围、条件和认定程序应由法律明确规定。我国法律对于刑事证据领域中的免证事实还没有明确规定，但相关司法解释都规定了民事、行政诉讼中"法院直接认定事实"的范围。

> **法规链接**
>
> 《最高人民法院关于民事诉讼证据的若干规定》第9条：下列事实，当事人无需举证证明：①众所周知的事实；②自然规律及定理；③根据法律规定或者已知事实和日常生活经验法则，能推定出的另一事实；④已为人民法院发生法律效力的裁判所确认的事实；⑤已为仲裁机构的生效裁决所确认的事实；⑥已为有效公证文书所证明的事实。前款第1、3、4、5、6项，当事人有相反证据足以推翻的除外。
>
> 《最高人民法院关于适用〈中华人民共和国民事诉讼法〉的解释》第93条：下列事实，当事人无须举证证明：①自然规律以及定理、定律；②众所周知的事实；③根据法律规定推定的事实；④根据已知的事实和日常生活经验法则推定出的另一事实；⑤已为人民法院发生法律效力的裁判所确认的事实；⑥已为仲裁机构生效裁决所确认的事实；⑦已为有效公证文书所证明的事实。前款第2~4项规定的事实，当事人有相反证据足以反驳的除外；第5~7项规定的事实，当事人有反证据足以推翻的除外。
>
> 《最高人民法院关于行政诉讼证据若干问题的规定》第68条：下列事实法庭可以

直接认定：①众所周知的事实；②自然规律及定理；③按照法律规定推定的事实；④已经依法证明的事实；⑤根据日常生活经验法则推定的事实。前款第1、3、4、5项，当事人有相反证据足以推翻的除外。

2. 相对性。从哲学的角度来看，现行实在法规定的必须予以认知的事项，客观上都具有相当大的不确定性。即便当事人不能提出合理的质疑，也不意味着免证事实是绝对的真实，即使是自然规律和科学定理，也具有历史的局限性。法定范围内的免证事实并非在任何情况下都可以得到"免证"的资格。我国司法解释在规定免证事实范围的同时确立了当事人提出反证的例外；在民事、行政诉讼中可以免证的事实，在刑事诉讼中却不能免除公安司法机关的查明职责。这些都说明免证事实具有相对性。

（二）免证事实的范围

我国法律虽未规定免证事实，但司法实践承认这些事实的存在。《最高人民法院关于适用〈中华人民共和国民事诉讼法〉的解释》第93条、《最高人民法院关于民事诉讼证据的若干规定》第9条以及《最高人民法院关于行政诉讼证据若干问题的规定》第68条，都对免证事实的范围作了基本相同的规定。

1. 自认的事实。自认是指在诉讼中，一方当事人就对方当事人所主张的、不利于己的事实作出明确的承认或表示，从而产生相应法律后果的诉讼行为。基于当事人主义以及诉讼禁反言原则、诚实信用原则等理念，当事人自认的事实应该被作为一种真实来看待，无须将其作为一种证据提交当事人进行质证。

2. 预决的事实。预决的事实，是指已为发生法律效力的裁判所确定的事实。例如，法院在刑事判决中确认被告人构成非法拘禁罪的事实，对在此之后被害人要求该被告人赔偿财产损失的民事诉讼，就起到预决的作用。该事实可以免予证明，直接将其作为判令被告人对被害人所遭受损失进行赔偿的根据。预决的事实之所以不必证明，一方面因为该事实在其他诉讼中已为人民法院查明，客观上无再次证明的必要；另一方面是因为该事实已为人民法院裁判所认定，该裁判具有法律约束力，为了体现司法的统一性和诉讼的终局性，对生效裁判已确认的事实一般不允许再行争执。如果在后诉中，同一争议事实被重新提起，除法律另有规定的外，法院不得作相反的认定，由此预决事实就在后诉中自然产生一种免证的效力。赋予预决的事实免证的资格，有助于防止法院在裁判中对同一事实作出相互矛盾的认定。

预决的事实仅指人民法院作出的发生法律效力的裁判所确认的事实，不包括生效的仲裁裁决、公证文书确认的事实，虽然后者也属于免证事实。

3. 众所周知的事实。众所周知的事实，是指一定区域内大多数人都知道的、在通常的社会条件下无需证明就可知晓的事实。如十月一日是中华人民共和国的国庆节、每年的农历八月十五为中国传统的中秋节、2008年5月12日四川汶川发生了八级大地震等。众所周知的事实不必证明，是各国诉讼法的通例。一般认为，众所周知的事实必须具备两个条件:一是诉讼发生时为大多数人所知晓;二是审理案件的审判人员知晓。

事实为人们知晓的范围具有相对性。界定众所周知事实的范围不宜过宽,但也不宜过窄。那些仅为某单位、某村共知的事实不宜作为众所周知的事实,但也不能要求众所周知的事实是全省甚至全国多数人都知道的,一些特定区域的人都知晓的事实也可能成为免证事实。

4. 自然规律及科学定理。在诉讼中,当事人向法庭陈述的事实中有时会涉及自然规律或科学定理,如潮汐的涨落、生物有机体的新陈代谢、能量守恒与转换定律、作用与反作用定律等。这些自然规律与定理,有的广为人知,成为众所周知的事实的一部分,因而不必举证证明;有的虽然不具有共知性,但已经过实践的反复检验,其客观存在性及真实性不至有误,所以同样不必证明。但是,科学定理很多,审判人员未必尽知。此时,主张该定理的一方当事人就应当进行解释,告知审判人员可以从何处寻证。

5. 经公证证明的事实。公证是公证机关依当事人的申请,对法律行为、法律事实和文书进行其真实性、合法性确认的证明活动,也属于国家的司法行为。公证机关对事实的确认,经过了法定程序的严格审查,一般都具有真实性。因此,当事人提出公证文书来证明其主张的事实时,人民法院就不必再对该文书进行审查,也不必再要求该当事人提供其他证据,只要对方当事人未提出足以推翻该公证文书的相反证据,人民法院就可以直接将它作为认定事实的根据。

6. 仲裁裁决所确认的事实。仲裁作为一种解决合同纠纷和其他财产权益纠纷的重要方式,在处理国内和国际经济贸易的民商事纠纷中普遍被当事人采用,它与诉讼以及协商、调解等方式一并构成我国解决民商事纠纷的制度。依据我国《民事诉讼法》的规定,生效仲裁裁决是人民法院的执行根据之一,从这一点而言,它与人民法院的生效裁判具有同等的法律效力。《最高人民法院关于民事诉讼证据的若干规定》第9条将仲裁机构生效裁决所确认的事实作为免证事实,对有关诉讼中的待证事实具有预决的效力,就此可以免除有关当事人的举证责任。

7. 推定的事实。由于推定的事实比较复杂,本书将在另外的单元进行专门的分析。

项目二 刑事诉讼的证明对象

世上万物皆不相同,即使在茂密的树林里也找不出两片完全一样的树叶。

——亚里士多德

引 例

某市人民检察院向某市中级人民法院提起公诉,指控被告人张某某犯故意杀人罪。

起诉书称：2003年3月，张某某与村民朱某因房屋宅基地发生口角后，张某某便蓄意谋害朱某家人。3月10日，张某某见朱某7岁的儿子朱某宇与儿童孙某、葛某一同玩耍，便把早已准备好的一包蛋糕拿出来分与几名儿童食用，其中给了朱某宇一块掺入剧毒农药的蛋糕。朱某宇将蛋糕送入口中，因味道不好意欲吐出，被告人连忙递给他一杯水冲下，并又给了朱某宇一块蛋糕。朱某宇服用蛋糕后不久就出现腹痛、呕吐现象，在送往医院途中死亡。该事实有儿童孙某、葛某以及朱某的证言，法医鉴定结论也予以证实。被告人辩解没有实施杀人的行为，因为其他儿童也吃了蛋糕，拒不供述其罪行。

朱某向人民法院提出刑事附带民事诉讼，请求人民法院判处被告人赔偿各项损失共人民币13万元。

被告人辩护律师提出案件事实不清，证据不充分，尤其是张某某犯罪动机不明、毒物来源不明，因此不能排除被害人朱某宇误食其他毒物的可能，而且，检察院审查起诉的期限超过了法律规定的一个半月。

经补充侦查，公诉机关又向法庭提供了村民彭某、郑某，蛋糕售货员何某的证言，被告人张某某家后院搜出的物证一瓶钾胺磷农药，以及儿童孙某、葛某对农药气味的辨认笔录。

人民法院重新开庭对公诉机关提供的证据进行核实。经审理，法院认为本案被告人虽不供认投毒杀人的事实，但本案事实清楚，证据充分，足以认定其罪行。故以故意杀人罪判处被告人张某某死刑，剥夺政治权利终身。

问：对被告人张某某进行定罪量刑需要证明哪些事实？

基本原理

刑事诉讼中的证明对象主要是解决犯罪嫌疑人、被告人的刑事责任问题，实体法事实主要是定罪量刑方面的事实，程序法事实不仅包括刑事诉讼程序本身的问题，还包括证据合法性的问题。

一、刑事诉讼的证明对象概述

刑事诉讼中的证明对象，也即需要运用证据加以证明的刑事案件事实的范围。刑事诉讼主要解决犯罪嫌疑人、被告人的刑事责任，即犯罪嫌疑人、被告人的行为是否构成犯罪、构成何种罪行、罪责轻重、应否处以刑罚以及处以何种刑罚等问题，凡是与犯罪嫌疑人、被告人刑事责任的认定有关的一切需要证明的事实，都是刑事诉讼的证明对象。

《刑事诉讼法》第50条规定："审判人员、检察人员、侦查人员必须依照法定程序，收集能够证实犯罪嫌疑人、被告人有罪或者无罪、犯罪情节轻重的各种证据……"《最高人民法院关于适用〈中华人民共和国刑事诉讼法〉的解释》第64条规定："应当运用证据证明的案件事实包括：①被告人身份、被害人的身份；②被指控的犯罪行为是否存在；③被指控的犯罪是否为被告人所实施；④被告人有无刑事责任能力，有无罪过，实施犯罪的动机、目的；⑤实施犯罪的时间、地点、手段、后果以及案件起因等；⑥被告人在共同犯罪中的地位、作用；⑦被告人有无依法从重、从轻、减轻、免除处罚的情节；⑧有关附带民事诉讼、涉案财物处理的事实；⑨有关管辖、回避、延期审理等程序事实；⑩与定罪量刑有关的其他事实。"可见，在刑事诉讼中，需要用证据证明的事实主要是与定罪量刑有关的事实，即把实体法事实作为主要的证明对象。同时，为了保证刑事诉讼程序的公正、有效，保障诉讼参与人的合法权益，也将有关的程序法事实列为证明对象。

二、我国刑事诉讼中证明对象的范围

刑事诉讼中的证明对象包括实体法事实和程序法事实。具体如下：

（一）实体法事实

实体法事实，是指对解决刑事案件的实体处理即定罪量刑具有法律意义的事实，是刑事诉讼中最基本的证明对象。案件的实体法事实，由有关的刑事法律规定，包括犯罪构成要件事实，量刑情节事实，排除行为违法性、可罚性和行为人刑事责任的事实等。

1. 有关犯罪构成要件的事实。犯罪构成要件由刑事实体法规定，是确定犯罪是否成立的先决条件，也是刑事诉讼的主要证明对象，是司法工作人员办理刑事案件首先需要查明的问题。具体包括犯罪客体、犯罪主体、犯罪的客观方面和犯罪的主观方面四个要件，可进一步分解为"七何"要素（何人、何时、何地、基于何种动机和目的、采用何种方法和手段、实施何种犯罪行为、造成何种危害后果），英美国家刑事证据理论将这些要素概括为七个"W"，即 Who（何人）、When（何时）、Where（何地）、Why（何故）、How（如何实施犯罪）、Which（侵害何种对象）、What（产生何种危害后果）。这七个方面的内容并非每一个犯罪都必须全部具备，而犯罪的四个构成要件则是每个犯罪行为所应该具备的、必不可少的要件事实。引例中，村民彭某证实被告人与朱某发生口角并声称要让朱某"断子绝孙"的事实，是有关犯罪动机的证据；儿童孙某、葛某的证言、被告人院中搜出的剧毒农药、法医鉴定结论等证据证明的是犯罪客观要件事实；村民何某关于被告人生性吝啬、不轻易给他人东西尤其是被告人一般不买蛋糕吃的证言，以及被告人无悔罪表现的事实证明了被告人主体方面的事实。

关于犯罪主体，即"何人"要素，涉及犯罪嫌疑人、被告人身份的事实，包括姓名、性别、年龄、民族、籍贯、职业、住址、是否受过刑事处分或者其他处分以及犯罪前后的表现等。犯罪嫌疑人、被告人的身份，有些属于犯罪构成要件事实，有些则是影响行为人刑事责任轻重的事实。例如，犯罪嫌疑人、被告人的年龄，如果不满16

周岁（或者实施故意杀人、故意伤害致人重伤或者死亡、强奸、抢劫、贩卖毒品、放火、爆炸、投放危险物质等犯罪时不满 14 周岁），则是不负刑事责任的年龄；如果已满 14 周岁不满 18 周岁，则是应当从轻或者减轻处罚的年龄。

2. 有关量刑情节的事实。刑事诉讼不仅要解决犯罪嫌疑人、被告人罪与非罪的认定，还要在此基础上解决对犯罪分子是否判刑、判处何种刑罚、判处多长刑期的问题。准确量刑需要参考量刑情节。量刑情节分为法定量刑情节和酌定量刑情节。

法定量刑情节具体包括：①从重处罚的事实。如累犯，教唆不满 18 岁的人犯罪，司法工作人员滥用职权非法搜查他人身体、住宅或者非法侵入他人住宅等，对于这些情节，法院可在法定刑的限度内判处较重的刑罚。②从轻处罚的事实。如预备犯、未遂犯、从犯、犯罪后自首、未成年人犯罪等，对于这些情节，法院可以在法定刑的限度内判处较轻的刑罚。③减轻处罚的事实。如预备犯、未遂犯、从犯、胁从犯、犯罪后自首、又聋又哑的人或者盲人犯罪、正当防卫和紧急避险超过必要限度造成不应有的损害的、被教唆的人没有犯被教唆的罪等，对于这些情节，法院可以在法定刑以下判处刑罚。④免除处罚的情节。如预备犯、犯罪后自首且犯罪较轻、犯罪后自首又有重大立功表现等，对于这些情节，法院可以对犯罪分子作出有罪宣告，同时免除其刑罚处罚。

酌定量刑情节不是法律明文规定的，而是根据刑事立法精神和司法实践概括出来、在量刑时酌情考虑的情节。常见的酌定情节事实主要有：犯罪动机；犯罪手段；犯罪时的环境和条件，特别是当时的政治、经济形势和社会治安状况；犯罪造成的损害后果；犯罪侵害的对象情况；犯罪分子的一贯表现；犯罪后的态度等。每个案件都存在酌定情节事实，但不一定都有法定情节事实。

3. 排除行为的违法性、可罚性和行为人刑事责任的事实。刑事诉讼的目的不仅限于打击犯罪，还包括保障人权，通过打击犯罪和保障人权最终实现对国家宪政体制和秩序的维护。实现这两重并举的任务，要求将涉及排除行为违法性、可罚性以及行为人刑事责任的事实作为诉讼上的证明对象来看待。①排除行为违法性的事实。某些行为在外观上类似犯罪行为，但由于具备法律规定的正当事由，刑法明确否定这类行为的犯罪性质。刑法规定属于这种性质的情节事实主要有正当防卫、紧急避险以及行使职权等事实。②排除行为可罚性的事实。犯罪行为成立后，如果存在排除行为可罚性的情节事实，将不产生相应的刑事责任。我国《刑事诉讼法》第 15 条规定的依法不追究刑事责任的情形基本是排除行为可罚性的事实，如犯罪已过追诉时效的；经特赦令免除刑罚的；依照刑法告诉才处理的犯罪，没有告诉，或者告诉后又撤诉的；犯罪嫌疑人、被告人已经死亡的等。③排除行为人刑事责任的事实。关乎刑事责任的主观要素有认识要素和意志要素，二者取决于行为人的年龄和精神状态。故能够排除行为人刑事责任的事实无非就是刑事责任年龄或者其精神健康状态。当犯罪嫌疑人、被告人未达到法定的刑事责任年龄，或者行为人在实施犯罪行为时，因患有精神疾病而不能辨认或者不能控制自己的行为时，刑法规定不予追究其刑事责任。由此可见，年龄和精神健康状况是证明对象之一。

（二）程序法事实

刑事诉讼的程序法事实具体包括：①对犯罪嫌疑人、被告人采取强制措施的事实。公安司法机关依法对犯罪嫌疑人、被告人采取强制措施必须符合《刑事诉讼法》的条件和程序要求。②有关回避的事实。办案人员是否同案件有法定的利害关系或其他可能影响案件公正处理的关系，应否回避，是刑事诉讼的证明对象之一。③关于诉讼程序的进行是否超过法定期限的事实。④公安司法机关是否存在侵犯犯罪嫌疑人、被告人诉讼权利的事实。⑤其他与程序合法性有关的事实，如管辖的事实。⑥与执行的合法性有关的事实，如关于犯人"是否怀孕"的事实。

随着2017年《关于办理刑事案件严格排除非法证据若干问题的规定》的颁行和2012年《刑事诉讼法》的通过，非法证据排除规则在我国法律中得到确立并不断被完善。被告方有权向法院提出排除公诉方非法证据的申请。对此申请，法院经初步审查，认为被告人提出了证据线索并对侦查行为的合法性有疑问的，就可以启动程序性裁判程序，对侦查行为的合法性进行开庭审查，并对被告方的申请作出裁判。由此，被告方所诉称的非法侦查行为的发生就成为司法证明的对象。这是我国法律对程序性争议问题首次确立程序性裁判程序，也是首次明确将侦查行为的合法性纳入司法证明的对象范围。

项目三　民事诉讼的证明对象

> 法官要作出裁判，对法规和事实两个方面都必须认定……但是，作为证明对象最普通的还是事实，即当事人所主张的具体事实是否存在的问题……在这些事实中，当事人没有争执的事实，就不需要法院认定，并且法院对显著事实的认定不需要证据。
> ——兼子一、竹下守夫

引　例

原告刘某诉称：被告因出差在外缺钱，分别于2006年11月10日、11月21日向原告借款1500元、1500元，共计3000元。原告通过银行汇款给被告。后经原告多次催讨，被告均未还款。现要求被告归还借款人民币3000元。

被告游某辩称：原、被告原系某电子公司的员工。被告于2006年10月8日进入该公司工作，原告比被告晚几天进公司当司机。被告从2006年11月11日到月底一直在外面跑业务。公司规定每与一家旅行社签订协议即奖励300元，由公司将该款存入销售人员的银行卡中。原告存入被告银行卡中的人民币3000元是被告与旅行社协定的劳动报酬,原告是代表公司给被告汇款,被告与原告之间并不存在借款关系。

区人民法院经审理查明:原告刘某与被告游某原系某电子公司的同事。2006年11月被告出差期间,原告分别于2006年11月10日、11月21日给被告的银行卡汇款人民币3000元。

区人民法院经审理认为,本案原、被告双方对于原告存入被告银行卡3000元钱的事实无争议,主要争议焦点是:原、被告之间是否属于借款关系。原告认为该3000元钱是借款,被告予以否认。根据"谁主张、谁举证"的原则,原告主张是借款,首先应由原告承担举证责任。本案中原告所举证据为兴业银行存款凭条,但该凭条无法反映存款的性质,因此无法直接认定该存款是借款。被告不仅否认该存款是借款,并提出抗辩认为是原告代表公司汇给被告的出差补贴,提供了汪某和陶某等人相类似的汇款情况和劳动仲裁裁决书及证人证言等证据。从原、被告陈述及证人证言可知,原、被告原系同一个公司的员工,但汇款时原、被告进公司工作的时间不长,原告与汪某、陶某及被告等人并未结成特殊的友谊,而且从仲裁裁决书可知公司因资金断链而处于破产状态不得已裁员,这说明公司经营状况并不好,因此,原告身为驾驶员,工资收入也不可能很高。原告本人在收入不高的情况下在如此短的时间内如此频繁地借款给被告等人不符合正常逻辑;而且被告等人一直工作到2007年8月9日才与公司终止劳动关系,期间原告既未要求被告等人出具借条,也未要求被告等人归还借款,有违常理;而且每次汇款都是300元的倍数,对此原告代理人也无法给予合理解释。为此法庭要求原告本人接受质询,但原告未到庭。仅以两份存款凭条尚不足以认定此款必为借款,而原告又未提供其他证据予以佐证,因此,法院无法确认原、被告之间的借款关系,对原告要求归还借款3000元的诉讼请求,法院不予支持。据此,区人民法院判决驳回原告刘某的诉讼请求。

问:结合本案人民法院归纳的争议焦点,你对民事诉讼证明对象有哪些认识?

基本原理

一、民事诉讼证明对象的概念

民事诉讼上的证明对象,是指为了认定案件事实和正确适用法律,应当由当事人举证证明或法院依法查明的事实或其他事项。因民事诉讼适用辩论主义原则,一般而言,对当事人之间没有争议的事实,法院可以当然认定,当事人无需举证。因此民事诉讼的证明对象,应当是指当事人之间所争议的法律规范的要件事实。

大陆法系国家的司法过程采取三段论的法律适用模式,法律规范是大前提,案件事实是小前提。法官的作用在于将抽象的法律规范适用于具体的案件事实,从而产生相应的法律后果,而连接事实与规范的关键在于判断案件事实是否符合法律规范的要件事实,因此,证明对象是由当事人所主张的法律后果所决定的。例如,《合同法》第

210 条规定，自然人之间的借款合同，自贷款人提供借款时生效。根据该规定，主张借贷关系产生的当事人，必须证明其交付了借款，借款交付即为证明对象。当事人可以提供银行转账凭证、收据等证据证明其主张，法官裁判的过程则是对上述证据所能证明的案件事实是否符合款项交付这一要件事实的判断，若符合，借贷关系可予认定。多数情况下，作为民事诉讼证明对象的是实体法事实，即证明权利发生、变更或消灭的事实，但在部分情况下，也包括审判人员是否存在回避事由、程序中止、期限等程序法事实，在特定情况下，也包括习惯、惯例、经验法则、外国法等需要法院查明的事实。

二、民事诉讼证明对象的分类

民事诉讼的证明对象依实体法规范的不同而不同，婚姻法、继承法、专利法、商标法、著作权法、海商法、合同法、反不正当竞争法等都规定了各自的证明对象体系。如何从理论上归纳、概括民事诉讼的证明对象，理论界有不同的观点。大陆法系国家学者将证明对象与证明责任的分配联系起来，研究证明对象的构成。我国现行制度较多地借鉴了这种研究成果。这种方法从两个不同的角度研究民事诉讼的证明对象：

1. 根据待证事实本身的性质或内容，将证明对象分类为：

（1）积极事实与消极事实，又称为肯定事实和否定事实。积极事实就是已经发生的事实，消极事实指的是未曾发生的事实。消极事实因为不发生结果，无法举证，从性质上难以证明，所以凡主张消极事实者不负证明责任；积极事实可以发生结果，证明难度显然低于消极事实，"根据事物的性质，否定无须证明"[1]，故"肯定者承担证明，否定者不承担证明"[2]，古罗马这一法谚体现了这种分类法。例如，原告称被告于某年某月某日在甲地向其借款，此即积极事实；被告辩称该日他不在甲地，不存在向原告借款的事实，此即消极事实。需注意的是，积极事实与消极事实有时会因为主张的方式不同而导致两者的界限难以辨别。如前述被告的辩解是以消极形式出现（不在甲地），但也可以积极形式出现，即在乙地。另外，积极事实与消极事实相当于一块硬币的两面，对同一待证事实而言，站在不同的当事人角度则具有不同的性质，例如，款项交付对于出借方而言属于积极事实，而对于否定收到款项的举债方而言，则为消极事实。

（2）外界事实与内界事实。依据事物能否借助人的五官从外部加以观察，待证事实可以划分为外界事实与内界事实。外界事实就是那些可以凭借人的五官体察到的事实，如借贷、买卖、合同的订立与履行等法律行为，以及积极的侵权行为等；而内界事实则指那些存在于人的内心，凭借人的五官无法体察到的事实，如是否明知、故意

---

[1] 参见张卫平："证明责任分配的基本法理"，载何家弘主编：《证据学论坛》（第1卷），中国检察出版社2000年版，第281页。
[2] 陈刚："证明责任概念辨析"，载《现代法学》1997年第2期。

与否、善意与恶意等。一般而言，内界事实的证明难度远高于外界事实，甚至根本无法证明。因此，凡主张内界事实或状态的当事人不负证明责任。

2. 根据实体法律规范的性质，将民事诉讼的证明对象分为以下四类：

（1）权利发生事实。权利发生事实，是指民事权利发生或者成立的事实，由权利发生规范所规定。如合同成立并生效的事实、侵权的事实、被继承人死亡的事实。在侵权纠纷案件中，侵权行为的存在是权利发生的依据。侵权行为构成要件事实也即权利发生事实。

（2）权利妨碍事实。权利妨碍事实，是指权利发生之始，将权利的效果视为妨害，致使权利不得发生的事实。如高度危险作业中，受害人故意造成损害的事实，可以妨碍受害人获得损害赔偿权利的发生；又如饲养动物致人损害的侵权诉讼中，受害人或第三人有过错的事实；再如缺陷产品致人损害案件中，法律规定的免责事由；合同纠纷案件中，关于合同关系变更的事实等。这些事实的存在，使得本可发生或成立的权利不能发生。

（3）权利消灭事实。权利消灭事实，是指能够消灭既存权利的事实。如合同的履行、债务抵消、债务免除的事实，民事主体死亡的事实，放弃继承的事实等。

（4）权利受制事实。权利受制事实，是指权利发生之后，权利人欲行使权利之际，能对权利的效果予以遏制或消除，从而达到使权利不能实现的事实。如因重大误解订立合同的事实、法定丧失继承权的事实、超过诉讼时效的事实、不可抗力的事实。

以上诸种分类，因为权利发生事实与权利消灭事实的时间先后比较明显，因此较容易予以分辨，而权利发生事实与权利妨碍事实的界限较难区分，我们要注意结合事实的实体法依据进行判断。权利发生事实的实体法依据，也即权利发生规范，一般立法者已预先将权利发生的情形用法律的形式予以设定，因此，法律条文中，凡以"但书"形式予以规定的，均为例外规范，亦即权利妨碍规范。该规范所确定的事实要件即为权利的妨碍事实。例如，我国《民法通则》第 123 条规定："从事高空、高压、易燃、易爆、剧毒、放射性、高速运输工具等对周围环境有高度危险的作业造成他人损害的，应当承担民事责任；如果能够证明损害是由受害人故意造成的，不承担民事责任。"其中，受害人故意造成损害的事实就属于权利妨碍事实。我国现行法律和相关司法解释主要运用这种观点进行证明对象的分类和证明责任的分配。例如，《最高人民法院关于民事诉讼证据的若干规定》第 5 条第 1 款规定："在合同纠纷案件中，主张合同关系成立并生效的一方当事人对合同订立和生效的事实承担举证责任；主张合同关系变更、解除、终止、撤销的一方当事人对引起合同关系变动的事实承担举证责任。"该规定把证明对象与证明责任的分配联系起来，把合同纠纷案件的证明对象分为合同成立并生效的事实（权利发生事实），合同关系变更、解除、终止、撤销的事实（权利妨碍事实或权利消灭事实），并据此进行证明责任的分配。

项目四　行政诉讼的证明对象

引　例

2000年3月，某区民政局为张某和孙某办理了结婚登记，颁发了结婚证。2005年3月，孙某向某区人民政府申请撤销该结婚登记行为，称：自己并未到民政局办理过结婚登记，有关材料均系他人伪造。某区人民政府对孙某的申请未作答复。孙某于2005年4月向人民法院提起行政诉讼，称某区民政部门在本人未到场的情况下办理了自己与张某的结婚登记，违反了婚姻登记的法律规定，属于违法行政行为。某区人民政府对自己撤销该违法行政行为的申请拒不答复，拖延履行法定职责。现请求人民法院判令某区人民政府履行法定职责，撤销结婚登记。孙某同时申请对有关材料上的签名进行笔迹鉴定，以确认该材料的真实性。经鉴定，相关材料上的签名与孙某本人的笔迹不符。某区人民政府答辩称民政部门按照法定程序为孙某和张某办理结婚登记，并无不当。至于相关材料上的签名不是孙某本人的笔迹，这是当事人的原因，不能证明民政部门的结婚登记行为违法。同时，孙某的起诉已经超过了起诉期限，请求人民法院予以驳回。[1]

问：结合本案，请你梳理行政诉讼案件的证明对象有哪些。

基本原理

行政诉讼要解决的是具体行政行为的合法性问题，为完成这个诉讼任务，需要证明与具体行政行为的合法性有关的事实，这些事实就是行政诉讼的证明对象。由行政管理的广泛性和多样性所决定，行政诉讼证明对象的实体法依据比较复杂，涉及公安、工商、税务、规划、财政、卫生等多个行业，行政法律、法规也相应地存在着行政处罚、行政许可、行政收费、行政合同等多种形态。具体行政行为的复杂多样决定了行政诉讼中证明对象的差异性。

我国《行政诉讼法》是行政诉讼证明对象确立的主要依据。《行政诉讼法》第6条规定："人民法院审理行政案件，对行政行为是否合法进行审查。"第34条第1款规定："被告对作出的行政行为负有举证责任，应当提供作出该行政行为的证据和所依据的规范性文件。"据此，行政诉讼的证明对象包括与被诉具体行政行为合法性、合理性有关的事实和行政诉讼程序事实。具体可以分为以下几类：

---

[1] 鲍雷、刘玉民主编：《用证据说话——行政证据的收集、保存、提交》，人民法院出版社2005年版，第23页。

知识链接

行政行为是指行政机关行使行政职权，依法作出的具有法律效力的行为，包括具体行政行为和抽象行政行为。

具体行政行为是指行政机关行使职权，对特定的公民、法人或者其他组织和特定的事件单方面作出的直接产生法律效力的行为。

抽象行政行为是指行政机关对不特定的人和事件制定具有普遍约束力的行为规则的行为。

一、与被诉行政行为合法性和合理性有关的事实

（一）与被诉具体行政行为合法性和合理性有关的事实

1. 行政机关具有法定职权的事实。这是决定行政行为合法性的前提条件，即被告行政机关是否有权对外以自己的名义代表国家进行行政管理活动。该事实取决于行政法律、法规的规定。

2. 原告是否实施了被处理的行为，或者原告是否符合法定条件的事实。行政机关要作出正确的行政行为，必须准确认定行政相对人。例如在行政处罚案件中行政机关必须准确认定原告是否是应当遭受处罚的人，具体如相对人是否有违法经营、制造假冒伪劣商品、违法治安管理秩序、污染环境的事实。在确定相对人是有待处理行为的责任主体之后，行政机关还应当进一步查明有待处理行为本身的情况。在行政许可和不作为的具体行政行为案件中，行政机关还应当进一步查明相对人是否符合法定的颁发许可证或者享受给付和保护的条件。这些事实都可能成为行政诉讼的证明对象。

3. 被告作出被诉具体行政行为是否符合法定程序的事实。合法包括实体合法与程序合法两方面的内涵。被诉具体行政行为的形成过程是否符合相关程序规定，也是合法性审查的内容之一。行政机关违反法定程序指的是行政机关在采取具体行政行为时，没有按照行政法所规定的程序、步骤或形式办事。例如，我国《治安管理处罚条例》对治安管理处罚的程序作了具体的规定，其程序性环节包括传唤、讯问、取证、裁决以及讯问查证的期限。违反法定程序将导致具体行政行为无效。例如，行政机关什么时候发现相对人的违法行为、行政机关如何进行立案处理、行政机关作出决定后是否送达相对人等，属于行政行为程序合法性的审查内容。

4. 被告作出被诉具体行政行为时目的是否正当的事实。目的是审查被诉具体行政行为合法性的主观标准，人民法院对行政行为合法性进行审查必须查明这一事实。

5. 被诉具体行政行为的处理与案件的事实、情节和性质是否相适应。根据《行政诉讼法》第77条的规定：人民法院对于"行政处罚显失公正的，可以判决变更"。与行政行为的合理性有关的事实，是行政诉讼的证明对象之一。

(二) 与被诉抽象行政行为合法性有关的事实

依我国《行政复议法》第 7 条规定，行政法规和规章以外的抽象行政行为可以成为行政诉讼的审查对象，与其合法性有关的事实也就相应地成为一般行政诉讼的证明对象。具体包括以下三方面的事实：

1. 作为抽象行政行为主体的行政机关是否享有制定该抽象行政行为的行政职权。例如，我国《行政处罚法》第 14 条规定，规章以下的规范性文件不得设定任何行政处罚。如果某行政机关的"红头"文件自行设定罚款的处罚，这种抽象的行政行为就是违法的。

2. 制定抽象行政行为的程序是否合法。这一点可以从有关的记录中查明。

3. 抽象行政行为的适用范围和效力情况。

> **知识链接**
>
> 行政赔偿是指行政机关及其工作人员在行使行政职权过程中，违法侵害公民、法人或者其他组织合法权益造成损害的，由国家承担的赔偿责任。

二、行政赔偿构成要件有关的事实

在行政侵权赔偿诉讼中，行政赔偿构成要件的事实是主要的证明对象，也是行政赔偿诉讼证明对象区别于一般行政诉讼证明对象之所在。具体包括下列五个方面的事实：

1. 侵权行为是否由作为被告的行政机关及其工作人员实施。对工作人员应当作广义的理解，不仅包括具有公务员身份的工作人员，也包括接受行政机关指派或唆使工作人员从事实施侵权行为的公民。

2. 侵权行为是否是行政机关及其工作人员在行使行政职权的过程中实施。这一点应当从是否存在着相应的法定职权，行为的目的、时间和场合等方面认定。

3. 侵权行为是否违法。这里的法律包括程序法和实体法、行政法和民法等。

4. 侵权行为是否给作为原告的受害人造成人身权利或者财产权利的损害。如果造成了损害，损害的大小如何。

5. 侵权行为与损害之间是否具有直接的因果关系。关于因果关系，应当从侵权行为实施的条件、作用等方面认定。

另外，原告单独提出赔偿请求的，人民法院还应当查明赔偿义务机关作出处理的情况。这一点也属于行政赔偿诉讼的证明对象。

三、规范性文件存在与否及其适用情况的事实

规范性文件是行政机关作出具体行政行为的法律根据，审查具体行政行为的合法

性离不开规范性文件。在因该具体行政行为所引起的诉讼中,规范性文件存在与否、该文件在具体行政行为处理过程中的适用是否合法的事实便成为行政诉讼的证明对象。规范性文件主要包括宪法、法律、行政法规、地方性法规、行政规章、国际条约和其他规范性文件。

四、行政诉讼的程序事实

行政诉讼程序事实是指行政诉讼程序是否合法进行的事实。具体包括:①有关当事人资格的事实;②有关主管和管辖的事实;③有关审判组织的事实;④有关审判程序的事实;⑤有关采取排除妨害行政诉讼强制措施的事实;⑥有关诉讼期间的事实;⑦被告及其代理人是否在诉讼过程中自行向原告和证人取证的事实;⑧有关行政诉讼执行程序是否合法的事实;等等。

 实训部分

【情景设计1】

原告某高速公路有限公司向人民法院诉称:2007年6月15日,第一被告某船务有限公司经营的"南某机035号"船舶在行驶过程中撞向原告投资建设的某某大桥桥墩,致桥梁坍塌。由于被撞断的大桥修复通车至少需要6个月,在此期间原告无法收取任何过桥费。按事故前三个月每天过桥费的平均收入14万元推算,6个月的过桥费损失共计2558万元。作为肇事船舶的实际控制人,第一被告某船务公司雇佣的船主违章操作,直接导致事故的发生,应对事故承担直接责任,第二被告杨某作为船舶所有人,应与第一被告承担连带赔偿责任。因此原告诉请人民法院判令两被告连带赔偿原告6个月的过桥费损失2558万元。

原告提供的交通部、国家安全生产监督总局发布的事故通报证实,事故原因是"南某机035"船在行驶途中突遇浓雾,船长疏忽瞭望,采取措施不当,偏离主航道,触碰大桥非通航孔的桥墩,造成大桥部分桥面坍塌。6月19日的一份专家技术鉴定报告也作出了同样的结论。法院依职权调取的省安监局未公开的事故调查报告称,某某大桥坍塌事故属于船撞桥造成的单方责任事故。"南某机035号"船舶船长在能见度低的天气下,未保持正常瞭望,盲目冒险全速前进,是事故的直接原因。事故的间接原因有:该船长取得二级船长证书时有两科作弊;杨某作为船舶所有人在将船舶出租后,对船不闻不问;船舶管理混乱;船务公司作为挂靠单位,其企业制度不健全,收取管理费未尽管理义务。关于过桥费损失,原告方提供了交通部、省交通厅、省物价局的相关文件,证明自己有权收费。

第一被告船务公司辩称:首先,没有证据证明是"南某机035"船碰撞造成大桥的坍塌,该船是否违规操作,有待海事调查报告的最后认定。其次,原告未按有关规定对大桥进行水下、水上全面检测,在明知河道挖砂对大桥桥墩桩基可能造成不安全的情况下,未采取加固桥桩基、增加防撞护栏等安全保障措施，原告应对事故承担相应的责任。最后，只宣读部分内容的、不予公开的安监局事故调查报告不能作为证据使用。

第二被告杨某辩称：①原告不能提供桥墩与船体有触碰痕迹的证据，即不能证明触碰事实的存在，应承担举证不能的法律后果。交通部的通告只是初步认定的事故原因，而所谓的专家鉴定报告可信度低。专家组6月19日才组成，当天就作出了认定报告，无法令人信服。两被告认为，如果是船撞了桥，而且撞击力大到足以令桥倒塌，那么桥墩和船舶必定会留下碰触痕迹，原告方应该提供碰撞痕迹的证据来证明是"船撞桥"。但是肇事船舶船长的证言证实最多只是船头擦碰了一下桥墩，因为在大桥倒塌之前，他感觉不到船身有撞桥而产生的震动。"南某机035"出水后的照片亦显示肇事船舶船体完好，并未发现有触碰桥墩而留下的痕迹。一名负责打捞"南某机035"的潜水员李某也出庭作证，称潜水打捞时摸到的"船头部分没有发现碰撞痕迹"。当时的值班水手黄某的证言称，在有东西掉落船头前，其没有感觉到船撞桥产生的震动。律师认为，不是船撞了桥，而是桥塌压沉了船。②大桥本身可能存在重大安全隐患。在前述证据基础上，结合断塌桥面落在船体的位置来看，桥梁自行倒塌砸中船舶的可能性更大。③大桥属公共基础设施，不以营利为目的，原告过桥费收入已远远超过建桥成本，原告主张过桥费损失没有法律依据。根据资料显示，大桥工程总耗资为9980万元人民币，当时交通部补助其400万元。依原告提出的每天平均收到的过桥费数额，大桥倒塌前三月平均每天收费14万余元，那么两年的过桥费便超过总投资。被告认为，大桥已收费19年，其通行费收入早已大大超过建桥总投资以及运行成本。原告作为企业法人，无权以国家基础设施营利，其主张2558万巨额通行费损失没有法律依据。原告不但无权索赔，还要把多收的钱还给老百姓。

原告反驳称，根据《沉船探摸报告》，船头破损严重，多处钢板被撕开、压扁，船头下沉，船尾上升。双方争执不下，第一被告公开申请待海事局的《海事调查报告》作出后再审理本案，申请被法官驳回。

问：本案的具体证明对象有哪些？各证明对象的具体类别是什么？请归纳案件的争议焦点。

【训练方法】

1. 全体实训人员分为控、辩两组，各自结合本方的诉讼角色及证据体系进行证明对象的归纳整理。

2. 各小组形成本组的观点及依据后，由一名代表发表意见。

3. 任课教师归纳小组意见并予以点评。

【实训任务】

通过对具体案件证明对象的分析、归纳，掌握根据实体法规范认识案件证明对象的能力，熟悉民事案件证明对象的分类。能够结合证据从证明对象中归纳案件争议焦点。

【实训步骤】

步骤1：分析法律关系，确定纠纷性质。民事案件的法律关系性质、种类繁多，有人格权纠纷、婚姻家庭纠纷、物权纠纷、债权纠纷、知识产权纠纷、劳动纠纷、人事纠纷、海事海商纠纷等，每种纠纷又可细分为少则十数种、多则数百种的不同案由，准确界定纠纷性质，是确定实体法依据、明确要件事实的前提。

步骤2：明确法律规范要求的要件事实。根据相关法律规范、司法解释的具体规定，结合案件具体情况，明确具体要件事实。

步骤3：界定当事人主张和争议的要件事实。分析双方当事人的诉讼主张，审查案件证据体系，排除要件事实中的免证事项，归纳案件争议焦点。

【情境设计2】

公诉机关：某某人民检察院

被告人：王某某

2002年6月19日19时许，被害人许某某因肚子胀，向同村的被告人王某某索要"木香"治疗，王某某回家拿了一段自街上购买的"木香"给许某某。次日9时许，许某某因服用了王某某给的"木香"后感到头晕、口麻，经抢救无效于当日11时许死亡。经公安机关鉴定，许某某系生物碱断肠草中毒死亡。认定事实的证据有：证人证言、被告人供述、公安机关毒物化验鉴定结论等。

某某县人民法院经审理认为，被告人王某某误将断肠草当做"木香"给被害人许某某服用，致许死亡，王某某的行为构成过失致人死亡罪，判处其有期徒刑3年。宣判后，王某某提出上诉。某某中级人民法院审理认为，王某某误将断肠草当做"木香"给许某某服用，虽然造成许中毒死亡，但对于许死亡的后果，王某某不能预见，属于《刑法》规定的意外事件，不构成犯罪。

【训练方法】

1. 全体实训人员分为控、辩两组，各自结合本方的诉讼角色及证据体系进行证明对象的归纳整理。

2. 各小组形成本组的观点及依据后，由一名代表发表意见。

3. 任课教师对各组意见进行点评。

【实训任务】

通过对具体案件证明对象的分析、归纳，掌握根据实体法规范认识案件证明对象的能力，为证明活动确定正确的出发点和目标。

单元九 证明责任

引 言

除了免证事项，任何诉讼上的证明对象都与证明责任相对应。谈证明对象需要界定其证明责任；谈证明责任更是离不开特定的证明对象。没有当事人承担责任的证明对象不会成为裁判的事实依据，没有证明对象的证明责任也是空中楼阁，无法落实。证明责任的分配科学、合理与否，不仅影响到责任的履行，更是事实真伪不明时的处断依据。这个话题被誉为证据法上的"猜想级"问题，不论是理论研究还是司法实践，都无法绕开，必须面对。对证明责任理论的研讨从古罗马时期开始，到德国的繁荣兴盛，再到成为英美、大陆法系国家证据法的主要课题，各国相关的著述汗牛充栋。然则至今，人们在证明责任的概念、性质、分配等基本问题上依然是众说纷纭、莫衷一是。

知识目标

通过基本原理的学习，理解证明责任的概念、内涵和性质；熟知刑事诉讼由公诉人、自诉人承担证明责任的基本原则及其理论基础，熟知被告人承担证明责任的案件类型、具体事实；熟知民事诉讼证明责任分配的基本原则和理论根据，熟知证明责任倒置的具体情形；熟知行政诉讼被告承担证明责任的基本原则，了解制度的立法旨意，熟知原告应承担证明责任的具体问题。

能力目标

通过基本技能训练，能够熟练运用相关原理，分析、判断具体案件事实的证明责任归属。

单元九　证明责任

📝 内容结构图

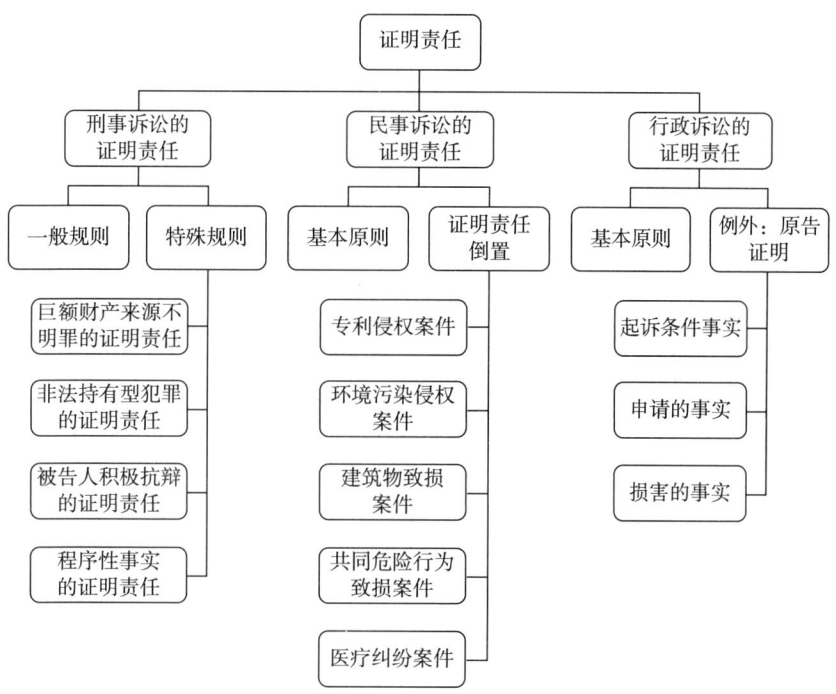

项目一　概　述

如果当事人的主张没有争议，或者如果法院对有争议的主张的真实与否获得了一个特定的心证，不管该心证是调查证据的结果，还是在没有证据的情况下从审理的全过程中得出的，都不会出现证明责任问题。在这样的情况下，如果法院对证明责任的分配作出了错误的裁决是没有什么不利的，对这个——于判决的内容是无足轻重的——判决提出上诉，不可能导致撤销判决的后果。

——莱奥·罗森贝克

引　例

原告黄某（男）起诉被告李某（女）称：二人原是恋爱关系，2007年底李某以打算下海经商为由，向黄某借款10万元，至今未还。原告请求法院依法判决其偿还借款，并向法庭提供李某手书欠条一张作为证据。欠条的内容为："今借到黄某人民币10万元。李某。2007年10月18日。"李某答辩称：该借条是两人在恋爱期间玩笑时随意写下的，不曾想黄某将其收藏并作为诉讼依据，自己实际上并未向黄某借过任何钱；自己也从未打算下海经商；而黄某因为不善经营，生意一直处于亏损状态，根本无力借出巨款。李某所在单位出具书面证明,证实李某工作勤奋,爱岗敬业,从未听说其有辞职经商的打算。庭审过程中,黄某承认自己生意失败并负债累累的事实。本案的争议事实未能得到澄清,但是法官不能不对案件作出裁判就打发当事人回家去。他要么判决被告偿还10万元的债务,要么驳回原告偿还借款的请求。

问:法官应当如何判决呢?

基本原理

一、证明责任的概念

(一) 证明责任的概念

证明责任,是指诉讼当事人对自己所主张的案件事实,应当提供证据加以证明的责任;以及诉讼结束时,案件事实仍处于真伪不明的状态下,应当承担主张的事实不能成立的不利诉讼后果的责任。

理解证明责任的概念,应注意把握以下几个方面的内容:

1. 证明责任总是与一定的诉讼主张相联系,诉讼主张的存在是证明责任产生的前提条件。"诉讼主张既是审判程序的原动力,又是诉讼活动的终结与归宿。无论何种性质的案件,诉讼活动都是围绕着当事人双方的诉讼主张而展开、进行的。当事人的主张不仅是其举证加以论证的对象,而且限定了法院的审理范围。"[1](例如引例中,原告没有提出利息的事实主张,法院不得就利息的有无、多寡进行审理,并不得要求原告负担该事实的证明责任。)此外,从权利义务相一致的角度分析,当事人行使了提出诉讼主张的权利,并且希望从该主张中获得一定利益,就必须承担相应的义务,就需要积极地为自己的主张提供证据,以证明其主张的实在性与可靠性。如果当事人不能提供必要的证据,或证据不足以支持其主张,则应当在裁判中承担由此带来的不利与风险。这体现了权利义务相统一的原理。

2. 证明责任是行为责任和结果责任的统一。具体在证明责任内涵问题上再作阐述。

3. 证明责任总是和一定的不利诉讼后果相联系。证明责任不仅是提供证据的责任,本质上它还是一种败诉危险的负担。如果承担证明责任的一方当事人不能提出足以说服法官确认自己诉讼主张的证据,则需要承担败诉或者其他不利后果的责任。而且,正如罗纳德·J.艾伦所指出的:"举证责任的主要意义在于,未能满足它,就将阻止负有举证责任的当事人向陪审团提供该事项,法院将会以对负有举证责任的当事人不利的方式解决该争议。"证明责任制度设置的目的,在于解决案件事实真伪不明时法院如何裁判,即将不利诉讼后果确定其最终归属的问题。据此,有学者认为,证明责任的

---

[1] 参见卞建林主编:《证据法学》,中国政法大学出版社2005年版,第430页。

法律性质是一种负担，而不是权利。[1]引例中原被告之间是否存在借贷关系，主张借贷关系存在的原告黄某不仅要承担提供证据的责任，更重要的是，如果黄某证明不了其事实主张，则要承担其借贷关系不被裁判认可并因此而败诉的后果。

（二）证明责任与举证责任

证明责任与举证责任是一个概念还是两个独立的概念，学界一直存在争论，目前也没有统一认识。在学术著作中，人们较多地使用证明责任的概念；而在司法实践中，人们则更多地使用举证责任的概念。至于立法，只有《行政诉讼法》明确使用了"举证责任"的概念，该法第34条规定："被告对作出的行政行为负有举证责任，应当提供作出该行政行为的证据和所依据的规范性文件。"《刑事诉讼法》对此没有直接的规定；《民事诉讼法》也只有第64条提到："当事人对自己提出的主张，有责任提供证据。"

我们认为，证明责任与举证责任首先存在字义上的区别。举证的含义是举出证据或提出证据；而证明的含义是用证据来表明或者说明。在英美法的概念中，证明责任包括提供证据的责任和说服的责任。可以说，证明责任的内涵要大于举证责任。

> **知识链接**
>
> 根据英美法学者的解释，证明责任一词至少有三种含义，一是当事人向法庭提出诉讼主张的责任；二是当事人向法官提供足够的证据，以使案件交付陪审团进行事实认定的行为责任；三是当事人对交付陪审团进行事实认定的案件，在审判程序的最后阶段，因事实真伪不明而承担的诉讼不利益。前两者通常称为"提供证据的责任（负担）"或者通常称为"说服责任（负担）"。
>
> 我国学者将英美国家证明责任的概念归纳为两个方面的含义，一是提供证据的责任；二是说服责任。前者包括了特定责任、证据性责任和主张责任；后者包括了一般责任、特定责任及证据性责任。

二、证明责任的内涵

证明责任包含两层含义：行为责任（又称为主观意义上的举证责任）和结果责任（又称为客观意义上的举证责任）。

（一）行为责任

行为意义的证明责任是指当事人对所主张的事实负有提供证据的责任，即"谁主张，谁举证"。有学者认为，行为责任又可以分解为主张责任和证据提供责任。[2]我们

---

[1] 参见毕玉谦主编：《证据法要义》，法律出版社2003年版，第366页。
[2] 参见毕玉谦：《民事证据法判例实务研究》，法律出版社2001年版，第472页。

认为，与其说提出主张是一种责任，毋宁称之为"权利"更合适。因为它是诉权的一个表现形态，只不过是伴生于证据提供责任而已，而且主张责任不发生转移的问题。这种划分突出了证明责任与诉讼主张的紧密关系，没有诉讼主张就没有证明责任。引例中原告提起了借款纠纷诉讼，提出了被告李某欠其十万元借款未还的事实主张，就产生了对该事实提供证据的责任。原告向法庭提交欠条就是履行行为意义证明责任的行为。

行为责任的履行是无条件的，只要当事人所主张的事实不属于免证事实，当事人就必须履行提供证据的责任。履行行为责任，表面上是法律规定的要求，但真正的内在原因是避免事实真伪不明状态出现时所造成的不利后果。

（二）结果责任

结果意义的证明责任是指当事实处于真伪不明状态时，主张该事实的当事人负有承担不利诉讼后果的责任。结果责任是促使当事人积极举证的内在动因，其分配取决于实体法的规定，旨在解决当待证事实无法证明时，法官应如何裁判的问题。原告向法院主张其享有某种民事权利或者被告应承担某种民事责任时，原告须提出相应权利或责任赖以产生的法律事实，否则，其应承受主张不能实现的结果。被告主张免责的，也应提出免责的法定事由，否则，其应承担相应的法律责任。例如我国《民法通则》第126条规定："建筑物或者其他设施以及建筑物上的搁置物、悬挂物发生倒塌、脱落、坠落造成他人损害的，它的所有人或者管理人应当承担民事责任，但能够证明自己没有过错的除外。"管理人无法"证明自己没有过错"，则应承担相应的侵权责任，其对无过错的证明责任，就是结果意义的证明责任。一旦实体法确定由哪一方当事人负担，除了法律上的推定运用之外，结果责任自始至终属于该当事人，在该事实被证明之前，作为一种潜在的风险始终由该当事人负担，并不随着举证活动的进行而转移给对方。依据实体法《最高人民法院关于民事诉讼证据的若干规定》，对一些案件的证明责任作了进一步的明确，所规定的多为结果责任。

引例中双方当事人争议的事实处于真伪不明的状态，已有的证据不足以证明被告李某是否向原告黄某借款，这就需要根据证明责任的分配规则进行裁判，决定诉讼后果。黄某对自己的主张负有证明责任，为此黄某提供了借条作为证据。李某也应对己方的辩解理由承担证明责任。黄某对其生意失败并欠下债务的事实予以承认，该事实无须举证证明。李某所在单位的书面证言证实从未听说李某有辞职经商的打算，则李某完成了自己的证明责任。在这种情况下，黄某有责任提供证据证明10万元借款的来源。由于黄某未能提供该证据，其证明责任未能完成，就需要承担不利的诉讼后果。因此黄某的诉讼请求不能得到法律的支持。

（三）行为责任与结果责任的区别

1. 产生的法律依据不同。行为责任是诉讼法上的要求，正是诉讼法要求当事人进行诉讼活动必须提供证据，不提供证据，诉讼活动无法开展。例如我国《民事诉讼法》第 64 条规定："当事人对自己提出的主张，有责任提供证据。"结果责任是实体法上的要求，是从实体法的适用原则中派生出来的。当实体法所包含的要件事实全部具备且为真时，必须适用实体法，支持当事人的诉讼请求；如果实体法所包含的要件事实没有全部具备且为伪时，法官则应该拒绝适用实体法，驳回当事人的诉讼请求。但是实体法没有解决当案件事实真伪不明时，法官应当如何适用实体法、应当如何对待当事人的诉讼请求的问题。此时，唯有借助实体法以外的力量加以解决。结果责任便是法官在案件事实真伪不明时对案件作出判决的根据。

2. 能否转移不同。结果责任来自预定的分配标准和原则，它在诉讼开始的时候便产生，一直到诉讼结束，它均固定于一方当事人，而不会转向另一方当事人。行为责任则来自现实的诉讼状态和过程，它首先由承担结果责任的一方当事人履行。在该当事人提供了一定量的证据，使该事实业已变得清晰明了或即将趋于清晰明了之时，对方当事人感受到败诉的现实压力，必须进行一些补救性的证明，将补救性负担外化为行为责任。换言之，这种行为责任是从对方当事人那里转移而来的，转移过来的行为责任，经过当事人的积极举证，到一定程度，又转移到原来承担该责任的当事人那方去了。行为责任负担像这样来来回回于当事人之间移动的诉讼现象，理论上便称它为举证责任的转移。例如引例中被告提交单位证明的举证行为，显然是因为原告的证据给她带来了现实的败诉风险，将证明责任转移至被告所致。

3. 存在的时间不同。行为责任作为证明责任的现象先于结果责任展现在人们视野中，而真正体现证明责任性质的结果责任则像一只无形的手，沉潜在水面下，调节着双方的行为责任。只有当诉讼结束，而案件事实仍处于真伪不明的状态时，结果责任才会浮出水面，由不能履行行为责任的一方当事人承担；如果事实明了，则结果责任就不发生。二者在存在时间上有先后的顺序。

4. 能否由律师和法院协助履行不同。为了实现诉讼公平、提高诉讼效率，立法一般允许当事人引进外在力量，协助其履行行为责任，提高其诉讼行为能力。这些外在的力量可以是律师、非律师诉讼代理人，还可以是法院。因而，行为责任的承担主体可以有多个。但结果责任受其性质和内容的限制，只能由当事人自己承担。

综上所述，证明责任具有双重的含义，包括行为责任与结果责任，二者呈形式与内容、动态与静态、现象与本质的关系，既有联系又有区别。

项目二　刑事诉讼的证明责任

纵观英国刑法之网，常常可以看到一条金线，那就是证明被告人的罪行是控方的责任。……在最终考虑全部案情时，不论是控方还是被告人提交的证据，如果在被告人是否蓄意杀害被害人问题上能够引起合理怀疑，那么控方就没有证实其指控，被告人因而有权获得无罪判决。无论什么指控，控方必须证明被告人有罪的原则是英国普通法的一个组成部分，任何削弱该原则的企图均不予接受。

——桑基

引 例

1935年，英国的一个案件。被告人被指控谋杀同他已经分居的妻子。他承认妻子死于自己持有的枪中射出的子弹，但辩解说他扣扳机时没有故意，因为他当时正准备用自杀的方式说服妻子回去与他共同生活，这时枪意外走火了。一审判决被告人有罪。判决书中写道："控方已经证明了这女人死在被告人手上，因此被告人必须用证据证明哪些事实可以减轻自己的罪责，或者证明这完全是一个意外；否则就是谋杀。"这个案子辩方上诉至上诉法院被驳回，但上诉至上议院却胜诉了，上议院认为一审判决对证明责任的处理是错误的，应当由控方证明犯罪意图的存在。

问：关于刑事诉讼的证明责任，此案给我们怎样的启示？

基本原理

刑事诉讼中的证明责任，是指对于被告人是否有罪及犯罪情节轻重，应当由谁提出证据加以证实的责任。证明责任有一般规则与特殊规则。一般情形下由指控方——人民检察院或者自诉人承担证明责任，但在一些特殊情况下，被告人也要承担一定的证明责任。

一、刑事诉讼证明责任分配的一般规则

（一）公诉案件的证明责任由执行控诉职能的检察机关承担

提起公诉的检察机关是刑事公诉案件证明责任的主要承担者，这也是现代诉讼理念——无罪推定原则的内在要求。无罪推定原则的核心在于，通过假定每个公民（包括被告人）均处于无罪的原始状态，控诉机关在推翻这种原始状态时承担必须提供充分证据证明的义务，明确控诉机关在刑事诉讼中承担证明责任。这种证明责任的分配制度有助于保护被告人、实现诉讼武器的对等，也与"谁主张，谁举证"的理念不谋而合。如上述英国"谋杀妻子案"，被告人无义务证明自己无罪，应当由控方证明被告人有罪，一审判决"控方已经证明了这女人死在被告人手上，因此被告人必须用证据证明哪些事实可以减轻自己的罪责，或者证明这完全是一个意外；否则就是谋杀"，错误将举证责任归于被告人，故被上议院认为一审判决对证明责任的处理是错误的。

在我国，1996年修正的《刑事诉讼法》并未明确规定刑事诉讼的证明责任，2012年修正的《刑事诉讼法》明确规定了公诉案件中的举证责任：公诉案件中被告人有罪的举证责任由人民检察院承担。这一规定体现了行为意义上举证责任的分配。《刑事诉

讼法》第 195 条规定了结果意义上的证明责任，法院"根据已经查明的事实、证据和有关的法律规定，分别作出以下判决：①案件事实清楚，证据确实、充分，依据法律认定被告人有罪的，应当作出有罪判决；②依据法律认定被告人无罪的，应当作出无罪判决；③证据不足，不能认定被告人有罪的，应当作出证据不足、指控的犯罪不能成立的无罪判决"。该条第 3 项充分体现了结果意义上证明责任分配的"疑罪从无"。

出庭公诉的检察官不仅要向法庭提出事实主张，还要出示本方的证据，直接论证自己所主张的待证事实的真实性。在我国刑事审判程序中，检察机关对本方主张负责进行"举证"，辩方对公诉方的证据进行"质证"。其中，公诉方通过出示、播放等各种举证手段，将本方证据及其所包含的证据事实逐一展示给诉讼各方。这种举证活动绝不是一种简单的"行为"或"形式"，而是具有证明待证事实目的和实质内容的。

总而言之，检察机关对其所主张的被告人犯罪事实承担证明责任，承担提出证据论证该犯罪事实真实性的责任。检察机关的举证活动，是其承担证明责任的必要手段；检察机关对犯罪事实的论证活动，是其承担证明责任的必经过程；法院对证据不足、指控的犯罪不成立的无罪判决，是检察机关在无法证明被告人有罪时承担败诉后果的标志。

（二）自诉案件的证明责任由自诉人承担

在自诉案件中，自诉人处于原告的地位，独立地执行控诉职能，对自己提出的指控被告人犯有某种罪行的主张，理应承担证明责任。我国《刑事诉讼法》第 49 条明确规定自诉案件中证明被告人有罪的举证责任由自诉人承担，《刑事诉讼法》第 204 条规定自诉案件范围时明确了第二类、第三类自诉案件必须符合"被害人有证据证明"的条件。根据《刑事诉讼法》第 205 条规定，自诉人向法院提起控诉，必须提供证据。在开庭审理之前，如果自诉人提供足够的证据清楚地证明案件事实，法院应当开庭审理；缺乏罪证的自诉案件，如果自诉人提不出补充证据，法院应当说服自诉人撤回自诉，或者裁定驳回。根据上述规定，自诉人向法院提起自诉前，应当已经收集到一定证据。由于自诉案件并不经过侦查，因此此类证据只能由自诉人自行收集。需要说明的一点是，若自诉案件的被告人提出反诉的，反诉一旦成立，则反诉人也要承担与自诉人同样的证明责任。

（三）人民法院不承担证明责任

按照刑事诉讼法学理论，法院在诉讼中处于居中裁判的地位，在诉讼中承担的是审判职能，在诉讼中没有自己的主张，因此不承担证明责任。法院的任务是对诉讼双方提出的证据依照法定程序进行审查判断，从而认定诉讼双方的主张是否成立。由于法院没有自己的诉讼主张，因而也就不承担收集有罪证据的责任，更不承担结果责任。

法院依法享有的庭外核实证据的权力不足以作为其承担证明责任的依据，那只是对证据的调查核实权，是为其作出判断提供帮助，为其履行基于审判权而产生的审理职责和查明案件事实真相责任的体现，而不是收集证据的责任。

至于侦查机关是否承担证明责任存在争议。有观点认为侦查机关有一定的证明责任，其对于实体法事实不承担证明责任，但对犯罪嫌疑人采取强制措施的事由以及其他程序性事实承担证明责任。也有观点认为侦查机关不是证明责任的承担者，因为其不是审判阶段的控诉主体，也不存在因举证不能承担不利后果的责任。虽然侦查机关依法负有收集证据、查明案件事实、抓获犯罪嫌疑人的职责，但这种为满足职权行使的需要而开展的调查活动，与为满足法官的认知需要而进行的提交证据、说服法官的证明活动有本质上的区别。

我们认为要认定侦查机关是否有证明责任，关键在于证明责任属于哪一个诉讼阶段。如果将证明责任局限在审判阶段，由于侦查机关不承担举证与说服法官的责任，其不是证明主体；如果将证明责任扩展到侦查阶段，侦查机关对某些程序性事实也承担证明责任。

（四）被告人不承担证明责任

在刑事诉讼中，根据无罪推定原则，被告人不承担证明自己有罪或无罪的责任。同时，被告人依法享有为自己进行辩护的权利。被告人为证明自己无罪、反驳控诉等进行辩解，以及提出有利于自己的事实和理由，都是法律允许行使的诉讼权利。因此，被告人当然有权提出证据并证实自己无罪，这是一项权利，而不是责任或义务。但是，如果被告人提不出证据证实其无罪，不应当然地得出其有罪的结论。

二、刑事诉讼证明责任分配的特殊规则

在现代刑事诉讼中，被告人一般不承担提出证据证明自己无罪的责任，但也存在着例外，即在某些情况下应由被告人对某些要件事实承担证明责任。主要有以下几种：

（一）巨额财产来源不明罪的证明责任

我国《刑法》第395条规定："国家工作人员的财产、支出明显超过合法收入，差额巨大的，可以责令该国家工作人员说明来源，不能说明来源的，差额部分以非法所得论……"，这是立法者为了有效地惩治国家工作人员的贪污受贿行为设立的一项特殊规则。在这类案件中，只要辩方不能用充分的证据证明被告人巨额财产的来源合法，法官就可以推定那些财产是非法所得。除了刑事政策的原因，这种规定也考虑了举证便利的因素。被告人证明财产来源的合法性相对于控方证明财产来源的非法性要容易和便利，由被告人承担证明责任更能体现程序的公平正义。

（二）非法持有型犯罪的证明责任

我国现行《刑法》规定的非法持有型犯罪包括非法持有毒品、非法持有枪支弹药、

非法持有假币、非法持有国家绝密机密文件资料等犯罪。这些案件中的证明责任也是倒置而由被告人承担。例如，在非法持有毒品罪案件中，只要执法人员在某人身上查获了毒品，就可以认定其是非法持有，除非其有证据证明其持有毒品的合法性或合理性。具体说，如果查获身上携带有毒品的被告人声称他有合法理由携带该毒品，或者是别人为了陷害他而在他不知晓的情况下把毒品放在他的身上或包里，那么辩方对这一事实主张就要承担证明责任。如果辩方不能用证据证明被告人携带毒品的合法性或合理性，法官就可以推定被告人的行为属于非法持有并判其有罪。换言之，在被告人是否"非法"持有的问题处于事实真伪不明的状态时，辩方就要承担不利的诉讼后果。这对于解决毒品持有案件被告人主观要件证明困难、加大毒品犯罪的打击力度具有重大的现实意义。

（三）被告人积极抗辩的证明责任

被告人的抗辩有积极、消极之分。对于消极性的抗辩事由，被告人可以只提出主张即可，而对于积极性的抗辩事由，一般要求被告人提供相应的证据证实，否则该抗辩主张不被法官确认。不在犯罪现场是一个典型的积极抗辩事由，各国立法和司法实践无一例外都将证明责任分配给提出该主张的被告人。这不仅因为不在犯罪现场属于积极抗辩，如果主张成立，控方有罪证明就会被完全推翻；而且还因为，在实施犯罪的时间段内被告人是否在犯罪现场，被告人本人最清楚，由他提供证据显然比由控方提供证据更为便利。此外，辩方主张被告人的行为系合法授权的行为，或者引用法律条文中的但书、例外或豁免等进行抗辩时，都要负证明责任。

（四）程序性事实的证明责任

程序性事实在证明责任方面与实体性事实存在差异，例如非法证据排除程序，其分为初步审查程序和程序性裁判程序。在前一程序中，被告人需要对侦查行为的非法性提供证据线索，并证明到令法官对侦查行为的合法性产生疑问的程度。假如辩方不能提供证据或者线索，无法令法官产生这一疑问，法官就有可能拒绝启动证实的程序性裁判程序，而直接拒绝被告方的诉讼请求。这显然说明，对于侦查行为的合法性这一程序事实，被告人要承担一定的证明责任。而在正式的调查程序中，侦查行为的合法性证明责任由公诉方承担是不可转移的，假如公诉方不能提供证据证明侦查行为的合法性，或者所做的证明无法消除法官对侦查行为非法性的合理怀疑，法院将对侦查行为合法性作出否定性的认定。

除非法证据排除规则之外，被告人还可能提出其他方面的诉讼请求，如申请回避、申请证人出庭作证、申请延期审理，在上诉程序中还有可能申请二审法院宣告一审法院违反法律程序、影响公正审判等。这些诉讼请求都基于一种程序上的争议事实，要么提出了程序上的申请，要么对公诉方或者一审法院的诉讼程序提出了合法性异议。对于这些程序事实，作为申请方的被告人也要承担证明责任。法官作为裁判者，也不能在被告方仅仅提出诉讼请求的情况下，一味地进行司法审查。被告方对这些程序事实承担证明责任，也就意味着同时要承担举证义务、论证义务以及败诉风险。

 实训部分

【情境设计】

被告人李某杰，男，1980年7月6日出生，无业。2013年3月30日因涉嫌贩卖毒品罪被逮捕。

被告人刘某，男，1991年4月9日出生，无业。2013年3月30日因涉嫌贩卖毒品罪被逮捕。

人民检察院以被告人李某杰、刘某犯贩卖毒品罪，向南长区人民法院提起公诉。

公诉机关指控被告人李某杰于2013年2月20日晚，经与杜某事先电话联系交易毒品后，指使被告人刘某至无锡市第三人民医院附近的建设银行门口，向杜某贩卖毒品甲基苯丙胺9余克。被告人李某杰得款人民币4500元。

被告人李某杰提出，李某杰在2013年2月25日被公安机关抓获后，当晚便在公安民警的控制下电话联系了原审被告人刘某，得知刘某在无锡市马山镇的红灯笼网吧上网后，即将该线索告知民警。民警查询到该网吧地址后即前往红灯笼网吧将刘某抓获。李某杰的行为应当构成立功。被告人刘某提出，侦查机关对其家中进行搜索时，扣押的手机、人民币5000元等财物未提供扣押清单。

【训练方法】

1. 全体实训人员分为公诉方、被告人方两组，各自结合本方的诉讼角色对各方的证明责任进行归纳。
2. 各小组形成本组的观点及依据后，由一名代表发表意见。
3. 任课教师归纳小组意见并予以点评。

【训练目标】

通过对具体案件证明对象的分析、归纳，掌握证明责任的一般规则和特殊规则。

【实训步骤】

步骤1：根据证明责任的有关知识从案例中提炼出属于各方的证明责任。

步骤2：将提炼出的证明责任予以归类，看其各属于证明责任中具体的哪一类证明责任。

步骤3：控辩双方如何承担证明责任。

项目三　民事诉讼的证明责任

提出证据的责任应当由提出争执点的当事人承担，但因为对方当事人有取得和控制证据的特殊条件而由其举证有失公平的情况除外；说服责任应当由举证的当事人承担。

——迈克尔·D. 贝勒斯

单元九　证明责任

引　例

2000年5月11日凌晨1时许，郝某与他人在市区某一临街的楼房下谈话时，被楼上坠落的烟灰缸砸中头部，当即倒地，血流如注，被送至急救中心抢救。事发之后，公安机关经过侦查，排除了有人故意伤害的可能。郝某后被鉴定为智能障碍伤残、命名性失语伤残、颅骨缺损伤残等。在既不能确定烟灰缸的所有人，又无法确定是谁扔下这只烟灰缸的情况下，郝某于2001年3月将临街两幢楼的22户居民一起作为被告告上法庭。法院认为，因难以确定该烟灰缸的所有人，除事发当晚无人居住的两户外，均不能排除其余房屋的居住人扔烟灰缸的可能性，根据过错推定原则，将举证责任倒置，只要不能举证排除自己有扔烟灰缸的可能性，就要承担赔偿责任。2001年12月，法院认定由当时有人居住的王某等20户住户分担该赔偿责任。最后判决，郝某的医药费、误工费、护理费、伤残补助费、生活补助费、鉴定费、精神抚慰金共计178 233元，由王某等20户住户各赔偿8101.5元。二审法院维持原判。

问：两级法院在证明责任分配问题上的处理是否正确？

基本原理

证明责任的分配是民事诉讼的核心内容。民事诉讼中的证明责任分配，在基本原则和指导思想上均有别于刑事诉讼和行政诉讼。其既不是固定由原告承担，也不是绝对由被告承担，更不是由双方平均分配，各承担一半，而是法官根据证据规则，结合证明对象的具体性质，决定由原、被告分担。

一、民事诉讼证明责任分配的基本原则

关于民事诉讼的证明责任分配，早在古罗马时代已经形成相应的制度，"谁主张，谁举证"即是对古罗马法证明责任分配原则的最简单概括。具体而言，该分配原则包括两个方面：一是"原告应负举证之义务"，根据此原则，原告若没有承担证明责任或者举证不充分，法官将作出有利于被告的裁判，但这一原则并非意味着被告完全不负证明责任，若被告对原告的主张提出抗辩，仍需就其抗辩的内容承担举证责任；二是"举证之义务存在于主张之人，不存在于否认之人"，后大陆法系依据此原则发展了"主张消极事实的人不负举证责任"的学说。

因证明对象性质不同、当事人的举证能力不等，民事诉讼中的证明责任分配规则错综复杂，情况各异，很难制定一套统一的具体的证明责任分配规则，但这并不意味着证明责任分配无章可循。德国著名诉讼法学家罗森贝克提出了证明责任分配的"法律要件分类说"，主张民事实体法规范本身即可作为证明责任分配的依据，法官可从法律规范要件分类出发，在对实体法律规范结构分析的基础上，根据法律规范的语义和构造分析法律规范的原则、例外，以及基本规范与反对规范之间的关系，以此为分配

举证责任的方法。[1]受该学说影响,《最高人民法院关于适用〈中华人民共和国民事诉讼法〉的解释》第91条确立了以下证明责任分配原则:凡主张法律关系存在的当事人,应当对产生该法律关系的基本事实承担举证证明责任;凡主张法律关系变更、消灭或者权利受到妨碍的当事人,应当对该法律关系变更、消灭或者权利受到妨害的基本事实承担举证证明的责任。

由此可知,将证明责任简单概括为"谁主张谁举证"已经不足以为案件的处理提供依据。把握证明责任分配原则,离不开证明对象的界定。不同的证明对象由不同的主体承担证明责任,证明责任不再只简单地与主张者挂钩。

所谓法律关系发生要件事实或权利发生要件事实,是指实体法所确定的、产生某种权利或法律关系的要件事实。如侵权之债发生的要件事实为侵权事实;合同之债发生的依据是合同缔结并生效的事实;无因管理、不当得利之债发生的依据则是无因管理的行为、不当得利的事实。相关行为和事件作为权利是否发生的依据,主张者必须提供证据予以证实,否则自己依据该事实主张的权利、提出的诉讼请求将不能获得判决的认定。引例中原告向被告主张的是共同危险行为致人损害赔偿,依据该原则,原告必须证明该楼全体居民具有"共同实施危险行为的意思联络"并实际实施了"共同危险行为",并且其中某一人的行为导致其人身损害结果的发生,但不能判明谁是加害人的情况。现因原告只能证明有一户住户实施了扔烟缸的行为,以及造成损害结果的事实,不能证明各住户之间具有"共同实施危险行为的意思联络"并实际实施了"共同危险行为"。由于共同危险行为不存在,权利发生依据也就不存在,权利主张就不能予以认定,诉讼请求不能予以支持。该案判决支持原告主张的做法值得斟酌。

何为权利妨碍事实、权利制约事实、权利消灭事实,在证明对象一章已经详细阐述,这里不再重复。权利妨碍事实、制约事实、消灭事实的主张者应对该事实承担证明责任,这一原则在司法解释中的具体运用,体现在《最高人民法院关于民事诉讼证据的若干规定》第4条第1款第2、5、6项、第5条第1款之规定。前者规定了权利妨碍事实的证明责任,后者全面体现了证明责任分配的基本原则。值得一提的是,因为前者这三种情形与其余五种证明责任倒置的情形规定在一个条文当中,很多人将其简单地视为证明责任倒置的例外,这是错误的。这三种情形规定的都是妨碍事实的证明责任。我们可以发现,该规定均由事实的主张者承担证明责任,这种制度恰恰是前述基本原则的体现,而不是基本原则的例外,应予以特别注意。

法规链接

《最高人民法院关于民事诉讼证据的若干规定》第4条:下列侵权诉讼,按照以下

---

[1] 参见沈德咏主编:《最高人民法院民事诉讼法司法解释理解与适用》,人民法院出版社2015年版,第315页。

规定承担举证责任：……②高度危险作业致人损害的侵权诉讼，由加害人就受害人故意造成损害的事实承担举证责任；……⑤饲养动物致人损害的侵权诉讼，由动物饲养人或者管理人就受害人有过错或者第三人有过错承担举证责任；⑥因缺陷产品致人损害的侵权诉讼，由产品的生产者就法律规定的免责事由承担举证责任。

第5条第1款：在合同纠纷案件中，主张合同关系成立并生效的一方当事人对合同订立和生效的事实承担举证责任；主张合同关系变更、解除、终止、撤销的一方当事人对引起合同关系变动的事实承担举证责任。

《产品质量法》第41条第2款：生产者能够证明有下列情形之一的，不承担赔偿责任：①未将产品投入流通的；②产品投入流通时，引起损害的缺陷尚不存在的；③将产品投入流通时的科学技术水平尚不能发现缺陷的存在的。

二、民事诉讼证明责任的倒置

诉讼法上通常使用"谁主张、谁举证"的证明责任分配规则，但诉讼总会遇到一些特殊的情况不适宜采用通常的规则，否则将造成一方当事人的权益受损，形成不公平的后果，背离司法以公平、公正为最高价值追求的基本原则。这种情况下，不再按照证明责任的分配原则决定具体案件中的证明责任承担者，而实行与该原则相反的分配制度，即为证明责任的倒置。例如，在医疗行为引起的侵权诉讼中，按照一般的证明责任分配原则，原告应当就被告的医疗行为与损害后果之间的因果关系以及被告医疗单位的过错承担证明责任，但因为这是一种特殊的侵权案件，法律规定由被告就该事实承担证明责任。证明责任倒置是证明责任分配原则外的一种特殊制度，是基于保护弱者和举证便利等因素考虑而采取的灵活处理措施，有利于确保诉讼地位的平等和贯彻诉讼公平原则。

我国有关证明责任倒置的规定主要体现在《民法通则》《专利法》等实体法当中。因为规定比较散乱，不便适用，为此《最高人民法院关于民事诉讼证据的若干规定》第4条中作了具体的规定。依据上述规定，以下侵权诉讼实行证明责任倒置：

（一）专利侵权案件

《专利法》第61条第1款规定："专利侵权纠纷涉及新产品制造方法的发明专利的，制造同样产品的单位或者个人应当提供其产品制造方法不同于专利方法的证明。"据此《最高人民法院关于民事诉讼证据的若干规定》第4条第1款第1项作出了相应规定："因新产品制造方法发明专利引起的专利侵权诉讼，由制造同样产品的单位或者个人对其产品制造方法不同于专利方法承担举证责任。"按照证明责任分配基本原则，权利主张者本应证明侵权人的侵权事实，即用与专利方法相同的方法制造同样的产品、侵犯发明专利权的事实。但按照该规定，这类案件的原告只需对被告的产品与自己按照专利方法生产出来的产品相同承担证明责任，而被告则要就自己未使用原告的专利方法而生产出了相同产品的事实负证明责任。如果被告否认使用了原告的专利方法,就应当提供其产品制造方法的证据,以证明自己的产品与原告的产品并非是采用相同的专利方法生产出来的;如果被告不能提供相应的证据,就将被认为侵犯了他人产品制造方法的发明专利权。证明对象从产品制造方法变成产品的同一性,原告的证明负担大大减轻,被告的证明负担虽是加重了,但因为在产品制造方法问题上,被告掌握着相关的证据,证明难度不大,由其负担证明责任也是合乎情理的,且有利于案件真相的查明。

(二) 环境污染致人损害的侵权案件

我国法律和司法解释针对环境污染侵权损害赔偿诉讼规定了特殊的证明责任分配制度,由加害人就其排污行为与损害结果之间不存在因果关系承担证明责任。立法的旨意是考虑到环境污染侵权案件中,由于受害人缺乏科学知识和技术设备,对污染的发生和危害程度难以准确认识和了解,由受害人提供证据来证明自己所受损害以及损害的程度存在相当的难度和实际障碍。因此司法解释规定,原告只需对环境污染所造成的损害后果存在的事实承担证明责任,而由作为被告的加害人就法律规定的免责事由以及其行为与损害后果之间不存在因果关系的事实承担证明责任。凡对这些事实的存在不能够提出证据加以证明的,就应当由作为加害人的被告承担相应的民事赔偿责任。现行法律规定的免责事由主要有不可抗力、受害人的过错、第三人的过错等。

法规链接

《民法通则》第124条:违反国家保护环境防治污染的规定,污染环境造成他人损害的,应当依法承担民事责任。

《最高人民法院关于民事诉讼证据的若干规定》第4条第1款第3项:因环境污染引起的损害赔偿诉讼,由加害人就法律规定的免责事由及其行为与损害结果之间不存在因果关系承担举证责任。

(三) 建筑物或者其他设施等致人损害的侵权案件

我国《民法通则》第126条规定:"建筑物或者其他设施以及建筑物上的搁置物、悬挂物发生倒塌、脱落、坠落造成他人损害的,它的所有人或者管理人应当承担民事责任,但能够证明自己没有过错的除外。"为此,《最高人民法院关于民事诉讼证据的若干规定》第4条第1款第4项规定:由建筑物和建筑物上的搁置物、悬挂物的所有人或者管理人对其无过错承担举证责任。在这类案件中,原告只需对产生实际损害后果的事实以及这种损害事实是由建筑物或其附属物的倒塌、脱落、坠落所致承担证明责任;而作为被告的建筑物及其附属物的所有人、管理人,则应就自己对这种损害事实的发生并无过错负证明责任。

知识链接

共同危险行为是侵权法理论上的一个概念。所谓共同危险行为,是指二人或二人以上共同实施有侵害他人权益的危险行为,并且已经造成损害结果,但对所造成的损害结果又无法判明数人中谁是实际加害人的,则数人的行为就是共同危险行为。应与之区别的是共同侵权行为。后者是两个或两个以上的行为人,基于共同的故意或者过失,共同实施加害行为,致使他人人身或者财产受损。二者存在一定的相似性,容易混淆。

(四)共同危险行为致人损害的侵权案件

按照侵权诉讼中证明责任分配的一般规则,如果原告要求被告赔偿,必须对其所受损害确由被告的侵权行为所致负担证明责任。但在共同危险行为致人损害的案件中,受害人恰恰无法证明数名实施了共同危险行为的被告人中究竟何人为加害人。显然,如果囿于证明责任分配的一般原则,则无异于剥夺了受害人获得赔偿的权利。为了保护受害人的合法权益,同时考虑到加害人的过失,法律便将全部共同危险行为人的行为视为一个整体,而不要求受害人对确切的加害人进行证明,法院也不主动确认谁是真正的加害人,而判决所有共同危险行为人对损害后果承担连带责任。这实质上是一种法律的推定。对此,《最高人民法院关于民事诉讼证据的若干规定》第4条第1款第7项规定:"因共同危险行为致人损害的侵权诉讼,由实施危险行为的人就其行为与损害结果之间不存在因果关系承担举证责任。"在这类案件中,被告人如果想免除自己的责任,就必须对损害结果的发生并非是由自己的行为所致负担证明责任。引例中法院正是依据被告人不能证明自己没有扔烟灰缸的可能而推定其有过错,判决其承担赔偿责任。其错误之处在于忽略了受害人的证明责任,受害人必须首先证明数名被告实施了共同危险行为以及这种行为给受害人造成了损害。只有在这种事实得到证明的基础上,才可以推定被告人有共同过失,并要求被告人承担自己的行为与损害结果不存在因果关系的证明责任。引例中的受害人并未能证明各被告人均实施了共同危险行为,人民法院的推定因为缺乏基础事实而发生错误,将行为与损害结果不存在因果关系的证明责任分配给被告人并据此作出的判决也就是错误的。

(五)医疗行为致人损害的侵权案件

在医疗行为致人损害的侵权案件中,因为医患双方的地位极不平等,医疗机构具备专业知识和技术手段,掌握相关的证据材料,患者相比其处于明显的弱势地位。如果适用一般的证明责任分配规则,要求患者承担证明责任,结果往往因为举证不能而无法获得赔偿。为了平衡当事人利益,更好地实现实体法保护受害人的立法宗旨,《最高人民法院关于民事诉讼证据的若干规定》第4条第1款第8项规定:"因医疗行为引起的侵权诉讼,由医疗机构就医疗行为与损害结果之间不存在因果关系及不存在医疗过错承担举证责任。"在这类诉讼中,患者应当就曾在医疗单位就医所发生的医疗行为以及损害后果负证明责任,只要患者证明了这些事实,便可推定医疗机构构成医疗事故。而医疗机构应当就医疗行为与损害后果之间并不存在因果关系以及不存在医疗过错承担证明责任。换言之，医疗机构只有通过证明损害结果并非由己方所造成以及己方在具体医疗行为过程中并无过失，方可免除责任。

证明责任倒置，作为证明责任分配基本原则的例外规定和必要补充，以法律有明确规定为适用前提。在法律没有规定的情况下不得任意扩大适用。

 实训部分

【情境设计】

原告何某向人民法院诉称：原告在第一被告水暖卫生洁具公司购买了第二被告某日用电器卫生厂生产的DL—20型不锈钢淋浴器一台，同时购买了第三被告某无线电厂生产的多功能漏电保护器一台在家中安装。原告之妻于某日晚在用该淋浴器洗澡时，因淋浴器漏电和多功能漏电保护器质量不合格，遭电击死亡。原告诉请人民法院判令三被告承担连带赔偿责任。第三被告辩称，第二被告的产品漏电才是受害人死亡的真正原因，如果缺乏这一原因，自己的产品即便不合格，也不会发生致人死亡的损害结果，自己不应为他人的产品质量承担责任。

请你结合案件当事人的事实主张，就本案待证事实的证明责任进行分配。

【训练方法】

1. 全体实训人员分为四组，分别讨论原告、三名被告各自应否承担证明责任以及证明责任的具体范围。

2. 各小组形成本组的观点依据后，由一名代表发表意见。

3. 任课教师归纳小组意见并予以点评。

【实训任务】

判明证明对象的性质，厘清证明责任的归属。

【实训步骤】

步骤1：分析法律关系，确定案件性质。根据原告的诉讼请求及双方的事实主张，进行事实的归类整理，确定纠纷的性质。

步骤2：明确案件的证明对象。根据法律关系的性质，结合实体法规范的具体规定以及证据情况，排除免证事项，明确案件的待证事实。

步骤3：适用法律规定，界定证明责任。在判明证明对象性质的基础上，根据相关法律法规及司法解释对证明责任分配的具体规定，界定具体待证事实证明责任的承担者。

项目四　行政诉讼的证明责任

确定证明责任分配的因素包括：诉讼便利性的考虑；双方当事人的举证能力；是谁打破了现存的法律状态；如果对有关争议问题没有证明，什么应当认定为真实的；

一方当事人提出诉讼主张的反常性；诉讼理由是肯定性的还是否定性的；案件是否属于制定法或者一般诉讼规则的例外情形；以及诸如威慑之类的公共政策等。这些因素都在考虑之列。

——罗特斯坦因

引 例

1992年9月，刘某某进入某某大学无线电电子学系攻读博士学位。对刘某某博士论文的审查，经过了三道程序：其一是博士论文答辩委员会的审查（获全票通过）；其二是某某大学学位评定委员会电子学系分会的审查（12票赞成，1票反对）；其三是某某大学学位评定委员会的审查（某某大学学位评定委员会委员共计21位，对刘某某的论文进行审查时到场16位委员，6票赞成，7票反对，3票弃权）。根据学位评定委员会1996年1月的审查结果，某某大学决定不授予刘某某博士学位，只授予其博士结业证书，而不授予其毕业证书。对于这一决定结果，某某大学一直未正式、书面通知刘某某，刘某某为此曾多次向系、校有关部门询问未获得学位的原因，也曾向国家教育部反映情况，均未得到答复。1997年他向法院起诉未获受理。1999年7月，刘某某再次提起诉讼，诉请法院责令被告撤销某某大学拒绝颁发其博士学位证书和毕业证书的决定，颁发博士毕业证书并责令某某大学对刘某某博士学位的授予予以重新审查，终获受理。法庭将案件争议焦点归纳为：①校学位评定委员会对博士论文的审查应为程序性审查，还是实质审查？②校学位评定委员会的行政行为是否遵循了正当程序，其决定是否有法律依据？原被告双方围绕争议焦点展开了激烈的法庭辩论。法庭最终认定：刘某某按培养计划的规定，已完成课程学习和必修环节，成绩合格，完成了博士论文并通过了答辩，根据国家教委的《研究生学籍管理规定》，某某大学应发给其毕业证书。对于博士学位问题，某某大学学位评定会委员当时到场16位委员，6票赞成，7票反对，3票弃权，赞成票与反对票均未过半数，故学位委员会未形成有效决议。校学位委员会在作出不批准授予刘某某博士学位前，未听取刘某某的申辩意见，在作出决定之后，也未将决定向刘某某实际送达，影响了刘某某向有关部门提出申诉或提起诉讼权利的行使，故该决定应予撤销。法院判决如下：①责令某某大学在2个月内颁发给原告博士毕业证书；②责令某某大学在3个月内对是否授予刘某某博士学位予以重新审查；③本案的诉讼费用由被告承担。

基本原理

与民事、刑事证明责任相比，行政证明责任的具体分配有其特殊性，但同样体现了"谁主张，谁举证"的原则。

一、行政诉讼证明责任分配的基本原则

根据《行政诉讼法》和最高人民法院的司法解释，行政诉讼的证明责任分配的基本原则如下：

（一）具体行政行为的合法性，由被告承担证明责任

《行政诉讼法》第34条第1款规定："被告对作出的行政行为负有举证责任，应当提供作出该行政行为的证据和所依据的规范性文件。"《最高人民法院关于行政诉讼证据若干问题的规定》第1条重申了这一规定，并进一步明确：被告不提供或者无正当理由逾期提供证据的，视为被诉具体行政行为没有相应的证据。这是行政诉讼证明责任分配的基本法律依据。据此，在行政诉讼中，证明责任原则上由被诉的国家行政机关承担。

立法及司法解释作此规定，一是考虑到举证的便利，二是从公平角度出发，平衡双方的诉讼地位。行政程序要求先取证后裁决，根据这一规定，行政机关在作出具体行政行为之前，应当已经收集了充分的证据，当该行政行为被诉至法院，被告行政机关只需将原有证据提交法院即可完成证明责任，与由原告举证相比容易得多。这是被告承担证明责任的主要依据。如前述引例，被告不授予原告博士学位的具体理由是被告具体行政行为合法性的主要判断依据，该证据完全由被告掌握。如果要求原告对这一事实进行证明，非但不能查明事实，也有失公平。不仅如此，被告作为国家行政机关，对于一些需要特定知识、技术手段、资料、设备才能取得的证据，如是否对环境造成污染、伪劣药品的认定，有明显强于原告的举证能力。无视这一现实，要求证明能力较弱甚至没有证明能力的原告承担证明责任，不仅有失公平，也不利于案件事实的查明。而且，在此前的行政程序中，被告一直居于主动地位，其实施行为完全依照自己的判断单方面认定事实，无需经相对人同意。在诉讼阶段将证明责任分配给被告，要求被告证明其行为的合法性，否则承担败诉的后果，也是平衡双方当事人地位的需要。引例中作为被告的某某大学，其处理决定的形成过程和形成理由完全不公开，充分体现了行政行为单方性、秘密性的特点。至于其作出决定前未听取相对人意见、作出决定后未通知相对人，则属于程序违法。而作为一直处于被动地位的行政相对人，不应要求其承担证明责任，否则将对原告不公。

> **知识链接**
>
> 行政诉讼的被告必须是作出被诉行政行为的行政主体。行政主体包括依法行使行政职权，并由其本身承担行为法律责任的行政机关和法律、法规授权的组织。引例中的被告某某大学虽然不是行政机关，但其根据《教育法》第28条被授予学校的招生权、学籍管理和处分权、授予学业证书权、对刘某某的毕业证、学位证颁发事项作出具体决定乃基于国家法律的授权，在此意义上属于法律、法规授权的组织，是适格的

行政被告。

在刑事诉讼中被告承担证明责任属于例外的特殊情况，而在行政诉讼中，被告承担证明责任是证明责任分配的一般规则。

(二) 被告履行证明责任应当在规定的期限内完成

关于举证时限问题，举证时限制度一章有全面的论述，此不赘言。

(三) 被告的证明责任包括提供作出具体行政行为所依据的规范性文件

从理论上讲，证明责任包括提供证据的行为责任和承担不利后果的结果责任，规范性文件不属于证据，按理不应包括在内。但要求行政机关提供相关的规范性文件又是案件审理所必须的。对此，有待立法在文字表述上予以完善。

二、行政诉讼原告应当承担的证明责任

虽然行政诉讼以被告承担证明责任为原则，但并不意味着原告不承担任何的证明责任，原告对于被诉具体行政行为合法性以外的其他证明对象仍负有证明责任。理论上行政诉讼被告承担的证明责任被称为特殊证明责任，而原告负担的责任被称为一般证明责任。《最高人民法院关于行政诉讼证据若干问题的规定》对原告须承担的证明责任作了具体规定，包括：

(一) 案件符合起诉条件的事实

《最高人民法院关于行政诉讼证据若干问题的规定》第4条第1款规定："公民、法人或者其他组织向人民法院起诉时，应当提供其符合起诉条件的相应的证据材料。"如前述引例，原告必须证明不授予学位的行政行为存在、该行为与原告有法律上的利害关系等提起诉讼需要的事实。这些事实，本属于原告的主张，由其来证明符合事理。需要指出的是，诉讼时效问题属于起诉的时效要件，但不属于原告证明责任的范畴。第4条第3款规定："被告认为原告起诉超过法定期限的，由被告承担举证责任。"如果被告不能证明原告在法定期限内已得知被告具体行政行为而没有起诉，便可推定原告享有诉权，其起诉符合法定条件。

(二) 起诉被告不作为的案件中，原告在行政程序中曾经向被告提出申请的事实

上述规定第4条第2款规定："在起诉被告不作为的案件中，原告应当提供其在行政程序中曾经提出申请的证据材料。但有下列情形的除外：①被告应当依职权主动履行法定职责的；②原告因被告受理申请的登记制度不完备等正当事由不能提供相关证据材料并能够作出合理说明的。"这一规定针对的是被动行政行为，也就是行政机关只有在行政相对人提出申请后才能实施而不能主动采取的行政行为，如颁发经营金融业务许可证、律师执业证等。如果行政相对人向行政机关提出申请而行政机关不予理睬、不予答复，则构成行政不作为。行政相对人有权向人民法院提起履行之诉，要求行政

机关履行其法定的义务。相应地，行政相对人在起诉时有义务证明其曾经向行政机关提出过申请。这一要求符合事理和逻辑。值得一提的是，该规定仅要求原告对提出申请的事实承担证明责任，不能据此得出结论认为，不作为案件中的其他证明对象均由原告承担证明责任。前述引例即为行政不作为案件，据此，原告应当首先提交证明其曾向被告提出授予学位申请的证据材料。

任何事物有原则就有例外。上述第4条第2款但书部分表明，同样为行政不作为案件，在下列情况下原告无须证明其申请的事实：

1. 被告应当依职权主动履行法定职责的不作为案件。依职权的行政行为又称为主动行政行为，无须行政相对人申请行政机关就应该主动实施，例如税务机关的征税行为、环保机关对超标排污行为的治理整顿、公安机关的治安管理行为。如果相对人遭受不法侵害，公安机关面对侵害行为却坐视不理，未予以及时的援救、制止相对人将公安机关不作为的行为诉至法院，则原告无须证明其曾向被告申请保护的事实。事实上，原告是无法在行政程序中提出申请的，因此法律有必要免除其无法履行的这一证明责任。

2. 原告因被告受理申请的登记制度不完备等正当事由而无法提供证据证明其曾经向被诉行政机关提出申请的事实时，只要能够向人民法院作出合理说明，人民法院应当推定原告提出申请的事实存在。在被告登记制度不完备的情况下，即使原告事实上已经提出了申请，在行政机关的受理行为中也同样得不到体现，如果法庭继续要求原告承担证明责任则显得十分不合理。这一规定既保护了行政相对人的诉权，也有助于行政机关完善其登记制度，促进依法行政。

（三）行政赔偿案件中，被诉具体行政行为造成损害的事实

上述规定第5条明确："在行政赔偿诉讼中，原告应当对被诉具体行政行为造成损害的事实提供证据。"损害的范围、损害与具体行政行为的因果关系等，应当由主张损害赔偿的原告一方进行证明。

以上是原告应当证明的事项。与此同时，对于被告负有证明责任的行政行为的合法性，原告虽无证明的义务，但依然享有提供证据证明行政行为违法的权利。上述规定第6条强调："原告可以提供证明被诉具体行政行为违法的证据。原告提供的证据不成立的，不免除被告对被诉具体行政行为合法性的举证责任。"

 实训部分

【情境设计】

2008年7月，某区工商分局作出行政处罚决定书，认定辖区内的玉楼春酒家"以营利性为目的，擅自在广告中使用'奥运'字样进行商业宣传，违反了《奥林匹克标志保护条例》，并且违法所得无法计算，根据相关规定予以罚款3万元的处罚"。该酒家认为，其在全民迎奥运的喜庆气氛中实行菜价优惠酬宾活动，挂出内容为"迎奥运，

创新低，九元菜大酬宾"的宣传标语，目的只是以标语的形式告知过往路人，使用"奥运"一词主观上并不是以营利为目的，这与在销售商品时使用"奥运"的侵权行为有本质区别。此外，酒家挂标语时间短，行为轻微，工商部门以"违法所得无法计算为由"对酒家罚款 3 万元，属行政权力的滥用。为此该酒家向当地人民法院提起行政诉讼，要求人民法院判决撤销区工商分局所作的罚款决定。

问：本案原告是否需要承担证明责任？需要对哪些要件事实承担证明责任？被告应对哪些事实承担证明责任？

【实训任务】

判明证明对象的性质，厘清证明责任的归属。

【实训步骤】

步骤1：分析案件情况，归纳要件事实。行政诉讼中主要解决具体行政行为合法性、合理性问题，与之相关的要件事实包括行政机关是否拥有作出该行政行为的职权、原告是否实施了被处理的行为、被告机关的处理程序是否合法、目的是否正当、处理决定是否与具体情况相适应等；而起诉条件涉及的具体行政行为存在与否、被告行政机关是否明确以及诉讼请求是否具体、有无事实根据、案件是否属于人民法院受案范围和受诉法院管辖等事实，也属于案件的证明对象之一，将这些事实问题梳理、归纳后，再结合证据情况列出本案的待证事实。特别注意有无属于法律规定的例外情况。

步骤2：根据规定，判明具体待证事实证明责任的承担者。适用法律及相关司法解释的具体规定，确定不同证明对象各自的证明主体。

问题与思考

1. 试述证明责任的"双重含义说"。
2. 试论证明责任分配的基本原则和主要依据。
3. 试论刑事诉讼中被告人的积极抗辩对证明责任分配的影响。
4. 试述刑事诉讼证明责任的倒置情形及倒置理由。
5. 试述民事诉讼证明责任转移、倒置的特殊规则。
6. 试论行政诉讼有无证明责任倒置的情形。

拓展阅读

1. 柴发邦、李浩："两种含义举证责任之比较"，载《中国法学》1993 年第 4 期。
2. 陈刚："论证明责任法"，载《诉讼法论丛》（第 3 卷），法律出版社 1999 年版。
3. 张卫平："证明责任分配的基本法理"，载《证据学论坛》（第 1 卷），中国检察出版社 2000 年版。
4. 刘金友："论我国举证责任分配的基本原则"，载《证据学论坛》（第 3 卷），中国检察出版社 2001 年版。

5. 崔敏:"刑事证明责任概论——侧重谈谈刑事被告人应否承担部分举证责任",载《证据学论坛》(第6卷),中国检察出版社2003年版。

6. 单国军:"民事举证责任倒置研究",载《法律适用》2002年第2期。

7. 刘善春:"行政诉讼举证责任分配规则论纲",载《中国法学》2003年第3期。

单元十

证明标准

引 言

司法实践中，当诉讼当事人、公诉机关已经取得了相应合法、有效的证据时，并不意味着他们的诉讼主张一定会成为法院判决认可的案件事实。这其中的关键问题是，提出主张的一方提交的证据是否达到了立法规定的标准，足以让裁判机关认定其主张为真实。作为事实认定者决定具体事实能否认定的行为规范，作为衡量和评价证明主体的证明责任是否完成的尺度，证明标准既是一个具有强烈的理论性、抽象性的问题，又是每个案件都需要用到的操作性问题。显然，证明标准是当事人、专门机关完成自身证明责任的指路明灯，其重要性不言而喻。不同性质的诉讼对案件当事人的影响不同，因此需要确立不同的证明标准。此外，证明标准还受证明阶段、证明对象等影响。

知识目标

通过基本原理的学习，理解证明标准的概念、理论基础及多元化特征；掌握三大诉讼的证明标准与具体要求。

能力目标

通过基本技能训练，能够运用证明标准认定案件事实的存在与否。

内容结构图

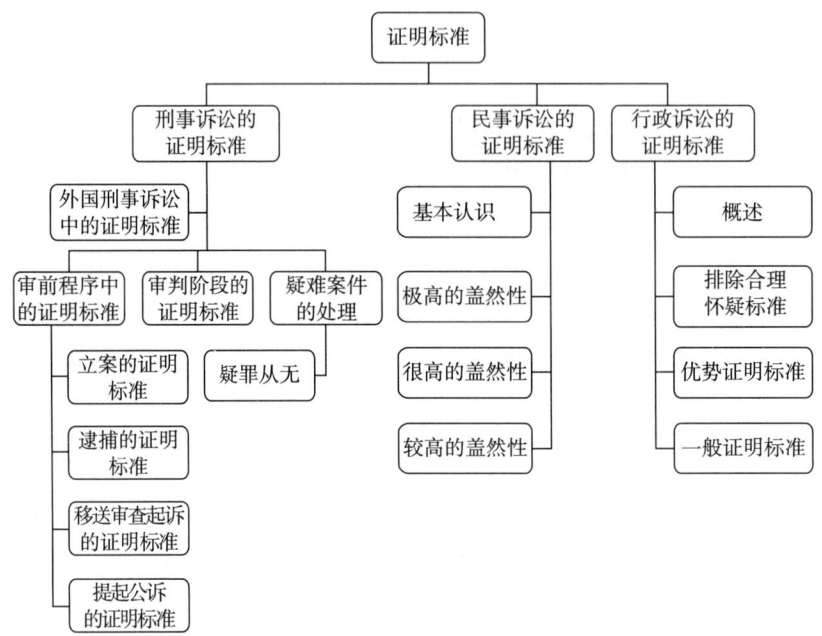

项目一 概 述

在关于以前事件的事实存在争议的司法程序中,事实发现者对于究竟发生了什么不可能获得完全准确的认识。相反,事实发现者能够获得的只是关于"可能"发生了什么的一种信念。……证明标准代表了一种努力,以期指示事实发现者:我们的社会认为他们要达到何种程度的信念才能做出正确的事实结论。

——哈兰

引 例

公诉机关某某县人民检察院。

被害人暨附带民事诉讼原告人聂某某,男,1987年11月4日出生。

被告人王某,男,1963年4月10日出生。

某某县人民法院经审理查明,2009年9月4日7时许,在某某县靳堂乡赵厂村西边的猪场内,被告人王某和被害人聂某某因琐事生争执,在争执过程中,被告人王某用右手朝被害人聂某某左耳部打了一耳光,造成被害人聂某某左耳鼓膜外伤性穿孔。经法医鉴定,被害人聂某某左耳部所受损伤已构成轻伤。附带民事诉讼原告人聂某某受伤后在某某县中医院住院治疗11天,医疗费2090.1元,票据26张;鉴定费 561 元，票据 2 张；交通费 765 元，票据 143 张。上述事实有公诉机关提供的被告人王某的供述与辩解、被害人聂某某的陈述、证人赵某某、费某某、赵某某等证言，某某县公安局物证鉴定室法医学人体损伤程度鉴定书、新某市中心医院医学鉴定书、住院病历、违法犯罪查询记录、到案经过、现场图、户籍证明及附带民事诉讼原告人聂某某提供的某某县中医院医疗收费票据、鉴定费票据、交通费票据等证据证实，证据经当庭出示、质证，客观真实，来源合法，能够形成证据链条，可以作为定案的根据。

法院认为，被告人王某故意非法伤害他人身体，致人轻伤，其行为已构成故意伤害罪。某某县人民检察院指控被告人王某犯故意伤害罪的事实清楚，证据确实、充分，本院依法予以支持。被告人王某因其犯罪行为给附带民事诉讼原告人聂某某造成的经济损失，依法应当承担相应的民事赔偿责任。附带民事诉讼原告人聂某某所主张的医疗费、鉴定费、交通费有票据证实，本院予以支持；附带民事诉讼原告人受伤住院治疗 11 天，其误工费、护理费、住院伙食补助费、营养费按照河南省农村居民年人均收入和消费标准计算为 11（天）×13（元）×4（项）=572 元，被告人王某应依法按照上述标准承担民事赔偿责任；附带民事诉讼原告人聂某某所主张的误工费、护理费按照驾驶行业标准计算的请求，虽提供驾驶证件但无其他从业证据证实，本院不予支持；其主张的耳膜修补费未提供证据，本院不予支持；其他诉讼请求亦无事实根据和法律依据，本院依法不予支持。被告人王某在庭审中认罪态度较好，且在调解不能的情况下，主动提存赔偿款 4000 元，积极履行赔偿义务，有悔罪表现，可以对其从轻处罚。故辩护人关于被告人如实供述犯罪事实，履行赔偿款，有悔罪表现，系初犯、偶犯的辩护意见符合案件事实，本院依法予以采信。被告人因同一事实被行政拘留的期间，应依法折抵刑期。综合被告人的犯罪情节、悔罪表现，根据罪责刑相适应原则，依照《中华人民共和国刑法》第 234 条第 1 款、第 36 条第 1 款，《中华人民共和国民法通则》第 119 条，《最高人民法院关于审理人身损害赔偿案件适用法律若干问题的解释》第 17 条和《中华人民共和国行政处罚法》第 28 条第 1 款之规定，判决如下：①被告人王某犯故意伤害罪，判处有期徒刑 7 个月。②被告人王某赔偿附带民事诉讼原告人聂某某医疗费、鉴定费、交通费、误工费、护理费、住院伙食补助费、营养费等各项经济损失共计 3988.1 元，于判决生效后 10 日内付清。

问：什么是案件事实？应如何理解客观真实与法律真实的概念、关系？如何理解证明标准的层次性？

基本原理

一、证明标准的概念及特征

证明标准是指证明主体根据法律规定，运用证据证明待证事实所要达到的程度或要求,是完成证明责任所要达到的范围和程度。证明标准既是当事人证明责任能否解除的分水岭,也是法官认定事实真伪的标准。

证明标准具有如下特征:

(一) 无形性

证明标准是无形的,也是内在的,它是存在于法官、检察官、律师等人心中的一杆秤,是靠标准的适用者用心智把握的尺度,也是靠法律职业共同体的从业人员所形成的共识来维系的。

(二) 主观性

不同主体对于事实的认知与评价尤其是法官对于争议事实的认定以及判决结果的认定具有决定性的意义。法官认定事实的重要依据之一就是法定的证明标准,而证明标准是需要依靠裁判者的内心来把握的,其与裁判者的内心确信密切相关。所以,证明标准本身具有较强的主观性。

(三) 可操作性

"标准"(Standard) 意指"衡量事物的准则",立法中确立的证明标准理应具有一定的现实可度量性,或者叫可操作性。法律之所以设置证明标准,就是为了给证明活动提供一种衡量尺度。尽管诉讼证明的最理想的结果是重现客观事实的本来面目,但由于诉讼证明受各种主客观因素的影响,如果以此作为评价证明结果的标志,必然会因为高不可及而失去现实性和合理性。所以,法律设置的证明标准不应当过于理想,而应当是裁判者在事实认定中"形成必要心证的最下限"。因此,证明标准必须具有现实性和可操作性。

(四) 多层次性

证明标准的设置应当与诉讼本身的特点和规律相适应,不同的情况应当设置不同的证明标准。刑事诉讼、民事诉讼和行政诉讼应当分别有适合自身特点和规律的诉讼标准,同一类型的诉讼中也应该按不同情况设置不同的证明标准:比如,在民事诉讼中,对于那些民事欺诈以及婚姻、继承等与人身权益密切相关的特殊类型的民事案件,其证明标准就应该不同于普通类型的民事案件;对于那些负担证明责任的当事人举证比较困难的案件,其证明标准也应该与不存在该类问题的普通民事案件有所区别。

二、关于证明标准的理论探讨

在理论界对于证明标准,一直存在着客观真实与法律真实之争。所谓客观真实是指运用证据对案件事实的证明必须符合案件发生时的客观情况,属于一种抽象的客观真实;所谓法律真实,是指在证明过程中,运用证据对案件事实的认定应当符合实体法和程序法的规定，应当达到从法律的角度认为是真实的程度，属于一种实践形态的客观真实。

客观真实是我国理论界的传统主流观点，是特定社会历史条件下的产物，尽管对客观真实的追究无可厚非，但是，以是否达到客观真实作为诉讼证明的标志或尺度，既不符合人类认识的规律，也不符合诉讼本身的特点和规律。以法律真实作为证明标准，相对而言更加合理。理由如下：

1. 诉讼证明要受到各种主观因素的影响。诉讼证明是诉讼主体的一种社会性活动，不可避免地会受到各种主观因素的影响。在诉讼过程中，作为裁判的法官，其在收集、审查、判断证据的过程中不可避免地会受到自身知识水平、业务素质、感知能力、理解判断能力、道德情操乃至性格、情绪等主观因素的制约和影响，从而使整个证明过程带上不同程度的主观色彩，这必然对证明结果产生一定的影响。对于诉讼当事人、国家公诉机关等证明主体而言，在证明过程中除了受上述主观因素的影响外，还会因为追求各种各样的利益，使得进入诉讼程序的证据材料带有主观性和不确定性，这必然又从另一方面对证明结果接近或达到客观真实产生一定程度的制约和影响。

2. 诉讼证明还要受到司法资源有限性的制约。诉讼必然消耗一定的人力、物力、财力、时间等司法资源，然而任何社会的司法资源都是有限的，法院不能为了一个案件、一个证明活动达到客观真实而过多地耗费有限的司法资源。这也必然在客观上制约着证明结果达到客观真实的程度。

3. 诉讼活动除了要最大限度地达到客观真实外，还要兼顾诉讼效率和效益、程序公正、权利保护等多方面的价值需要。证明标准的确立既然要兼顾其他多种法律价值需要，追求多种法律价值选择、妥协和平衡的结果，必然要求证明活动放弃达到客观真实的努力，退而求其次，以"法律真实"作为证明标准。否则，将可能导致与其他法律价值目标之间的冲突和紧张。

4. 即使假定诉讼证明活动可以不受任何主客观因素的影响，证明结果完全达到客观真实的程度也是不可能的。因为诉讼活动试图证明的是过去发生的事实，由于时过境迁，任何人都不可能让时间倒流而回到案件发生的时间和空间中，这就决定了任何案件事实都不可能原封不动地被恢复和重现。

因此，通过诉讼程序所再现的事实只能是主观因素、事实因素、法律程序和规则共同作用的产物，是一种"法律真实"。法律真实是一种实践形态的客观真实标准，抽象的客观真实标准只能是一种理想或理论形态的标准。这种标准要想付诸实施，就必须转化为实践形态的客观真实标准。法律真实并不意味着否定客观真实的价值，其是一种以"追求真实"为主旨、以"不背离真实"为底线的客观真实标准。法律真实依照一定的法律规定和证据规则对案件事实作出的认定，也必须符合客观实际，不能背离事物的本来面目。

三、证明标准的多元化

证明标准不仅与证明对象、证明责任有关,还与诉讼性质、证明阶段等有关,证明标准具有多元化、层次化的特点。

(一)诉讼性质不同,证明标准不同

在英美法系国家,针对不同性质的诉讼,其证明标准不同。对于刑事案件,采用"排除合理怀疑"的证明标准;在普通民事案件中,一般采用"盖然性居上或占有优势"的证明标准;对于某些特殊类型的民事案件,采用"明晰可信"的证明标准,这种标准属于高于普通民事案件、但低于刑事案件的证明标准。

诉讼性质不同,其诉讼目的也不同,对当事人的人身、财产等切身利益的影响也不同,因而证明标准也有所区别。在刑事诉讼中,主要解决犯罪嫌疑人、被告人的刑事责任问题,即解决犯罪嫌疑人、被告人是否有罪,是否判处刑罚,应当判处何种刑罚的问题,该问题的解决事关犯罪嫌疑人、被告人的人身自由甚至生命,其目的侧重于查明案件真相,正确追究行为人刑事责任,防止随意侵犯当事人人身权利的行为;在民事诉讼中,主要是解决当事人之间的权利义务纠纷,目的是解决和平息当事人之间的纠纷;在行政诉讼中,所要解决的主要是行政机关的行政行为是否合法有效的问题,其目的主要是对行政机关行政行为进行合法性审查。正是受诉讼的性质以及对当事人人身权利影响程度的影响,刑事证明应当比民事和行政诉讼证明更为严格,其证明标准也应当更高。

(二)证明对象不同,证明标准不同

在大陆法系国家,不同的证明对象适用不同的证明标准。一般而言,实体法事实的证明标准高于程序法事实,这是由于程序法事实不涉及人身、财产权益,且对诉讼权利、案件实体处理并无实际影响,因而可以适用低于实体法事实的证明标准。大陆法系国家和地区的法律习惯于将证明分为严格证明和释明。前者是指对某些案件事实的证明必须达到很高的程度,一般适用于实体法事实;后者是指对某些案件事实可以采用较低的证明标准,主要适用于程序法事实。

实体法事实和程序法事实应当区别对待,适用不同的证明标准。例如,刑事诉讼中的实体法事实是有关犯罪构成要件,以及从重、从轻、减轻、免除刑罚等事实,其事关人身权、财产权甚至生命权等重大问题,因此应当确立较高的证明标准;而对于程序法事实,如回避、管辖、强制措施、诉讼期限、违反法定程序方面的事实等,则应当适用较实体法事实低的证明标准。

(三)证明阶段不同,证明标准不同

由于不同的诉讼阶段的证明过程也即对案件事实的证明过程,是遵循认识的一般原理,逐步地、渐进地由感性认识上升到理性认识的,因此针对不同的诉讼阶段建立不同证明过程的证明标准既是需要的,也是可行的。尤其在刑事诉讼中,针对不同的证明阶段,建立由低到高的"阶梯性""层次性"的证明标准是学界的共识。

项目二 刑事诉讼的证明标准

英国法上刑事案件需要比民事案件更高的证明标准。但必须注意民事和刑事案件都没有绝对的标准。民事法庭上审理欺诈案件所要求的盖然性当然会高于过失案件。

——汤普森·丹宁

引 例

2005年的8月1日凌晨4时许,被害人梁某某酒醉回家,与妻子岑某某发生争执并打斗。梁某某被岑某某蹬倒在地时头部正好撞在沙发的木扶手上,呻吟了几声就不动了。岑某某估计其已死亡,因此便进行了用菜刀分尸、用木炭焚尸、用硫酸溶尸、用胶桶抛尸的过程。诉讼过程中,岑某某亲口承认与丈夫梁某某因家庭琐事发生争斗,误伤丈夫后估计其已死亡,于是进行"分尸、焚尸、溶尸、抛尸",雇用货车及搬运工对尸体进行处理。但是,公安部门未能找到这些相关的人员,更未能发现梁某某的尸体。法庭上,公诉人主张:被告人岑某某的妹妹以及保姆的证言表明当晚有很大的吵架声和撞击声,时间、细节上与岑某某的供述能互相印证;保姆第二天叫岑某某吃早餐时,看到岑某某双眼通红,也与岑某某哭了一晚的供述相印证;警方现场发现的血迹、部分组织块和岑某某供述的作案方式比较吻合等。

但辩护律师认为公诉机关证据明显不足。虽然岑某某一直表示"没意见",但岑某某口供的真实性却无法得到印证——证明被害人死亡的证据只有岑某某的供述,但依照岑某某的供述,尸体处理很繁琐,她通过雇用货车及搬运工对尸体进行处理,但是,公安部门用了很多警力竟然没有找到这些相关的人员,可见岑某某口供的真实性无法得到印证。"有打架就肯定有流血,既然说梁某某已经死了,为什么就不能相信梁某某其实是自己走了?"律师还指出,检察机关一直都称岑某某的口供是"稳定的",但是稳定并不代表着一定就是真实的。

一审法院鉴于缺乏目击证人、找不到被害人的尸体,最终根据"疑罪从无"的原则,于2006年12月宣布岑某某无罪。

问:在这起案件中,控方的指控为何得不到法院的认可?应如何理解客观事实与法律事实的关系?

基本原理

刑事证明标准是指在刑事诉讼中负担证明责任的主体利用证据对争议事实或案件事实加以证明所要达到的程度。刑事证明标准具有层次性和多元化特征，不同的诉讼阶段以及不同的证明对象，证明标准也不同。本节将比较国外的证明标准，再结合我国刑事诉讼阶段和证明对象来予以说明。

一、外国刑事诉讼中的证明标准

（一）英美法系

美国证据法和证据理论将证明的程度分为九等：第一等是绝对确定，由于认识论的限制，这一标准无法达到，因此无论出于何种法律目的均无这样的要求；第二等即排除合理怀疑，此等标准为刑事案件作出定罪裁决所要求的，也是诉讼证明方面的最高标准；第三等是清楚和有说服力的证据，某些司法机关在死刑案件中拒绝保释，以及作出某些民事判决时有这样的要求；第四等是优势证据，是作出民事判决以及肯定刑事辩护时的要求；第五等是合理根据，适用于签发令状，无证逮捕、搜查和扣押，提起大陪审团起诉书和检察官起诉书，撤销缓刑和假释，以及公民扭送等；第六等是有理由的相信，适用于"拦截和搜身"；第七等是有理由的怀疑，足以将被告宣告无罪；第八等是怀疑，可以开始侦查；第九等是无线索，不足以采取任何法律行为。

可见，在英美法系国家，"排除一切合理怀疑"是在刑事诉讼中认定被告人有罪时所要求的证明标准。所谓排除一切合理怀疑，是指全面地证实、完全地确信或者相信一种道德上的确定性，排除合理怀疑的证明并不是排除轻微可能的或者想象的怀疑，而是排除每一个合理的假设，除非这种假设已经有根据。排除合理怀疑的证明是达到道德上的确定性的证明，是符合陪审团的判断和确信的证明。作为理性的人，陪审团成员在根据有关指控犯罪是由被告人实施的证据进行推理时，如此确信以至于不可能作出其他合理的结论。

（二）大陆法系

大陆法系国家刑事诉讼的证明标准，是排除了任何疑问的内心确信，即自由心证。自由心证原则"要求法官根据他个人的自由确信而确定证据。法官的个人确信，是指他的个人确认。这种确认，必须依据理智推理，建立在对证据结果之完全、充分、无相互矛盾地适用之上；调查证据后，法院未确信被告人有罪时，必须宣告他无罪"。在证据法理论中，常将这种"自由心证"或"内心确信"概括为"高度的盖然性"，这与英美法系"排除合理怀疑"的证明标准实质上是一致的。"'高度盖然性'的标准是双重肯定的评价方法，'无合理怀疑'的证明标准是排除否定的评价方法。两者是同一判断的表里关系。"

二、我国刑事诉讼不同阶段适用的证明标准

（一）审前程序中的证明标准

根据我国《刑事诉讼法》的规定，公诉案件大体上要经过立案、侦查、起诉和审判等阶段。我国立法对这些诉讼环节应达到的证明标准均作了相应的规定。下面将论述审判前各阶段的证明标准。

1. 立案的证明标准。根据我国《刑事诉讼法》第110条的规定，立案的证明标准是刑事诉讼中最低的证明标准。首先，这一标准具有一定的主观性——侦查机关"认为"有犯罪事实需要追究刑事责任。其次，从立案的事实条件看，只需要有证据证明犯罪事实发生即可，至于作案人，作案的时间、方法、手段、目的、动机等此时无需证明，这是因为立案只是刑事诉讼的起始阶段，是侦查的启动环节，而查明犯罪全部事实属于侦查阶段的任务，否则就混淆了立案与侦查的性质。另外，在刑事诉讼起始阶段就要查明案件事实也是不现实的。而且，立案时的认定是否准确还要在以后的不同诉讼阶段受不同的认识主体检验。最后，立案的法律条件是需要追究刑事责任，仅有犯罪事实，尚不能立案，还必须具备犯罪事实依照刑事法律的有关规定应当追究刑事责任这个条件，才能立案。因为刑事诉讼是为了实现国家的刑罚权，立案以追究刑事责任为目的，并非所有发现的犯罪事实，都需要追究刑事责任。我国《刑事诉讼法》第15条列举的六种情形，属于法律不追究刑事责任范围。即使立案追究了，也要撤销案件。

2. 逮捕的证明标准。我国《刑事诉讼法》第79条规定："对有证据证明有犯罪事实，可能判处徒刑以上刑罚的犯罪嫌疑人、被告人，采取取保候审尚不足以防止发生下列社会危险性的，应当予以逮捕……"可见现行法律规定的逮捕的证明标准就是"有证据证明有犯罪事实"。何为"有证据证明有犯罪事实"，根据《人民检察院刑事诉讼规则》第139条规定，是指"有证据证明发生了犯罪事实，有证据证明该犯罪事实是犯罪嫌疑人实施的，证明犯罪嫌疑人实施犯罪行为的证据已经查证属实的"。以上的"犯罪事实"既可以是单一犯罪行为的事实，也可以是数个犯罪行为中任何一个犯罪行为的事实。可见，逮捕的证明标准并未要求达到"事实清楚，证据确实充分"的程度，只要求证明犯罪嫌疑人有犯罪事实即可。因为逮捕处于诉讼程序的前端，侦查取证工作开始的时间不长，犯罪事实的细节难以在这么短的时间内查清，在逮捕后，移送审查起诉前，侦查机关仍有大量的时间侦查取证，查清案件的具体细节，但必须要有证据证明犯罪嫌疑人确实有犯罪事实，这是逮捕必要的前提。

3. 移送审查起诉的证明标准。我国《刑事诉讼法》第160条规定："公安机关侦查终结的案件，应当做到犯罪事实清楚，证据确实、充分，……移送同级人民检察院审查决定……"由此可见，我国立法对移送审查起诉提出了很高的要求。首先，侦查

机关必须查明犯罪事实，即要查明犯罪的主体、主观要件、犯罪的客体和客观要件，包括犯罪时间、地点、动机、目的、手段、情节、危害结果以及是否有遗漏罪行和其他应当追究刑事责任的人等。其次，证据从质上要达到"确实"，从量上要达到"充分"，即证据材料具有客观性、关联性，而且证据之间能够相互印证，并能形成一个完整的证明体系，足以排除各种矛盾和疑点。

立法将此时的证明标准界定为"犯罪事实清楚，证据确实、充分"，似是对侦查机关提出了过高要求，而且与案件所处的诉讼阶段所要达到和所能达到的诉讼认识也不相符。首先，从逻辑上看，我国《刑事诉讼法》对提起公诉的要求是"人民检察院认为犯罪事实已经查清，证据确实、充分，依法应当追究刑事责任"，虽然此时也要求"犯罪事实清楚、证据确实充分"，但立法所要求的标准具有一定的主观性，即"检察院认为"。而公安机关在侦查终结，将案件移送审查起诉不仅同样要"犯罪事实清楚，证据确实、充分"，而且还必须"应当做到"——至少从条文本身可以得出这是一个"客观标准"的结论。故相较而言，移送审查起诉的证明标准居然比提起公诉的证明标准还要高，很明显，这不符合逻辑。其次，这与诉讼过程中的认识规律也不相符。从整个诉讼过程来看，虽然侦查处于一个很重要的位置，但它仍然是诉讼认识的初级阶段，侦查阶段的认识还要受决定是否提起公诉的机关检验，而且，有没有达到此标准只有审判机关在听取控辩双方在法庭上质证、辩论后才能作出。另外，从司法实践来看，如果公安机关在侦查终结后将案件移送检察院审查起诉，而检察院作了不起诉的决定，只要公安机关在侦查阶段是依照法律采取侦查行为，虽没有达到"犯罪事实清楚，证据确实、充分"的程度，也不会承担相应的过错责任。因此，将移送审查起诉的标准设置过高，固然能督促侦查机关提高办案质量，但并不具有较强的可操作性。而且，在我国审前程序缺少中立裁判者的情况下，要求对案件事实的揭示要达到客观真实的状态不切实际。从上部分立法例的考察中也可知，国外起诉甚至是有罪案件的判决也无须达到此标准。刑事诉讼中任何程序的设置，既要考虑到惩罚犯罪，又要从保护人权的角度出发。此标准虽然从表面上看对人权的保障起到屏障作用，但由于过高的标准不仅使其在司法实践中不能达到，而且由于缺乏相应的可操作性程序使之有虚置之嫌。因此，该规定不仅难以实现立法意图，反而会因法律的虚设使其权威得不到应有的体现。笔者认为，移送审查起诉的证明标准只要达到"有定罪的可能"即可——这是侦查阶段在"惩罚犯罪"和"保障人权"之间选择的比较合适的切入点。此标准不仅与侦查的认识阶段相符，而且从司法实践来看，也只能达到此程度。在修改《刑事诉讼法》时，考虑到法律之间的承接性，作为一种缓冲，也可以将"应当做到犯罪事实清楚，证据确实、充分"改为"认为犯罪事实清楚，证据确实、充分"，因为后者具有一定的主观性。

4. 提起公诉的证明标准。我国《刑事诉讼法》第172条对案件提起公诉的标准是"犯罪事实清楚，证据确实充分"。从字面意义上理解，这与法院对被告人定罪的证明标准相同，但是实质上二者之间还是有区别：首先，此时"犯罪事实清楚，证据确实充分"只是检察机关单方面的认定，并不同于在审判阶段经控辩双方质证、辩论以后中立裁判者所得出的结论。虽然法律要求检察机关应当客观、公正地决定是否提起公诉，但受检察机关的职能以及所处诉讼阶段的影响，此时的认定不可避免地带有单方性和偏向性。其次，法律在对事实证据的要求前面有"人民检察院认为"这样的主观限制词，使其有别于有罪判决所要达到的"案件事实清楚，证据确实充分"这一客观标准。故而，提起公诉的证明标准从法律的要求来看，具有一定的主观性。因此，我国提起公诉与法院裁判定罪证明标准之间应该说是具有不同层次性的。

（二）审判阶段的证明标准

我国《刑事诉讼法》第195条第1项规定："案件事实清楚，证据确实、充分，依据法律认定被告人有罪的，应当作出有罪判决。"根据《刑事诉讼法》第53条第2款的规定，证据确实、充分，应符合以下条件：

1. 定罪量刑的事实都有证据证明。这一条件是认定证据确实、充分的基础，其含义有三：一是必须坚持"证据裁判原则"，对于定罪事实和量刑事实的认定只能依靠证据。二是确立了运用证据证明的范围，即证明对象包括定罪事实和量刑事实。这一规定充分吸收和总结了量刑程序改革的成果，使量刑程序从封闭迈向了公开透明，这一规定是我国刑事诉讼制度走向科学、民主的一大举措。三是在适用这一规定时，一定要区分四个概念：定罪事实、量刑事实、定罪证据和量刑证据，一定要把握好定罪量刑中的法定情节和酌定情节。

2. 据以定案的证据均经法定程序查证属实。这个条件是指公、检、法机关必须按照法律规定的程序，对作为定案根据的证据查证属实，才能达到证据"确实"的标准。具体讲有四个方面：一是说明了证据问题也是程序问题，非经法定程序查证属实不得作为定案根据；二是必须坚持以庭审为中心，凸显法庭审理的功能作用，因为只有法庭审判，才能做到控辩平等参与、对社会公开、显现法庭审理的权威；三是作为定案根据的证据，要以经过法庭调查、辩论程序所确认为标准，那些反反复复在庭审中翻证翻供或确认为非法证据的，不能作为定案的根据；四是侦查机关对证据的收集、固定要从破案功能走向庭审定案功能，要经得起庭审的考验。对公诉机关而言，提起公诉要达到"诉得出，定得了"的标准，所有公诉证据，都要经过法庭程序的检验，才能作为定案的根据。

3. 综合全案证据，对所认定事实已排除合理怀疑，即"办案人员在每一证据均查证属实的基础上，经过对证据的综合审查，运用法律知识和逻辑经验进行推理、判断，对认定的案件事实达到排除合理性怀疑的程度"。

三、疑难案件的处理

这里的疑难案件，是指刑事诉讼中对案件事实或其他待证事实的证明没有达到法律所要求程度的案件。刑事诉讼中,理想的证明状态是收集到确实、充分的证据,并通过证据查明案件的事实真相。然而,在司法实践中,有时由于主客观原因,会出现证据已经灭失、案件事实无法证明的情形,从而形成处断难明的疑难案件。具体来讲,疑难案件通常表现为两种情形:一是没有证据,或者虽有证据,但这些证据被证明为虚假、不具有证明能力而被排除,从而无法进行证明,造成疑案;二是有一些证据证明被追诉人有犯罪嫌疑,但已有的证据未达到法定的证明标准,从而出现既不能证实其有罪也不能排除其有罪的悬疑状态。

对于疑难案件如何处理,我国《刑事诉讼法》作出了明确规定。首先,刑事诉讼法在基本原则部分确立了"未经人民法院依法判决,对任何人都不得确定有罪"的原则。其次,规定了疑难案件的具体处理程序。根据我国《刑事诉讼法》的规定,在审查起诉阶段,经过两次补充侦查,人民检察院仍然认为证据不足、不符合起诉条件的,可以作出不起诉的决定;在审判阶段,人民法院对证据不足、不能认定被告人有罪的,应当作出证据不足、指控的犯罪不能成立的无罪判决。也就是说,对于疑难案件采取疑罪从无的原则。

项目三 民事诉讼的证明标准

证明标准是承担举证责任的当事人举证的分量相对于对方当事人举证的分量来说,应当超过多少。

——艾库里

引 例

2010年11月23日,吴某某驾驶吴某芝的鲁DK0103普通正三轮摩托车在全宽6米的机非混合车道超车时,与胡某某驾驶的无号牌电动自行车(搭载其妻戴某某)发生交通事故。电动自行车失控侧翻致胡某某及戴某某二人受伤,随后吴某某送二人至医院治疗。双方就吴某某是否谨慎驾驶及其所驾摩托车与胡某某所驾电动自行车是否发生刮擦及碰撞,各执一词。交管部门对事故成因及责任无法认定。超车过程中,胡某某车辆靠道路右侧行驶,距道路右边半米左右,吴某某车辆距离道路右边一米多远,两车横向距离为40厘米~50厘米。吴某某超车时为五档,迎面有一黑色轿车快速驶来,吴某某称感觉有点危险。事发现场道路平坦,事发时除黑色轿车外无其他车辆经过。事故车辆经检验均符合安全技术标准;吴某芝的车辆未投保交强险。

浙江金华中院二审认为,吴某某驾驶三轮摩托车超越胡某某电动自行车时,其车速较快。结合吴某某超车前未注意到对向快速驶来的黑色轿车来看,可以认定其未尽谨慎驾驶的注意义务。交管部门的事故责任证明虽未能证实两车是否发生碰撞或刮擦,但从证人证言反映的情况看,正是在吴某某超车过程中胡某某的电动自行车发生左右晃动而侧翻，结合事故现场的其他情况，根据《民事诉讼法》高度盖然性的司法原则，审理法院认为胡某某的电动自行车翻车与吴某某驾驶三轮摩托车超车中的疏忽大意存在因果关系，吴某某应承担事故的主要责任；胡某某驾驶电动自行车搭载成年人违反道路安全法亦有过错，双方按三七比例承担胡某某等的医疗费、伤残赔偿金、误工费等人身损害赔偿责任。[1]

问：如何认定民事诉讼中的当事人的事实主张为真实？

基本原理

证明标准也称证明要求、证明度，指在诉讼证明活动中，法官对于当事人所争议的事实，根据证据所证明的情况对案件事实作出肯定或者否定性评价的最低要求。证明标准犹如一把尺子，衡量证据到达何种程度时能够形成法官对案件事实的清晰认知。对于当事人而言，证明标准的达成意味着举证责任即解除。

一、证明标准的基本认识

对证明标准的理解，应注意以下问题：

1. 无论是大陆法系国家还是英美法系国家，均以盖然性作为民事诉讼的证明标准。盖然性是一种高度可能的状态，而非绝对地认定事实必然存在或不存在，因此，与刑事诉讼的证明标准不同，民事诉讼的证明标准并不要求排除合理怀疑。若待证事实存在的概率范围划分为0%～100%，一般而言，盖然性是指事实存在的概率在75%以上的范围。

2. 证明标准与证据数量有一定联系。一般而言，证据的数量与证明力成正比，证据越多，就越容易形成证据锁链，其证明的盖然性程度就越高。但这个一般规律不是绝对化的，也要比较证据证明力的大小，例如，一个直接证据与数个间接证据发生对抗，法官应当采信直接证据。另外，证明的盖然性程度也与证据种类有关，不同的证据种类具有不同的证明效力，如鉴定意见的证明力高于证人证言。高度盖然性是用概率来表述的，但是法律永远不可能用数学的方法来计算证据的证明力。

3. 由于保护的法益不同，证明标准针对不同的法律关系和案件事实性质应划分为不同的层次。从法律制度的发展历史来看，证明标准在民事诉讼与刑事诉讼之间的分岔，正是因为人民认识到刑事诉讼与民事诉讼在价值取向上的差异而做出的区分。刑事诉讼的目的在于惩罚犯罪、保障人权，由于人权利益越来越受到尊重，刑事诉讼的证明标准要求排除合理怀疑。而民事诉讼主要处理财产问题，不会造成限制人身自由的后果，更不会以司法手段剥夺人的生命，因此，民事诉讼所保护的法益不及刑事诉讼所保护的法益重要；民事诉讼的目的主要在于解决纠纷、实现当事人权利，而不在

---

[1] 案例来源：http://www.chinacourt.org/article/detail/2016/03/id/1816039.shtml.

于保护被告的权利,因此在证明标准上可以适当放宽,允许采取盖然性的证明标准。同样地,在民事诉讼范围内,由于各种案件涉及的法益重要性不同,在一个弹性证明标准的范围内,也应当允许证明程度要求存在差异。从当前司法实践来看,对涉及人身关系的诉讼往往采取比较严格的证明标准,对涉及一般财产关系的诉讼则采取比较宽松的尺度。

二、证明标准的层次

证明标准是一个弹性尺度,实践中难以精确界定。但针对不同类型的案件事实,不同性质的证明责任,证明标准应有所不同。根据当前司法实践,证明标准可以划分为三个层次:

(一) 极高的盖然性

当事人所主张事实被法官采信必须达到令人深信不疑的程度。满足这一层次的证明要求,应当具备两项条件:一是当事人提供的证据相对于反证具有绝对优势;二是具有一般理性的人对当事人主张的法律事实不应加以怀疑。这是一个很高的证明尺度,主要适用于涉及确认亲子关系等身份关系的法律事实。因为这些法律事实不单单是对当事人的财产状况发生影响,更主要的是对当事人特别是未成年人的精神状况,对围绕当事人的一些社会关系产生重大影响,故而必须慎之又慎。一般情况下确认和排除亲子关系应当适用"极高的盖然性"的证明尺度。

(二) 很高的盖然性

当事人所主张事实被法官采信应当达到令人相信具有很大可能的程度。达到这一证明程度,应满足两个要件:一是对待证法律事实所提供的证据相对于反证具有相当大的优势;二是具有一般理性的人都认为当事人主张的法律事实可以相信。这一证明尺度应适用于大多数民事诉讼案件,原因有二:一是民事诉讼的证明标准不宜太严。因为大多数民事法律关系不涉及人身关系或者亲权关系这种对当事人至为重要的身份关系,因此不必采用极为严格的证明标准。如果采用极为严格的证明标准在总体上会损害司法的效率和公平,不利于保护当事人权益。二是民事诉讼的证明标准也不宜太宽。由于我国司法实践并非实行纯粹的"当事人对抗主义",不是依靠当事人通过进攻、防御来揭示"事实真实",而是在相当大程度上依靠法官的心证来确定"事实"。在此背景下,有必要采用较高的证明尺度,来限制法官自由心证的幅度,尽量避免法官对事实的错误判断。

(三) 较高的盖然性

当事人所主张事实被法官采信应当达到令人相信其存在的可能性大于不存在可能性的程度,也可称之为"相对占优的盖然性"。达到这个证明尺度应当满足两个条件:一是其所提供的证据相对于反证具有优势;二是具有一般理性的人认为当事人主张的法律事实的真实的可能性大于虚假的可能性。无疑，这是一个很低的证明尺度，虽然要求当事人提供的证据相对于反证具有优势，但并不要求具有绝对优势或很大的优势。这一证明标准往往适用于程序性事实，例如，诉前财产保全中的"情况紧急"，当事人的证明程度只要达到大致存在即可。

三、我国民事诉讼证明标准

长期以来，我国一直将客观真实作为诉讼证明的目标，要求法官所确定的案件事实必须与客观实际完全相符。这一诉讼理念是在批判自由心证制度下主观真实的基础上建立起来的，是实事求是原则在诉讼中的运用。但是，由于民事诉讼证明标准具有无形性和模糊性的特征，精确定位证明标准的界限在事实上难以实现，因此，盖然性成为描述证明标准的普遍选择。所谓盖然性，就是指可能性或概率，它是指一种可能而非必然的性质，即从事物发展的概率中推定案情、评定证据。

法规链接

1. 《民事诉讼法》第64条第3款：人民法院应当按照法定程序，全面地、客观地审查核实证据。

2. 《最高人民法院关于民事诉讼证据的若干规定》第73条第1款：双方当事人对同一事实分别举出相反的证据，但都没有足够的依据否定对方证据的，人民法院应当结合案件情况，判断一方提供证据的证明力是否明显大于另一方提供证据的证明力，并对证明力较大的证据予以确认。

以《最高人民法院关于民事诉讼证据的若干规定》所确定的高度盖然性的一般证明标准为基准，可以通过司法解释或者立法的方式对我国民事诉讼的证明标准作出如下分级：

（一）一般证明标准，即高度盖然性的证明标准

这一标准适用于在绝大多数民事案件中作为裁判基础的要件事实的证明。在没有特别规定的情况下，对于要件事实的证明均应适用此标准。

（二）提高的证明标准，即高于高度盖然性的证明标准

这种标准相当于我国学者提出的心证程度到85%~99%的"高级盖然性"标准。从更有效地保护权利人的角度出发，特殊侵权案件的侵权人主张免责事由的证明也应适用该标准。

（三）降低的证明标准，即盖然性占优势的证明标准

适用于负有举证责任的当事人对于要件事实的证明面临相当难度的场合，如在侵权诉讼中对加害人过错的证明、对因果关系的证明，以及对"应当知道"的证明、对间接损失的证明等。

（四）较低的证明标准，即"有可能"的证明标准

这种标准所要求的证明程度很低，只要当事人对其所主张的事实的证明达到使法官相信该事实有存在的可能性即解除证明负担，主要适用于程序性事项的证明，如对符合起诉条件的证明、对回避事由的证明、对申请财产保全措施的证明等。

拓展阅读

洪秀凤与昆明安钡佳房地产开发有限公司房屋买卖合同纠纷案，载 http://gongbao.court.gov.cn/Details/720251e030ebfc65f0062e19bcd768.html。

项目四　行政诉讼的证明标准

证明标准不可能仅仅用语言作出精彩的、明晰的描述，无论所使用的语言多么具有技术性。所有可能说的只是法官或陪审员必须确信或者否认某种事实的真实性。什么证据才能形成"确信"，因问题不同而不同。问题越轻微和简单，越容易形成"确信"；问题越严重和复杂，就越要细心审查，也就是说，在对案件真实情况形成确信之前所需要的有证明力的证据就越多。

——弗雷德曼

引　例

P公司是主营民用灯具等商品的私营有限责任公司，为增值税一般纳税人。2004年3月9日，国家税务局稽查局（以下简称国税稽查局）根据群众举报对P公司进行税务检查，形成证据如下：①调取的公司账簿、凭证、内部账及其他相关资料7箱；②对所调取的有关账册、送货单进行整理核对，并对原告的法定代表人和员工进行询问，制作了《税务稽查工作底稿》；③将内部明细分类账录入电子表格制作了《进销存账（分类账）统计表》。

2005年2月3日，国税稽查局经过听证程序后，作出《税务行政处罚决定书》，认定P公司在2003年1月至2003年12月期间，通过开设内部账册，记录向外单位及个人销售产品，总计有49 408 810.47元不含税销售额没有如实向税务机关申报，造成当期少计销项税额8 399 497.78元，该行为属于通过在账上不列、少列收入的方式实现不缴或者少缴应纳税款的目的，构成《中华人民共和国税收征收管理法》第63条第1款的偷税行为，并根据该条规定对P公司处以4 200 000元罚款。

P公司对国税局的处理决定不服，诉至法院。

一审法院认为：①国税稽查局没有提供任何证据证明P公司取得了满足《企业会计准则——收入》（财会字〔1998〕23号）规定的销售收入，相反P公司提供了反证

材料证实其货物并未实现销售；②国税稽查局未提供有效证据证明原告所销售的货物已到增值税纳税义务的发生时间。因此，一审法院认为《税务行政处罚决定书》的主要证据不足，适用法律错误，判决撤销国税稽查局作出的《税务行政处罚决定书》。

被告国税稽查局不服一审判决，提出上诉。认为：①调取的进销存账及送货单等原始凭证，《税务稽查工作底稿》《进销存账（分类账）统计表》以及税务局提供的P公司在涉案期间的纳税申报情况，能够形成证据链，证明P公司发出货物并取得销售收入。②所提供的证据能够证明已经到达增值税纳税义务发生时间，国税稽查局认为P公司的销售方式不包括代销和赊销，其采取的销售方式只有直接销售，所以在取得收入时即到达增值税纳税义务发生时间。因此，国税稽查局认为提供的证据已足以证明P公司存在偷税事实，其作出的税务行政处罚符合法律规定。

二审法院认为：①对于证据"内部进销存账、送货单等原始凭证"，内部进销存账虽然有发货及收入的记载，但没有收讫销售款或者索取销售款凭据等会计记账凭证相对应；送货单的总金额与上诉人认定的销售额存在差距，且部分送货单无任何收货单位和人员的签名，即使有人员签收，也无法证明该签收人员属何单位。②对于证据"《税务稽查工作底稿》以及《进销存账（分类账）统计表》等自认材料"，在证据形式上存在瑕疵，而且缺乏会计凭证等证据材料印证，不足以认定被上诉人的偷税事实。③对于销售方式争议，双方均未提供有效证据，所以认定P公司的委托代理销售和赊销方式缺乏事实依据。因此，二审法院认为上诉人提供的证据尚不足以认定被上诉人实现了49 408 810.47元销售收入而没有如实申报纳税，也不足以认定该销售行为已到达增值税纳税义务发生时间。遂判决驳回上诉，维持原审判决，撤销《税务行政处罚决定书》。

问：行政诉讼中原告的举证责任应达到何种程度？行政诉讼证明标准与民事、刑事诉讼证明标准是何关系？

基本原理

一、行政诉讼证明标准概述

行政诉讼是解决行政机关或组织与公民、法人和其他组织之间发生的不平等主体间的行政争议，审查行政机关作出的具体行政行为是否合法，保护公民、法人和其他组织的合法权益，维护和监督行政机关依法行使职权。根据《行政诉讼法》第34条的规定，作为被告的行政机关要对作出的被诉具体行政行为承担举证责任，在诉讼中应当提供据以作出被诉具体行政行为合法合理的全部证据和所依据的规范性文件。这一规定，显露出了行政审判极强的"案卷审查主义"色彩。案件审查因与刑事诉讼、民事诉讼的目的不同，采用的证明标准也就有所不同。

与民事诉讼证明标准、刑事诉讼证明标准相比，行政诉讼证明标准具有以下特点：

1. 行政诉讼证明标准具有灵活性。行政诉讼证明标准与行政案件的具体性质和严重程度成比例关系，案件越重大复杂，证明标准越高。

2. 行政诉讼证明标准具有中间性。民事诉讼中当事人的权利义务是对等的，一般采用优势证明标准；刑事诉讼当事人之间的权利义务的不等程度最高，一般采用排除合理怀疑的证明标准；行政诉讼当事人的权利义务不等程度介于两者之间，行政诉讼证明标准居于中间地带，这就是行政诉讼证明标准的中间性。

3. 行政诉讼证明标准具有审查性。有关被诉具体行政行为的证明标准，既是被告履行说服责任的证明标准，也是人民法院审查被诉具体行政行为合法性或合理性的证明标准。同一证明标准，对被告来说是证明标准，对人民法院来说主要是审查标准，这是行政诉讼证明标准区别于刑事诉讼和民事诉讼的一个特点，是由行政诉讼本身的司法审查性决定的。

二、行政诉讼证明标准的基本类型

（一）排除合理怀疑标准

排除合理怀疑标准是刑事诉讼中适用的证明标准。这里的"怀疑"是一种两可或多可的意识状态，具有正常理智的人、一般的人在选择其中一种时不能排除其他种的可能性和可行性。排除合理怀疑标准的适用必须是对行政相对人人身或者财产权益有重大影响，而对人身权和财产权以外的权益，如受教育权、劳动权、社会保障权等不在此限。正因为行政行为对行政相对人的人身和财产权益有"重大影响"，这种重大影响的权益接近于刑事诉讼法保护的公民的权益，所以获得了同公民在刑事诉讼中相同的保护。

排除合理性怀疑可具体适用于下列四种行政案件：

1. 限制人身自由权的案件。作为公民基本权利的人身自由受到侵害是十分严重的，它基本等同于刑事案件。限制公民人身自由的案件包括行政拘留案件和强制戒毒案件。

2. 适用听证程序作出具体行政行为的案件。根据《行政处罚法》的规定，行政处罚程序分为简易程序、一般程序和听证程序。听证程序适用于吊销营业执照、责令停产停业和处以较大数额罚款的案件。

3. 人民法院作出变更判决和履行判决的案件。在变更判决和履行判决中，人民法院以自己的判断取代行政机关的判断，应当保证自己的判断比行政机关的判断更正确，对其认定案件事实的要求应当比行政机关高。

4. 行政机关适用一般程序作出具体行政行为的案件。一般程序虽然比听证程序简便，但是比简易程序复杂得多。排除合理怀疑的标准与一般程序的复杂性基本相适应。

（二）优势证明标准

所谓优势证明标准，是指法庭按照证明效力占优势的一方当事人提供的证据认定案件事实的证明标准。这里的"优势"是指一方当事人提供的证据较另一方当事人提供的证据更有说服力和证明力。一方当事人提供的证据的证明效力及其证明的案件事实比另一方更具有可能性，相应的诉讼主张成立的理由更充分，则其证据证明的效力更占优势。此种证明标准一般适用于涉及财产权或者人身权的行政裁决案件、行政合同案件等，同时还包括不作为案件和行政赔偿诉讼的案件。因为财产权和人身权争议的行政案件，在性质上属于经过行政机关处理的平等主体之间的民事权利义务争议的案件，所以基本上可参照民事诉讼的证明标准适用优势证明标准。在行政诉讼中适用此标准的主要原因是作为行政诉讼客体的具体行政行为具有多样性，既有公权力色彩较浓的单方行政行为，也有公权力色彩较淡的双方或多方行政行为。但是行政诉讼毕竟是不同于民事诉讼的司法活动，其证明标准在相当程度上要高于民事诉讼。虽然行政裁决的客体是民事纠纷，但是行政诉讼审查的是行政裁决这种行政行为的合法性，这时的民事纠纷已非单纯进入民事诉讼的民事纠纷，而是经过了公权力作用的民事纠纷，所以其证明标准比同等情况下进入民事诉讼的证明标准更高一些。

（三）一般证明标准

一般证明标准，也就是明显优势证明标准，指在行政诉讼中，法庭按照当事人双方提供的证据情况，对证据进行综合判断，以证明效力具有明显优势的一方当事人提供的证据认定案件事实。由于行政法律关系中行政机关与行政相对人在权利义务上具有不对等性，因而绝大多数行政案件采用这种高于民事诉讼证明标准的证明标准。对此，我们将清楚而有说服力的证明标准确定为适用下列案件的证明标准：

1. 行政机关适用简易程序作出具体行政行为的案件。简易程序是行政机关当场作出处理的程序。一方面，简易程序的手续简便、速度快，行政执法人员在案件发生的当时即作出处理决定，因此要求行政执法人员在短时间内达到案件事实清楚、证据确定充分，不切合实际；另一方面，适用简易程序的行政案件情节简单、争议不大，没有必要提出如此严格的证明要求。占优势的盖然性标准与简易程序的适用范围和程序本身相适应。

2. 涉及预测性事实的行政案件。在预测性事实最终实现之前，行政机关无法排除其他合理的可能性，唯一能够做到的是认定的可能性比其他的可能性大。占优势的盖然性标准符合预测性事实的这个特征。

3. 行政机关临时保全措施案件。行政机关在行政执法过程中，如果发现了可能涉及本案处理的财产，有权依法采取临时性的限制措施，如扣留、扣押、查封等。这些措施具有临时性和保全性，有利于防止证据灭失，防止违法行为的继续发生。由于案件情况复杂，最终处理结果难以确定，要求行政机关在采取保全措施时就做到案件事实清楚、证据确实充分是不可能的。唯一的要求是行政机关在采取保全措施之前，必须调查收集一定的证据证明有这种必要性，即采取保全措施比不采取保全措施的必要性大。

实训部分

【情境设计1】

原告（被上诉人）：浙川制药集团有限公司（简称浙川公司）[1]

被告（被上诉人）：宋某某

原告浙川公司一审起诉称，1996年6月至12月期间，被告宋某某以批发部名义先后从公司购进大量盐酸氟桂嗪，共计9 853 720元，被告先后退货折款及已付货款合计3 967 875.61元，先后欠公司货款5 885 844.39元，经公司多次追要未付。

被告宋某某辩称：原告所言与事实不符。事实是：1994年3月28日，我和李某某与浙川药厂签订一份协议，我被浙川药厂聘为驻南阳办事处负责人，我部成为浙川药厂驻南阳办事处。协议有效期3年，自1994年6月起至1997年6月1日止。我部与浙川药厂业务关系据此协议确定和展开。协议在执行的两年内，双方合作基本满意。办事处和厂里的矛盾是从1996年下半年开始的。主要的原因一是全国药品销售价格直线下跌，生产厂家陷入困境；二是浙川药厂违背协议原则，给办事处造成巨大经济损失。就价格问题，我多次找制药公司经理全某某商议，全某某多次说按照市场行情卖。在1997年7月10日，我到药厂去协商价格时，药厂既不对账也不算账，强行扣车，声言不签协议就送检察院处理，在被逼无奈的情况下，我签了字。请求法庭调查核实，依法作出公正裁决。

庭审中，制药公司为支持其诉讼请求，提交1997年8月17日公司工作人员以公司法定代表人名义与宋某某签订的"购销还款协议"。该协议约定：1996年6月至12月，宋某某购进公司药品价值9 271 560元，截至1997年8月，宋某某尚欠公司货款7 516 930.9元。为加快货款回收、盘活资金，结合宋某某市场销售的实际情况，公司同意承担亏损3 016 930.9元，宋某某必须于1997年10月20日前一次付清欠下的150万元整。如逾期不付，公司撤回亏损数额的承担并加罚银行利息和滞纳金。对此购销协议，被告人认为是受到原告方的胁迫而签的。

被告主张双方是建立在1994年3月28日协议基础上的厂方与办事处之间的总经销、总代理关系。

一审法院在判决书中对此事实争议点没有提及，而是直接裁判为购销关系。

宋某某不服，提出上诉。在二审中宋某某称：其与公司的业务关系是代销，不是购销，有双方签订的办事处协议及实际履行情况为证。"1994年3月28日我与公司签订的协议不是购销合同，而是代销合同，我方与公司是总代理、总经销性质的委托销售关系。对该协议的有效性，制药公司法定代表人于1996年2月在接受南阳市纪委询问时还明确表示协议仍然有效。1998年12月20日（即一审快要结束时）制药公司下

---

[1] 王建华主编：《民事诉讼证据实证分析》，法律出版社2006年版，第26~31页。

发的浙药字（1998）41号文也明确表明我是制药公司的业务员。从实际履行情况看，自办事处成立后，不管是我部销售厂里的产品款项或是厂里和其他单位的药物来往所发生的款项支付，哪怕是厂里参加会议的支出以及厂里在外索购原材料的款项，均一一由我部支付。从1996年下半年开始，全国药品销售价格直线下跌，公司总经理多次指示我方按市场行情而行，上诉人才开始卖制药公司在这期间大量送入我处的货品。双方先交货后付款的结算方式及后来签订的冲减差价协议（约定对已售商品按在原价基础上冲减20%结算）都直接证明了双方联营代销关系的实质。1997年8月17日协议虽然对双方在1996年6月至12月的账目进行了结算，但我方是在公司的逼迫下签字的，且该协议既没有公司的盖章，也没有公司法定代表人的签字，应属无效。我方于同年10月19日就给公司去函，对该协议提出异议并得到制药公司领导的签字认可"。

制药公司在答辩状中针对宋某某的上诉理由，主张双方的关系不是代销而是购销。依据是，双方虽签订有办事处协议，但是协议并没有履行，办事处并未实际成立，双方之间在1995年4月后签订有三份购销合同和一份购销还款协议，双方办理的是购销结算，制药公司给对方开具的是增值税发票。

二审法院审理查明：

1. 宋某某是南阳市医药器械化玻采购器玻站（以下简称"器玻站"）第三批发部的承包人，其与浙川制药公司（原名浙川制药厂，以下简称"公司"）于1992年起开始有业务往来，1994年3月28号公司与宋某某签订协议，约定公司在南阳设立办事处进行业务销售，聘请宋某某为办事处的负责人。公司供应的产品价格，按照公司规定的推销人员价格执行；公司向办事处提供50万元现有产品做流资周转，公司每年向办事处支付门面房及仓库租金等，协议有效期3年，自1994年6月1日起至1997年6月1日止。该办事处协议签订后，1994年和1995年制药公司按照协议的约定为宋某某支付房租费、运杂费10.5万元和20万元。双方在实际交往中，还签订了4份购销合同（即1995年4月2日合同、1995年12月29日合同、1996年7月29日合同、1997年7月12日合同）。双方在实际履行中并没严格按上述合同约定的药品数量、价格、时间执行，结算也非货到付款，而是陆续结算。已结算的药品中，还有的发票价比合同价低。双方还于1996年3月27日签订了一份关于冲减氟桂嗪差价协议，对1994年、1995年宋某某购进的制药公司的原价每瓶20元的60粒装氟桂嗪降为每瓶16元，将20粒装氟桂嗪每瓶7元降为5.6元，冲减货款总额为1 369 800元。1997年8月17日双方签订的购销还款协议对双方1996年6月至12月的购销账目进行了结算。

2. 宋某某在二审中提交了一份其于1997年10月9日给制药公司领导写的信函，信中称：8月17协议签订后，其进行了仔细算账，协议中欠下的751万元与账目相差太大。按市场销售价计算所得数目为390万元左右，与协议中的450万元接近，但应将办事处运杂费及商丘、郑州办事处在其处拉货的货款相抵。并称，协议约定的"一次付清450万元"不符合实际情况，条件太苛刻，要求双方算一下账，重新签订一份协议。公司领导全某某在该函上写道"以后再说",但没注明时间。制药公司出具其委托代理人李某某1995年5月16日对全某某的调查笔录,全某某称其是在1999年5月1日后才在宋某某的函上签的字。宋某某的委托代理人1999年4月20日向二审法院提交的代理词上提到了此函的有关内容。

二审法院最后裁定:因宋某某与制药公司1994年3月28日签订的办事处协议,除约定制药公司每年为宋某某支付一定的租金及运杂费外,还约定双方之间的药品价格按厂内推销人员价格执行,遇市场变化要另行协商,而且双方在此协议后又先后签订多份购销协议,双方之间的结算也以开具增值税发票的方式进行。因此,双方之间的关系不符合公司在其内设办事处之间的结算特征,也不符合联营或代销的法律特征,双方之间的关系应为制药公司提供一定优惠的购销关系。宋某某系松散联营性关系和总代理、总经销、委托销售关系的理由不能成立。

被告的意见及证据:

1. 1994年3月28日《办事处协议》。

2. 1996年2月1日南阳市纪委对公司原厂长全某某的调查笔录。在该笔录中全某某承认了双方是代销关系,并称"该协议(1994年3月28日协议)目前仍有效"。

3. 双方业务往来有关凭证,证明双方代销关系,"1996年7月23日制药公司工作人员高某某在宋某某处拉的价值73 279.8元药。制药公司销售处副处长韦某某知道此事,并签有'凭条准发'的字样"。

4. 1998年12月20日制药公司下发的浙药字(1998)41号文件。其载明宋某某是其业务人员。

5. 制药公司1994年6月至1997年3月电话费、医疗费、会议费、广告费、运输费以及领导手机费等都在宋某某处支出的事实,更是说明该协议一直为双方有效履行。

6. 制药公司1999年8月26日在质证中向承办法官提交的材料载明宋某某是其业务人员。

7. 1995年4月2日的订货合同、1995年12月29日的合同、1996年7月29日的合同以及1997年7月12日的合同是上诉人应被上诉人的要求为配合被上诉人企业改制和银行贷款所签订的虚假合同,实际上没有履行。

原告的意见及证据:

1. 制药公司反驳称,该协议虽然签订了,但并未实际履行,双方应是购销关系而不是代销关系。宋某某与公司签有4份"购销合同",1份"购销还款协议",从未签过代销合同。如果公司在南阳设立了办事处,应有公司文件、工商文件、公司聘书等加以证明,而实际上宋某某使用的药品许可证、药品合格证、税务登记证、营业执照、账户等均是采购站批发部的,他也未以公司名义对外签合同。批发部与公司不是代销结算,而是购销结算,由公司给批发部出具增值税发票,批发部凭发票支付货款并以发票人入账抵扣税款。如果是公司的办事处,则应以内部传递手续结算而不是增值税发票结算。

2. 1999 年 3 月 28 日全某某的书面证言。全某某在该证言中否认了南阳纪委调查笔录中自己的说法。

【实训方法】

将学员分成原告、被告、审判三组，梳理原告主张、被告辩解、一审裁判意见、二审事实认定等，运用证明标准理论，形成对案件事实的最终结论性意见。

【实训目标】

使学员掌握民事案件证明标准的具体含义及如何判断是否达到证明标准。

单元十一

刑事诉讼的证明过程

引 言

为了解决具体案件中被告人罪与非罪、处刑与否、处何种刑等刑事诉讼问题,办案机关在明确案件待证事实之后,从这一具体办案目标出发,必然经历收集、调取、保全证据,审查各项具体证据进而综合审查全案证据,作出判断,最终形成有关具体案件事实的认定结论的过程。强调程序正义的现代诉讼理念以及追求客观真实的传统办案习惯,均要求对这一过程中的每一项诉讼活动予以必要的法律规制。除了司法实践中丰富的办案经验外,立法将一些成熟的或基于价值平衡的选择的经验、法则上升到法律的高度加以明确规定,这些规定是办案人员顺利完成办案任务、实现办案目标的保障。

知识目标

通过基本原理的学习,掌握刑事证据收集、保全的基本方法、要求;熟悉各项证据形式的审查、判断规则,以及全案证据综合审查、判断的方法,了解特殊情况下全案证据的认定法则。

能力目标

通过基本技能训练,具有规范的证据收集、保全能力,能够采用合适的方法,保全各项证据的特定价值、证明价值和法律价值;具备审查、判断证据"三性"的能力,能够规范完成证据的排除、采用和采信等诉讼活动。

内容结构图

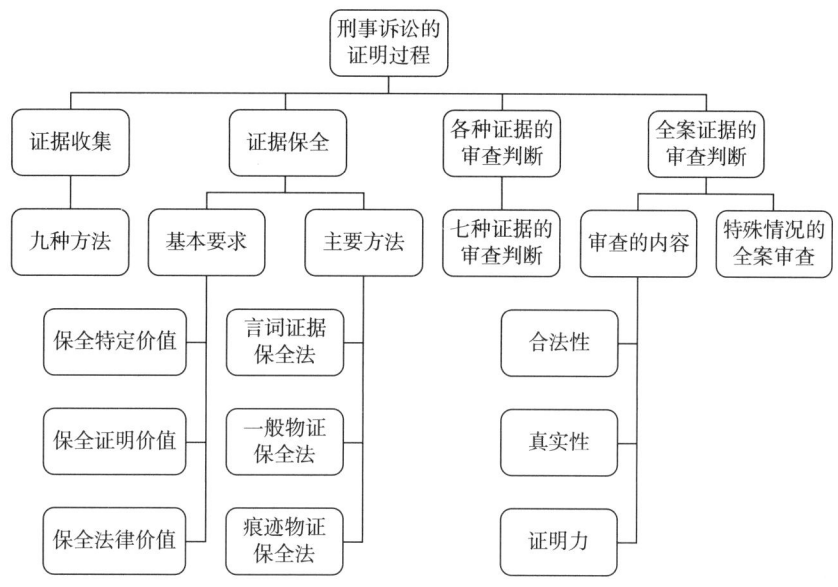

项目一　刑事证据的收集和保全

搜查人员应该把自己置于被搜查者的地位，考虑他的心理状态、职业、生活方式、性格和习惯，并提出这样的问题：如果进行搜查的人自己处在被搜查者的环境和条件下，并且同他的文化水平、职业、技能和本领都一样，进行搜查的人自己会想出什么办法，会把东西藏在什么地方。

——B. 格罗莫夫

引　例

机场民警怀疑苏某、叶某体内藏毒，遂将二人带至医院进行 X 光透视，结果表明二人体内都有异物。但民警未向医生索取透视报告单，就将二人带回继续审查。当晚下班时又将二人用一副手铐铐在一起交机场保安看守。夜半二人提出要上厕所，保安让其一同去卫生间。后来在同一个便坑内发现一堆用塑料保鲜纸包装的海洛因，经清洗后检出共计 16 坨。次日上班后，苏某再次排出 3 坨，而叶某未再排出。

据此，民警认定苏某利用人体携带 11 坨海洛因共计 83 克，叶某携带 8 坨海洛因共计 56 克，并移送起诉。

法院开庭时，叶某当庭翻供，辩解自己根本没有带过毒品，当时承认排出 8 坨是想为好友分担一些责任。苏某则承认所有海洛因皆为其一人携带，与叶某无关。律师也为叶某作无罪辩护。

为驳斥二人的辩解，公诉机关出示一份由某医生书写的透视报告单，说明曾在某日晚间给苏、叶二人做过透视，结论是二人体内都有异物。

一审法院分别判处二人15年有期徒刑。二人上诉。

二审法院核查发现，透视报告单是后期补做的，医生表示已记不清是否曾给苏、叶二人做过透视，报告单是后来按照民警口述补写的。法院遂撤销一审判决。后叶某提出国家赔偿。

问题：结合本案，总结侦查失误，思考刑事证据收集、保全的要点。

基本原理

一、刑事证据收集的概念和意义

刑事案件被告人有罪的证明责任由控方承担，因此刑事证据的收集主体是代表国家行使控诉职能的侦查机关。辩护人有权收集证明犯罪嫌疑人、被告人无罪、罪轻的证据，但这是其辩护权的内容，辩护方原则上不承担证明犯罪嫌疑人、被告人无罪的责任。本单元介绍的刑事证据收集，是指享有侦查权的国家机关为了收集证据、查明案情、查获犯罪嫌疑人而依法进行的专门调查工作，也就是刑事侦查活动。

刑事证据的收集具有如下特征：

1. 收集证据的主体具有法定性。与民事诉讼以及行政诉讼的证据收集主体不同，刑事证据收集的权力具有专属性，只有《刑事诉讼法》明确赋予侦查权的国家机关才能依法开展侦查活动，其他任何机关、团体和个人都无权行使侦查权进行证据的收集。

2. 收集证据的目的具有法定性。动用侦查手段收集相关事实的证据，目的只能是为了查明犯罪事实、查获犯罪嫌疑人。如果没有证据证明有犯罪事实发生，或者证据显示相关纷争只是民事纠纷，任何机关、人员无权适用侦查措施进行取证。

3. 收集证据的方法、步骤具有法定性。刑事证据的收集活动也就是侦查活动，其内容具有特定性。侦查机关可以采用何种方法、措施收集证据，不能采用何种方法、措施收集证据，立法均有明确的规定。侦查活动一般可以分为专门调查工作和强制性措施两大类。所谓"专门调查工作"，是指为完成侦查任务依法进行的讯问、询问、勘验、检查、搜查、扣押物证或书证、鉴定、查询、冻结、通缉等常规侦查行为，以及法定情况下采取的技术侦查措施。"强制性措施"则包括两类：一类是指带有强制性的多种侦查行为，如讯问、搜查、冻结、通缉等；另一类则是专门针对犯罪嫌疑人适用的剥夺或者限制其人身自由的五种措施。为避免对公民人身权利和财产权利造成不必要的侵害，法律对侦查活动制定了严格的规范，侦查机关必须严格依法行使侦查权。

二、刑事证据收集的主要方法

《刑事诉讼法》第二章规定了侦查机关为了收集证据、查明案情、查获犯罪嫌疑人,可以采用九种侦查取证行为。分别是:

(一)讯问犯罪嫌疑人

讯问是指侦查人员依照法定程序以言词方式向犯罪嫌疑人查问案件事实和其他与案件有关问题的一种侦查活动。作为所有刑事案件必经的侦查程序,讯问有助于侦查人员收集、核实证据,查明案件事实,查清犯罪情节,同时可以为犯罪嫌疑人如实供述罪行或行使辩护权提供机会,使侦查机关通过听取犯罪嫌疑人的陈述和申辩来保护犯罪嫌疑人的合法权益,同时确保无罪的人不受错误追究。

讯问应严格遵守以下程序:

1. 讯问的主体。为了保证侦查机关依法进行讯问工作,保障侦查人员的人身安全,讯问犯罪嫌疑人,必须由人民检察院或者公安机关的侦查人员负责进行,且不得少于 2 人。

2. 讯问的时间、地点。

(1)讯问时间包括讯问开始的时间及讯问持续的时间两方面的内容。讯问开始时间的要求适用于讯问被逮捕、拘留的犯罪嫌疑人。《刑事诉讼法》第 84 条、第 92 条要求,对犯罪嫌疑人采取拘留、逮捕措施后,应当在拘留、逮捕后 24 小时内进行讯问。讯问持续时间的限制规定则适用于讯问被传唤、拘传的犯罪嫌疑人,根据《刑事诉讼法》第 117 条第 2 款的规定,讯问被传唤、拘传的犯罪嫌疑人,持续的时间不得超过 12 小时;案情特别重大、复杂,需要采取拘留、逮捕措施的,不得超过 24 小时。禁止以连续传唤、拘传的形式变相延长讯问时间,还应保证犯罪嫌疑人的饮食和必要的休息时间。而针对夜间讯问、长时间疲劳讯问在押犯罪嫌疑人等现象,现行立法则通过对讯问地点的限制来予以规制。

(2)讯问的地点。对已被逮捕、拘留并移送看守所羁押的犯罪嫌疑人,只能在看守所内进行讯问;对未逮捕、拘留的犯罪嫌疑人,可以在犯罪嫌疑人所在的市、县内指定讯问地点,也可选择犯罪嫌疑人的住处进行讯问。讯问对象如果是未成年人,还可以选择其所在学校、单位或者其他适当的地点进行讯问。在办案机关外的场所进行讯问,应当出示讯问人员、讯问活动的证明文件(讯问现场发现的犯罪嫌疑人,则出示工作证件)。

3. 讯问的开始条件。讯问开始条件是指侦查阶段对犯罪嫌疑人开始正式讯问前必须履行的告知程序。英美国家多以"米兰达告知"作为讯问开始的条件,因为我国现行立法未赋予犯罪嫌疑人沉默权,这一制度并不适用于我国刑事诉讼。根据《刑事诉讼法》第 33 条、第 118 条第 2 款的规定,讯问前应当告知犯罪嫌疑人的内容有两项:

①侦查机关在第一次讯问犯罪嫌疑人的时候，应当告知犯罪嫌疑人有权委托辩护人。②侦查人员在讯问犯罪嫌疑人的时候，应当告知犯罪嫌疑人如实供述自己罪行可以从宽处理的法律规定。虽然立法并未明确这一告知义务应当在讯问前履行，我们认为，应当依照国际惯例在正式讯问前完成。至于应否告知犯罪嫌疑人其涉嫌罪名，立法并未作出要求。我们认为，这不利于犯罪嫌疑人辩护权的充分行使，有违控辩对等的诉讼原则，应予以完善。

4. 讯问的具体方法。

（1）隔离讯问。讯问同案的犯罪嫌疑人，应当个别进行。

（2）讯问前的准备。讯问前，侦查人员应当了解案件情况和证据材料，制订讯问计划，列出讯问提纲。讯问未成年的犯罪嫌疑人应当通知其法定代理人到场。无法通知、法定代理人不能到场或者法定代理人是共犯的，也可以通知其他成年亲属或者其所在学校、单位、居住地基层组织、未成年人保护组织的代表到场。讯问女性未成年犯罪嫌疑人，应当有女工作人员在场。讯问聋、哑犯罪嫌疑人，应当有通晓聋、哑手势的人参加，讯问不通晓当地语言文字的犯罪嫌疑人，应当配备翻译人员。

（3）第一次讯问，应当问明犯罪嫌疑人的姓名、别名、曾用名、出生年月日、户籍所在地、暂住地、籍贯、出生地、民族、职业、文化程度、家庭情况、社会经历、是否受过刑事处罚或者行政处理等情况。

（4）讯问犯罪嫌疑人时，应当首先讯问犯罪嫌疑人是否有犯罪行为，让他陈述有罪的情节或者无罪的辩解，然后向他提出问题。

（5）讯问的非法方法。根据证据的采用标准，作为案件事实认定依据的证据不仅形式要合法，主体、来源、取证手段等也必须合法。为了保护讯问对象的主体地位，尊重其供述的意志自由，我国《刑事诉讼法》第50条确立了不受强迫自证其罪的规则，明确刑讯逼供、威胁、引诱和欺骗为非法取证手段，并在第54条规定了非法证据排除规则，明确非法取证的法律后果，即以非法手段取得的证据应予以排除，不得作为起诉意见、起诉决定和判决的依据。

2017年6月，作为"以审判为中心"的刑事诉讼制度改革措施之一，两高三部联合出台了《关于办理刑事案件严格排除非法证据若干问题的规定》，明确规定下列取证手段为非法手段，所取得的犯罪嫌疑人、被告人有罪供述应予排除：①采取殴打、违法使用戒具等暴力方法或者变相肉刑的恶劣手段，使犯罪嫌疑人、被告人遭受难以忍受的痛苦而违背意愿作出的供述；②采用以暴力或者严重损害本人及其近亲属合法权益等进行威胁的方法，使犯罪嫌疑人、被告人遭受难以忍受的痛苦而违背意愿作出的供述；③采用非法拘禁等非法限制人身自由的方法收集犯罪嫌疑人、被告人供述；④采用刑讯逼供方法使犯罪嫌疑人、被告人作出供述，之后犯罪嫌疑人、被告人受该刑讯逼供行为影响而作出的与该供述相同的重复性供述。

> **知识链接**

根据西方学者的解释,所谓不受强迫自证其罪原则,包含以下含义:

第一,被告人没有义务为追诉方向法庭提出任何可能使自己陷入不利境地的陈述和其他证据,追诉方不得采取任何非人道或有损被告人人格尊严的方法强迫其就某一案件事实作出供述或提供证据。

第二,被告人有权拒绝回答追诉官员或法官的讯问,有权在讯问中始终保持沉默。司法警察、检察官或法官应及时告知犯罪嫌疑人、被告人享有此项权利,法官不得因被告人沉默而使其处于不利的境地或作出对其不利的裁判。

第三,犯罪嫌疑人、被告人有权就案件事实作出有利或不利于自己的陈述,但这种陈述须出于真实的意愿,并在意识到其行为后果的情况下作出,法院不得把非出于自愿而是迫于外部强制或压力所作出的陈述作为定案根据。

5. 讯问的固定。

(1) 以笔录方式固定。讯问应当制作笔录,如实记载提问、回答和其他在场人员的情况。不得以其他固定手段替代笔录。讯问笔录应当交犯罪嫌疑人核对,对于没有阅读能力的,应当向他宣读。如果记载有遗漏或者差错,犯罪嫌疑人可以提出补充或者改正。犯罪嫌疑人确认笔录没有错误后,应当签名或者盖章。侦查人员也应当在笔录上签名。未成年犯罪嫌疑人的讯问笔录还应当交给到场的法定代理人或者其他人员阅读或者向他宣读。缺乏上述要素,可能导致讯问笔录证据能力的丧失或证明力的削弱,应谨慎为之。

(2) 以录音、录像方式固定。现行立法对讯问过程录音、录像作弹性要求,一般案件的讯问活动可以进行录音或者录像,也可以仅制作笔录;如果是可能判处无期徒刑、死刑的案件或者其他重大犯罪案件,则必须对讯问过程进行全程的录音或者录像。

(二) 询问证人、被害人

询问是指侦查人员依照法定程序以言词方式向证人、被害人调查了解案件情况的一种侦查行为(询问被害人与询问证人适用相同的规定,以下只介绍询问证人的程序)。询问证人有助于侦查人员发现、收集证据和核实证据,查明案件真相,查获犯罪嫌疑人,揭露、证实犯罪,保障无罪的人不受刑事追究,是广泛运用的一种侦查行为。

询问证人应当遵守下列程序:

1. 询问的主体。为了保证侦查机关依法进行询问工作,保证询问质量,提高询问效率,防止非法询问,询问证人只能由人民检察院或者公安机关的侦查人员负责进行,且不得少于2人。

2. 询问的地点。现行《刑事诉讼法》允许的询问地点有现场、证人所在单位、住处或者证人提出的地点,在必要的时候,可以通知证人到人民检察院或者公安机关提供证言。在现场询问证人，应当出示工作证件，到证人所在单位、住处或者证人提出的地点询问证人，应当出示人民检察院或者公安机关的证明文件。询问对象如果是未成年人，则适用讯问未成年人的相关程序。确定询问地点应本着有利于询问活动的开展、兼顾询问对象的意愿、尽量方便询问对象的原则。除上述地点外，侦查人员不得另行指定其他询问地点。在可能判处死刑的案件中，如果询问证人的地点不符合规定，并且办案人员不能够作出合理解释，询问结果将不予以采用。

3. 询问的开始条件。询问开始条件是指对证人开始正式询问前必须履行的告知程序。根据《刑事诉讼法》第123条的规定，询问证人，应当告知他应当如实地提供证据、证言和有意作伪证或者隐匿罪证要负的法律责任。我们认为，仅要求告知证人义务，而不要求告知证人权利的制度设计不够合理，不利于证人积极主动作证。询问前还应当详细告知证人享有的权利，尤其是获得人身安全保护的权利、获得经济补偿的权利等，以鼓励证人积极主动配合侦查人员的调查。

4. 询问的具体方法。

（1）隔离询问。询问证人，应当个别进行。

（2）询问前的准备。首先，了解询问对象的具体情况。为便于证人证言的审查判断，询问前需了解证人的身份、职业、学历等个人基本信息，与犯罪嫌疑人、被害人的关系等。其次，通知未成年证人的法定代理人或者其他成年家属、老师等到场；询问女性未成年证人、聋哑证人、不通晓当地语言文字的证人，应当安排女工作人员、通晓聋、哑手势的人以及翻译人员到场。最后，制定询问提纲，明确询问重点、要点。

（3）询问证人的具体方法是叙述式与问答式相结合。一般先提出笼统问题，让证人就其所知的案件情况作连贯的详细叙述，然后根据案件的具体情况以及叙述的内容，提出针对性的问题。我国《刑事诉讼法》对于传闻证据并不排斥，当证人转述他人的证言时，应当问明其消息的来源、出处。提问时应注意，不得使用提示性、暗示性的方式询问，更不得以暴力、威胁等非法方法逼取证人证言，否则相关询问结果将被排除。

5. 询问的固定。正式询问应当制作笔录加以固定，如实记载提问、回答和其他在场人员的情况。根据现行《刑事诉讼法》，询问笔录适用与讯问笔录相同的签认程序。此不赘言。

（三）勘验、检查

勘验、检查是指侦查人员对与犯罪有关的场所、物品、尸体、人身等进行勘查和检验，以发现、收集和固定犯罪活动所遗留的各种痕迹和物品的一种侦查行为。勘验、检查的主体、任务和性质相同，但适用对象有所区别，勘验的对象是场所、物品和尸体，而检查的对象是活人的身体。

1. 勘验、检查的基本要求。

（1）勘验、检查的主体应当是侦查人员，必要时可以指派或者聘请具有专门知识的人参加。

（2）勘验、检查应当有见证人参加。进行现场勘验时，依法应邀请与案件无利害关系、为人公正的公民担任见证人。见证人应当对勘验、检查笔录进行签认。

（3）勘验、检查应当制作笔录，侦查人员、参加勘验的其他人员和见证人都应当在笔录上签名或者盖章。

2. 现场勘验。现场勘验是侦查人员对发生犯罪事件或者发现犯罪痕迹的特定地点、场所进行勘验和检查的一种侦查活动。除上述基本要求外，现场勘验还应遵循的规则有：

（1）侦查人员进行现场勘验，必须持有侦查机关的证明文件，如《刑事犯罪现场勘查证》。

（2）及时、妥善采取保护措施。只有保护好现场，勘查人员才能观察到现场物品、痕迹的原始状态，为查明案件事实提供依据。

（3）勘验顺序遵循先静后动、先拍照后提取、先外部后内部、先地面后高处、先重点后一般、先容易消失者后不容易消失者的原则。

（4）根据公安部《公安机关办理刑事案件程序规定》，勘查现场除了制作笔录外，还应当拍摄现场照片，绘制现场图。对重大案件、特别重大案件的现场进行勘验，应当录像。

3. 物证检验。物证检验是指侦查人员对侦查活动中收集到的物品、痕迹进行检查和验证，以确定该物证与案件事实之间关系的一种侦查活动。物证检验的重点在于查验物证的外部特征、现场物证与周围环境的关系，分析确定物证与案件的关联性，不能判断的外部特征、物质属性则应委托鉴定人予以鉴定。物证检验的要求是及时、认真、细致。

4. 尸体检验。尸体检验，是指侦查人员指派、聘请法医或者医师对非正常死亡的尸体进行尸表检验或者尸体解剖的一种侦查活动。其目的在于确定死亡原因和时间、判明致死的工具、手段和方法，以便分析作案过程。尸体检验分为尸表检验和尸体解剖两种。尸表检验着重反映尸体外部特征，如衣着、身长、体格状况、皮肤情况、各部位的损伤情况以及隐蔽部位有无附着物等；尸体解剖则是对尸体内部器官的检验。根据《刑事诉讼法》第129条规定，对于死因不明的尸体，公安机关有权决定解剖。

尸体检验的具体程序是：经县级以上公安机关负责人批准，并通知死者家属到场，让其在解剖尸体通知书上签名或者盖章。死者家属无正当理由拒不到场或者拒绝签名、盖章的，不影响解剖或者开棺检验，但是应当在尸体解剖通知书上注明。对于身份不明的尸体，无法通知家属的，应当在笔录中注明。对于已经查明死因，没有保存必要的尸体，应当通知家属领回处理，对无法通知或者通知后家属拒绝领回的，经县级以上公安机关负责人批准，可以及时处理。

尸体检验应遵守的规则是：

（1）尸体检验应当由侦查人员或司法人员指派或聘请的法医或医师进行。《刑事诉讼法》第192条第2款仅允许当事人和辩护人、诉讼代理人申请法庭通知有专门知识的人出庭，就鉴定人作出的鉴定意见提出意见，并未赋予当事人启动鉴定程序的权利。换言之，进行尸体检验的主体只能是办案机关指派或者聘请的法医或者医师。

（2）移动现场尸体之前，应当先对尸体的原始位置、状况，以及周围的痕迹、物品进行详细的记录并拍照。尸体外表检验一般在发现尸体的现场进行；尸体解剖检验一般应该在专门的解剖室或实验室进行。确因特殊情况而需要在现场进行尸体解剖的，应当采取适当的隔离、遮挡措施。

（3）尸体解剖、检验应该根据侦查机关或司法机关的不同要求，进行全面解剖检验或局部解剖检验。

（4）对于死因不明的尸体，侦查机关有权决定进行解剖检验。侦查机关决定解剖检验的，应当通知死者家属并请其到场，但是死者家属对解剖的态度和是否到场，不影响解剖的正常进行。

5. 人身检查。人身检查，是指侦查人员为了确定被害人、犯罪嫌疑人的某些特征、伤害情况或者生理状态，依法对其人身进行检查的一种侦查活动。根据《刑事诉讼法》的规定，有权对被害人、犯罪嫌疑人进行人身检查的，只有侦查人员。接受聘请的法医、医师有权在侦查人员的主持下进行人身检查。人身检查不得有辱人格、不得侵犯被检查者其他合法权益。对犯罪嫌疑人可以进行强制性的人身检查，但检查被害人的身体应征得本人同意。检查女性的身体，应当由女工作人员或者医师进行。

6. 侦查实验。侦查实验指的是侦查人员为了确定与案件有关的某些事实或行为在某种情况下能否发生或怎样发生，而按照原有条件实验性地重演的侦查活动。《刑事诉讼法》第133条规定："为了查明案情，在必要的时候，经公安机关负责人批准，可以进行侦查实验。侦查实验的情况应当写成笔录，由参加实验的人签名或者盖章。侦查实验，禁止一切足以造成危险、侮辱人格或者有伤风化的行为。"

侦查实验是一种特殊的侦查行为，存在较大的危险，不应广泛采用。应限制在以下需要：①确定在一定条件下能否听到或者看到；②确定在一定时间内能否完成某一行为；③确定在什么条件下能够发生某种现象；④确定在某种条件下某种行为和某种痕迹是否吻合一致；⑤确定在某种条件下使用某种工具可能或不可能留下某种痕迹；⑥确定某种痕迹在什么条件下会发生变异；⑦确定某种事件是怎样发生的。

侦查实验应当遵守的程序和要求：①经县级以上公安机关负责人批准，并由侦查人员负责进行。②邀请见证人；必要时可以聘请具有专门知识的人参加，也可要求犯罪嫌疑人、被害人、证人参加。③实验条件应与原来的案件条件相同或相似，尽可能对同一情况重复实验。④防止造成新的危险，防止有伤风化、有辱人格的事情发生。⑤实验的照片、附图应附入笔录。

7. 复验、复查。为了加强人民检察院对公安机关侦查活动的监督，保证勘验、检查的质量，防止和纠正可能出现的或者已经出现的差错，《刑事诉讼法》第132条规定："人民检察院审查案件的时候，对公安机关的勘验、检查，认为需要复验、复查时，可以要求公安机关复验、复查，并且可以派检察人员参加。"人民检察院在具备条件的情况下，也可以自行复验、复查。复验、复查可以多次进行，应遵守的法律程序和规则与勘验、检查相同。

法规链接

《刑事诉讼法》第126条：侦查人员对于与犯罪有关的场所、物品、人身、尸体应当进行勘验或者检查。在必要的时候，可以指派或者聘请具有专门知识的人，在侦查人员的主持下进行勘验、检查。

第127条：任何单位和个人，都有义务保护犯罪现场，并且立即通知公安机关派员勘验。

第128条：侦查人员执行勘验、检查，必须持有人民检察院或者公安机关的证明文件。

第129条：对于死因不明的尸体，公安机关有权决定解剖，并且通知死者家属到场。

第130条：为了确定被害人、犯罪嫌疑人的某些特征、伤害情况或者生理状态，可以对人身进行检查，可以提取指纹信息，采集血液、尿液等生物样本。

犯罪嫌疑人如果拒绝检查，侦查人员认为必要的时候，可以强制检查。

检查妇女的身体，应当由女工作人员或者医师进行。

第131条：勘验、检查的情况应当写成笔录，由参加勘验、检查的人和见证人签名或者盖章。

第132条：人民检察院审查案件的时候，对公安机关的勘验、检查，认为需要复验、复查时，可以要求公安机关复验、复查，并且可以派检察人员参加。

（四）搜查

搜查指的是侦查人员对犯罪嫌疑人以及可能隐藏罪犯或者犯罪证据的人的身体、物品、住处和其他有关地方进行搜索、检查的一种侦查活动。

搜查直接关系到公民的人身自由和住宅不受侵犯的宪法性权利，必须严格依法进行。根据《刑事诉讼法》和其他有关规定，搜查应当遵守下列程序：

1. 搜查须经县级以上侦查机关负责人批准，签发搜查证。

2. 执行搜查的主体只能是侦查人员，且人数不得少于2人。其他任何机关、团体和个人都无权对公民人身和住宅进行搜查。搜查女性的身体，应当由女工作人员进行。

3. 进行搜查，必须向被搜查人出示搜查证。否则被搜查人有权拒绝搜查。在执行逮捕、拘留的时候，遇有紧急情况，不另用搜查证也可进行搜查，但搜查范围仅限于执行场所，并且搜查结束后应当及时向侦查机关负责人报告，补办手续。所谓"紧急情况"，是指下列情形之一：①可能随身携带凶器的；②可能隐藏爆炸、剧毒等危险物品的；③可能隐匿、毁弃、转移犯罪证据的；④可能隐匿其他犯罪嫌疑人的；⑤其他突然发生的紧急情况。侦查人员出示搜查证后，应责令被搜查人在搜查证上签字或捺指印。如果被搜查人拒绝，应在搜查证上注明。

4. 搜查时应当有被搜查人或者他的家属、邻居或者其他见证人在场，以保证搜查所得证据的真实性、合法性。

5. 搜查应当制作笔录，记明搜查主体、搜查情况、收集证据的具体种类、数量等要素，由侦查人员和被搜查人或者见证人签名、盖章。拒绝签名的，应当在笔录中注明。

（五）查封、扣押物证、书证

查封、扣押物证、书证，是指侦查机关依法强行提取、留置和封存与案件有关的物品、文件的侦查行为。《刑事诉讼法》第139条第1款规定："在侦查活动中发现的可用以证明犯罪嫌疑人有罪或者无罪的各种财物、文件，应当查封、扣押；与案件无关的财物、文件，不得查封、扣押。"

为保障公民、法人和其他组织的财产权利和其他权利不受侵犯，《刑事诉讼法》对查封、扣押物证、书证规定了严格的程序：

1. 查封、扣押物证、书证只能由侦查人员进行，且不少于2人。在勘验、检查或搜查过程中，凭勘查证、搜查证即可进行查封、扣押。如果是单独查封、扣押，则应持有侦查机关的证明文件。

2. 查封、扣押的范围。查封、扣押仅限于"可用以证明犯罪嫌疑人有罪或者无罪的各种财物、文件"，与案件无关的物品、文件不得查封、扣押。发现违禁品，不论与案件有无关系，都应先行扣押，然后交有关部门处理。凡应当查封、扣押的文件、物品，持有人拒绝查封、交出的，侦查机关可以强行查封、扣押。

3. 查封、扣押的手续。对于查封、扣押的物品、文件，应当会同在场见证人和被查封、扣押财物、文件持有人查点清楚，当场开列清单一式二份，写明物品或者文件的名称、编号、规格、数量、重量、质量、特征及其来源，由侦查人员、见证人和持有人签名或者盖章，一份交给持有人，另一份附卷备查。持有人及其家属在逃或者拒绝签名时，不影响查封、扣押的进行，但应当在扣押清单上注明。对于需要扣押的犯罪嫌疑人的邮件、电报，经侦查机关批准，即可通知邮电机关将有关的邮件、电报检交扣押。

4. 查封、扣押物品、文件的保管。对查封、扣押的财物、文件，要妥善保管或者封存，不得使用、调换或者损毁。对于涉及国家秘密的文件、资料，应当严格保守秘密。现场加封的物品应由专人负责保存。对于应当查封、扣押但不便查封、提取的物品、文件，经拍照或者录像后，可以交持有人保管。

5. 查封、扣押的解除。对于查封、扣押的物品、文件、邮件、电报等，经查明确实与案件无关的，应当在3日内解除查封、扣押，退换原主，或者通知邮电机关解除扣押。

（六）查询、冻结存款、汇款等财产

查询、冻结，是指侦查机关根据犯罪侦查的需要而依法向银行或者其他金融机构查询犯罪嫌疑人的存款、汇款、债券、股票、基金份额等财产，在必要时予以冻结的一种侦查活动。

为保障公民、法人和其他组织的财产权利和其他权利不受侵犯，查询、冻结存款、汇款应严格遵守《刑事诉讼法》规定的程序：

1. 查询、冻结，应当经县级以上侦查机关负责人批准，制作查询、冻结存款、汇款通知书，通知银行或者其他金融机构执行。

2. 查询、冻结的财产仅限于犯罪嫌疑人的存款、汇款、股票、基金等个人财产。既包括犯罪嫌疑人以其真实姓名登记的财产，也包括犯罪嫌疑人将犯罪所得以他人名义存入的款项，同时还包括其他单位和个人汇给犯罪嫌疑人的款项。对于暂时无法判断所有权的财产，又有必要查询、冻结的，可以先查询、冻结，然后根据情况再作处理。

3. 冻结财产应有一定的期限。《公安机关办理刑事案件程序规定》明确冻结的期限为6个月，有特殊原因需要延长的，应当在冻结期满前办理继续冻结手续。每次续冻期限最长不超过6个月。逾期不办理继续冻结手续，视为自动撤销冻结。

4. 只允许一个机关实施冻结措施。犯罪嫌疑人的财产已经被冻结的，不得重复冻结。但侦查机关可以要求执行机构在解除冻结或者作出处理前通知侦查机关，以便采取相应措施。

5. 冻结财产的处理。依据《公安机关办理刑事案件程序规定》：①对于在侦查中犯罪嫌疑人死亡而其被冻结的财产应当依法予以没收或者返还被害人的，侦查机关可以申请人民法院裁定并通知冻结的金融机构上缴国库或者返还被害人；②对于冻结在金融机构的赃款，应当向人民法院随案移送金融机构出具的证明文件，待人民法院作出生效判决后，由人民法院通知该机构上缴国库；③不需要继续冻结犯罪嫌疑人的财产时，侦查机关应当制作解除冻结财产通知书，通知金融机构执行；④对于冻结的财产经查明确实与案件无关的，侦查机关应当在3日内通知执行机关解除冻结，并通知被冻结财产的所有人。

（七）鉴定

鉴定，指的是侦查机关指派或者聘请具有专门知识的人，就案件中某些专门性问题进行鉴别、判断并作出结论的一种侦查活动。在侦查中常用的鉴定主要有：刑事技术鉴定、人身伤害的医学鉴定、精神病的医学鉴定、扣押物品的价格鉴定、文物鉴定、司法会计鉴定等。

根据《刑事诉讼法》的规定，鉴定应当遵守下列程序：

1. 鉴定人必须具备相应的资格。鉴定人除了必须是侦查机关指派或者聘请的人，核心的条件是具有专门的知识或者技能，即持有鉴定人的资格证。同时与案件没有利害关系，能够客观公正地进行鉴定。《刑事诉讼法》第192条第2款允许当事人和辩护人、诉讼代理人申请法庭通知有专门知识的人出庭，并且也适用鉴定人的有关规定，但这类主体只能就鉴定人作出的鉴定意见提出看法，不能进行鉴定活动。书面鉴定意见需要加盖鉴定人所在单位的公章，但鉴定主体依然是鉴定人个人而不是单位。

2. 鉴定的对象只能是具有专门性的事实问题。法律问题或者依据证据、通过逻辑推理、分析能够得出结论的普通事实问题，都不属于鉴定的对象。

3. 对人身伤害的医学鉴定有争议需要重新鉴定或者对犯罪嫌疑人精神病的医学鉴定，由省级人民政府指定的医院进行。

4. 侦查机关应当将用作证据的鉴定意见告知犯罪嫌疑人、被害人。当事人和辩护人、诉讼代理人对鉴定意见有不同看法的，可以申请法庭通知有专门知识的人出庭，就鉴定意见提出意见。

（八）技术侦查措施

技术侦查措施，是指侦查机关为了侦破特定犯罪行为，经过严格审批，采取的特定技术手段。通常包括电子侦听、电话监听、电子监控、秘密拍照、录像等秘密的专门技术手段。《刑事诉讼法》第二编第二章第八节对技术侦查措施的主体、适用范围、程序与期限等作了明确的规定。

1. 技术侦查措施的主体只能是享有侦查权的机关。为了保护公民各项权利不受任意侵犯，防止侦查权滥用，《刑事诉讼法》第148条规定，有权实施技术侦查措施的主体仅限于公安机关和人民检察院。

2. 技术侦查措施的适用应符合法定的案件范围。根据《刑事诉讼法》第148条的规定，技术侦查措施适用的范围为以下案件：①危害国家安全犯罪、恐怖活动犯罪、黑社会性质的组织犯罪、重大毒品犯罪或者其他严重危害社会的犯罪案件；②重大的贪污、贿赂犯罪案件以及利用职权实施的严重侵犯公民人身权利的重大犯罪案件；③追捕被通缉或者批准、决定逮捕的在逃的犯罪嫌疑人、被告人的案件。

3. 技术侦查措施的适用应履行审批手续。技术侦查措施对公民宪法性权利构成严重的侵犯，除了适用范围受到严格控制，还实行严格的审批程序。技术侦查措施的批准决定应当根据侦查犯罪的需要，确定采取技术侦查措施的种类和适用对象。批准决定自签发之日起3个月以内有效。对于不需要继续采取技术侦查措施的，应当及时解除；对于复杂、疑难案件，期限届满仍有必要继续采取技术侦查措施的，应重新审批，每次批准有效期均不得超过 3 个月。

4. 秘密侦查应遵守的规则。《刑事诉讼法》第 151 条规定，为了查明案情，在必要的时候，经公安机关负责人决定，可以由有关人员隐匿其身份实施侦查，也即秘密侦查。为了保障公共安全与人身安全，秘密侦查不得诱使他人犯罪，不得采用可能危害公共安全或者发生重大人身危险的方法。

> **知识链接**
>
> 诱惑侦查是指侦查机关（包括其特情、线人）为逮捕犯罪嫌疑人，以实施某种行为有利可图为诱饵，暗示或诱使其实施犯罪，待犯罪行为实施或犯罪结果发生后将其拘捕的特殊侦查手段。诱惑侦查通常分为"机会提供型"和"犯意诱发型"，而后者即为常说的"警察圈套"。被诱惑者本来就已经产生犯罪倾向（人本身就具有弱点）或者已有先前犯罪行为，而诱惑者仅仅是提供了一种有利于其实施犯罪的客观条件和机会，即为"机会提供型"。侦查机关促使被诱惑者产生犯罪意图并实施犯罪，即为"犯意诱发型"。一般认为，"机会提供型"诱惑侦查是合法的，产生相应的法律后果。而对"犯意诱发型"诱惑侦查即侦查陷阱（entrapment）则一致认为违法，其所得证据为"毒树之果"，应予排除。

（九）辨认

虽然《刑事诉讼法》在侦查的一般规定中并无辨认这一措施的具体规定，但是《刑事诉讼法》第 48 条第 2 款已明确将辨认笔录列为法定的证据种类。司法实践中经常运用的辨认方法，遂成为立法认可并予以规范的常规侦查措施。作为收集犯罪嫌疑人、被告人供述和辩解的常用方法，辨认同时也是证人证言、被害人陈述的收集方法之一，与其他侦查行为一样，需要遵守相关的规则。但现行《刑事诉讼法》尚未就此作出具体的规定，仅相关司法解释、行政规章作了专门规定。由于现有制度过于粗疏，辨认的实践大多处于随意、不确定的状态之下。简言之，辨认是一种使用率较高、规范化要求较严但立法规定仍不完备的取证方法。

1. 辨认的概念。辨认是公安司法人员为查明案件事实而组织安排熟悉或了解辨认对象特征的人对与案件有关的人、物、场所、尸体等进行的辨识和再认。辨认属于具有同一认定性质的认识活动。当辨认人看到辨认对象时，立即将有关信号输入自己的大脑，在储存的记忆表象中进行查找和比对，并作出是否同一的结论。辨认的组织者只能是公安司法人员；辨认的目的在于通过同一认定，查明案件事实；辨认的主体可以是犯罪嫌疑人、被告人，也可以是证人、被害人；辨认的对象则是与案件有关的人、物（含文件）、场所、尸体等。

2. 辨认的程序。

（1）辨认前的审批程序。组织辨认前应履行必要的审批程序。根据相关司法解释，对犯罪嫌疑人进行辨认,应当经公安机关办案部门负责人批准,如为检察院侦查的案件,则须报请检察长批准。虽然辨认不会对犯罪嫌疑人、辩护人的人身、财产、自由造成侵害,但为避免这一措施被滥用,从而导致辨认活动因准备不足而使辨认结论失去客观性,各国立法多对辨认犯罪嫌疑人设置了审批程序。其他辨认活动无须经过审批。

(2) 辨认前的准备。

第一,询问辨认人。辨认前除了要注意避免辨认人见到辨认对象,还应当详细询问辨认人关于他们看见辨认对象的有关情况,以及他们据以作出辨认的具体特征、特点,并在此基础上安排辨认对象。

第二,确定辨认时间和地点。公开辨认的时间和地点应尽量安排在符合辨认人原感知条件的时间和地点,各种条件要与原条件相似,以免影响辨认结果的准确性。秘密辨认除了考虑辨认人原来的感知条件,还应注意辨认的保密性,不能让辨认对象察觉。根据司法解释,对犯罪嫌疑人的辨认,辨认人不愿意公开进行时,可以在不暴露辨认人的情况下进行,侦查人员应当为其保守秘密。

第三,辨认对象的准备。根据相关司法解释,公安机关组织辨认犯罪嫌疑人时,被辨认的人数不得少于7人;对犯罪嫌疑人照片进行辨认的,不得少于10人的照片。人民检察院组织辨认犯罪嫌疑人时,受辨认人的人数不得少于5人,照片不得少于5张。辨认物品时,同类物品不得少于5件,照片不得少于5张。辨认前不仅应按此要求作辨认对象数量上的准备,还应避免辨认对象在关键特征上与陪衬人选出现强烈的差异,以免对辨认人产生暗示作用,最终影响辨认结论的客观性。如果尸体面貌特征损害严重,对尸体进行辨认之前需作必要的整容,再组织直接辨认或拍照后间接辨认;对于腐烂严重甚至已白骨化的尸身,可根据人的生理结构特点制作复原像或模型,供辨认使用。辨认前除准备好比对的客体外,还应准备好必要的器材,如播放图像、声音的设备,记录用的器材等。

第四,邀请见证人。必要的时候,可以邀请见证人到场见证。人民检察院主持进行辨认,可以商请公安机关参加或者协助。

(3) 辨认前的告知。为了防止辨认人对辨认对象产生预断或偏见,国外常见的做法是要求侦查人员必须在正式辨认之前明确告知辨认人,他以前见到的人或物可能在也可能不在辨认对象中,并且如果辨认人对自己的辨认不能作出肯定,他应该如实说明。辨认前告知规则的主要内容还包括辨认目的的解释、辨认人的权利以及辨认过程可能被拍照或者录像的情况。我们可以借鉴这些做法。《人民检察院刑事诉讼规则》第258条还要求告知辨认人有意作虚假辨认应负的法律责任。总而言之,组织者在辨认之前与辨认人的谈话以必要为原则,谈话宜少不宜多。

3. 辨认的具体规则。

(1) 个别辨认规则。几名辨认人对同一被辨认人或者同一物品进行辨认时,应当由每名辨认人单独进行。不能让辨认人之间有任何谈话交流的机会。

（2）不被暗示规则。辨认人的辨认应该独立完成，任何人不得对其作任何提示，即便是嫌疑人在辨认对象中的信息。辨认对象在体重、身高、年龄与种族上应当大致相同，且列队辨认时其穿着应当类似；说话内容、动作要求必须一致。总而言之，任何可能使嫌疑人、特定物等异于其他辨认对象，从而使辨认人受到暗示将其挑出的行为都不被允许。

（3）全程记录规则。这一规则要求在进行辨认时必须通过书面、录音、录像等方式将辨认的全过程如实记录下来，辨认过程所形成的结论、数据应完整呈现附入卷证。根据相关司法解释，我国刑事诉讼中的辨认以制作笔录为法定的固定手段。笔录应由侦查人员签名，辨认人、见证人签字或者盖章。

法规链接

《人民检察院刑事诉讼规则》第258条：辨认应当在检察人员的主持下进行，主持辨认的检察人员不得少于2人。在辨认前，应当向辨认人详细询问被辨认对象的具体特征，避免辨认人见到被辨认对象，并应当告知辨认人有意作虚假辨认应负的法律责任。

第259条：几名辨认人对同一被辨认对象进行辨认时，应当由每名辨认人单独进行。必要的时候，可以有见证人在场。

第260条：辨认时，应当将辨认对象混杂在其他对象中，不得给辨认人任何暗示。

辨认犯罪嫌疑人、被害人时，被辨认的人数为5~10人，照片5~10张。

辨认物品时，同类物品不得少于5件，照片不得少于5张。

对犯罪嫌疑人的辨认，辨认人不愿公开进行时，可以在不暴露辨认人的情况下进行，并应当为其保守秘密。

第261条：辨认的情况，应当制作笔录，由检察人员、辨认人、见证人签字。对辨认对象应当拍照，必要时可以对辨认过程进行录音、录像。

第262条：人民检察院主持进行辨认，可以商请公安机关参加或者协助。

三、刑事证据的保全

刑事证据的保全，是指公安司法人员在刑事诉讼过程中，为了保持证据的真实性和完整性，使证据具有法律上的证明效力，对已经收集到的证据，通过法定的保全方法，使其稳定化、定型化，保持其原样、原意，长期不变。

对于已经收集到的证据材料，只有通过法定的有效方法加以保全，妥善地保存，才能保持其真实性和证明力。已经收集到的证据材料，由于种种原因可能会发生消失、遗失、变质、毁损的情形，最终难以起到证明的作用。所以，对已经收集到的证据，要根据其特征和要求，选用不同的证据保全方法加以保全，妥善保存。

(一) 刑事证据保全的基本要求

保全证据的意义在于防止因时间的推移，自然条件和客观情况的变化，以及其他各种因素造成证据的变化、破坏、消失，保持证据不失原状、原意，防止证据变质、变形或灭失，确保证据具有证明效力，以便在诉讼过程中运用证据来认定案件事实。为了实现这一目的，证据保全应满足以下要求：

1. 保全证据的特定价值。案件中的证据都是特定的物，而且一般都具有不可替代性。尤其是物证，以其外部特征、存在状况、物质属性证明案情，因此，唯有特定物才具有证明价值。明确了这一点，也就明确了证据保全的首要任务，即保全证据的特定价值，防止证据遗失或被替换。

2. 保全证据的证明价值。证据的证明价值是由其特征、内容及状态等属性所决定的，仅仅保全了证据的特定价值，还远没有完成证据保全的任务。如果某证据已经变质或者被损坏，其特征、内容及状态等属性已发生变化，它又如何能证明案件事实呢？物还是那个特定物，但是它的证明价值已经荡然无存了，那么证据的特定价值也毫无意义。证据保全过程中，应将特定证据证明案件事实的要素保全妥当，方能保全其证明力。

3. 保全证据的法律价值。证据的法律价值，是指证据在法律上得到认可的证明效力。一个证据具备了特定价值和证明价值不等于它就具备了法律价值。换言之，一个证据没有丢失、没有被替换，也没有发生变质或者损坏，但它并不一定能成为法律上被认可的证据。要想保护一个证据的法律价值，就必须用法律认可的方式来证明审判中使用的证据确系案件中原来收集、提取的那个证据。比如，审判中出示的某份文件或者某盒录像带是否确系侦查机关从被告人家中提取的那份文件或那盒录像带，法庭上出示的那枚烟头是否确系侦查人员在现场提取的那枚烟头……

保全证据的法律价值，就要有健全的证据移交手续和证据保管手续，形成完整的证据保管链条。这一保管链条要说明该证据从原始出处、提取现场到法庭的每一个环节，说明什么人接触过该证据以及接触的时间和方式。为此，证据调查人员在提取证据时就要为其制作"身份证"——证据标签，写明有关情况。

(二) 刑事证据保全的方法

在刑事诉讼中最常使用的证据保全方法，主要有制作笔录、拍照、制图、录音、录像、鉴定，以及扣押、封存等，具体有以下几种：

1. 对于证人证言、被害人陈述及犯罪嫌疑人、被告人的供述和辩解，主要采用笔录和录音、录像的方法加以保全。录音、录像制作人不得少于2人，应当附有关于制作过程的文字说明，并由制作人签名或盖章。笔录的记录人必须有法定资格，笔录必须符合法定程序和要求，如实记录陈述的原话内容，并经陈述人核对无误逐页签名后才合法有效。

2. 对于一般物证，应当开列清单附卷保存，移送案件时，随同案件一并移送。对于不宜附卷保存的物证，或者是不宜随案移送的物证，除对原物采用妥善方法保存外，还应当采用拍照、制图、复制、录像等方法予以保全，并且用文字详细说明物证的性质、特征和形状，收取的时间、地点和经过，以及与案件之间的联系等情况。

3. 对于各种痕迹物证，应当采用不同的方法予以保全，如可以用石膏溶液支撑模型来保全足迹，可以用硅橡胶或可塑性橡皮来保全遗留痕迹，还可以用照相或录像的方法来保全痕迹等。总之，对各种痕迹证据所采用的保全方法能够防止其变质、变形或被污染，才为有效。

项目二　各种刑事证据的审查判断

引　例

案例一：在某省办理的一个重大复杂疑难的案件中，侦查机关制作了一份讯问笔录，被告人作出了有罪供述。法庭上围绕着笔录的合法性发生了争议。辩护律师认为：这份笔录存在三个问题：一是这份笔录取证的手段违反了《刑事诉讼法》的规定。当时侦查机关对嫌疑人动用的是拘传手段，拘传是从第一天的下午 4 时 50 分开始到凌晨的 4 时 50 分，经过了 12 小时，然后从凌晨的 4 时 50 分开始又进行第二次拘传，又经过了 12 小时，如此循环往复进行了 12 次拘传，长达六天六夜，在案卷中出现了 12 份拘传证书、拘传的材料，办案人员如实写上 4 时 50 分开始、16 时 50 分开始。辩护方认为侦查机关的做法违反了《刑事诉讼法》关于一次拘传不得超过 12 小时，不得连续拘传的规定，通过这种疲劳审讯法得来的被告人口供不具有合法性，法庭应当把它排除于法庭之外。二是被告人只供述了一次，侦查人员一共只拿到一份口供笔录，但在案卷笔录中却出现了连标点符号、一些细节都极其相似的三份口供笔录，被告人当庭翻供。辩护人认为后两次讯问笔录根本就是没有讯问而凭空杜撰的虚假材料，其真实性、合法性都不具备。三是当时适用的是拘传措施，拘传的地点在郊外侦查指挥中心，但是实际拘传时却把犯罪嫌疑人关在侦查指挥中心里，剥夺了其人身自由，实际上是变相的羁押和监禁。

对于侦查机关的取证行为，你有何看法？对于这份有罪供述应否予以排除？

案例二：在某省发生的一起具有全国影响力的大案中，嫌疑人被怀疑实施了杀人行为，杀人的现场有两个，一个是第一现场，在某地。另外一个现场有一辆昌河牌的警用客车，歹徒杀了人以后，把两具尸体放在客车里面，然后把车开到了第二现场。侦查员有充分的证据怀疑歹徒开过这辆车，于是他们就对汽车的离合器和油门上的泥土进行了提取，然后又提取了嫌疑人裤腿和鞋底上的泥土，把这两份泥作为鉴定的样本、检材进行了相互比对，作了一个化学成分的鉴定，专家的鉴定意见表明，两份泥土化学成分高度吻合一致，几乎可以说是同一种化学成分，也就是说有充分的根据怀疑嫌疑人开过这辆车，这样就大大加强了他的犯罪嫌疑程度。法庭开庭的时候辩护人要求公诉人在法庭上出示汽车上泥土的来源，公诉人连忙查看案卷笔录，结果发现侦查员忽略了对整个勘验检查和证据提取过程的记载，对泥土的来源、提取经过没有任何的记载，于是案件休庭，请侦查员进行补充说明，侦查员提供了一个简单的情况说明，称是由于当时工作匆忙没有来得及记录泥土的来源，但是泥土确实是存在的。这个问题后来在法庭上引起了激烈的争议，按理说泥土的来源不明，意味着物证、书证源头不清楚，提取经过不清楚，如果来源不清楚，在鉴定科学中被称为鉴定的样品和检材来源不明；提取的过程不清楚，其真实性也难以查清楚，它与证据的关联性就难以得到证明。所以当时律师提出：这份泥土它是否存在过，没有得到充分的证据证明，应当排除。最后法庭采纳了辩护方的意见。

那么由于这份泥土来源不明，导致它的真实性及关联性产生了较大争议，我们把这种情况统称为证据的可靠性、真实性存在问题。来源不明就是真实性不清楚，真实性是证据的一个重要属性，它属于证明力的范畴。

基本原理

刑事证据的审查判断，是指司法人员对收集的证据进行分析研究，鉴别其真伪，确定其对案件事实的证明作用的活动。其特点是：审查判断证据的主体是司法人员；审查判断证据贯穿于刑事诉讼的全过程，并非只到审判阶段才进行这项工作；审查判断证据是在收集证据的基础上进行的；审查判断证据的活动，是一项思维活动；审查判断证据要从证据的来源、证据的内容、与案内各种证据的联系等多方面来进行。

审查判断证据是运用证据查明案件事实的重要活动，对正确运用证据查明案件事实具有重要意义。因为对已经收集到的证据，只有通过审查判断，鉴别真伪，去伪存真，排除与案无关的证据，才能找出本案确实充分的证据，从而查明案件事实真相，为正确运用法律奠定基础。

一、物证、书证的审查判断

物证、书证是客观性相对较强的证据，对物证、书证的审查判断要从以下几个方面进行：

（一）审查物证、书证的客观性

根据物证、书证的特点，主要审查：

1. 物证、书证是否为原物、原件；如果是复制品、替代品、照片、复印件、副本的，应审查其是否与原物、原件一致。物证的复制品、照片、录像不能反映原物外形和特征的，不得作为定案的证据；物证的复制品、照片、录像与原物核对为真实的，可以作为定案的根据。书证有更改或者对更改的迹象不能做出合理解释的，或者书证的副本、复制件不能反映原件及其内容的，不得作为定案的根据；书证的副本、复制件，经与原件核实为真实的，可以作为定案的根据。

2. 物证的外形、属性等特征及书证反映的内容。对于物证，要注意因时间、条件的变化对其外形、属性等特征的影响，如褪色、变色、变形、缺损、变质等，有些物证因为自然因素的影响而使其信息内容发生改变，在审查判断时就要注意有无这种情况。对于书证，要审查书证保管或固定的情况等，特别要着重审查书证的内容是否因为提取的手段不当而遭到破坏，或者书证的内容有无伪造、变造等情形。

3. 物证、书证的来源。审查物证、书证的来源主要是审查物证是何人在何处收集或提供的，发现的时间、地点，形成的原因、经过；有无记录物证来源的勘验、检查、扣押、提取等证据，物证、书证是否是原物、原件，有无伪造等。在勘验、检查、搜查过程中提取、扣押的物证、书证，未附笔录或者清单，不能证明物证、书证来源的，不得作为定案的根据。对物证、书证的来源、收集程序有疑问，不能作出合理解释的，该物证、书证不得作为定案的根据。

（二）审查物证、书证收集的程序是否合法

关于物证、书证收集的程序是否合法，主要审查：

1. 收集的主体是否合法。刑事案件除部分证据可以由辩护律师收集外，收集证据的法定主体主要是侦查机关、检察机关和人民法院，但根据修改后的《刑事诉讼法》第52条第2款规定："行政机关在行政执法和查办案件过程中收集的物证、书证、视听资料、电子数据等证据材料，在刑事诉讼中可以作为证据使用。"但必须由侦查机关与检察机关和法院审查认定真实合法后，才可以使用。

2. 收集的程序是否合法。应当核实：物证、书证是否为违反法律禁止性规定或者侵犯他人合法权益的方法取得；物证、书证有没有附证明其来源的勘验检查笔录、证据提取笔录、搜查笔录、扣押清单；笔录、清单是否经侦查人员、物品持有人、见证人等签名，没有物品持有人签名的，是否注明原因；对物证、书证的来源和搜集过程有疑问的，能否做出合理解释；物品的名称、特征、数量、质量等是否注明清楚；物证、书证在收集、保管及鉴定过程中是否受到破坏或改变，是否因时间、环境或其他原因而导致证据发生变化。

（三）审查物证和案件事实有无客观联系

在诉讼中，收集的物证、书证可能会很多，但只有那些与案件有相关性的物证和书证才能作为定案的根据。而物证、书证与案件是否有关联或者关联程度有多大并不明显，需要司法人员认真研究、核查、比对。例如，现场遗留的脚印是否是犯罪嫌疑人所留，即使是犯罪嫌疑人所留是否就必然能证明其就是真实的犯罪人等。

对物证的审查判断，一般采取交由被害人、证人等有关人员辨认，科学技术鉴定，或采取将物证与物证、物证与案件中的其他证据、物证与自然规律和客观情理结合起来进行审查等方法。审查判断书证，也应联系案内其他各种证据，将彼此结合起来进行审查。应审查它们所证明的问题是否一致，互相之间有无矛盾以及产生矛盾的原因。发现矛盾就要抓住不放，深入调查研究，求得正确的解决，直到确认书证中所反映的内容与案件事实完全相符，合情合理，才能采用，否则，就不能作为定案的根据。

(四) 瑕疵证据

瑕疵证据是指经过补正和合理解释后可以采用的证据。补正是指对取证程序上的非实质性瑕疵进行补救；合理解释是指对取证程序的瑕疵作出符合常理及逻辑的解释。物证、书证的收集程序、方式有下列瑕疵，经补正或者作出合理解释的，可以采用：①勘验、检查、搜查、提取笔录或者扣押清单上没有侦查人员、物品持有人、见证人签名，或者对物品的名称、特征、数量、质量等注明不详的；②物证的照片、录像、复制品，书证的副本、复制件未注明与原件核对无异，无复制时间，或者无被收集、调取人签名、盖章的；③物证的照片、录像、复制品，书证的副本、复制件没有制作人关于制作过程和原物、原件存放地点的说明，或者说明中无签名的；④有其他瑕疵的。

二、证人证言的审查判断

根据司法实践经验，审查判断证人证言，包括以下诸方面：

(一) 审查证人自身情况

1. 审查证人的感知、记忆和表述能力。证人感知、记忆和表达能力的强弱，对证言的形成具有直接的影响，例如一个色盲的证人提供的有关衣服颜色的事实，就不具有可靠性。证人感知案件事实时的自身状态，也是应当关注的要素。如果证人当时处于明显醉酒、中毒或者麻醉等状态，不能正常感知，或者作证时不能正确表达案件事实的，这样的证言不得作为证据使用。证人的能力审查要结合其自身的文化、理念、语言习惯等个体要素。如一个小学文化程度的目击证人，作出关于嫌疑人身穿"碎花纹的格子上衣"这样精准、书面化的证言，明显不符合其语言习惯。审查时还要注意运用生活经验，明显不符合生活经验的证言通常是在别人引导下作出的虚假陈述。在审判阶段，证人有时已经对案件细节失去记忆，应该避免通过提示、复述侦查阶段的询问笔录等获取证言。审查证人作证能力时，如有必要可以对证人的作证能力进行鉴定，有时还可以进行侦查实验。

2. 审查证人与当事人之间的关系。因为证人具有不可替代性，因而证人不属于回避的对象，但是如果证人与当事人有亲属、近邻、恩怨关系，就不能排除证人从维护亲情、友谊或报恩、泄愤等思想出发，有提供虚假证言的可能性。因此在审查证人证言时，应特别注意审查这方面的问题。

3. 审查年幼证人与待证事实的关系。案件待证事实纷繁复杂，只要待证事实在幼年证人辨别的能力范围之内，年幼并不必然导致其丧失作证资格。遇到未成年证人时，要特别注意幼年证人富于幻想的特点，根据幼年证人的年龄和智力发育程度，审查其证言的内容和所使用的语言是否与之相适应。

（二）审查证言内容的信息来源

审查证言的来源，要查清证人是直接耳闻目睹案件事实的，还是听他人讲述而间接得知案件事实的。对传闻的证言，应进一步审查证人是在什么情况下听说的，有无失实的可能，并尽可能向直接感知案件情况的人调查、核对，取得原始证言后，应采用原始证言作为定案的根据。只有在原始证据不可得的情况下才能适用传来证据，并且应选择传播环节最少的传来证据。

（三）审查证言的内容

1. 着重分析证言中有无矛盾和可疑之点。当发现证言内容有矛盾和可疑之处时，必须深入核查，求得合理的解决。当证人对其叙述中的矛盾和向其提出的疑问，不能做出有说服力的解答时，应进一步审查其感知案件事实的主客观条件，其记忆力、表述力有无问题。证人作证内容是否符合其身份、文化程度、语言习惯甚至生活经验，都是审查时需要注意的问题。对于明显不符合证人身份的证词应谨慎采信。

2. 审查证人证言与其他证据是否协调一致。在一个案件的证据体系中，各项证据的证明方向应当具有一致性，对于相互矛盾的证据应加以审查，去伪存真。如果发现证人证言与其他证据有矛盾，就要认真分析、核查是证人证言真实，还是其他证据真实。

3. 审查证人证言有无违反证据法则的内容。根据意见证据法则，证人作证时只能陈述其感知的案件事实，任何对案件事实的分析、推定、评论甚至猜测等内容都不得作为证据。当然，根据一般生活经验作出的符合事实的判断除外。比如，证人"闻到一股浓烈的酒味"，虽然也是一种猜测，但其符合生活经验，并且非此无法表达，故而相关司法解释作出了例外的规定。

（四）审查收集证人证言的程序

《刑事诉讼法》第50条规定："……严禁刑讯逼供和以威胁、引诱、欺骗以及其他非法方法收集证据，不得强迫任何人证实自己有罪。必须保证一切与案件有关或者了解案情的公民，有客观地充分地提供证据的条件……"第54条第1款规定，采用暴力、威胁等非法方法收集的证人证言、被害人陈述，应当予以排除。故审查收集证人证言程序是否合法，主要应当审查司法人员是否采取威胁、引诱、欺骗或者其他非法方法收集证人证言；有无采取暗示、诱导性方法进行询问；询问证人是否个别进行；询问之前是否告知证人相关法律权利义务；询问证人是否在法定地点进行；询问笔录是否填写询问的起止时间；询问笔录是否经证人核对确认并签名（盖章）、捺指印；询问未成年人证人时是否有其法定代理人在场陪同；询问聋哑人或者不通晓当地通用语言、文字的少数民族人员、外国人，是否提供了翻译人员。询问如果发生了上述情况，证言就很可能有虚假成分。

(五) 审查证人感知案件事实时的客观环境和条件

证人感知案件事实时的客观环境和条件，决定了证人感觉的准确性，为了查明其证言的真实可靠性，不能忽略当时的环境条件。如距离的远近、光线的明暗等。如果发现疑点，应再行询问或深入有关场所核查。

> **法规链接**

《最高人民法院关于适用〈中华人民共和国刑事诉讼法〉的解释》第74条：对证人证言应当着重审查以下内容：①证言的内容是否为证人直接感知；②证人作证时的年龄、认知、记忆和表达能力，生理和精神状态是否影响作证；③证人与案件当事人、案件处理结果有无利害关系；④询问证人是否个别进行；⑤询问笔录的制作、修改是否符合法律、有关规定，是否注明询问的起止时间和地点，首次询问时是否告知证人有关作证的权利义务和法律责任，证人对询问笔录是否核对确认；⑥询问未成年证人时，是否通知其法定代理人或者有关人员到场，其法定代理人或者有关人员是否到场；⑦证人证言有无以暴力、威胁等非法方法收集的情形；⑧证言之间以及与其他证据之间能否相互印证，有无矛盾。

第75条：处于明显醉酒、中毒或者麻醉等状态，不能正常感知或者正确表达的证人所提供的证言，不得作为证据使用。

证人的猜测性、评论性、推断性的证言，不得作为证据使用，但根据一般生活经验判断符合事实的除外。

第76条：证人证言具有下列情形之一的，不得作为定案的根据：①询问证人没有个别进行的；②书面证言没有经证人核对确认的；③询问聋、哑人，应当提供通晓聋、哑手势的人员而未提供的；④询问不通晓当地通用语言、文字的证人，应当提供翻译人员而未提供的。

第77条：证人证言的收集程序、方式有下列瑕疵，经补正或者作出合理解释的，可以采用；不能补正或者作出合理解释的，不得作为定案的根据：①询问笔录没有填写询问人、记录人、法定代理人姓名以及询问的起止时间、地点的；②询问地点不符合规定的；③询问笔录没有记录告知证人有关作证的权利义务和法律责任的；④询问笔录反映出在同一时段，同一询问人员询问不同证人的。

第78条：证人当庭作出的证言，经控辩双方质证、法庭查证属实的，应当作为定案的根据。

证人当庭作出的证言与其庭前证言矛盾，证人能够作出合理解释，并有相关证据印证的，应当采信其庭审证言；不能作出合理解释，而其庭前证言有相关证据印证的，可以采信其庭前证言。

经人民法院通知，证人没有正当理由拒绝出庭或者出庭后拒绝作证，法庭对其证言的真实性无法确认的，该证人证言不得作为定案的根据。

三、被害人陈述的审查判断

刑事被害人是指遭受犯罪行为侵害，因而与案件处理结果有直接利害关系的当事人。被害人陈述是一种重要的证据来源，根据最高人民法院的司法解释，审查被害人陈述参照证人证言的相关规定，主要从以下几个方面入手：

（一）审查被害人陈述的来源

首先要查明被害人陈述的内容是直接感知的，还是由他人告知的，或是自己想象、推测的。被害人陈述的内容如果是他人告知的，应问清是在什么时间、地点、听什么人说的，并尽力向直接了解案件情况的人调查、核实。如果是被害人的推测，可以要求其说明推测的根据，以供分析研究时参考，以利于进一步收集证据。对于被害人受犯罪行为侵害时直接感知的陈述，也要具体了解、仔细分析被害人受犯罪行为侵害时的环境、条件、其精神状况等。

（二）审查被害人陈述的内容

1. 分析被害人陈述的内容是否合情合理。如果发现被害人陈述的内容不合情理或前后矛盾，就应进一步询问或采取其他方法进行核实。

2. 审查被害人陈述与案件其他证据有无矛盾。应将被害人陈述与收集的其他证据对比分析，互相印证。如果发现被害人陈述的内容与其他证据有矛盾，就应分析矛盾的内容，或再行收集证据，并以确实的证据来解决矛盾，从而肯定或否定被害人陈述的证据价值。

（三）审查被害人陈述的收集程序

《刑事诉讼法》对被害人收集的程序予以明确规定，其收集的程序与证人证言的收集程序相似，对于违反法定程序收集的被害人陈述，如果情节严重，例如是以威胁、引诱或者暴力取得的陈述，应当予以排除。

（四）审查被害人自身的情况

1. 审查被害人与犯罪嫌疑人、被告人的关系。如果被害人与犯罪嫌疑人、被告人素不相识或关系正常，一般来说故意捏造事实、提供虚伪陈述的可能性较小。如果被害人与犯罪嫌疑人、被告人有冤仇或者关系密切，则较容易作虚假的陈述。

2. 对幼年被害人陈述进行审查判断。要特别注意查清幼年被害人是否受人暗示、指使、引诱，为此，应查清被害人最初是在什么情况下说出被害情况的，是主动向家长、教师等讲的,还是在家长、教师等的查问下讲的;被害人陈述的语言词汇是否为幼年人通常使用的;被害人陈述的内容与被害人的智力水平、分析判断能力和表达能力是否相称等,以利于从中发现问题。

四、犯罪嫌疑人、被告人供述和辩解的审查判断

审查犯罪嫌疑人、被告人供述和辩解要注意以下几点:

(一) 审查取得犯罪嫌疑人、被告人供述和辩解的程序

1. 应当审查讯问时间、地点、讯问人员的身份是否符合法律规定。根据《刑事诉讼法》的规定,讯问犯罪嫌疑人的侦查人员不得少于2人;讯问共同犯罪的犯罪嫌疑人、被告人,应当分别进行;讯问未被羁押的犯罪嫌疑人、被告人,拘传持续时间一般不得超过12小时,讯问的地点,原则上只能在看守所讯问。

2. 应当审查讯问时侦查人员是否采取了刑讯逼供等非法方法取得供述。根据《人民检察院刑事诉讼规则》第65条第2款的规定,刑讯逼供是指"使用肉刑或者变相使用肉刑,使犯罪嫌疑人在肉体或者精神上遭受剧烈疼痛或者痛苦以逼取供述的行为"。

3. 应当审查讯问笔录制作是否符合法律规定。应当审查讯问笔录是否注明讯问的起止时间和讯问地点,首次讯问时是否告知被追诉人有申请回避、聘请律师等相关权利;犯罪嫌疑人、被告人是否核对确认并签名、捺手印,是否有不少于2名讯问的司法工作人员签名;笔录中有修改痕迹的地方,是否有犯罪嫌疑人或被告人的签名、捺手印。

4. 应当审查讯问时是否保障了特殊被追诉人的权利。讯问聋哑人或者不通晓当地通用语言、文字的少数民族人员、外国人,是否提供了翻译人员;讯问未成年人证人时是否通知其法定代理人到场,其法定代理人(或合适成年人)是否到场。必要时,可以调取讯问过程的录音录像和犯罪嫌疑人、被告人进出看守所的健康检查记录、笔录,并结合录音录像、记录、笔录等对上述内容进行审查。

(二) 审查犯罪嫌疑人、被告人供述和辩解是否合理

要客观地、全面地、仔细地审查和分析犯罪嫌疑人、被告人供述和辩解是否具有合理性。对于犯罪嫌疑人、被告人供述的犯罪事实,要根据各个案件的具体情况,从犯罪时间、地点、动机、目的、手段和后果等各个方面,分析犯罪嫌疑人、被告人是否有可能实施犯罪,是否合情合理,有无矛盾。对于不合情理或有矛盾的供述,应进一步讯问,再行深入调查、核对。对于犯罪嫌疑人、被告人的辩解,同样应审查其理由是否可信,所持的根据是否可靠,是否有矛盾。

(三) 审查犯罪嫌疑人、被告人供述或辩解的动机

司法实践表明,犯罪嫌疑人、被告人供述或辩解有各种各样的动机。有的犯罪嫌疑人、被告人出于真诚悔罪,投案自首,能够如实地供述犯罪事实;有的犯罪嫌疑人、

被告人在确实、充分的证据面前，感到无法抵赖，被迫供认犯罪；有的犯罪嫌疑人、被告人在政策感召下，经过教育后转变了态度，也能坦白自己的罪行。犯罪嫌疑人、被告人出于上述动机的供述，其真实性都较大。但是，也有一些犯罪嫌疑人、被告人在恐惧或顾虑没有消除的情况下进行供述，还有的出于"哥们义气"或其他原因，愿意承担他人的罪责。出于这种动机的供述，其真实性很小或根本没有真实性。就辩解而言，有的犯罪嫌疑人、被告人出于保护自己的合法权益，提出自己无罪、罪轻或者可以免除刑事处罚的事实材料和意见；也有的企图蒙混过关，虚构事实，曲解法律，随意狡辩。所以，犯罪嫌疑人、被告人出于何种动机进行供述或辩解，对其真实性具有一定的影响。查清犯罪嫌疑人、被告人口供的动机，就成了正确判断其真实性的一个重要因素。

（四）审查犯罪嫌疑人、被告人供述和辩解与其他在案证据有无矛盾

审查犯罪嫌疑人、被告人供述和辩解，应当结合全案证据进行审查判断。要审查犯罪嫌疑人供述和辩解与同案其他犯罪嫌疑人供述和辩解有无矛盾，与其他证据有无矛盾。对矛盾要结合本案中的其他证据进行分析判断。尤其是其辩解与其他证据存在矛盾时，应侧重分析其他证据能否形成证据锁链，如果其他证据能够形成证据锁链，可以确认案件事实，犯罪嫌疑人、被告人的辩解就极可能是不真实的，不具有可采性。当犯罪嫌疑人、被告人供述和辩解与其他证据相互一致时，也要分析这种一致性是本质上的一致，还是假象上的一致。

> **法规链接**

《最高人民法院关于适用〈中华人民共和国刑事诉讼法〉的解释》第80条：对被告人供述和辩解应当着重审查以下内容：①讯问的时间、地点，讯问人的身份、人数以及讯问方式等是否符合法律、有关规定；②讯问笔录的制作、修改是否符合法律、有关规定，是否注明讯问的具体起止时间和地点，首次讯问时是否告知被告人相关权利和法律规定，被告人是否核对确认；③讯问未成年被告人时，是否通知其法定代理人或者有关人员到场，其法定代理人或者有关人员是否到场；④被告人的供述有无以刑讯逼供等非法方法收集的情形；⑤被告人的供述是否前后一致，有无反复以及出现反复的原因；被告人的所有供述和辩解是否均已随案移送；⑥被告人的辩解内容是否符合案情和常理，有无矛盾；⑦被告人的供述和辩解与同案被告人的供述和辩解以及其他证据能否相互印证，有无矛盾。

必要时，可以调取讯问过程的录音录像、被告人进出看守所的健康检查记录、笔录，并结合录音录像、记录、笔录对上述内容进行审查。

第81条：被告人供述具有下列情形之一的，不得作为定案的根据：①讯问笔录没有经被告人核对确认的；②讯问聋、哑人，应当提供通晓聋、哑手势的人员而未提供

的；③讯问不通晓当地通用语言、文字的被告人，应当提供翻译人员而未提供的。

第82条：讯问笔录有下列瑕疵，经补正或者作出合理解释的，可以采用；不能补正或者作出合理解释的，不得作为定案的根据：①讯问笔录填写的讯问时间、讯问人、记录人、法定代理人等有误或者存在矛盾的；②讯问人没有签名的；③首次讯问笔录没有记录告知被讯问人相关权利和法律规定的。

第83条：审查被告人供述和辩解，应当结合控辩双方提供的所有证据以及被告人的全部供述和辩解进行。

被告人庭审中翻供，但不能合理说明翻供原因或者其辩解与全案证据矛盾，而其庭前供述与其他证据相互印证的，可以采信其庭前供述。

被告人庭前供述和辩解存在反复，但庭审中供认，且与其他证据相互印证的，可以采信其庭审供述；被告人庭前供述和辩解存在反复，庭审中不供认，且无其他证据与庭前供述印证的，不得采信其庭前供述。

五、鉴定意见的审查判断

审查鉴定意见，要注意以下几个方面：

（一）审查鉴定人是否符合条件

一是要审查鉴定机构与鉴定人的资质条件。鉴定机构应当是依照法律、法规、规章、条例的规定成立的具有鉴定资格的机构，鉴定人则应当是依法取得鉴定人资格，并具有某方面的专业知识，具备进行某项鉴定工作的技能和水平的人员。二是要审查鉴定人是否与案件当事人有直接的利害关系，是否有需要回避的情形，对精神病鉴定或对人身伤害的医学鉴定有争议需要重新鉴定的，是否是省级人民政府指定的医院作出的鉴定。

（二）审查鉴定意见所依据的材料是否充分和真实可靠

鉴定意见是否正确与鉴定所依据的材料是否充分和真实可靠密切相关。只有鉴定人掌握了进行鉴定所必需的可靠的材料，又对这些材料进行了深入的分析研究，才有可能作出正确的鉴定意见。经审查，如果发现鉴定意见所依据的材料不充分或不真实，就应当认为它的根据不足或没有根据，因而是不可靠的。

（三）审查鉴定程序是否合法

对专门性问题所进行的鉴定活动是一项非常严谨的活动，必须严格依照法定程序进行。一是要求检材的提取、保管、移送鉴定、鉴定的程序都要依法进行，主要审查检材的来源是否真实、可靠，是否附有相关提取笔录、勘验检查笔录、物品扣押清单等；检材的提取是否科学，是否受到破坏、污染；检材的保管方法是否科学，检材是否变质、污染、腐烂等。二是要审查鉴定意见的形式是否符合法定要求。主要审查鉴定委托人、鉴定机构、鉴定事由、鉴定要求、鉴定文书的日期等相关内容，也要审查鉴定机构是否加盖鉴定专用章并由鉴定人签名盖章，还要审查鉴定使用何种方法以及鉴定过程、鉴定意见是否明确。

（四）审查鉴定的设备和方法是否完备和科学

由于现代科学技术的发展，对许多专门性问题的鉴定要求很高，必须使用精密良好的设备。因此，有的鉴定事项必须使用专门的技术设备才能进行鉴定，如果只用了一般的技术方法，就不能得出正确的鉴定意见。有的鉴定事项即使有良好的设备条件，如果方法不对，也会导致结论错误。例如血型鉴定，检验时间长的血迹和检验新鲜血迹所使用的方法就不一样。

（五）审查鉴定意见内容是否科学客观

主要审查鉴定意见与案件待证事实有无关联，鉴定意见与其他证据之间是否有矛盾，鉴定意见与检验笔录及相关照片是否有矛盾。鉴定意见具有下列情形之一的，不能作为定案的根据：鉴定机构不具备法定的资格和条件，或者鉴定事项超出本鉴定机构项目范围或者鉴定能力的；鉴定人不具备法定的资格和条件，鉴定人不具有相关专业技术或者职称，鉴定人违反回避规定的；鉴定程序、方法有错误的；鉴定意见与证明对象没有关联的；鉴定对象与送检材料、样本不一致的；送检材料、样本来源不明或者确实被污染且不具备鉴定条件的；违反有关鉴定特定标准的；鉴定文书缺少签名、盖章的；其他违反有关规定的情形。

六、勘验、检查、辨认、侦查实验等笔录的审查判断

勘验、检查、辨认、侦查实验等笔录的审查判断要围绕以下几方面进行：

（一）笔录制作的过程是否合法

一是勘验、检查、辨认、侦查实验是否依法进行。如相关的活动是否是由法定的主体如侦查人员、检察人员、审判人员及其主持下的专门工作人员开展的；进行勘验、检查、辨认、侦查实验是否遵循法定程序，使用的手段、方法是否妥当，例如，辨认不是在侦查人员主持下进行的，辨认前使辨认人见到辨认对象的，辨认活动没有个别进行的，辨认对象没有混杂在具有类似特征的其他对象中，或者供辨认的对象数量不符合规定的，辨认中给辨认人明显暗示或者明显有指认嫌疑的以及其他违反有关规定、不能确定辨认笔录真实性的情形，不能作为定案的根据。二是笔录制作的形式是否合法。如勘验、检查笔录是否有勘验、检查人员和见证人的签名或者盖章。

（二）笔录的内容是否准确

主要审查：笔录中的文字术语是否确切；有关数字是否准确；有无含糊不清的字眼或主观推测的内容；照片、绘图等是否清晰、符合要求；勘验、检查笔录是否记录了提起勘验、检查的事由，勘验、检查的时间、地点、在场人员、现场方位、周围环境等，现场的物品、人身、尸体等的位置、特征等情况，以及勘验、检查、搜查的过程；文字记录与实物或者绘图、照片、录像是否相符。

（三）笔录的内容是否真实

如勘验、检查现场、物品、痕迹等是否伪造、有无破坏；人身特征、伤害情况、生理状态有无伪装或者变化等。笔录中记载的物证、书证等与收集到的物证、书证是否吻合；笔录中记载的情况，与被告人供述等其他证据是否有矛盾等。侦查实验的条件与事件发生时的条件是否有明显差异，或者存在影响实验结论科学性的其他情形。

（四）笔录与其他证据是否能够相互印证

应联系全案证据进行对比分析，发现矛盾应进一步审查核实，必要时可重新进行勘验、检查。

七、视听资料、电子数据的审查判断

修改后的《刑事诉讼法》把电子证据独立出来，将其区别于视听资料列为一个新的种类。电子证据主要包括电子邮件、电子数据交换、网上聊天记录、博客、微博客、手机短信、电子签名、域名等电子数据。对视听资料、电子数据的审查要从以下几个方面进行：

（一）视听资料、电子数据的来源

对于视听资料，主要审查是否附有提取过程的说明，来源是否合法；是否为原件，有无复制及复制份数；是复制件的，是否附有无法调取原件的原因、复制件制作过程和原件存放地点的说明，制作人、原视听资料持有人是否签名或者盖章；是否写明制作人、持有人的身份，制作的时间、地点、条件和方法。对于电子数据，应当审查是否随原始存储介质移送；在原始存储介质无法封存、不便移动或者依法应当由有关部门保管、处理、返还时，提取、复制电子数据是否由2人以上进行，是否足以保证电子数据的完整性，有无提取、复制过程及原始存储介质存放地点的文字说明和签名。

（二）视听资料、电子数据的收集程序是否合法

主要审查收集的程序、方法、方式是否按法定要求进行。对于视听资料，主要审查制作过程中是否存在威胁、引诱当事人等违反法律、有关规定的情形；是否是在设备和装置处于不灵敏或不正常状态下获取的。对于电子数据，主要审查收集的主体、程序、方式是否符合法律及有关技术规范；经勘验、检查、搜查等侦查活动收集的电子数据，是否附有笔录、清单，并经侦查人员、电子数据持有人、见证人签名；没有持有人签名的，是否注明原因；远程调取境外或者异地的电子数据的，是否注明相关情况；对电子数据的规格、类别、文件格式等注明是否清楚；与案件事实有关联的电子数据是否全面收集等。对于视听资料、电子数据的制作、取得的时间、地点、方式

等有疑问，不能提供必要证明或者作出合理解释的，不得作为定案的根据。

（三）视听资料、电子数据内容的真实性

对于视听资料，主要审查内容是否真实，有无剪辑、增加、删改等情形；有无影响视听资料真实性的其他情况。对视听资料有疑问的，一是可以进行鉴定，例如，对录音录像资料进行审查可以通过慢速播放的方式，鉴别是否有消磁和剪接等情况；利用高分辨仪，可以鉴别图像的真伪；利用音素分辨仪，可以鉴别声音的真伪。二是可以通过审查视听资料是否与其他证据相互印证，是否存在矛盾。对于电子数据，主要审查是否真实，有无删除、修改、增加等情形，有无影响真实性的其他情况。对真实性有疑问的，应当进行鉴定或者检验，并通过与其他证据的印证性来核实。对于视听资料、电子数据经审查无法确定真伪的，不得作为定案的根据。

（四）视听资料、电子数据的关联性

如果视听资料、电子数据与本案案情没有任何联系，即使是客观真实的，也不能作为证明案件的依据。审查视听资料、电子数据的关联性，主要审查其内容与案件事实有无关联，是否与本案其他已经证实的证据之间存在一致性，能否和其他证据形成统一的证据链条体系。

项目三　全案证据的综合审查判断

> 如果从事实的全部总和，从事实的联系去掌握事实，那么，事实不光是胜于雄辩的东西，而且是证据确凿的东西；如果不从全部总和，不是从联系中去掌握事实，而是片段的和随便挑出来的，那么事实就只能是一种儿戏，甚至连儿戏也不如。
>
> ——列宁

引　例

1992年12月25日，海南省海口市振东区上坡下村109号楼房突然起火，消防人员扑灭大火后，发现了楼房看管人钟某的尸体。经法医鉴定，被害人钟某身有多处锐器伤，系颈动脉被割断造成失血性休克死亡。租住在109号楼房的陈某被海口市公安局确认为犯罪嫌疑人。1994年11月9日，海口市中级人民法院认定陈某构成故意杀人罪，判决书认定：陈某因未交房租等，与钟某发生矛盾，钟某声称要向公安机关告发陈某私刻公章帮他人办工商执照之事，并要求陈某搬出109号楼房。陈某怀恨在心，遂起杀害钟某的念头。1992年12月25日晚7时许，陈某发现上坡下村停电并得知钟某要返回四川老家，便从宁屯大厦窜至上坡下村109号，见钟某正在客厅喝酒，便与其聊天，随后陈某从厨房拿起菜刀一把，趁钟某不备，朝钟某连砍数刀，致钟某当即死亡。接着，陈某将厨房的煤气罐搬到钟某的卧室门口，用打火机点燃焚尸灭迹。判决发生法律效力后，陈某父母和陈某始终不服，坚持向相关政法机关申诉。2014年4月14日，陈某委托代理律师向最高人民检察院提出申诉。陈某向最高检申诉的理由主要包括：一是陈某根本没有作案时间，也没有实施被指控的犯罪，应当宣告陈某无罪；二是原审裁判认定陈某犯罪的证据没有达到确实充分的标准；三是陈某的供述是在刑讯逼供下作出的，应当予以排除。最高检经过复查，能够确定的事实是，被害人钟某是被割断颈总动脉致失血性休克死亡，犯罪人又点燃石油液化气而引发火灾，但是在案证据在认定上述行为系陈某所为方面存在很大问题。在物证方面，最高检认为主要存在三方面问题，分别涉及陈某工作证、现场带血物品、作案工具。根据现场勘查笔录和法医检验报告，现场勘查曾在被害人尸体口袋内搜出陈某工作证，但现场照片中没有该工作证的照片。公安机关在补充侦查报告中表示，该工作证遗失，无法附卷。根据现场勘查笔录及现场照片，在案发现场客厅及厨房内发现并提取了带血白衬衫一件、黑色男西裤一件、带血白色卫生纸一块、带血《海南日报》碎片等物品。但是，公安机关出具的相关情况说明表明，上述物证因保管不善，在案件移送审查起诉前已经丢失，无法随案移送。而现场提取的3把菜刀，均未发现血迹等痕迹。在口供方面，陈某供述不稳定、有罪供述前后矛盾、有罪供述与其他在案证据存有矛盾。从被抓获到案到审查起诉再到两级法院审判期间，陈某的供述经历了从不承认犯罪，到作出有罪供述，翻供后再供认，最后全面翻供的过程。在其8次有罪供述中，对作案主要情节供述前后矛盾，比如杀人现场先后有卧室、客厅两种说法；杀害方法先后有先用毛巾捂死再在脖子上切两至三刀、先猛割脖子两刀再乱砍两种说法等。而其有罪供述中，有多处与其他在案证据存在矛盾，比如供述自己杀人后，用厨房水龙头冲洗菜刀和洗手，洗后未关水龙头，现场勘查却发现厨房水龙头并未开启，而是卫生间水龙头没有关等。

问：本案中，如何对全案证据的证明力进行综合的审查判断？

基本原理

对全案证据的综合审查判断，是在逐证审查判断的基础上进行的。也就是在对每个证据都加以核实之后，再对它们进行综合的分析，看它们能否得到互相印证，彼此之间是否存在无法解释的矛盾现象，以进一步判明现有的证据是否已经达到"充分"的程度。对全案证据的审查重点是要掌握综合审查的路径和内容、认定案件不同事实的标准。

一、审查的内容

（一）审查证据的合法性

合法性是证据进入诉讼大门的首要条件，也是审查证据的第一项内容。有的证据凭单个证据或同一类证据难以有效审查其合法性，需要结合其他证据予以审查。例如犯罪嫌疑人称侦查机关对其某次的讯问笔录是刑讯逼供所得，是非法证据，仅凭其供述难以认定该项证据是否为非法证据，此时侦查机关可以结合犯罪嫌疑人出入看守所身体检查记录、伤情、病情检查或者鉴定意见等综合作出判断。

（二）审查证据的真实性

应当对全案的各个证据，互相加以比较，看它们是否能够彼此得到印证，是否具有一致性。例如，将犯罪嫌疑人、被告人的口供，与已经收集到的物证、书证加以对照、比较，看它们是否有矛盾，能否吻合；将证人证言、被害人陈述与犯罪嫌疑人、被告人的供述加以对照比较，看他们所说的情况是否一致，在陈述案情经过和若干细节上有无明显的分歧；将若干证人分别陈述的内容加以对照比较，看他们在证明方向上是否一致，假如一部分证人说有那么回事，而另一部分证人则说并无其事，两证矛盾，则必有一假。在这种情况下，就要仔细分析为什么会出现这些矛盾现象，究竟哪些人说的是事实，而另一些人为什么要说假话。通过比较、鉴别，将虚假不实的证据予以排除。必要时，应补充收集新的证据，以验证原有证据的真假。如引例中，陈某8次有罪供述中，对作案主要情节供述前后矛盾，比如杀人现场先后有卧室、客厅两种说法；杀害方法先后有先用毛巾捂死再在脖子上切两至三刀、先猛割脖子两刀再乱砍两种说法等，那么陈某的有罪供述的真实性就值得怀疑。

（三）审查证据的证明力

对证据的证明力，应当结合案件的具体情况，从各证据与待证事实的关联程度、各证据之间的联系等方面进行审查判断。证据之间具有内在的联系，共同指向同一待证事实，且能合理排除矛盾的，才能作为定案的根据。一般而言，证据的客观性越强，证据与案件事实的关联程度越紧密，证据的证明力就越大。

审查证据证明力大小，主要审查：一是证据能证明什么。例如，引例中在现场提取的3把菜刀是否能证明是作案工具。二是证据对于证明案件事实有没有实质性的意义。如案例中提取的3把菜刀未发现有血迹，显然对证明案件事实意义不大。

二、几种特殊情况下的全案证据审查

1. 只有间接证据的案件。根据间接证据的充分性运用规则，对于没有直接证据的案件，在间接证据同时符合下列条件的情形下，可以认定被告人有罪：一是待证事实各要素均有证据加以证实；二是各证据均已查证属实；三是各证据的证明方向具有一致性，能够相互印证，不存在无法排除的矛盾和无法解释的疑问；四是全案证据已经形成完整的证明体系，根据证据认定案件事实足以排除合理怀疑，结论具有唯一性，运用证据进行的推理符合逻辑和经验。

2. 根据被告人的供述、指认提取到了隐蔽性很强的物证、书证，且被告人的供述与其他证明犯罪事实发生的证据相互印证,并排除串供、逼供、诱供等可能性的,可以认定被告人有罪。

3. 对"一对一"证据的审查与判断。"一对一"证据一般是指案件事实发生时仅有被害人与被告人两人在场,案件事实的发生或犯罪行为即时完成,不留痕迹,同时也未留下其他实物证据或影音资料,由此形成了行为主体的"一对一"与证据内容上的"一对一"。"一对一"证据往往具有单一性、隐蔽性、易变性、易灭性等特点,多出现在贿赂、强奸、故意伤害、毒品等案件中。对于"一对一"证据案件,既不能简单地认为言词证据一致就可定案,也不能单纯地认为证据彼此相互否定,相互矛盾就不能定案。例如,毒品犯罪案件中,吸食毒品人员能够详细描述贩卖毒品人员基本特征以及交易数量、时间、地点、方式、称重工具、交易金额等,如果通过手机通话(信息)记录、称重工具、指认等能够证明吸毒人员证言真实,即使贩卖毒品人员矢口否认,基本上也可以认定贩卖毒品罪成立,但如果上述证据中出现矛盾或重大瑕疵,则不能认定贩卖毒品罪成立。

实训部分

【情境设计】

2003年5月18日晚9时许,张某、张某某驾驶皖J–11260解放牌货车送货去上海,17岁的王某经他人介绍搭乘该车去往杭州。"二张"将王某搭载到杭州后与其分手,随后"二张"驾驶货车进入沪杭高速前往上海。据法院查实,这辆车当晚途经浙江省临安市昌化镇后,于次日凌晨1时30分到达杭州市天目山路汽车西站附近。被害人王某是在离开汽车西站后,于2003年5月19日早晨被人杀害,尸体被抛至杭州市西湖区留下镇留泗路东穆坞村路段的路边溪沟。在公安侦查审讯中,"二张"交待,当晚在货车驾驶座上对王某实施强奸致死,并在路边抛尸。此案当时没有在车上查到任何痕迹物证。在死者的指甲内鉴定出一男性的DNA,警方当时没查到此DNA的主人。据杭州市公安局2003年6月23日作出的《法医学DNA检验报告》,所提取的被害人王某8个指甲末端检出混合DNA谱带,可由死者王某和一名男性的DNA谱带混合形成,但排除张某、张某某与王某混合形成。2003年6月,公安提请市检察院对"二张"批准逮捕。2004年4月21日,杭州市中级人民法院以强奸罪判处张某死刑,张某某无期徒刑。半年后,浙江省高院终审改判张某死缓、张某某有期徒刑15年。

2011年,综合媒体报道等各种新的情况,杭州市就"5.19"案件成立了核查工作组,对案件展开调查。核查结果显示,"5.19"案件中死者指甲中的男性DNA,鉴定显示疑点指向另一起杀人案罪犯勾某某。2005年,杭州曾经发生一起引起极大社会反响的出租车司机勾某某杀害乘客案。勾某某于2002年12月4日始在杭州市从事出租汽车司机工作,2005年1月8日晚,勾某某采用扼颈等手段将乘客吴某某(浙江大学城市学院学生)杀死,并窃取其随身财物。2005年4月22日,勾某某因犯故意杀人罪、盗窃罪被终审判处死刑，于4月27日执行。2011年11月22日，杭州市公安局将"5.19"案被害人8个指甲末端擦拭滤纸上分离出来一名男性的DNA分型与数据库进行比对时，发现与勾某某DNA分型七个位点存在吻合的情况，该局将此结果送公安部物证鉴定中心再次进行鉴定。2011年12月6日，公安部物证鉴定中心出具《物证鉴定查询比对报告》，证明经查询比对，被害人8个指甲末端擦拭滤纸上的DNA，检出的混合STR分型中包含勾某某的STR分型。浙江省高院新闻发言人在回答本案真凶是否系勾某某的问题时说，综合2003年5月19日王某被强奸致死一案的相关事实、证据，"不能排除系勾某某作案的可能"。

再审庭审中，出庭检察员指出，本案没有证明原审被告人张某、张某某强奸杀人的客观性直接证据，间接证据极不完整，缺乏对主要案件事实的同一证明力，没有形成有效的证据链条。公安机关侦查程序不合法，确实存在相关侦查行为的一些方面不规范、个别侦查人员的行为不文明的情况。两原审被告人的有罪供述不能作为定案的依据。张某、张某某及其辩护人均提出，两被告在被刑事拘留后没有及时送往看守所，被长时间非法另行关押。两人的有罪供述及指认现场的笔录系侦查机关采用刑讯逼供等非法方法收集，公安机关对其收集证据的合法性，至今未提供充分的证据予以证明。

再审庭审查明，公安机关审讯张某、张某某的笔录和录像及相关证据证明，侦查人员在审讯过程中，存在对犯罪嫌疑人不在规定的羁押场所关押、审讯的情形；公安机关提供的张某首次有罪供述的审讯录像不完整；张某、张某某指认现场的录像镜头切换频繁，指认现场的见证人未起到见证作用。该案不能排除公安机关存在以非法方法收集证据的情形。张某、张某某的有罪供述、指认现场笔录等证据，依法应予排除，不能作为定案依据。再审还查明，本案中确实存在从同监犯获取及印证原审被告人有罪供述等侦查程序和行为不规范、不合法的情形。法庭依法适用非法证据排除规则，对这些证据予以排除。最终法院改判该二人无罪。

【实训方法】

学员分组讨论该案中的各项证据存在的问题，指出为什么通过全案证据的审查要宣布张某某和张某无罪。

【实训目的】

通过引导学员对证据的分析，提高证据审查判断能力。

单元十二

民事、行政诉讼的证明过程

引 言

民事、行政诉讼的证明过程包括取证、举证、质证和认证四大环节。取证是前提；举证是当事人对所主张的事实提供证据予以证明的过程。诉讼活动中，对举证行为有时间限制，这是为了有效抵御和避免不公平的"证据突袭"现象，强化诚实信用的诉讼理念，为诉讼的顺利进行提供基础，提高诉讼效率；质证不仅是证据法中的一项重要制度，而且也是法庭审理必不可少的环节。法庭调查和法庭辩论的过程就是诉讼双方在法官的主持下进行质证的过程。证据必须在法庭上出示，并经过质证，才可以作为认定案件事实的根据。质证是法官认识、了解案件事实的重要途径，因而也是法官正确作出判决的前提条件。质证对于落实言词审理原则、保障当事人的程序性权利以及确保法院公正判决等都有重要的意义；认证是证明活动的最后一个环节，诉讼主体的取证、举证、质证等活动，其目的在于获得法官对己方证据的认定并进而支持己方的事实主张。以认证规则为指导，规范取证、举证、质证等诉讼活动，才能实现诉讼目标，完成司法证明的任务。

知识目标

通过基本原理的学习，掌握民事、行政诉讼证据收集的基本方式和要求；了解举证时限的概念和功能；熟知民事、行政诉讼举证时限的确定方式以及具体时限，明确新的证据的标准以及逾期举证的法律后果；了解证据开示的概念和功能；熟知民事、行政证据交换制度以及质证程序；掌握民事、行政诉讼认证规则的基本内容。

能力目标

通过基本技能训练，能够运用举证时限制度规范举证行为，能够运用证据的质证方法和规则、紧扣质证内容进行有效的证据说明、质疑和辩论，学会判断具体证据的证据力和证明力，能够进行全案证据的综合审查、判断。

内容结构图

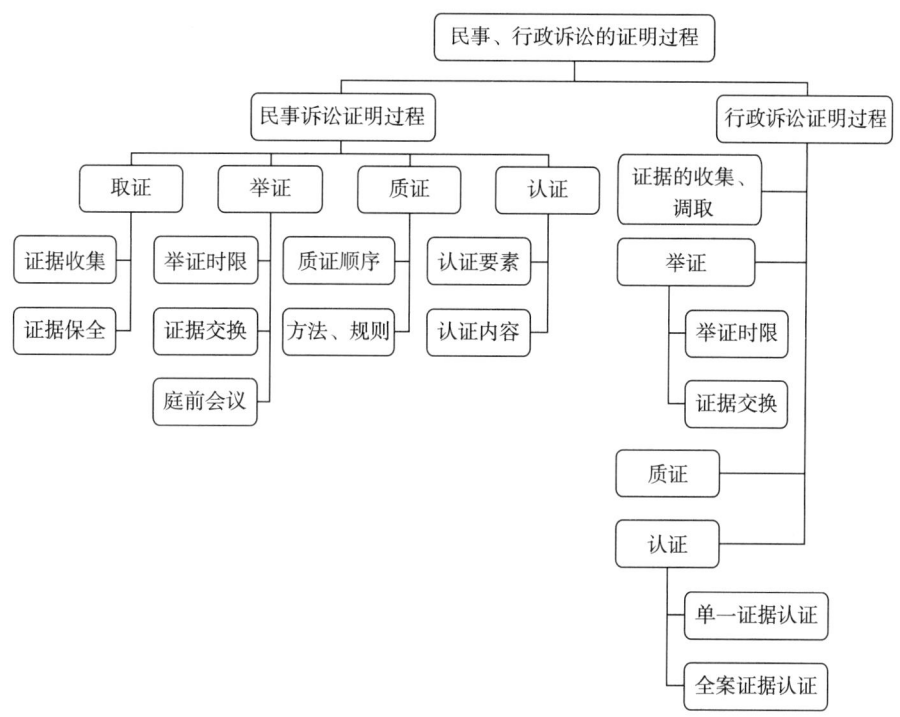

项目一 民事诉讼证明过程

法国在长达 30 年的时间里所进行的种种实验无论如何也足以表明,不利用最低限度的权威力量,很难改变各法院的实践做法,与此同时,人们也看到,运用严格的期限,并且对不遵守期间的情形给予逾期丧失权利的制裁,有可能产生确认自动主义的危险,因此有必要协调这两种矛盾。

——让·文森·塞尔日·金沙尔

引 例

陈某因患肾结石住进某某县人民医院,并于 2005 年 5 月 28 日上午 11 时,在该院进行肾结石清除手术。手术过程中陈某数次休克,但手术医生黄某并未采取任何措施,仍然继续手术。手术结束四小时后,陈某仍昏迷不醒。其家属多次要求值班医生对陈某进行检查,值班医生均以术后正常反应为由拒绝救治。直至当晚 9 时许陈某停止呼吸,值班医生方施行抢救,但回天乏力,陈某终因抢救无效于手术当晚 10 时 54 分死亡。有关部门对尸体进行检查后得出的结论是:"非因手术致死,死亡原因无法查明。"

同年 6 月 5 日,陈某家属诉至法院,要求被告某某县人民医院退还全部医疗费用、赔偿精神损失20万元、追究手术医生和值班医生的责任，并赔礼道歉。起诉的同时，原告方向法院申请重新进行医疗事故鉴定，但法院未予准许。由于被告方拒绝向原告方提供医院的病历、手术记录和值班记录等相关资料，原告方无法提供任何实质性的证据。7月3日，举证期行将届满时原告方向人民法院提出了延期举证的申请，法院审查后准许延长举证时限15日。但延长期限内原告依然未能获得医院的有关资料，于是向法院申请调取证据。法院接受申请并依法调取了医院有关病历、手术记录和值班记录。

法庭调查过程中，原告得知为陈某手术的医生黄某实为某医学院的实习生。经过多方努力，原告取得并在第二次开庭时向法庭提交了黄某所在医学院的证明，证实黄某是该院安排到被告医院实习的学生。法院审理后认定：被告医院应对陈某的死亡负主要责任，判决被告某某县人民医院赔偿原告精神损害赔偿金4万元，责令被告对手术医生和值班医生进行处罚。

原告不服一审判决，在上诉期内提起上诉，请求法院判决增加赔偿的数额，并要求被告赔礼道歉。同时再次申请进行医疗事故鉴定。二审法院接受了上诉人的申请，委托医疗事故鉴定委员会对这起事故重新进行鉴定，结论为：陈某死亡事件属于严重医疗事故，医院的手术失误是导致陈某死亡的直接原因。在此基础上，二审法院依法改判被上诉人某某县人民医院向上诉人支付精神损害赔偿金14万元，并向上诉人赔礼道歉。

问：①原告的举证在时间上可以分为几类？②被告应如何对原告的证据进行质证？③法院应如何对原告证据进行认证？

基本原理

一、证据的收集

民事诉讼中的证据收集，是指当事人或者人民法院依法获取证据材料的诉讼活动。证据的收集是证明程序的起点，在证据制度中占有重要地位。因为收集证据是查明案件事实的基础，只有收集到与案件相关的各种证据材料，才能够确保准确认定案件事实，正确适用法律，依法解决民事纠纷，保护当事人的合法权益。

（一）收集证据的基本要求

1. 收集证据的主体应合法。根据"谁主张谁举证"的基本原则，民事诉讼的当事人要对自己的事实主张承担证明责任，这就决定了在民事诉讼中，当事人及其代理人是收集证据的主要主体。同时，符合下列条件之一的，当事人及其代理人可以申请人民法院调查收集证据：①证据由国家有关部门保存，当事人及其诉讼代理人无权查阅调取的；②涉及国家秘密、商业秘密或者个人隐私的；③当事人及其诉讼代理人因客观原因不能自行收集的其他证据。当事人及其诉讼代理人因客观原因不能自行收集的证据，可以在举证期限届满前书面申请人民法院调查收集。但是，符合下列条件之一的，人民法院可以不经申请而主动依职权调查收集证据：①涉及可能损害国家利益、社会公共利益的；②涉及身份关系的；③涉及《民事诉讼法》第55条规定诉讼的；④当事人有恶意串通损害他人合法权益可能的；⑤涉及依职权追加当事人、中止诉讼、终结诉讼、回避等程序性事项的。

2. 收集证据的形式应合法。依据我国《民事诉讼法》的规定，证据形式只限于当事人陈述、物证、书证、证人证言、视听资料、电子数据、鉴定意见和勘验笔录8种，原则上证据必须具备法定的形式才具有合法性。此外，不同证据形式还有具体的形式要求。比如根据我国《担保法》第13条的规定，保证人与债权人应当以书面形式订立保证合同，口头保证合同无效也不能作为证据；再比如根据《电子签名法》第4条的规定，能够有形地表现所载内容，并可以随时调取查用的数据电文，视为符合法律、法规要求的书面形式。事实上，许多法律规定，具备某种形式或者履行某种手续是某种法律行为的生效条件。比如，我国《合同法》第10条第2款规定，法律、行政法规规定采用书面形式的，应当采用书面形式；当事人约定采用书面形式的，应当采用书面形式。再如某些法律规定，对于某些特定行为采取强制公证方为有效。[1]

3. 收集证据的方法应合法。虽然在取证程序的合法性上，立法对于民事诉讼采取了较刑事诉讼更宽容的态度，但不代表民事主体可以采用任意手段进行证据收集活动。根据《最高人民法院关于适用〈中华人民共和国民事诉讼法〉的解释》第106条的规定，取证手段严重侵害他人合法权益、违反法律禁止性规定或者严重违背公序良俗，所形成或者获取的证据，不得作为认定案件事实的根据。该规定确立了民事诉讼非法证据排除规则。"严重侵害他人合法权益"，即对侵害他人合法权益提出了程度上的条件即要达到严重的程度，一定程度上体现了利益衡量的因素。这意味着对他人合法权益造成一般性侵害的，不会导致证据被排除，因此，非法证据的判断标准较《最高人民法院关于民事诉讼证据的若干规定》有所放宽。同时，《最高人民法院关于适用〈中华人民共和国民事诉讼法〉的解释》增加了"严重违背公序良俗"的情形。另外，根据"利益衡量原则"，在民事诉讼中，在不与保护人格权、隐私权和商业秘密权等基本权利显著冲突的前提下，从发现真实和保护弱者的立场出发，允许使用包含违法因素的实物证据。但是，使用这种证据给一方当事人或他人造成的损害，受害人有权获得赔偿。

（二）收集证据的两种模式

我国的民事诉讼证据收集机制奉行"当事人主义"，《民事诉讼法》第64条第2款规定："当事人及其诉讼代理人因客观原因不能自行收集的证据，或者人民法院认为审

---

[1] 我国《公证法》第38条规定："法律、行政法规规定未经公证的事项不具有法律效力的，依照其规定。"

理案件需要的证据，人民法院应当调查收集。"这一规定为证据的收集调查设定了两种运行方式：

1. 当事人及其诉讼代理人的自行收集方式。根据《民事诉讼法》第49条、第61条的规定，当事人及其诉讼代理人有收集证据的权利，是收集证据的主体。当事人及其诉讼代理人收集证据时，应当遵守法定程序，不得以严重侵犯他人合法权益、违反法律禁止性规定或者严重违背公序良俗的方法收集证据。从法律责任的角度来看，可将诉讼当事人的证明活动或行为界定为责任，例如提供证据的责任。同时，我们也应当从法律权利的角度来看待当事人的证明活动或行为，实际上当事人的证明行为也是一种权利行为，任何一个国家的法律都保护当事人享有提供证据证明待证事实真相的权利。

2. 人民法院的职权调查收集方式。根据我国《民事诉讼法》第64条第2款，人民法院在民事诉讼中调查收集证据的范围包括两种情形：

（1）当事人及其诉讼代理人因客观原因不能够自行调查收集的证据。根据《最高人民法院关于适用〈中华人民共和国民事诉讼法〉的解释》第94条，具体包括下列情形：①证据由国家有关部门保存，当事人及其诉讼代理人无权查阅调取的；②涉及国家秘密、商业秘密或者个人隐私的；③当事人及其诉讼代理人因客观原因不能自行收集的其他证据。引例中原告方受制于证据持有人——人民医院的阻挠，无法收集相关的证据，属于"因客观原因不能自行收集"的情形，因而人民法院受理了其取证申请，顺利取得了相关证据，为事实的查明创造了条件。

（2）人民法院审理案件需要的证据。《最高人民法院关于适用〈中华人民共和国民事诉讼法〉的解释》第96条对法院调查收集证据的具体范围作了进一步的解释，法院审理案件需要的证据是指下列情形之一：①涉及可能损害国家利益、社会公共利益的；②涉及身份关系的；③涉及《民事诉讼法》第55条规定诉讼的；④当事人有恶意串通损害他人合法权益可能的；⑤涉及依职权追加当事人、中止诉讼、终结诉讼、回避等程序性事项的。

上述两种方式之中，以当事人自行收集为主，人民法院调查收集为辅。以当事人自行收集证据为主，法院一般采取中立、不干涉的态度，但必要时也需要司法机关的介入，通过全面地收集证据以及举证、质证、认证中正确地运用和判断证据，从而实事求是地查明事实，分清是非，运用正确的方式、方法解决民事纠纷。引例充分说明法院调查取证在特定情况下的必要性。

二、证据的保全

（一）证据保全的概念、种类[1]

证据保全是指在证据可能灭失或以后难以取得的情况下，人民法院根据当事人、

---

[1] 参见江伟、邵明主编：《民事证据法学》，中国人民大学出版社2015年版，第203~204页。

利害关系人的申请或依职权采取一定措施，对证据加以固定的措施。

根据证据保全的时间不同，可以将证据保全分为诉讼中的证据保全与诉前证据保全两类。诉讼中的证据保全，是在诉讼进行过程中，遇有证据有可能灭失或以后难以取得的情况，人民法院所采取的证据保全措施。如证人可能因病死亡；书证可能被销毁；物证可能会腐烂。又或者证人可能要出国，将来获取证言的成本过高或者难度增大等。诉前证据保全，是指在起诉之前，因证据有可能灭失或以后难以取得，根据利害关系人的申请，人民法院对有关证据所采取的提取、固定或封存的措施。

（二）当事人申请证据保全的要件[1]

1. 请求保全的证据与待证事实具有关联性。也就是，申请保全的证据必须对案件中某个实质性争议问题具有证明作用，没有关联性、不具备证明力的不能成为证据，也就没有保全的必要。

2. 证据可能灭失或者以后难以取得。其原因可能是被申请人实施毁灭证据的主观行为，也可能是证人生命垂危、证据变质等客观原因。

3. 管辖合法。当事人申请保全证据，应向受诉人民法院提出。诉前证据保全，申请人应当按照级别管辖的规定，向被保全证据所在地、被申请人住所地或者对案件有管辖权的法院提出。

4. 符合法定期限。诉讼中申请证据保全的，应在举证期限届满前提出。

5. 递交申请书。申请证据保全应提交书面申请，写明申请保全证据的种类和内容，申请保全的证据与案件事实之间的关系，申请保全证据的理由等。

（三）证据保全的程序与方法[2]

有关证据保全的程序，《民事诉讼法》第 81 条和《最高人民法院关于适用〈中华人民共和国民事诉讼法〉的解释》第 98 条作出了规定，没有规定的参照适用《民事诉讼法》第九章保全的规定。

1. 申请或者依职权采取。当事人申请证据保全的，应当向法院递交申请书。除当事人申请外，人民法院在诉讼中认为确有必要的，可依职权主动采取证据保全措施。但是，诉前证据保全只能由利害关系人申请。

2. 审查和担保。人民法院在接到当事人的保全申请后，对情况紧急的必须在 48 小时内作出裁定，符合证据保全条件的，作出准予证据保全的裁定书；认为不符合证据保全条件的，裁定驳回申请，尤其是对于诉前保全证据的申请，只有情况紧急时，才能被允许。

证据保全可能对他人造成财产损失的，人民法院应当责令申请人提供相应的担保

---

[1] 参见江伟、邵明主编：《民事证据法学》，中国人民大学出版社 2015 年版，第 203～204 页。
[2] 参见江伟、邵明主编：《民事证据法学》，中国人民大学出版社 2015 年版，第 203～204 页。

(以此保证受害人获得赔偿)。

当事人、利害关系人对保全裁定不服的,可以自收到裁定书之日起 5 日内向作出裁定的法院立案机构申请复议。法院应当在收到复议申请后 10 日内审查。裁定正确的,驳回当事人的复议申请;裁定不当的,变更或者撤销原裁定。

3. 证据保全的方法。人民法院对证据采取保全措施时,应当根据各类证据的不同特点而采取相应的证据保全方法。对证人证言的保全,一般采取制作笔录或者录音、录像的方法;对物证的保全,可以采取勘验、鉴定、拍照、录像、保存原物等方法;对书证的保全,通常采取复制、拍照等方法。总之,应当采取妥当的方法保全证据,以求客观地反映案件的真实情况。

法院进行证据保全时,可以要求当事人、利害关系人到场。当事人、利害关系人没有到场的,不影响证据保全措施的进行。当事人、利害关系人应当在证据保全笔录或查封扣押清单上签名或者盖章。拒绝签名、盖章的,人民法院应当在笔录或清单上注明。

三、举证时限

(一) 民事诉讼举证时限的基本含义

举证时限制度,是指负有证明责任的当事人应当在法律规定和法院指定的期限内提出证明其主张的相应证据,逾期不提供的,视为放弃举证权利的一种诉讼期间制度。

理解这一概念应把握两层含义:一是当事人的举证行为应该在一定的时间内完成;二是当事人逾期不提供证据的,原则上产生证据失权的法律后果。从第一层含义来看,举证时限属于一种期间制度。诉讼法上的期间是指诉讼法律关系主体在法律规定和法院指定的时间内应该完成一定的诉讼行为。举证时限制度是行为意义的证明责任在时间上的要求,是对证明责任制度的补充和完善。我国《民事诉讼法》第 65 条第 1 款规定:"当事人对自己提出的主张应当及时提供证据。"从第二层含义来看,举证时限属于诉讼失权制度。所谓失权,是指原有权利的丧失。诉讼失权是诚实信用原则的表现之一。当事人长时间不行使诉讼上的权能时,为了保护与不行使权能的事实有利害关系的另一方当事人持有的信赖,可以不再允许该当事人行使该权能。这是对当事人不在举证期限内行使举证权科以证据失权法律后果的理论基础。当事人逾期提交证据,即视为其已自行放弃举证权利,其所提交的证据人民法院不予接纳,也不组织质证,更不会作为认定案件事实的依据。失去证据的基础,当事人的事实主张难以成立,实体权利的实现势必受到影响。可见,证据失权的法律后果非常严重。

《民事诉讼法》第 65 条第 2 款就逾期举证的法律后果规定如下:"……当事人逾期提供证据的,人民法院应当责令其说明理由;拒不说明理由或者理由不成立的,人民法院根据不同情形可以不予采纳该证据,或者采纳该证据但予以训诫、罚款。"将逾期举证是否产生失权后果与当事人主观过错程度挂钩，区分不同情况适用不同的责任和后果。这较《最高人民法院关于民事诉讼证据的若干规定》更灵活、宽松。

证据失权是举证时限的一般后果。如果不论任何情况，对所有的逾期举证行为都执行失权的制度将其否定，则未免过于极端，反而不利于公平、公正的实现。比如将对方当事人同意对该逾期提交的证据进行质证，或者将预期提交的证据属于新生成的证据与那些怠于行使举证权而逾期提交的证据相提并论、一概予以排除则显得僵化、教条，违背了举证时限制度设立的初衷。为此《最高人民法院关于民事诉讼证据的若干规定》《最高人民法院关于适用〈中华人民共和国民事诉讼法〉的解释》规定了在下列四种例外情形下，不产生证据失权效果：

1. 同意质证的例外。《最高人民法院关于民事诉讼证据的若干规定》第34条第2款规定："对于当事人逾期提交的证据材料，人民法院审理时不组织质证。但对方当事人同意质证的除外。"《最高人民法院关于适用〈中华人民共和国民事诉讼法〉的解释》第101条第2款明确规定，对方当事人对逾期提供证据未提出异议的，视为未逾期。民事诉讼以民事纠纷为解决对象，以定纷止争、平息争端为目的。民事纠纷的私权性质决定了民事主体有权处分其实体权利和诉讼权利。同意对逾期提交的证据进行质证，是当事人对自身民事诉讼权利的放弃，法律必须予以尊重和认可。而且，允许当事人处分这一诉讼权利，有助于案件事实的查明、实体公正的实现，在某种程度上克服举证时限制度对实体公正带来的损害，不失为一种明智的选择。

2. 逾期证据关乎案件基本事实的例外。当事人因故意或者重大过失逾期提供证据的，原则上发生证据失权后果，但如果该证据涉及基本事实的证明的，不发生证据失权的法律效果，人民法院应予以采纳。《最高人民法院关于适用〈中华人民共和国民事诉讼法〉的解释》第102条中"该证据与案件基本事实有关"，是指逾期提供的证据对于案件的基本事实有证明价值，而是否具有证明价值需要人民法院审查判断，不能仅依当事人的主张来确定。

3. 非因故意或者重大过失逾期的例外。当事人非因故意或者重大过失逾期提供的证据，人民法院应当采纳。当事人一方要求另一方赔偿因逾期提供证据致使其增加的交通、住宿、就餐、误工、证人出庭作证等必要费用的，人民法院可予支持。

需要指出的是，证据失权后果属于证据法上的责任，当事人非因故意或者重大过失逾期提供证据或者因故意或者重大过失逾期提供的证据与基本事实有关的，虽然不产生证据法上的不利后果，但其拖延诉讼的行为实质上对民事诉讼造成妨害，因此产生诉讼法上的不利后果，即人民法院应当对逾期提供证据的当事人处以训诫、罚款。

4. "新的证据"的例外。《民事诉讼法》第139条、《最高人民法院关于民事诉讼证据的若干规定》第42条、第44条允许当事人在一审、二审和再审程序中提出"新的证据"。为了加强一审程序的对抗性和有效性，避免司法实践中出现的规避一审程序、在二审程序中进行证据突袭，损害对方当事人审级利益的现象，法律原则上排斥所谓的"新证据",并非任何的新证据都能够成为上述"新的证据",在举证时限届满后还能进入诉讼。

举证时限制度在我国民事诉讼中还只是一个学术概念,而不是法律概念。尽管司法解释有相关的内容,但立法并未确立举证时限制度。现行的《民事诉讼法》第139条第1款规定:"当事人在法庭上可以提出新的证据。"意味着当事人在法庭判决前的任何诉讼阶段都可以提出证据,举证权利不受时间的限制,也不会产生任何不利的法律后果。即便如此,《民事诉讼法》并不排斥人民法院对当事人的诉讼行为作出时间上的要求。《民事诉讼法》第82条第1款规定:"期间包括法定期间和人民法院指定的期间。"据此,人民法院完全有权要求当事人在限期内完成举证行为。关于一些特别程序,法律和最高人民法院的文件对当事人的举证时限作出了原则性要求。《最高人民法院关于适用〈中华人民共和国民事诉讼法〉的解释》第99条规定:"人民法院应当在审理前的准备阶段确定当事人的举证期限。举证期限可以由当事人协商,并经人民法院准许。人民法院确定举证期限,第一审普通程序案件不得少于15日,当事人提供新的证据的第二审案件不得少于10日。举证期限届满后,当事人对已经提供的证据,申请提供反驳证据或者对证据来源、形式等方面的瑕疵进行补正的,人民法院可以酌情再次确定举证期限,该期限不受前款规定的限制。"《海事诉讼特别程序法》第84条规定,当事人应当在开庭审理前完成举证,这些规定都蕴含了举证时限制度。

(二)民事诉讼举证时限的确定

根据《最高人民法院关于适用〈中华人民共和国民事诉讼法〉的解释》第99条的规定,民事诉讼中的举证时限有当事人协定和人民法院指定两种确定方式。

1. 当事人协定。作为举证时限的确定方式之一,当事人之间的协商还要求经过人民法院的认可。只有经过人民法院的认可,当事人约定的举证期限才能产生拘束力。该规定看似扩张了当事人的诉讼权利,但实质上旨在加强当事人的举证责任,并促进当事人对诉讼公正的信心,加强司法的权威和公信力。

2. 人民法院指定。期间包括法定期间和人民法院指定的期间,人民法院指定的期间同样具有法律效力。因此,在法律没有规定举证时限的情况下,可以通过人民法院指定的方式来确定举证时限。

(三)民事诉讼举证时限

1. 人民法院确定举证期限,第一审普通程序案件不得少于15日,当事人提供新的证据的第二审案件不得少于10日,自举证时限确定之日起计算。该要求仅适用于普通程序,简易程序不受此限制。《最高人民法院关于民事诉讼证据的若干规定》第81条规定:"人民法院适用简易程序审理案件,不受本解释中第32条、第33条第3款和第79条规定的限制。"举证时限的确定以法院向当事人送达举证通知书的形式来完成。

为使举证时限制度与证据交换制度相衔接,防止两种制度出现冲突,人民法院组织当事人交换证据的,无论原定举证期限届满日与交换证据日是否一致,交换证据之日为举证期限届满之日。

2. 当事人协定的举证时限无具体限制。当事人协商确定的举证期限可以不要求下限,因为当事人能在尽可能短的时间内完成举证,对于加快诉讼的进程具有积极的作用。但为了防止当事人拖延诉讼,有必要对当事人协定的举证时限规定一个上限,比如两个月。

3. 举证时限的变更。举证时限制度设置的目的在于实现庭审前对争执点和相关证据的固定,为庭审做准备,提高庭审的质量和效率。如果诉讼争执点发生变化,证据相应就要作调整。因此,当出现争执点改变的情形时法律应当允许变更原来的举证时限,否则有违举证时限制度设立的初衷。遇有追加当事人或者有独立请求权的第三人参加诉讼的情形,被追加的当事人或第三人举证时限届满的时间为全体当事人举证时限届满的时间;遇有当事人在举证时限内变更诉讼请求,或者因人民法院告知而变更诉讼请求的,人民法院应当重新确定举证时限。

4. 举证时限的延长。举证时限只是当事人事先协商确定或人民法院事先指定的期限,并不是一个不变期间。实践当中,当事人可能因为某种现实困难无法在举证期限内向人民法院提供证据,对此现实障碍,如果法律不予以救济,不仅有碍案件事实的查明、有损司法公正和社会公信力,也会令当事人丧失诉讼权利和诉讼机会。因此,应当允许当事人通过申请延期举证的方式予以救济。根据《最高人民法院关于适用〈中华人民共和国民事诉讼法〉的解释》第 100 条,当事人申请延长举证期限的,应当在举证期限届满前向人民法院提出书面申请。申请理由成立的,人民法院应当准许,适当延长举证期限,并通知其他当事人。延长的举证期限适用于其他当事人。可见,司法解释并未对申请延长举证期限的理由作出具体规定。

(四)适用举证时限的相关诉讼行为

举证时限制度不仅约束当事人向法院提交证据的行为,对于与证据提交活动相关的其他诉讼行为,如申请法院调查收集证据、保全证据、申请证人出庭作证、申请鉴定等,也进行了规范。这是充分实现举证时限制度功能的必然要求。

法规链接

《最高人民法院关于民事诉讼证据的若干规定》第 19 条第 1 款:当事人及其诉讼代理人申请人民法院调查收集证据,不得迟于举证期限届满前 7 日。

第 23 条第 1 款:当事人依据《民事诉讼法》第 74 条的规定向人民法院申请保全证据,不得迟于举证期限届满前 7 日。

第 34 条第 3 款:当事人增加、变更诉讼请求或者提起反诉的,应当在举证期限届满前提出。

第 54 条第 1 款：当事人申请证人出庭作证，应当在举证期限届满 10 日前提出，并经人民法院许可。

1. 当事人申请法院调取或者保全证据。为了防止当事人滥用申请法院调查取证的权利，同时确保法院依职权调查收集证据的功效，以免浪费司法资源，造成诉讼不公，有必要规定一个合理的期限，以对当事人的申请行为加以限制。同时，这样做还有助于提高诉讼效率，避免因为当事人的无序申请而使审判活动陷入紊乱。

诉讼证据保全的目的是防止证据灭失或者以后难以取得的情况发生，其法律后果是被保全的证据将归入申请方的证据体系，并作为申请方提交的证据。如果这种证据保全的申请权存在于整个举证期限，势必会弱化举证期限制度对当事人举证行为的约束力，成为当事人举证期限的例外。因而，在当事人的证据保全申请权和法律后果间有必要作制度上的平衡，使申请行为以及法院保全行为的期限与当事人举证期限相符，即保全申请不得迟于举证期限届满前 7 日提出。

2. 当事人申请证人出庭。在我国，证人作证不具有公法意义上的法律责任，证人没有被强制出庭作证的义务，因而我国现行立法及司法解释都将当事人提供的证人出庭作证作为当事人举证责任的一部分来看待，证人出庭作证的前提就是当事人向法院提出申请。既然属于举证责任的内容，则申请行为要受举证期限的限制也是题中应有之意。

3. 当事人申请鉴定。《最高人民法院关于适用〈中华人民共和国民事诉讼法〉的解释》第 121 条第 1 款规定：当事人申请鉴定，可以在举证期限届满前提出。申请鉴定的事项与待证事实无关联，或者对证明待证事实无意义的，人民法院不予准许。

4. 当事人增加、变更诉讼请求或者提出反诉。举证时限制度作为审前准备程序的基石，其设立的目的是为庭审活动建立相对稳定的证据体系，构建不可逆的审理机制，实现程序的正当性，提高诉讼效率。如果允许当事人随时变更诉讼请求或者提出反诉，则必然引起主要事实及相关证据的变化，从而引发举证期限的变动，举证时限制度的价值将受到严重的冲击。为了保证诉讼的顺利推进，有必要将当事人变更诉讼请求限制在举证期限届满前提出，以保护对方当事人的利益。当事人申请鉴定本属于其举证责任的范畴，因而申请鉴定的时间也应当遵循举证时限的要求。

5. 申请人民法院责令对方当事人提交其控制的书证。《最高人民法院关于适用〈中华人民共和国民事诉讼法〉的解释》第 112 条第 1 款规定："书证在对方当事人控制之下的，承担举证证明责任的当事人可以在举证期限届满前书面申请人民法院责令对方当事人提交。"

四、证据交换和庭前会议

证据交换是指开庭审理前，在人民法院审判人员的主持下，双方当事人相互交换所持有的证据的诉讼活动。

（一）证据交换的启动

在民事诉讼审前准备阶段，证据交换程序的启动有两种方式：①由法院依据当事人的申请而启动，是否启动由法院审查决定。这既体现了对当事人的尊重，也可通过法院的审查决定权防止当事人滥用该项程序拖延诉讼。②由人民法院依职权主动启动。《最高人民法院关于民事诉讼证据的若干规定》第37条规定，人民法院依职权主动启动证据交换程序的，仅限于证据较多或复杂疑难的案件。对于这类案件，人民法院应当组织当事人在答辩期届满后、开庭审理前交换证据，没有自由裁量权。

（二）证据交换的时间和次数

《最高人民法院关于民事诉讼证据的若干规定》第38条规定，证据交换的时间可以由人民法院指定，也可以经当事人协商由人民法院确定。证据交换作为举证时限制度的组成部分，应该符合举证时限制度的一般要求。证据交换之日即为举证时限届满之日，证据交换日前未提交证据的，应承担逾期举证的后果。人民法院准许当事人延期举证的，证据交换日相应顺延。

至于证据交换的次数，鉴于证据交换制度设立的目的之一是提高诉讼效率，因而证据交换的次数不宜太多。《最高人民法院关于民事诉讼证据的若干规定》第40条第2款规定，应以两次为原则。在证据交换中，一方当事人收到对方当事人交换的证据后提出反驳证据的，应当允许对方当事人就反驳证据再次举证反驳，为平等保护当事人的诉讼权利，人民法院应当再次组织证据交换。不过，对于重大、疑难或者特别复杂的案件，人民法院认为确有必要的情况下，可不受两次的次数限制。

（三）证据交换的程序

1. 证据交换的主持者只能是审判人员。《最高人民法院关于民事诉讼证据的若干规定》第39条第1款排除了书记员主持证据交换的资格和权限。而进行主持的审判人员可以是合议庭成员，也可以是合议庭外的审判人员。

2. 证据交换过程中，审判人员应将当事人无异议的事实、证据记录在案；对有异议的证据，按照待证事实的类别将异议的理由记录在案，进行争执点的归纳和整理。交换过程中一般不进行证据质证，但当事人可就证据来源询问对方当事人，对于证据材料的复制件可以要求与原件进行核对。

3. 证据交换过程中，当事人对对方证据的承认、异议及异议的理由，经由笔录固定后产生法律效果，非经正当法律程序，当事人不得修改其观点和理由，以使开庭审理能在稳定的争执点体系下进行。

五、质证

所谓质证，是指在法庭审理过程中，双方当事人在法官的主持下就法庭上所出示的证据是否符合证据的采用标准，即是否具有证据能力和证明力大小进行说明、质疑与辩驳。质证的目的是当事人通过说明、辩解己方证据和质疑、辩驳对方证据的方式，影响法官对证据的审查判断，以使法官形成有利于己的心证。参加质证，不仅是当事人诉讼主体地位的重要体现，也是程序正义的必然要求，还是人民法院认定案件事实的必要手段。

(一) 质证的顺序

1998年《最高人民法院关于民事经济审判方式改革问题的若干规定》第8条首次对质证的顺序进行了规定。2002年实施的《最高人民法院关于民事诉讼证据的若干规定》第51条在此基础上作了进一步的规定。根据该规定，质证按下列顺序进行：

1. 由承担证明责任的一方出示证据，相对一方、第三人与举证方进行质证。

2. 不承担证明责任的一方出示证据，相对一方、第三人与其进行质证。

3. 第三人出示证据，原告、被告与第三人进行质证。案件有两个以上独立的诉讼请求的，当事人可以逐个出示证据进行质证。

这一顺序安排，体现了当事人之间的诉讼地位和诉讼权利的平等，保障了双方在诉讼中的均衡对抗，有利于法官查明案件事实。该规定不仅为各方当事人举证、质证提供了平等的机会，也说明了法官不得作为质证主体，体现了法官中立原则。根据《最高人民法院民事诉讼证据的若干规定》第51条第2款、第3款的规定："人民法院依照当事人申请调查收集的证据，作为提出申请的一方当事人提供的证据。人民法院依照职权调查收集的证据应当在庭审时出示，听取当事人意见，并可就调查收集该证据的情况予以说明。"这是人民法院不负证明责任的精神在质证程序上的体现。

这一顺序安排，也是诉讼直接言词原则的要求。直接言词原则要求诉讼主体同时在场，法官必须在庭上亲自听取当事人、证人和其他诉讼参与人的陈述，亲自听取双方的辩论以及检验物证、审查书证、鉴定结论，在直接接触证据的基础上形成对案件事实的认识。诉讼应以言词陈述的方式进行，当事人之间在诉讼中就事实主张和证据的可信性进行的攻击和防御，也必须以言词辩论的方式进行。这一原则是制定、贯彻、实施质证制度的指导方针。

(二) 质证的方法、规则

1. 公开质证。《最高人民法院关于严格执行公开审判制度的若干规定》第1条规定："人民法院进行审判活动，必须坚持依法公开审判制度，做到公开开庭，公开举证、质证，公开宣判。"公开质证，意味着要求证人、鉴定人、勘验人出庭对作证内容进行口头的说明、接受当事人的质问。在这一基础上展开的辩论才有实质的意义。但是，公开审判和公开质证都有例外，《最高人民法院关于民事诉讼证据的若干规定》第48条规定："涉及国家秘密、商业秘密和个人隐私或者法律规定的其他应当保密的证据，不得在开庭时公开质证。"

公开是法庭审理活动和裁判活动的原则。但是质证并不只存在于法庭开庭审理阶段,在庭前准备程序中也存在质证活动。根据《最高人民法院关于民事诉讼证据的若干规定》第39条第2款的规定,在证据交换的过程中,审判人员对当事人无异议的事实、证据应当记录在卷;对有异议的证据,按照需要证明的事实分类记录在卷,并记载异议的理由……由此可知民事诉讼庭前证据交换程序中也包含一定程度的质证内容。

2. 对证人的质证。对证人的询问是调查证据的主要方法之一,询问方式主要有两种:一种是由法官依职权进行询问,即主要由法官调查证据;另一种是当事人进行,证据由当事人提出,并由当事人调查,特别是采用交叉询问的方式,利用向对方当事人进行反询问的机会,揭露证言的矛盾、虚假之处,借以保证证人证言的真实性。《民事诉讼法》第139条第2款规定:"当事人经法庭许可,可以向证人、鉴定人、勘验人发问。"《最高人民法院关于民事诉讼证据的若干规定》第58条仅规定,审判人员和当事人可以对证人进行询问。并未就询问的方式加以规定,但是根据实际情况来看,并不排除当事人对证人进行实质性的交叉询问的方式。日本学者兼子一等认为,因为证人证言存在许多不稳定和不可靠的因素,很难期待它成为一种完全正确的证据,但离开证人的诉讼是不可想象的,因而各国立法都形成了各种确保证人证言真实可靠性的相关规则。在质证程序中,应结合这些规则来进行证人证言的审查判断。

(1) 证人必须出庭作证。对证人进行质证的前提是证人出庭作证。英美证据法中运用传闻证据排除规则规范证人作证的方式:凡是在法庭外作成的证言笔录,在证人未出庭作证的情况下提交法庭作为证据使用的,应予以排除。我国《民事诉讼法》第72条第1款规定:"凡是知道案件情况的单位和个人,都有义务出庭作证。有关单位的负责人应当支持证人作证。"《最高人民法院关于民事诉讼证据的若干规定》第55条规定:"证人应当出庭作证,接受当事人的质询。证人在人民法院组织双方当事人交换证据时出席法庭陈述证言的,可视为出庭作证。"

(2) 当事人及其代理人进行主询问,应当禁止采用诱导性询问方式;当事人及其代理人就对方当事人提供的证人进行反询问时,可以采用诱导性询问方式。"所谓诱导,是指询问人借助发问时语气上的轻重缓急、声调上的抑扬顿挫或是某种动作上的示意,足以导致对答问人起到启发、提示性感染或造成影响,从而作出符合询问人欲求的答复。"[1]因为现行法律和司法解释对交叉询问规则没有加以明确规定,遇有对证人进行诱导性提问的情况时,法官是否允许、允许到何种程度,只能由法官据情裁量。

(3) 证人只能就自己亲身经历或体验的事实作证,作证时不得使用猜测、推断或者评论性语言。这一规则体现在《最高人民法院关于民事诉讼证据的若干规定》第57条,又称为意见证据排除规则。运用证据得出事实结论,属于事实认定者——法官的职权,如果当事人根据自己感知的案件事实作进一步的猜测、推断,则被认为侵害了法官的职权。而且证人的意见和推测不仅没有证明的价值,还会对事实认定产生消极

---

[1] 毕玉谦:《民事证据法及其程序功能》,法律出版社1997年版,第283页。

影响，这是确立意见证据排除规则的依据。如果证人提供了意见证据，对方当事人及其代理人有权向法庭提出排除该证据的请求。至于证人证言是否为"意见"、应否排除，则由法庭据情裁量。

（4）询问证人应单独进行。当证人为数人时，对证人询问应采用隔离询问制，此为各国所公认。对证人应分别加以询问，其他证人不得在场。此规定旨在防止或揭露伪证、串通作伪证以及采取其他非诚信手段作证的现象，确保证人证言臻于正确真实。不同的证人有不同的立场，或属于同一当事人，或属于不同当事人。隔离询问，对属于同一当事人的数名证人，固然可以防止其串通或附和而导致变更其个人的证言；对属于不同一方当事人的数名证人，也可防止其听取他人的证言后，起而抗辩，或者为避免发现其本身证言的虚伪，故意增减或隐瞒、掩饰证言内容，导致证人证言丧失其真实性。对此，《最高人民法院关于民事诉讼证据的若干规定》第58条规定，审判人员和当事人可以对证人进行询问。证人不得旁听法庭审理；询问证人时，其他证人不得在场。人民法院认为有必要的，可以让证人进行对质。

3. 对鉴定人、勘验人的询问。

（1）鉴定人、勘验人的出庭义务。根据诉讼的直接言词原则，任何言词证据的提供者都负有出庭作证的义务，鉴定意见、勘验笔录虽然具有书面的表现形式，但其本质上属于鉴定人、勘验人的个人陈述，应为言词证据，理论上鉴定人、勘验人都应以出庭的方式提供证据。但立法及相关解释关于这一义务的规定不尽完善，存在矛盾，司法实践中鉴定人、勘验人几乎不出庭，这一局面有待改善。《最高人民法院关于民事诉讼证据的若干规定》第59条明确规定了鉴定人出庭作证的义务，第60条以及《民事诉讼法》第139条第2款均规定当事人可以向勘验人发问，这也从侧面体现了立法对于勘验人出庭义务持肯定态度的基本精神。

（2）对鉴定人、勘验人具体的询问规则，现行法律规范并无专门的规定。从世界各国通行的做法来看，除意见证据排除规则外，并无专门就鉴定人、勘验人设计的询问规则，适用与证人相同的询问规则即可。

4. 对书证、物证和视听资料的质证。不同形式的证据，质证的方法、程序会有所区别。书证、物证和视听资料表现为实体物，在对其进行质证时方法略异于言词证据的质证方法。但立法及司法解释均未就书证、物证和视听资料的质证方法、步骤作具体规定，从司法实践来看，这类证据的质证主要遵循如下步骤：首先由出示证据的一方就该证据的来源、制作、收集过程、内容以及与案件的关联性进行说明；举证方说明完毕后，由对方对证据进行辨认并发表意见。根据《最高人民法院关于民事诉讼证据的若干规定》第49条之规定，对书证、物证、视听资料进行质证时，当事人有权要求出示证据的原件或者原物。

六、认证

民事诉讼中的认证,是指审判组织在诉讼过程中,对向法庭出示并经过质证的与待证事实有关联的证据材料进行审查,以确认证据的可采性、证明力的大小与强弱的一种民事诉讼活动。

(一)认证的构成要素

认证的主体是审判组织,认证的对象是在法庭上出示并经质证的证据材料,认证的内容是对认证对象的审查和认定。

1. 认证主体。认证的主体是审判组织,即对民事、经济纠纷案件进行审理和裁判的组织,包括合议庭和独任庭,具体由组成合议庭或独任庭的法官来承担。

2. 认证对象。所谓认证对象,是认证主体在认证时所指向的目标,即当事人及其诉讼代理人提供或人民法院依职权调查收集的在法庭上出示、质证的一切证据材料,既包括能证明案件事实的证据材料,也包括由当事人出示,由双方质证不能证明案件事实的证据材料。具体有书证、物证、证人证言、视听资料、当事人陈述、鉴定意见、勘验笔录等。

3. 认证内容。认证内容包括审查和认定两部分。一是审查,即审查证据材料的三性(客观性、合法性、关联性)。二是认定,是指在审查证据材料三性的基础上,对证据材料的采纳及采纳的理由作出评判,对采纳后证明什么事实作出说明,即证据材料有无证明力和证明力的大小。

诉讼程序的重心在于认定案件事实和正确适用法律,案件事实的认定是对证据进行推理和判断的过程,这一过程历经了从证据材料到定案根据,再到案件事实的推演。其中,证据能力规则是运用证据证明案件事实的首要环节,关系到当事人所提供的证据材料能否进入实体审理程序,成为认定案件事实的基础和依据。

证据能力的实质在于设定当事人提供的材料有无作为认定案件事实的资格,是对证据进行推理和判断的首要环节。判断证据能力的标准有两个:一是证据材料能否纳入法律所规定的证据方法或者证据种类的范畴;二是证据材料是否符合法律规定的采纳标准或者被排除标准。因此,证据能力即证据材料得以成为定案根据的资格,无论是将其表述为"证据适格""证据资格"还是"证据能力",实际上都在强调一种标准,在符合该标准的前提下,证据材料才能够成为证明的依据。对证据能力的评判存在两个标准:肯定标准和否定标准,前者强调法律从正面规定何种证据材料具备证据资格;后者则强调何种证据材料不能作为定案根据使用。只有具备两者,证据材料才能取得证据能力,进入裁判者的调查范围,成为认定案件事实的依据。

《最高人民法院关于适用〈中华人民共和国民事诉讼法〉的解释》第 95 条规定:"当事人申请调查收集的证据,与待证事实无关联、对证明待证事实无意义或者其他无调查收集必要的，人民法院不予准许。"该条体现了证据的关联性要求。关联性是证据的基本属性和特征，是证据进入诉讼的第一道"关卡"，是证据能够被采纳的首要条件。与案件事实没有关联性的证据，无论是当事人自行收集提供的，还是人民法院调查收集的，均缺乏证明待证事实的基础，显然不具有证据能力，因此没有调查收集的必要。

《最高人民法院关于适用〈中华人民共和国民事诉讼法〉的解释》第106条规定："对以严重侵害他人合法权益、违反法律禁止性规定或者严重违背公序良俗的方法形成或者获取的证据，不得作为认定案件事实的根据。"该条规定了非法证据的判断标准，是在对《最高人民法院关于民事诉讼证据的若干规定》第68条内容的修改基础上形成的。在本条中，法院坚持非法证据应当排除的原则，与《最高人民法院关于民事诉讼证据的若干规定》第68条相比，本条对于非法证据的界定并不限于获取证据方法的违法，证据形成本身违法亦构成非法证据，不具有证据能力。

(二) 民事诉讼认证的内容

《最高人民法院关于适用〈中华人民共和国民事诉讼法〉的解释》第104条规定："人民法院应当组织当事人围绕证据的真实性、合法性以及与待证事实的关联性进行质证，并针对证据有无证明力和证明力的大小进行说明和辩论。能够反映案件真实情况、与待证事实相关联、来源和形式符合法律规定的证据，应当作为认定案件事实的根据。"据此，证据的真实性、关联性和合法性，是审判人员在对证据的审查判断过程中进行判断的重心。

真实性是证据的必备属性，人民法院在审查判断证据时，也必须审查证据的真实性。在当事人质证以及人民法院在此基础上对证据审查判断的过程中，有关证据真实性的问题一般围绕以下两方面展开：①证据的来源。即证据如何形成，如何收集取得，收集证据的程序是否合法或合理等。证据的来源对于检验证据的真实性具有较为重要的意义，证据的形成、取得过程和主体，收集证据的过程等因素，都对检验证据的真实性有帮助。②证据的内容。内容的真实性是证据真实性的实质内容。对证据内容真实性的检验，往往需要运用经验法则，结合证据之间的逻辑关系进行综合的论证和评价。

关联性是证据必备的自然属性，是证据能够被采纳的首要条件，在证据规则中发挥着基础性和根本性的作用。证据的关联性包含两个方面的内容：①证据对于解决争议的待证事实具有实质意义，其本身或者与其他证据相结合对待证事实的证明能够发挥作用；②证据具有证明价值，即具有使待证的事实主张更有可能或更无可能的能力。

证据的合法性包括证据应当符合法定的形式以及证据的形成和获得要合法。但实践中，形式的合法性通常只有法律有明确的特定要求时才被考虑，而证据形成、获得途径的合法性主要结合实体法的规定并考虑价值衡量的因素来综合判断。

只有具备真实性、关联性和合法性的证据,才能够作为证明案件事实的基础,人民法院认定案件事实时,应当以这样的证据为依据。

项目二　行政诉讼证明过程

为发现真情,人类迄今为止发明的最伟大的法律发动机,毫无疑问应当是交叉询问。

——威格莫尔

引　例

某地环保局在环境监测过程中发现某化工厂的排污指数超标,向化工厂发出了整改通知。化工厂未按环保局的要求进行整改,被处以罚款。化工厂对处罚不服,向人民法院提起行政诉讼。在庭审前,法官主持当事人双方进行证据交换。在证据交换过程中,化工厂对环保局在工厂周围采集的土壤样本未提出异议。在庭审过程中,法官宣布:鉴于双方当事人对该证据没有异议,法庭不再组织对该证据的质证。化工厂一方对此不服,认为未经质证的证据不能作为认定案件事实的依据,要求对该证据进行质证。[1]

问:①对化工厂的质证要求,应如何处理?②结合本案谈谈行政诉讼的证明过程包括哪些环节?

基本原理

一、证据的收集、调取

《行政诉讼法》第39条规定:"人民法院有权要求当事人提供或者补充证据。"第40条规定:"人民法院有权向有关行政机关以及其他组织、公民调取证据。但是,不得为证明行政行为的合法性调取被告作出行政行为时未收集的证据。"因此,行政诉讼证据的收集,主要指人民法院及诉讼当事人,为使行政诉讼顺利进行,而对与案件事实有关的行政诉讼证据进行采集的活动。在行政诉讼中,证据的收集不同于其他诉讼活动的特殊之处是由行政诉讼被告对具体行政行为负举证责任的原则决定的。

（一）人民法院依职权调取证据

根据《最高人民法院关于行政诉讼证据若干问题的规定》第23条,原告或者第三人不能自行收集,但能够提供确切线索的,可以申请人民法院调取下列证据材料:①由国家有关部门保存而须由人民法院调取的证据材料;②涉及国家秘密、商业秘密、

---

[1] 鲍雷、刘玉民主编:《用证据说话——行政证据的收集、保存、提交》,人民法院出版社2005年版,第46页。

个人隐私的证据材料；③确因客观原因不能自行收集的其他证据材料。人民法院不得为证明被诉具体行政行为的合法性，调取被告在作出具体行政行为时未收集的证据。

（二）原告或第三人申请调取证据

原告或第三人申请人民法院调取证据，应当符合以下要件：①在举证期限内向人民法院递交调取证据申请书；②采用书面形式提出申请，如果当事人采用口头形式申请，经法院告知提出书面申请后拒不提交书面申请书的，可视为未提出申请；③申请书应载明相关内容，包括被调取人的基本情况（被调取人姓名或单位名称、居住地或住所地等）、拟调取证据的内容（证据形式、证据内容）、申请调取证据的原因、待证明的案件事实四项内容。

二、行政诉讼中的证据保全

行政诉讼中，当证据可能灭失或以后难以取得时，人民法院可以依法对证据加以保护和固定，实施证据保全行为。当事人在举证期限届满前向法院提出书面申请，并根据法院要求提供相应担保的，只要拟进行保全的证据和案件事实之间存在一定的关联性，就符合证据保全的条件。人民法院可以结合证据的种类、价值大小等因素综合考虑是否要求当事人提供担保、提供多少担保。证据保全措施主要有查封、扣押、拍照、录音、录像、复印、复制、鉴定、制作询问笔录等，可以单独适用，也可以结合适用。人民法院保全证据时，可以要求当事人或者其诉讼代理人到场。

三、举证时限

（一）行政诉讼被告的举证时限

与民事诉讼举证时限的确定方式不同，行政诉讼被告的举证时限采取法律规定的单一方式确定。根据《行政诉讼法》第67条，行政诉讼被告的举证时限是收到起诉状副本之日起15日内。该期限仅适用于与被诉具体行政行为有关的证据，规范性文件不是证据，不适用举证时限的规定。在行政赔偿案件中，被告提供的有关"赔偿数额"的证据，不是证明被诉具体行政行为合法性的证据，也不适用被告举证时限的规定。

（二）行政诉讼原告、第三人的举证时限

行政诉讼一般由被告承担证明责任，但原告以及第三人也负有一定的证明责任，其举证行为也应受到期限的限制。根据《最高人民法院关于行政诉讼证据若干问题的规定》第7条之规定，原告和第三人举证期限的确立采取法律规定和法院指定相结合的方式：人民法院指定证据交换日的，原告和第三人在该日提供；未指定的，在开庭审理前提供。

（三）举证时限的延长

考虑到当事人在举证时限内遇有困难确实无法提交证据的现实可能性，规定延期举证是完全必要的。

原告和第三人举证时限的延长。原告和第三人因正当事由申请延期提供证据的，经法院准许，可以在法庭调查阶段提供。原告和第三人申请延期举证的条件是：①因正当事由。如不可抗力、病重等实际障碍，具体事由能否成立由法院根据当事人提供的证据审查判断、自由裁量。这是延期举证的实质条件。②向人民法院提出申请。这是延期举证的形式要件。申请可以书面形式、口头形式提出，当事人提出口头申请的，法院应记录在案。不管申请形式如何，申请人应当提供相关的证据证实自己的申请理由。根据《最高人民法院关于行政诉讼证据若干问题的规定》第7条，原告和第三人举证时限延长的终点是法庭调查结束。

被告举证时限的延长。被告在诉讼程序中虽然没有调查取证权，但同样可能遇到不可抗力等特殊情况影响其按期举证，被告同样有权向法院申请延期举证。但被告延期举证的具体规定与原告、第三人的做法有所不同。除了申请理由必须是出于正当事由外，被告关于延期举证的申请必须在举证期限届满前提出；逾期提出申请的，法院不予准许。申请必须采用书面的形式。获法院准许后，被告应当在正当事由消除后10日内提交证据。不难看出，被告申请延期举证的条件远比原告和第三人苛刻。

（四）行政诉讼"新的证据"及其举证时限

1. 行政诉讼一审程序中不存在新的证据问题，但有两种情况应当注意：一是根据《行政诉讼法》第39条的规定，人民法院有权要求当事人提供或补充证据。当事人按照人民法院的要求提出的证据不属于新的证据。二是根据《最高人民法院关于行政诉讼证据若干问题的规定》第2条的规定，原告或者第三人提出其在行政程序中没有提出的反驳理由或者证据的，经人民法院准许，被告可以在第一审程序中补充相应的证据。被告补充的证据不属于新的证据。

2. 二审程序新的证据范围及其举证时限。根据《最高人民法院关于行政诉讼证据若干问题的规定》第52条的规定，二审程序新的证据是指：①在一审程序中应当准予延期提供而未获准许的证据；②当事人在一审程序中依法申请调取而未获准许或者未取得，人民法院在第二审程序中调取的证据；③原告或者第三人提供的在举证期限届满后发现的证据。前两种新证据未能在举证时限内提交的原因在于法院，当事人没有过错，为公平起见，二审法院应当接纳、调取该证据。第三种情形属于典型的"新的证据"。

四、证据交换

我国现行《行政诉讼法》没有关于证据交换的规定，《最高人民法院关于行政诉讼证据若干问题的规定》第21条借鉴了民事证据交换制度的做法，规定"对于案情比较复杂或者证据数量较多的案件，人民法院可以组织当事人在开庭前向对方出示或者交

换证据,并将交换证据的情况记录在卷"。与民事证据交换制度有所不同,行政证据交换制度是一种弹性制度,其具体内容主要有:

（一）证据交换的适用范围

从案件类型来看,行政诉讼证据交换制度仅适用于案情比较复杂,或者证据数量较多的案件。案情不太复杂,证据不多,通过制定举证期限能够固定争执点和证据的案件,以及不必经过庭前准备程序的简单案件,不适用证据交换制度。相比民事诉讼证据交换的启动方式,行政诉讼没有赋予当事人申请证据交换的权利。对于"证据数量较多""案情比较复杂"的认定,属于人民法院的职权范围,是否启动庭前证据交换程序,由法官根据实际情况自由裁量。显然,行政证据交换制度比民事证据交换制度的弹性空间要大得多。

（二）证据交换的程序

证据交换的程序一般包括两方面的内容:一是证据交换的组织者,二是证据交换的情况记录。对此,《最高人民法院关于行政诉讼证据若干问题的规定》只规定了后者。证据交换的情况记录,应包括证据证明的事实、提出证据的时间、证据的来源和品性（即是否为原件、原物）、对方当事人的签收和意见等。对于当事人交换证据后可以确认的事实,也应记录在案。

至于行政证据交换的时间和次数,现行司法解释并未作出规定。证据交换作为举证时限制度的重要组成部分,应该符合举证时限的一般要求,证据交换的时间应该受到限制,以答辩期届满后、法庭开庭审理之前为宜。当事人因为正当事由申请法院延期举证并获法院准许的,证据交换日期可以顺延。证据交换的次数也应有所限制,以两次为宜。特别重大的、疑难的和案情特别复杂的案件,应该准许再次交换。这些都有待在将来的司法解释中进一步明确。

五、质证

行政诉讼的质证,是指当事人在法官的主持下,当庭就对方提供的证据的客观性、关联性和合法性进行相互辩论的活动,是人民法院审查核实行政诉讼证据的主要方法,有着不同于刑事、民事诉讼质证的特殊性。

（一）行政诉讼质证的特殊性

1. 质证是行政诉讼的必经程序。由于行政诉讼中承担主要举证责任的被告在行政程序中处于主动地位,享有一定的职权,因而在行政诉讼中被告为证明被诉具体行政行为的合法性,达到胜诉的目的,其提供的证据可能真假并存,甚至事后补证,不经原告质证难以判明证据的真实性和合法性。

2. 质证是各方当事人的权利和义务,但更主要的是原告、第三人的权利和被告的义务。在庭审过程中,任何一方当事人都有权向提供证据的当事人、鉴定人、勘验人等诉讼参与人提出质询。如提供证据的被告不能就其证据中存在的疑点作出合理的解释或另外提供证据加以证明，其证据效力则不能认定，进而可能要承担败诉的法律责任；而提供证据的原告、第三人不能就证据中存在的疑点作出合理解释或另外提出证据加以证明时，虽其证据效力不能被认定，但并不因此而承担败诉的法律责任。

3. 质证的主体主要是原告。根据《行政诉讼法》第34条第1款"被告对作出的行政行为负有举证责任，应当提供作出该行政行为的证据和所依据的规范性文件"的规定，在行政案件的开庭审理中，被告的主要任务是举出证明被诉行政行为合法的事实证据、法律证据和程序证据；而在行政程序中处于行政管理相对人地位的原告，在庭审中的主要任务则是就被告提供的事实证据、法律证据、程序证据进行质询，对证据的证明力提出意见和看法，以证明被告提供的证据是否具有客观性、相关性和合法性。

（二）行政诉讼的质证规则

1. 开庭质证，应当充分展示当事人所举证据。如物证必须提交原物供当事人当庭辨认；书证应尽可能出示原件，不能提供原件的，应当说明复制件的来源及真实合法性；若证人出庭作证，应允许另一方当事人充分询问，若证人不出庭作证，宣读证人证言应准确完整并要宣布证人未能到庭的正当理由；视听资料要完整，且应当庭播放；鉴定意见、勘验笔录、现场笔录等的副本或复印件应交送各方当事人；对法院调查取得的证据，也应由法庭宣读，由当事人进行质证。这样做使当事人能够充分地对证据提出质询，对证据效力提出看法，以便法庭对证据去伪存真。

2. 质证应进行充分的质对、辩驳。应当允许当事人互相发问、当事人向证人或鉴定人发问。原告应对被告提供的事实根据、法律依据等进行一一质对。被告应针对原告提出的证据进行辩驳。同时，原、被告或第三人也有权对法院调查取得的证据以及经法院委托作出的鉴定意见等证据提出质证意见，还可申请重新鉴定。经人民法院准许重新鉴定的结论，应再次开庭质证，当事人可就证据的证明力进行充分辩论。

3. 质证应当在法官的指导下进行。在庭审过程中，法官应指导当事人特别是原告紧紧围绕证据与被诉行政行为的合法性及其诉讼请求的关系进行质证，并应当指出当事人之间争议的焦点，采取一事一证一质或其他方式循序进行，以提高质证的效率、保证质证的效果。

（三）行政诉讼的质证内容

根据《最高人民法院关于行政诉讼证据若干问题的规定》第39条第1款的规定，质证的内容应当围绕证据的关联性、合法性和真实性，针对证据有无证明效力以及证明效力的大小进行。该规定在质证内容上确立了两个标准。

1. 有无证据能力。证据能力，又称为证据资格或者证据的可采性。它是指证据作为定案依据时所应具有的性质。根据法律规定及法律原则，作为定案依据的证据必须具有关联性、合法性和真实性,即所谓证据的"三性"。

2. 有无证明力及证明力的大小。证明力指的是证据对案件事实的证明程度。确认证据的证明力,应当在确定证据是否具有"三性"的基础上进行。如果证据不具备"三性"之一,则该证据即没有证明力;如果证据齐备"三性",则当事人还应就每个证据证明力的大小进行质证。证明力的大小,主要通过比较每个证据与案件事实之间联系的密切程度来确认。

六、认证

行政诉讼认证,是指人民法院在庭审中对当事人所举证据在充分质证的基础上,就所有证据的客观性、关联性及合法性进行综合审查判断,并当庭或庭后决定是否作为定案证据的司法活动。

(一) 行政诉讼认证的一般规则[1]

在行政诉讼的认证活动中,应遵循如下一般规则:

1. 尊重行政机关的独占判断权。这是行政机关依法享有的独立进行权威性判断、不受法院审查的权力。该规则主要针对纯技术性证据而言,不过,行政机关的独占判断权仅限于这类证据内容的真实性,而它们是否符合证据法定表现形式,法院有权且应当进行全面审查。在我国行政审判实践中,行政机关的独占判断权尚未得到应有的重视与尊重。

2. 尊重行政机关的首次判断权。这意味着,在行政诉讼中,对于行政机关尚未处理的案件,法院不得审判。如果法院在案件处理过程中发现需要行政机关另案处理的有关材料,应移送行政机关另行处理。对行政机关的处理,当事人有权依法申请复议、提起诉讼。在行政审判实践中,应确定行政实体法证据和行政程序法证据是否与被诉行政行为有关,对与行政行为有关的上述证据,法院应查明被诉行政机关是否已对它们进行了正常的调查和审查。

3. 对证据的全面审查与重点审查相结合。一般情况下,全面审查适用于如下情形:行政处罚显失公正,法院认为应当予以变更;被诉具体行政行为涉及金额巨大或对公共利益影响重大或涉及原告的基本权利;被诉具体行政行为涉及面广、涉及行政机关的政策等。重点审查则适用于如下情形:双方当事人对案件主要法律问题和事实问题没有根本分歧;案件事实清楚、情节简单;被诉具体行政行为影响范围较小等。

(二) 行政诉讼认证的特殊规则[2]

在行政诉讼的认证过程中,还有如下特殊规则:

---

[1] 廖中洪主编:《证据法精要与依据指引》,北京大学出版社2011年版,第638~639页。
[2] 廖中洪主编:《证据法精要与依据指引》,北京大学出版社2011年版,第639页。

1. 对维持判决和撤销判决证据的认证。应明确界定被诉行政行为的证据，明确界定判决的定案根据而不受到被诉具体行政行为证据的限制，应比较判决的定案根据和被诉具体行政行为的定案根据，当这两者认定的案件事实基本一致时，法院应作出维持判决；当这两者认定的案件事实不一致时，法院应作出撤销判决。

2. 对变更判决证据的认证。该类判决针对显失公正的行政处罚作出，要求法院以自己新的判断改变行政机关的判断，而不是追求自身判断与行政机关判断的一致。法院经审理认为行政处罚显失公正时，应全面调查案件事实，重新认定行政处罚显失公正的部分，且法院调查和认定案件事实的范围、方式不受当事人举证和请求的限制。

3. 对履行判决证据的认证。在该类判决中，法院需对被告应履行的法定职责的具体内容和必要程序作出明确认定，故调查收集和认证证据时可不受当事人举证范围的限制。这就说明，法院经审理认为行政机关无正当理由拒绝履行法定职责时，应全面查清案件事实，对有关权利义务关系重新认定。而且，履行判决中应说明行政机关履行法定职责的事实和理由、具体内容、时间和方式等。若行政机关拒不履行判决认定的法定职责，当事人有权申请法院强制执行；若当事人因此受损，有权请求行政机关赔偿。

在行政诉讼的认证过程中，不仅应遵守一般规则，而且应遵守特殊规则，不可偏废其中任何一方，这样，行政诉讼认证方可全面、客观、公正。

(三) 行政诉讼中的优势证据规则[1]

行政诉讼中的优势证据规则体现在如下几个方面：

1. 国家机关及其他职能部门依职权制作的公文文书优于其他书证。此处的"公文文书"不包括企事业单位制作的公文文书，也不是针对国家机关及其他职能部门依职权制作的全部公文文书而言的。

2. 鉴定意见、现场笔录、勘验笔录、档案材料及经过公证或登记的书证优于其他书证、视听资料和证人证言。因为鉴定意见、现场笔录、勘验笔录、档案材料及经过公证或登记的书证依据相关的法律程序制作，具有较强的证明效力。

3. 原件、原物优于复制件、复制品。因为原件、原物是对案情的最原始记载，具有较高的证明价值。

4. 法定鉴定部门的鉴定意见优于其他鉴定部门的鉴定意见。因为法定鉴定部门、鉴定人资格、鉴定程序等由法律规范予以规制，使得鉴定意见来源的合法性更为显著。

5. 法庭主持勘验制作的勘验笔录优于其他部门主持制作的勘验笔录。因为审判人员亲自参与主持的勘验，受到法律程序的严格规制，有利于法庭对有关案件事实形成心证。

---

[1] 廖中洪主编：《证据法精要与依据指引》，北京大学出版社2011年版，第641页。

6. 原始证据优于传来证据。因为前者直接来源于证据信息源，具有较强的证据证明力。

7. 其他证人证言优于与当事人有亲属关系或其他密切关系的证人提供的对该当事人有利的证言。因为据日常生活经验，与当事人无亲属关系或其他密切关系的证人提供虚假证言的可能性较低。

8. 出庭作证的证人证言优于未出庭作证的证人证言。因为证人出庭作证，可接受询问和质证，可信度较高。

9. 数个种类不同、内容一致的证据优于一个孤立的证据。因为数个种类不同但内容一致的证据可从多方面印证案件待证事实。

虽然在一般情况下，应依据优势证据认定案件事实，但在特殊情况下则不必一概如此，即法官在行政审判实践中仍可根据个案的实际情况自由裁量。

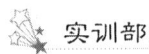 实训部分

【情境设计】

原告庄某某诉被告林某某称：被告向原告购买一批鞋盒，于1998年10月10日出具欠条，确认其结欠原告货款3900元，于1999年2月24日再次出具欠条确认其结欠货款3000元。原告于1998年9月30日预收被告货款1500元，1999年4月22日收款500元。被告尚欠原告货款4900元。原告请求法院判令被告偿还所欠货款，但放弃要求被告支付违约金的诉讼请求。被告答辩称对方要求偿还货款的权利已经超过诉讼时效。一审法院于2002年4月30日向原告送达举证期限通知书，要求其在15日内提交证据材料，不提交则视为放弃举证权利。而原告至2002年5月27日开庭时才提供一张欠条，拟以此证明双方在2000年6月6日仍在交易，诉讼时效于该日中断。

一审法院认为双方买卖合同有效，被告结欠原告的货款4900元应该支付，但鉴于原告庭审中提供的证据已经超过举证期限，被告不同意质证，应视为其自愿放弃诉讼权利，诉讼时效从被告第一次付款即1999年4月22日起计算，至2002年4月30日起诉，已经超过诉讼时效。根据《民法通则》和《最高人民法院关于民事诉讼证据的若干规定》，判决驳回原告的诉讼请求，案件受理费209元由原告负担。

判决下达后，原告不服，提出上诉，请求对其提交的证据组织质证，或发回重审。

二审法院经过审理后认为：本案系定作合同纠纷，而非买卖合同纠纷，一审法院确认案由有误，应予纠正。因一审法院采用简易程序审理本案，故其指定的举证期限可不受规定的30日的限制，其指定举证期限为15日是不违反法律的，上诉人主张一审程序违法无法律依据，不予支持。上诉人与被上诉人均以个人名义从事鞋盒的定作加工业务，不违反法律强制性规定，可确认为有效。上诉人主张双方的交易系企业间的业务往来，但在双方交易及诉讼中均以个人名义进行，在一审中也未提出所谓"喜添利制鞋厂"之事，因此应认定为个人之间的交易，既然是个人间的交易，则上诉人欲

以谢某某的购货付款来主张本案诉讼时效中断的理由不能成立，且已超过指定的举证期限才提出该证据，依法不予采纳，其在二审程序中提供的证人证言也已超过举证期限，不是"新的证据"，故对其诉讼时效中断的主张不予采纳。综上，上诉人的上诉理由及主张均不成立，对其请求予以驳回，被上诉人的辩解合理，予以采纳。一审法院对案由的认定虽然有误，但不影响案件的实体处理，原判认定事实清楚，适用法律正确，应予维持。据此，中级人民法院对本案作出了终审判决：驳回上诉，维持原判，受理费290元由上诉人负担。

【实训方法】

将学员分成原告、被告、审判人员三组，运用举证时限制度，梳理原告事实主张、上诉意见、被告的答辩意见以及人民法院的裁判意见等，形成书面材料。

【实训目标】

使学员掌握民事诉讼举证时限制度的具体内容以及法律效果。

单元十三

推定与司法认知

引 言

在社会实践中,人们从自己或他人的经验中可以归纳出关于某种现象的结论,这便是推论。推论后来演化出推定。因为一些推论的结果常常是相同的,于是便逐渐形成一种推定法则。这种法则的早期形态是人的推定,后来才发展为法律的推定。人的推定具有很大的随意性,而当法官推定的时候,判决就充满了专断,由此法律上的推定便应运而生,其目的之一即在于给法官一条明确的准则。由于推定与证明有着密切的关系,故其已成为一项证据法则。其创设的根据在于,在若干事实的真相不明和任何人均难以举证的情形下,或者该事实的欠缺将使其他法律效果无从发生时,不得不推想、假定或拟制其内容作为适用法律的依据,并使享受推定利益的人无须就所推定的事实举证。

凡有主张必有证明责任,这是产生诉讼证明的必要前提。但是,有时虽然当事人提出了一种事实主张,但是按照证据法律规范的要求,法官可依据职权或依当事人的申请而对有关事实予以认知,这就产生在诉讼上直接免除当事人相应证明责任的法律效果,这属于诉讼证明上的一种非常态模式。这种非常态的诉讼证明模式是一种程序上的省略或简化,即省略或简化了当事人的诉讼证明行为以及当事人之间就某一待证事实所需要的证据加以辩论的环节,而径直在法官的主观感知与判断的观念上产生确信的效果。因此,它属于一种特殊的审判上的查明方式,即有关的待证事实直接获得了法官在审判上的确信。

知识目标

掌握推定、免证事项与司法认知的概念、特点和区别,熟知免证事项的范围;掌握推定的概念、种类和适用规则,熟知常用的法律推定。

能力目标

通过学习和训练，能够识别免证事项；具有从基础事实推导推定事实、运用证据反驳事实推定的证明能力；能够对特定事实进行司法认知。

内容结构图

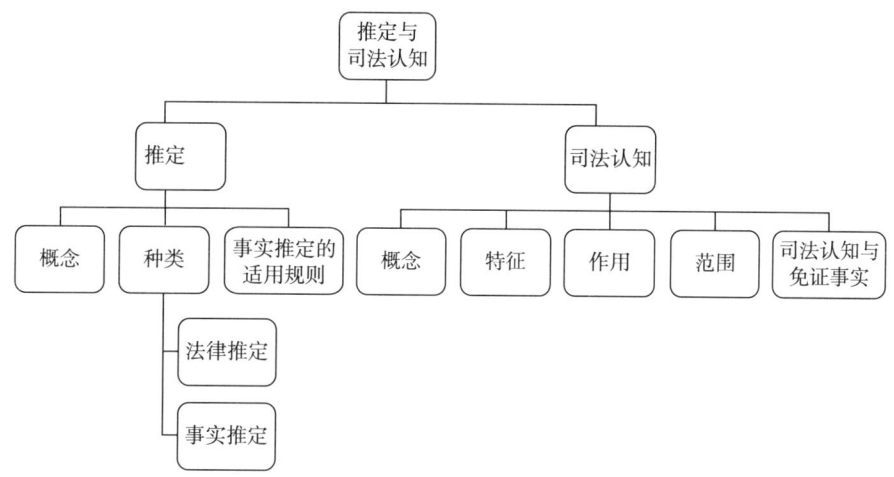

项目一　推　定

> 司法意义上的推定，是人们对司法经验法则的运用。这种司法经验法则的确定基础是根据事物之间的常态联系。
>
> ——毕玉谦

引　例

原告胜某在其母亲周某的代理下，以胜某某为被告向法院提起民事诉讼。原告诉称：原告出生于母亲与被告同居期间，是被告的非婚生子。原告出生后与被告共同生活4年之久，直至母亲与被告结束同居关系。因为被告拒不履行对原告的抚养义务，导致原告无法维持正常的生活和学习，诉请法院判令被告承担原告的生活费和教育费。原告的证据有出生证、未成年人病史资料、母亲周某和被告各自所在村委会在周某入学时出具的、关于原告是周某与被告的非婚生子的证明。因为被告拒绝出庭应诉，法院根据原告的证据，推定原被告之间存在亲子关系，据此判决被告承担对原告的抚养责任。

问：没有确凿证据的情况下，法院对亲子关系的推定是否正确？该推定的基础事实、推定事实各是什么？原告的证据能否证实基础事实？

基本原理

一、推定的概念

一般意义上的推定，是指根据某一基础事实推断另一事实存在与否的一种行为。证据法理论上的推定，是指司法工作人员依照法律规定或者按照经验法则，从已知的基础事实推断未知的推定事实存在与否，并允许当事人提出反证推翻的一种证据法则。一般情况下，推定涉及两个事实：一个是作为推断或者认定根据的事实，称为基础事实；另一个是需要根据基础事实认定其存在与否的事实，称为推定事实。从基础事实推导推定事实存在与否的根据主要是两个事实之间的常态联系，这种常态联系是人们在日常生活中通过长期、反复的实践和运用所获得的一种因果关系经验。这种因果关系是事物之间的一种内在的必然性联系，即每当一种现象实际存在，另一种现象必定出现或不出现，具有相应的伴生性。基于这种事物发展过程中的必然属性，推定法则具有可接受的依据。但这种必然性只是事物发展的一般规律，不能排除事物发展过程中一些偶然性因素存在的可能，为了防范或者尽可能地消除由于偶然性因素而对司法上运用推定所造成的负面效应，有必要在程序上赋予受推定而产生不利的一方当事人以反驳的权利和机会，以确保推定的适用合理、正当。

把握推定的概念，应注意几方面的要素：

1. 推定涉及两种事实，即作为推断或者认定根据的基础事实和需要根据基础事实认定其存在与否的推定事实。引例中原告母亲周某和被告胜某某非法同居过一段时间、没有建立合法的婚姻关系，以及原告胜某出生于被告与其母亲同居期间等，就是基础事实，而原被告之间存在亲子关系就是需要推定的事实。推定法则反映的是两种事实之间的关系，倘若缺乏其中一个事实，一般不能构成推定（不需要基础事实的直接推定除外，如"无罪推定"）。

2. 适用推定的依据是法律规定、经验法则或公共政策。推定的依据在推定的结构中起到桥梁和纽带的作用。不论是法律的规定抑或生活经验，其深层次上的根据都是两个事实之间存在的常态联系。所谓常态联系，是指在日常生活的一般情形下，甲事实与乙事实会同时存在或不存在。这种经验法则应当是来自实践并为公众接受的客观存在，而非法官的凭空想象。如著名昆剧《十五贯》所描述的，她艳若桃李，岂能无人勾引？她正青春，怎会冷若冰霜？二人情投意合，杀父盗款，比翼双飞，人之常情，这案情不问也会明白的。这样荒唐的推定，应为现代法制所摒弃。2006年发生在南京的徐某诉彭某人身损害赔偿纠纷案中，法院以"原、被告素不认识，一般不会贸然借款""如果被告是做好事，根据社会情理，在原告的家人到达后，其完全可以在言明事实经过并让原告的家人将原告送往医院，然后自行离开，但被告未作此等选择，其行为显然与情理相悖"为由，认定彭某支付的二百多元钱并非借款、彭某并非学雷锋做好事。此案判决一出，立即在社会上引起广泛的争议，正是由于其经验法则不为公众所接受，这样的推定也不具有进步性。引例中法院所作推定就体现了法律的规定和进步的公共政策。这个推定适用的前提就是《婚姻法》关于非婚生子女合法权益的保护的规定。《婚姻法》明确规定非婚生子和婚生子具有同等的权益。法律推定还可能只是一种不得已的立法选择，如法院公告期满后推定法律文书已经送达。

3. 推定的救济方法是反证。推定依据的是事物之间的盖然性联系，并不具有绝对的确定性。而且推定免除了一方当事人的举证责任，另一方当事人会因推定而遭受不利，允许其提出反证，才能实现证明责任分配上的公平。

二、推定的种类

根据推定是否依据法律的明确规定以及适用效力的不同，学界一般将推定分为法律推定和事实推定两类。

（一）法律推定

法律推定是指根据法律的明确规定，当甲事实被证实后，在不存在其他相关和相反证据时，司法机关必须据此认定乙事实的存在。这种推定的特点是：它产生于审判活动之前，并适用于任何不特定的事项，只要是符合法律所规定的特定情形。例如，我国《合同法》第 78 条规定："当事人对合同变更的内容约定不明确的，推定为未变更。"《最高人民法院关于贯彻执行〈中华人民共和国继承法〉若干问题的意见》第 2 条规定："相互有继承关系的几个人在同一事件中死亡，如不能确定死亡先后时间的，推定没有继承人的人先死亡……"因此，一旦相互有继承关系的几个人在同一事件中死亡的事实（甲事实）被证据证实，除非遇有反证，否则必须假定没有继承人的人先死亡（乙事实），法官不能依其心证而认定乙事实的不存在。可见，法律推定实际是强制法官作出推定事实存在的认定。

我国现行立法很少直接规定法律推定，往往采用"视为"一词来表述。例如，《民法通则》第 66 条第 1 款规定："……本人知道他人以本人名义实施民事行为而不作否认表示的，视为同意。"《继承法》第 25 条第 2 款规定："受遗赠人应当在知道受遗赠后 2 个月内，作出接受或者放弃受遗赠的表示。到期没有表示的，视为放弃受遗赠。"

知识链接

这种实体法上的推定规则，在大陆法系证据法学理论上称为"法律拟制"。也有学者认为，法律拟制有别于推定，从一个事实到另一个事实，法律拟制不存在推定中的逻辑推理过程。也就是说，在作为前因后果的两个事实之间，只要作为前因的事实被认定，那么作为后果的事实则以法律直接确认的形式代替了推定中的一般推论，其后果事实则不以假设的效果出现，而是一种否定的效果，并且这种效果不允许以反证来推翻。

(二) 事实推定

事实推定是与法律推定相对称的概念，是指事实裁判者根据生活经验和常识，甲事实和乙事实通常会同时存在，因而当甲事实一经认定，即可推断乙事实的存在。事实推定与法律推定的区别在于有无法律的明文规定。事实推定要上升为法律推定，立法者不仅要考虑事实之间的常态联系，还要体现其他的价值追求。故而，法律推定不能简单视为事实推定的法定化。尽管法律推定与事实推定深层次的根据都是相同的，但由于法律不可能预先将所有应当适用推定的情形全部加以列举，事实推定在诉讼上的存在显然十分必要。

法官在事实推定中的自由裁量权远大于法律推定。法律推定规定了基础事实和推定事实，法官必须适用；而事实推定是否适用、如何适用，由法院酌情决定。

三、事实推定的适用规则

事实推定的运用规则，存在较多的现实问题和理论争议。一般而言，运用事实推定必须遵循下列条件：

1. 待证事实无法直接证明，借助基础事实推定待证事实确有必要。无法证明是指事物在性质上证明的困难，不包括当事人怠于举证或举证不力的情况。如果待证事实可以通过直接证据证明，则不允许适用推定的方法来认定事实。引例中原告胜某是否是被告的亲生子，因为被告拒绝出庭应诉，未能通过鉴定等科学手段予以证实，这是法庭适用事实推定的必要条件。值得说明的是，并非一切待证事实都可以成为推定的对象。

2. 基础事实业已得到证实，这是事实推定适用的前提条件。基础事实必须是已有证据证实的事实，或者是法律规定的免证事实。引例中的基础事实有出生证、村委会证明以及病历等证据予以证实，具备适用推定的前提条件。

3. 基础事实与推定事实之间具有必然的联系。这种关系主要表现为建立在经验法则基础上的因果关系、主从关系、排斥关系、包容关系等。但这种联系必须是人们观念上公认不证自明的，是人们在长期的生产、生活中对客观外界普遍现象与规律的一种理性认识和归纳，是事物发展的常态联系。公众对该联系的认知和接受程度决定了事实推定被接受的程度。这是事实推定最为关键的条件。引例中原告出生于母亲与被告同居期间，并与被告共同生活 4 年时间，这足以说明原被告之间存在亲子关系，这是公众一般观念上的认识，是推定客观性的保障。

4. 允许对方当事人提出反证，并以反证的成立与否确认推定的成立与否。这是推定的生效条件。不允许反驳的推定不是真正意义上的推定，任何的事实推定都是可反驳的推定。法律推定中不可反驳的推定实质上是立法者审判意图的表达。引例中如果被告出庭并通过亲子鉴定结论否定亲子关系的存在,则法院的推定事实不能成立。

拓展阅读

1. 毕玉谦:"试论民事诉讼中的司法认知",载《中外法学》1999年第1期。
2. 张悦:"论事实推定",载《证据学论坛》(第5卷),中国检察出版社2002年版。
3. 叶自强:"论推定法则",载《诉讼法论丛》(第2卷),法律出版社1998年版。

实训部分

【情境设计1】

原告李某向法院诉称:原告与被告某装修公司就原告新居装修工程签订合同后,在被告履行合同期间,被告公司的一名装修工人在原告的新居内上吊自杀身亡,警方的验尸报告证实,至发现尸体时死亡时间已长达七天。原告原定的结婚计划受阻,原告及其未婚妻精神大受刺激,无法在该房屋内居住生活。被告员工的自杀事件给原告及其家人造成了极大的经济和精神损失。为此诉请人民法院判令被告支付房屋损失以及精神损害赔偿金等。被告不否认员工在装修房屋自杀的事件,但辩称:虽然其公司员工自杀的行为给原告生活造成了一定的影响,但该事件并未对原告的房屋造成经济价值上的损害,房屋的物理使用功能不发生任何变化,因而原告要求被告赔偿经济损失缺乏事实依据,不同意其诉讼请求。

问:法院能否推定房屋损失的事实?

【情境设计2】

原告洪某向法院诉称:原告与被告秦某相识于2005年12月,认识几天后便开始同居生活,并于2006年1月登记结婚,同年7月,洪某某出生。因为婚前感情基础薄弱,婚后两人经常发生争吵,同时鉴于孩子的出生孕周不符合正常的规律,因而诉请法院确认原告与洪某某之间不存在亲子关系,并解除原被告之间的婚姻关系。原告的事实主张有结婚证、出生证予以证实。法院开庭审理此案时,被告对于孕周问题未能作出合理的解释,也拒绝进行亲子鉴定。

问:法院能否推定原告与孩子不具有亲子关系?

【训练方法】

1. 全体实训人员分为四个小组,两组为赞成推定组、两组为反对推定组,进行分组讨论。
2. 各小组形成本组的观点依据后,由一名代表发表意见。
3. 任课教师归纳小组意见并予以点评。

【实训任务】

通过对具体证明对象的推定训练,熟悉推定规则的适用范围,掌握推定的适用规则，能够准确界定基础事实和推定事实，分析、判断和说明推定根据的成立与否，熟练运用推定的方法认定案件事实。

【实训步骤】

步骤1：归纳证明对象。

（1）归纳证明对象。

（2）判明该对象能否通过证据直接予以证明，有无适用推定规则的必要。

（3）判明具体证明对象是否属于法律明确禁止适用推定的事实。

步骤2：明确基础事实。审查基础事实的证据基础是否确实充分，能否证明基础事实。为推定的适用打造前提条件。

步骤3：分析推定根据。在明确基础事实和推定事实的前提下，认真分析二者之间的关联性，找出推定的根据，审查、判断该根据的合理合法性、进步性，为正确适用推定提供坚实的依据。

步骤4：给予对方当事人反驳的机会，并审查反驳理由的充分性。不仅听取相对一方的反驳意见，还要给予其提供证据的机会。在此基础上，认真审查、分析反驳意见和证据的充分性。

步骤5：作出推定与否的处理决定。综合以上各要素，形成推定与否的处理决定和具体理由，最终认定待证事实是否成立。

项目二　司法认知

由于有些事物属于社会中常识的范畴，或者属于某种其推论所依据的是……高度可靠性原始资料的证明，所以其无须按通常的方式验证。于是，审判法官将对它们进行司法认知，并指示陪审员们可将其视为本案中已完全确认的事实，无须再通过证人或展示物品的正式证明。

——乔恩·华尔兹

引　例

2002年12月，某输出服务公司（简称甲方）与某建筑安装工程公司（简称乙方）签订服务合同，约定甲方自2003年起连续3年，每季度向乙方输送合格工程人员、炊事人员共50名，至乙方在伊拉克承包的建筑工程完工。但到第三季度甲方却没有再行输出。2007年3月乙方将甲方诉至法院，要求其履行合同，并承担相应违约责任。在法庭审理过程中，甲方抗辩称，因为2003年第三季度发生了第二次海湾战争，美国等国入侵伊拉克，导致合同无法履行。对此，乙方主张自己承包的工程在伊拉克北部，远离战火，战争对合同没有太大影响。对于局部战争（第二次海湾战争）的事实，法官要求当事人对这一事实举证，"哪怕是报纸报道的也行"，目的在于"入卷""没有证据，这个事实不好认定"。

问：对于海湾战争这类突发事件，是全球人所周知的事实。法院应否要求当事人就此举证？

基本原理

司法认知是一项重要的证据规则。凡属于法定司法认知范围内的事项，当事人无需举证、质证，由法官依职权或依当事人申请而直接予以认定。法官进行司法认知，一方面可以影响证明责任的分配，使那些本身具有客观性、公知性、公认性的事项，不必经过当事人举证、质证的环节，而直接获得业经证明的效力。另一方面，减轻了当事人的讼累，提高诉讼效率，节约司法资源。

一、司法认知的概念

司法认知，亦称"审判上的认知"或"审判上知悉"，是指法官在审判过程中对于事实或者法律的认知。具体地说，是指法院对于应当适用的法律或某种待认定的事实，不待当事人主张，即给予考虑；不待当事人举证，即予以认知，认为它为真实，作为判决的依据。

我国对司法认知的规定，主要体现在相关司法解释中：《最高人民法院关于适用〈中华人民共和国民事诉讼法〉的解释》第93条规定："下列事实，当事人无须举证证明：①自然规律以及定理、定律；②众所周知的事实；③根据法律规定推定的事实；④根据已知的事实和日常生活经验法则推定出的另一事实；⑤已为人民法院发生法律效力的裁判所确认的事实；⑥已为仲裁机构生效裁决所确认的事实；⑦已为有效公证文书所证明的事实。前款第2项至第4项规定的事实，当事人有相反证据足以反驳的除外；第5项至第7项规定的事实，当事人有相反证据足以推翻的除外。"相同的规定还有《最高人民法院关于民事诉讼证据的若干规定》第9条、《最高人民法院关于行政诉讼证据若干问题的规定》第68条。《人民检察院刑事诉讼规则（试行）》第437条规定："在法庭审理中，下列事实不必提出证据进行证明：①为一般人共同知晓的常识性事实；②人民法院生效裁判所确认的并且未依审判监督程序重新审理的事实；③法律、法规的内容以及适用等属于审判人员履行职务所应当知晓的事实；④在法庭审理中不存在异议的程序事实；⑤法律规定的推定事实；⑥自然规律或者定律。"司法解释虽然没有明确用"司法认知"一词，但从另一个侧面规定了司法认知。

二、司法认知的特征

（一）认知主体的特定性

法官作为中立的裁判者、司法程序的主持者，有义务将正确的法律运用到具体案件的审理和裁判中,这一职责和义务,是法官特有的,而非诉讼当事人所有。对于当事人间没有争执的事实,法官本着一般知识或略加研究即可知晓的事实,法官无需再进行调查,可以直接确定其法律效力,采取司法认知,以免增加诉讼上的时间、财力与精力的投入,节省求证、举证的时间、人力和物力。由于司法认知会对案件的裁判活动产生一定的影响,有的甚至直接成为定案的依据,因此,只能由法官行使司法认知权力。

(二)认知事实的特殊性

司法认知的客体既可能是案件事实,也可能是证据事实。但是法官只能对特定的符合司法认知条件的案件事实与证据事实进行认知。这里的"特定"是指司法认知的范围是有限制的,法官只能对众所周知的事实,法官职务上已知的事实,当事人不能合理地提出争议的事实采取司法认知,而不得对需要用证据证明的事实,当事人间存在合理争议的事实进行认知。

(三)认知结果的相对性与确定性

法官对司法认知事项的直接确认,仍然是基于法官对司法认知事项的客观性、公认性的内心确信,这种内心确信是法官主观反映客观、主观见之于客观的确信,而非客观现实的机械写照。再加上司法认知的事项是一种已经发生的、采取任何方法都不可能百分之百完整重现的事实。因此法官的司法认知只能是一种阶段性的认知,而不可能是一种终极性的认知。这也告诫人们不得不把对事物客观真实性的认识作为人类永恒追求和探索的目标。前述所有的理由只说明了一个真理,那就是司法认知的结果具有相对性。

当然,司法认知结果的相对性也不排除在特定的情况下,法官的司法认知获得最终的效力,当事人要推翻司法认知,只能通过上诉审程序和再审程序。这种特殊的情况是指,法官在司法认知以前,告知受司法认知不利影响的一方当事人提供证据对拟进行司法认知的事项进行反驳,此方当事人反驳不成立或是对司法认知事项不存在争议,这时法官的司法认知一经作出,就具有排除当事人用证据推翻司法认知的可能性,对方当事人获得了对司法认知事项免于举证的效力。

(四)司法认知具有可反驳性

在判决生效之前,司法认知只具有形式上的证明力,并未最终确定,当事人有权提出异议。为了保证司法认知的确定性和正确性,以保护当事人的知情权和质辩权,法院在采取司法认知的前后都应当为当事人提供反驳的机会。

(五)认知程序的法定性

司法认知在程序公正和效率的指导下,作为一种法官的职权,它对众所周知的事实、法官职务上已知的事实、国家制定的法律等,不经当事人双方举证、质证就可以直接对这种特定认知对象的公开性、公知性确定其效力。为保证司法认知的客观性、真实性、正当性，法官在确认案件的事实时，必须遵守严格的认知程序。如司法认知对象的特定化范围、认知特定事实的标准、司法认知前的告知程序、当事人有权反驳的程序等。严格地遵循这些程序，一方面能够保障公民个人权利，让其拥有程序主体地位，享受人格尊严；另一方面，也能够保证法官认知活动的规范化，对法官认知权利的任意性进行制约和控制；同时，遵守正当的司法认知程序，有助于法官对司法认知对象的公知、公认性形成一个明确的标准，保证司法认知对象的客观真实性。

三、司法认知的作用

司法认知在本质上属于证据法的内容，因其所包含的规则、决定何种事实、为法院所认知而无需举证等内容，都与证据法有密切关系。因此，司法认知在证据上的效力有：①无需举证，即免除当事人的举证责任；②凡是法律规定必须认知的事项，当事人及其诉讼代理人可请求认知，此为请求认知权；③对于一般性常识的事项，法院可予以认知；④法院认知的事实，对于证明其他事实可以构成证明的逻辑链条；⑤根据判例，法院就常识、自然规则和一般性经验，以及众所周知的事实予以认知，即使存在与之冲突的意见（如当事人的自认、专家意见等），法院也必须维持认知而不采信这些意见。

四、司法认知的范围

司法认知的范围是指法院可以采取司法认知的事实的范围。确立司法认知范围，旨在规范法院正确应用司法认知，既不盲目扩大范围也不一味地限制。一般认为，司法认知的对象包括法律和事实。这里的"法律"是从广义上而言的，包括本国法、国际条约及外国法。这里的"事实"包括：众所周知的事实、行政事项、司法事项、其他相关知识和易于获得的事项。其对象又可分为必须认知的和可予认知的两类。必须认知的事项有：宪法、法律、国际条约、众所周知的事实等。可予认知的事项包括：经验定理、习惯、行业惯例、地方性法规及外国的现行法等。

根据我国三大诉讼法的规定，司法认知的范围应当确定为：①公众周知的事实，如每年10月1日是中华人民共和国的国庆节；②根据法律规定推定的事实，如根据国家的宪法和法律认定的事实；③职务上已知的事实，是指法官因依法执行职务所知道的事实；④自然科学定律，例如地球引力、几何定理；⑤国家机关公报的事实；⑥生效裁判、仲裁裁决、公证文书和行政行为确认的事实；⑦其他明显的、当事人不能提出合理争议的事实。

五、司法认知与免证事实

司法认知与免证事实有许多相似之处。顾名思义，免证事实是当事人无须举证的事实；而司法认知则是法院可以直接认定的事实。同样的事实，是免证事项还是司法认知对象，取决于立法者的选择。比如美国联邦证据规则是从"司法认知"的角度来规定免证事实的，而印度证据法则则从"无需证明事实"的角度、台湾地区从"证明责任例外"的角度进行规定。虽然我国证据法理论通常将司法认知的事实与免证事实视为同一范围，但二者仍存在着如下差异：

1. 对待证事实的认识角度不同。就某一无须举证的具体事实而言，免证事实以当事人为视角，将某一特定事实排除出证明对象的范围，同时免除了当事人就该事实的举证责任；而司法认知则以法院为视角，强调的是法院的行为，即法院对于某一特定事实应当如何认证。

2. 二者的范围并非完全一致。某些事实，如当事人自认的事实，即使免除当事人举证，也不意味着法院就可以直接认定，法院在某些情况下还可以调查取证。如刑事被告人的认罪，在没有其他证据的情况下不能免除公诉方的证明责任。民事诉讼中，涉及身份关系的事实如婚姻关系、收养关系、选民资格、撤销失踪、宣告死亡及撤销监护权的事实理由等，不适用自认规则。

3. 活动形态不同。免证事实仅仅静态地描述了与证明对象有关的事实，它通常不涉及法院的行为以及对方当事人的行为，而司法认知则动态地体现了法院与双方当事人之间的关系。

实训部分

【情境设计】

原告李某向法院诉称，被告某某出版社未经其同意，在被告出版的大型画册中使用原告的8幅作品，并且未署名、未支付稿酬，属于盗版使用；此外，被告还将原告作品随意剪裁，将1969年拍摄的"四清运动"历史照片放在该书第一部分"开国纪事"中，作为对1949年至1951年期间的"清匪反霸"运动的照片，不仅破坏了原告作品的完整性，还给原告造成了精神上的损害。作品出版后不少人质疑作品的真实性：1949年作者只有9岁，怎么可能拍摄反映"清匪反霸"斗争的照片？此事严重影响了作者的声誉。为此诉至法院，请求法院判令被告赔偿损失、赔礼道歉，并对"一照两用"伪造历史的事实予以澄清，消除由此给原告所带来的精神损害及不良影响。原告提交的证据有被告出版的《共和国相册》一书。

被告在庭审中承认使用原告作品、未署名、未支付报酬等侵犯原告署名权、作品使用权以及获得报酬权的事实，同时辩称：首先，被告已就侵权行为向原告道歉；其次，对原告作品进行的椭圆形或圆形剪裁，系出版行业的通行做法，删除原告作品的标题以及对原告作品的注释亦系出版行业的通行做法，且相关注释与原告作品内容是相符的，不存在歪曲、篡改的问题。将原告1965年拍摄的历史照片错用在《共和国相册》的第一部分中，是因为编辑人员缺乏对历史的了解而造成的编排失误，且该照片内容未被曲解，据此，被告认为其未构成对原告作品完整性的侵害，原告的经济损失和精神损失均没有依据,不能成立。

【实训方法】

各组讨论,选出代表回答:原告是否须举证证明被告将其1965年的"四清运动"照片用作1949年"清匪反霸"纪实作品的行为侵犯了作品完整权?被告提出剪裁使用方式系出版行业的常用做法,对这一积极抗辩理由,被告是否需要承担证明责任?原告是否有义务举证予以推翻?

【实训目的】

通过训练,使学员具备识别司法认知对象的能力。

参考文献

1. 刘善春、毕玉谦、郑旭：《诉讼证据规则研究》，中国法制出版社 2000 年版。
2. 毕玉谦主编：《证据法要义》，法律出版社 2003 年版。
3. 陈瑞华：《刑事证据法学》，北京大学出版社 2014 年版。
4. 陈浩然：《证据学原理》，华东理工大学出版社 2002 年版。
5. 廖中洪主编：《证据法精要与依据指引》，北京大学出版社 2011 年版。
6. 刘金友主编：《证据法学》，中国政法大学出版社 2003 年版。
7. 卞建林主编：《证据法学》，中国政法大学出版社 2005 年版。
8. 廖永安、李蓉主编：《证据法学》，厦门大学出版社 2012 年版。
9. 樊崇义主编：《证据学》，中国人民公安大学出版社 2003 年版。
10. 裴国智等主编：《证据法学教程》，中国人民公安大学出版社 2005 年版。
11. 何家弘主编：《新编证据法学》，法律出版社 2000 年版。
12. 何家弘主编：《证据调查实用教程》，中国人民公安大学出版社 2000 年版。
13. 江伟、邵明主编：《民事证据法学》，中国人民大学出版社 2015 年版。
14. 毕玉谦：《民事证据法判例实务研究》，法律出版社 1999 年版。
15. 毕玉谦：《民事证据法及其程序功能》，法律出版社 1997 年版。
16. 叶自强：《民事证据研究》，法律出版社 2002 年版。
17. 崔敏主编：《刑事证据学》，中国人民公安大学出版社 2005 年版。
18. 高家伟等：《证据法原理》，中国人民大学出版社 2004 年版。
19. 肖建华主编：《民事证据法理念与实践》，法律出版社 2005 年版。
20. 汪海燕、胡常龙：《刑事证据基本问题研究》，法律出版社 2002 年版。
21. 罗筱琪、陈界融：《证据法理论与实证分析：司法裁判个案评论（一）》，中国法制出版社 2004 年版。
22. 吴家有主编：《法官论证据》，法律出版社 2002 年版。
23. 陈朴生：《刑事证据法》，三民书局 1979 年版。
24. 周叔厚：《证据法论》，三民书局 2000 年版。
25. 李学灯：《证据法比较研究》，五南图书出版有限公司 1992 年版。

26. 樊崇义等：《刑事证据法原理与适用》，中国人民公安大学出版社 2001 年版。
27. 陈瑞华：《刑事诉讼的前沿问题》，中国人民大学出版社 2005 年版。
28. 林钰雄：《严格证明与刑事证据》，学林文化事业有限公司 2002 年版。
29. 姜世明：《新民事证据法论》，厦门大学出版社 2015 年版。
30. ［美］艾伦等：《证据法文本、问题和案例》，张保生等译，高等教育出版社 2006 年版。
31. ［美］艾伦：《理性 认知 证据》，粟峥等译，法律出版社 2013 年版。
32. ［美］华尔兹：《刑事证据大全》，何家弘等译，中国人民公安大学出版社 2004 年版。
33. 齐树洁主编：《英国证据法》，厦门大学出版社 2002 年版。
34. 杨良宜、杨大明：《国际商务游戏规则：英美证据法》，法律出版社 2002 年版。
35. 张卫平主编：《外国民事证据制度研究》，清华大学出版社 2003 年版。
36. ［美］特伦斯·安德森等：《证据分析》，张保生等译，中国人民大学出版社 2012 年版。
37. ［美］米尔建·R. 达马斯卡：《漂移的证据法》，李学军等译，中国政法大学出版社 2003 年版。
38. ［日］松冈义正：《民事证据论》，张知本译，中国政法大学出版社 2004 年版。
39. 何家弘等主编：《外国证据法选译》，人民法院出版社 2000 年版。
40. 何家弘主编：《外国证据法》，法律出版社 2003 年版。
41. 刘晓丹主编：《美国证据规则》，中国检察出版社 2003 年版。
42. 何家弘主编：《电子证据法研究》，法律出版社 2002 年版。
43. 樊崇义等编著：《视听资料研究综述与评价》，中国人民公安大学出版社 2001 年版。
44. 戴长林等：《中国非法证据排除制度：原理·案例·适用》，法律出版社 2017 年版。
45. 杨宇冠：《非法证据排除规则研究》，中国人民公安大学出版社 2002 年版。
46. 刘广三等：《刑事诉讼言词证据：程序与规则》，中国人民公安大学出版社 2007 年版。
47. 龙宗智：《刑事庭审制度研究》，中国政法大学出版社 2001 年版。
48. 刘立霞等：《品格证据在刑事案件中的运用》，中国检察出版社 2008 年版。
49. 史立梅：《程序正义与刑事证据法》，中国人民公安大学出版社 2003 年版。
50. 周萃芳：《司法认知论》，中国人民公安大学出版社 2008 年版。
51. 王建华主编：《民事诉讼证据实证分析》，法律出版社 2006 年版。
52. 齐树洁、王振志主编：《证据法案例精解》，厦门大学出版社 2004 年版。
53. 田平安主编：《民事诉讼法·诉讼证据篇》，厦门大学出版社 2006 年版。

54. 丁兆增等编著:《民事诉讼法案例与法条分析》,厦门大学出版社2016年版。

55. 陈晓铭主编:《证据保全理论与实务》,中国检察出版社2005年版。

56. 陈界融:《民事证据法:法典化研究》,中国人民大学出版社2003年版。

57. 张树义主编:《最高人民法院〈关于行政诉讼证据若干问题的规定〉释评》,中国法制出版社2002年版。

58. 毕玉谦主编:《〈最高人民法院关于民事诉讼证据的若干规定〉释解与适用》,中国民主法制出版社2002年版。

59. 何家弘主编:《证据学论坛》(第1~18卷),中国检察出版社2000~2014年版。

60. 刘金友主编:《证据法案例教程》,知识产权出版社2005年版。

61. 万鄂湘总主编:《用证据说话——行政证据的收集、保存、提交》,人民法院出版社2005年版。

声　明　1. 版权所有，侵权必究。

　　　　2. 如有缺页、倒装问题，由出版社负责退换。

图书在版编目（CIP）数据

证据法原理与实务/缪伟君主编. —北京：中国政法大学出版社，2018.1（2025.1重印）
ISBN 978-7-5620-7999-6

Ⅰ. ①证… Ⅱ. ①缪… Ⅲ. ①证据—法学—中国—教材 Ⅳ. ①D925.013

中国版本图书馆CIP数据核字(2017)第322583号

出　版　者	中国政法大学出版社
地　　　址	北京市海淀区西土城路25号
邮　　　箱	fadapress@163.com
网　　　址	http://www.cuplpress.com（网络实名：中国政法大学出版社）
电　　　话	010-58908435(第一编辑部) 58908334(邮购部)
承　　　印	北京鑫海金澳胶印有限公司
开　　　本	787mm×1092mm　1/16
印　　　张	20.5
字　　　数	425千字
版　　　次	2018年1月第1版
印　　　次	2025年1月第4次印刷
印　　　数	11001~14000 册
定　　　价	49.00 元